Longe, muito longe

Walter Fraga

Longe, muito longe

Manoel Benício dos Passos, um capoeira
no ativismo do pós-abolição

Copyright © 2023 by Walter Fraga

Grafia atualizada segundo o Acordo Ortográfico da Língua Portuguesa de 1990, que entrou em vigor no Brasil em 2009.

Capa
Alceu Chiesorin Nunes

Imagem de capa
Inácio Mendo/ Arquivo do Museu de Arte da Bahia

Preparação
Angela Ramalho Vianna

Checagem
Érico Melo

Revisão
Angela das Neves
Bonie Santos

Dados Internacionais de Catalogação na Publicação (CIP)
(Câmara Brasileira do Livro, SP, Brasil)

Fraga, Walter
   Longe, muito longe : Manoel Benício dos Passos, um capoeira no ativismo do pós-abolição / Walter Fraga — 1ª ed. — Rio de Janeiro : Zahar, 2023.

   ISBN 978-65-5979-118-7

   1. Abolicionistas – Biografia – Brasil 2. Brasil – História – Abolição da escravidão 3. Capoeira – Brasil – História I. Título.

23-157053   CDD: 920.71

Índice para catálogo sistemático:
1. Homens : Biografia   920.71

Tábata Alves da Silva — Bibliotecária — CRB-8/9253

Todos os direitos desta edição reservados à
EDITORA SCHWARCZ S.A.
Praça Floriano, 19, sala 3001 — Cinelândia
20031-050 — Rio de Janeiro — RJ
Telefone: (21) 3993-7510
www.companhiadasletras.com.br
www.blogdacompanhia.com.br
facebook.com/editorazahar
instagram.com/editorazahar
twitter.com/editorazahar

Sumário

Lista de ilustrações, plantas e tabelas   7

Introdução   9

1. Um menino chamado Manoel   17

2. De Manoel Benício a Macaco Beleza   46

3. O encontro de uma causa: Macaco Beleza e a rebeldia abolicionista   80

4. Macaco Beleza e a rebeldia negra após a abolição   121

5. A República chegando   155

6. Fernando de Noronha: Um sumiço para Macaco Beleza   176

7. Macaco Beleza e outros renegados da República   201

8. Macaco Beleza e a esperança de uma segunda abolição   222

9. De volta à velha Bahia   245

10. Da morte e do silenciamento   269

Epílogo   295

Agradecimentos   301
Notas   303
Referências bibliográficas   355
Créditos das imagens   367

Lista de ilustrações, plantas e tabelas

Ilustrações

p. 20 Vista panorâmica da freguesia de Nossa Senhora dos Mares, Salvador.

p. 51 Rua da Calçada do Bonfim, Salvador.

p. 61 Casa de Prisão com Trabalho, Salvador.

p. 61 Enfermaria da Casa de Prisão com Trabalho, Salvador.

p. 63 Escola de alfabetização de detentos da Casa de Prisão com Trabalho, Salvador.

p. 67 Detalhe do ofício informando prisão de Manoel Benício dos Passos / Macaco Beleza, 1º de dezembro de 1884.

p. 102 O Príncipe Natureza em desenho de Melo Morais Filho.

p. 102 Caricatura de Macaco Beleza.

p. 108 Carta assinada por Manoel Benício dos Passos, 5 de maio de 1887.

p. 113 Missa campal em frente à Igreja do Bonfim, Salvador.

p. 131 O Terreiro de Jesus, Salvador.

p. 171 O vapor *Purus*.

p. 173 A canhoneira *Liberdade*.

p. 178 Vista da Vila dos Remédios e de alguns prédios do presídio de Fernando de Noronha.

p. 183 Alojamento de presos em Fernando de Noronha.

p. 223 Presos de Fernando de Noronha trabalhando na lavoura.

p. 240 Lista de capoeiras deportados por Manuel Vitorino, 1892.

p. 241 A Casa de Detenção do Recife.

p. 243 Registro da entrada de Manoel Benício na Casa de Detenção do Recife, 1892.

p. 267 Largo do Teatro, Salvador.

Plantas

p. 82 A cidade de Salvador.

p. 83 O centro de Salvador.

Tabelas

p. 90 Tabela 1: Detenções de Macaco Beleza entre 1880 e 1889.

p. 179 Tabela 2: População do presídio de Fernando de Noronha, março de 1890.

p. 226 Tabela 3: Movimento de saída de presos de Fernando de Noronha, agosto de 1890-março de 1892.

Introdução

ESTE LIVRO CONTA a história de Manoel Benício dos Passos, um homem negro que nas ruas de Salvador ficou mais conhecido pelo curioso apelido de Macaco Beleza. Ao longo dos seus 32 anos (1866-98), ele viveu acontecimentos cruciais da história do Brasil, ou foi por eles afetado, como a Guerra do Paraguai, o movimento abolicionista, a abolição da escravatura e os tormentosos anos que se seguiram à proclamação da República. Podemos dizer que a sua geração nasceu e cresceu na encruzilhada de momentos decisivos da história do país.

Aos catorze anos Manoel Benício foi preso por "desordem" — a primeira de uma sequência de dezenas de prisões, que se estenderiam por toda a sua vida. Foi então que passou a ser conhecido pelas autoridades policiais pelo apelido de Macaco Beleza. Saber das circunstâncias e significados de tal apelido é também objeto de reflexão deste livro. Poucos anos depois, ele passou a militar no abolicionismo, justamente quando o movimento mais se radicalizou e se espalhou pelas ruas e fazendas. Tomou parte em atividades mais arriscadas, ajudando escravizados em fuga e conduzindo-os para locais secretos onde pudessem desaparecer das vistas dos senhores ou serem levados à presença de advogados abolicionistas que encaminhassem judicialmente suas liberdades.

Além disso, atuou na distribuição de jornais abolicionistas e na leitura em voz alta, para grupos numerosos de populares reunidos nas ruas, do que se debatia no parlamento sobre o destino da escravidão. Ele não apenas lia as notícias como tecia considerações sobre os acontecimentos que dividiam politicamente o país. De "palavra fácil" e postado em pontos estratégicos do centro da cidade, conseguia alcançar e seduzir com seus discursos a população mais pobre, em sua maioria libertos e escravos.

Depois de abolida a escravidão, Macaco Beleza passou a ser identificado como o mais ardoroso defensor da monarquia, considerada para muitos uma causa perdida e abandonada pela classe senhorial. Sua convicção monarquista se relacionava às experiências de luta contra o cativeiro e pela cidadania negra, conforme demonstro ao longo deste livro. Isso implica revisitar as fontes documentais e os relatos dos memorialistas, pois o que passou à posteridade foi sua imagem folclorizada como indivíduo fanático e intransigente na defesa da monarquia.

Numa perspectiva histórica de mais de cem anos o regime republicano pode se afigurar como uma evolução natural e inevitável. Mas não era essa a percepção de quem viveu a experiência da escravidão e das tensões sociais que se seguiram à abolição. A imagem do "monarca-cidadão" que vinha confrontando os interesses da grande lavoura desde a promulgação da Lei do Ventre Livre fez com que muitos acreditassem que o imperador era a alternativa de poder capaz de pôr limites à classe senhorial e impedir a revogação da lei de 13 de maio. Defender a abolição e a continuidade de reformas no pós-abolição pesou bastante nas escolhas políticas de parte significativa da população negra. Paradoxalmente, as mesmas esperanças de políticas inclusivas pesaram também na decisão dos que abraçaram o ideário republicano.

Foi por volta de meados de 1889 que Manoel Benício passou a figurar como uma das lideranças da chamada Guarda Negra, uma organização formada por libertos monarquistas que em muitas cidades do Brasil saíram às ruas em defesa do trono contra os ataques desfechados pela propaganda republicana. Desde então ganhou projeção nacional, encabeçando dois momentos importantes de reação à pregação republicana: o primeiro, em 15 de junho de 1889, por ocasião da conturbada visita de Silva Jardim à Bahia; o segundo, em 15 de novembro do mesmo ano, quando chegaram as primeiras notícias do golpe militar e civil que culminou na proclamação da República no Brasil.

Introdução

O ativismo político de Macaco Beleza fez com que a República demorasse três intermináveis dias para ser instaurada na Bahia, algo que as autoridades locais que aderiram ao novo regime jamais lhe perdoariam. Ele pagou um preço alto por tomar partido num debate político que era visto como domínio exclusivo das elites que há muito mandavam no país. Não surpreende que, após assumirem o poder, uma das primeiras decisões dos republicanos tenha sido deportá-lo para o Amazonas e depois para Fernando de Noronha, onde amargou dois longos anos de degredo. A sua passagem pela ilha-presídio também é contada neste livro.

Quando retornou do degredo, Macaco Beleza defrontou-se com os anos mais repressivos e violentos do processo de consolidação do regime republicano. Chegou a participar de mais dois movimentos de rua na cidade de Salvador, em 1892 e em 1893. No primeiro, ele se envolveu numa série de protestos contra a violência policial que vinha vitimando populares, a maioria negros. No segundo, participou de manifestações que ocorreram na esteira da Revolta da Armada, uma rebeldia militar que começou no Rio de Janeiro e se espalhou por outros estados do Brasil. Naqueles anos ele foi vítima de vários ataques racistas na imprensa, afinal de contas a arena política não era considerada lugar para pessoas negras. Depois de 1893, praticamente desapareceu das páginas dos jornais e só ressurgiu em 1898, justamente quando foi noticiada a sua morte.

As fontes documentais sobre ele são escassas, e inexistentes para muitos momentos de sua vida. A maioria da documentação corresponde aos registros policiais das mais de trinta vezes que foi preso por desordem entre 1880 e 1898. Mesmo assim, os registros policiais não oferecem detalhes sobre o que fazia ou pensava para ser rotulado de desordeiro. Entender sua rebeldia foi, assim, uma delicada combinação de informações fragmentadas e espalhadas em notícias de jornais, relatórios e correspondências da polícia, documentos das prisões e relatos dos memorialistas.

Não há fotografia dele nem reprodução dos muitos discursos que o celebrizaram nas ruas de Salvador na luta contra a escravidão e os abusos do encarceramento, em favor da abolição, da monarquia e da cidadania para as pessoas negras. Em fevereiro de 1892, quando Benício retornava para a Bahia depois de dois anos de desterro em Fernando de Noronha, o escrivão da Casa de Detenção do Recife o descreveu como um homem de 25 anos, "pardo escuro", 1,82 metro de altura, barba crescida, cabelo carapinha, dentes perfeitos, olhos grandes e pretos. Essa é a imagem mais aproximada que temos daquele que participou de quase todas as agitações de rua de Salvador entre os anos de 1885 e 1898.

Quando criança o memorialista João Varella chegou a vê-lo discursando nas ruas, e anos depois arriscou um "retrato falado" do personagem: "Muito alto, espadaúdo, cara e boca grandes, vestindo sempre paletó comprido, uma perna de calça arregaçada um pouco, ora de pés descalços, ora de chinelões. Falava alto. Voz cheia. Abundância de gestos".[1]

As descrições da figura de Macaco Beleza repisam os mesmos marcadores raciais que serviam de referência para qualificar (ou desqualificar) as pessoas negras e mestiças segundo cor da pele, textura do cabelo, formatos da boca e do nariz, nível de inteligência e aparência física. Um tal que se assinou como C. de A., recordando tipos populares nas ruas de Salvador de fins do século XIX, afirmou que Manoel Benício era mulato, alto, magro, "feio como o diabo, parasita, porém um pouco inteligente". O racismo fez com que aos olhos de alguns os africanos e seus descendentes parecessem feios, grotescos e selvagens. Admitir alguma "pouca inteligência" foi o máximo que o memorialista pôde conceber de qualidade humana em um homem negro questionador das desigualdades estabelecidas.[2]

Mesmo muitos anos após sua morte, expressões de desqualificação racial continuaram a servir de tinta para compor o perfil de Macaco Beleza. Em conferência realizada no Instituto Geográfico e Histórico da Bahia, em 1939, João da Costa Pinto Dantas Júnior o definiu como "um mulato alto, beiçola, tipo de rua, ignorante e inculto, porém bastante inteligente e de uma verbosidade notável; um fanático pela monarquia".[3]

Infelizmente não pude contar com evidências mais detalhadas de sua vida pessoal, da relação com os pais e com a ex-senhora, da vida afetiva, do que pensava sobre a escravidão, de suas expectativas de liberdade e sobre a sua condição de homem negro. Não há nem mesmo um inquérito policial que pudesse, ainda que com o filtro dos escrivães, reproduzir sua

Introdução

fala e a partir daí recompor algum aspecto da maneira como via o mundo, pois suas diversas prisões não se deram por algum crime que justificasse abertura de inquérito ou processo judicial: a intenção das autoridades era tirá-lo de circulação, especialmente nos momentos em que a temperatura política parecia ferver. Pouquíssimas evidências sobreviveram e a maior parte das reflexões que vou tecendo sobre sua vida, pensamento e ação está no plano do que era possível e historicamente plausível.

A despeito das distorções, esquecimentos e apagamentos, aos cronistas e memorialistas devo boa parte das referências sobre momentos diversos da vida de Macaco Beleza. Inegavelmente ele foi assunto incontornável para aqueles que se ocuparam do registro dos tempos antigos, das festas tradicionais e da resistência ao processo de policiamento dos costumes que varreu o país nos anos finais do Império e se intensificou depois da proclamação da República. Em pessoa ou simbolicamente, ele era presença certa no entrudo, no Carnaval, nas festas juninas, na lavagem do Bonfim, nos ternos de Reis e no Dois de Julho, que tanto defendeu e exaltou.

Para este livro os silêncios, apagamentos e esquecimentos são também considerados evidências históricas. Foi Frederico Abreu, o primeiro a dedicar um livro inteiro a Macaco Beleza, quem teve a percepção do silenciamento que cercava o personagem na tradição oral da capoeira. A partir dessa perspectiva, busquei rastrear o silenciamento sobre outros aspectos de sua vida, sobretudo do seu ativismo político pela abolição da escravidão e pela cidadania das pessoas negras.[4]

Na década de 1990, dois estudos marcaram o retorno de Macaco Beleza à reflexão historiográfica. Foi na reconstituição histórica do movimento republicano na Bahia que o historiador Mário Augusto da Silva Santos refletiu sobre a destacada participação de Macaco Beleza nos movimentos populares de 15 de junho e de 15 de novembro de 1889. Logo em seguida, Dilton Oliveira dedicou um estudo inteiro à formação e à composição social do movimento republicano local e da sua relação com o abolicionismo. Tanto Silva Santos como Oliveira perceberam a visão preconceituosa dos republicanos em relação às camadas mais baixas da população, especialmente dos que emergiram do cativeiro. Mas, para ambos, Macaco

Beleza aparece como o elemento popular que atuou em consonância com os valores e interesses das elites conservadoras que se alinhavam à monarquia.[5] Ao longo deste livro, busco demonstrar que esse alinhamento não foi incondicional e sua atuação política quase sempre escapou do controle dos de cima.

Anos depois, as motivações e o ativismo político de Macaco Beleza foram submetidos a outras interpretações históricas atentas a diversas questões, como o movimento abolicionista, racismo e processos de exclusão das populações negras após a abolição. Saliento aqui o estudo de Jailton Lima de Brito, *A abolição na Bahia: 1870-1888*, que revela fontes contundentes acerca do envolvimento de Macaco Beleza no movimento abolicionista. Muitas das prisões genericamente creditadas ao que se chamava de desordem estavam relacionadas à sua militância de rua em favor da abolição.[6] Alinhado a um abolicionismo mais radical, não estranha que seu nome não conste na galeria dos que batalharam pelo fim do cativeiro.

Foi no âmbito das discussões sobre o racismo no pós-abolição que Macaco Beleza ressurgiu como indivíduo-chave para pensar o ativismo político de mulheres e homens negros nos embates que se seguiram ao fim do cativeiro. Nesse aspecto destaco o meu próprio estudo intitulado *Encruzilhadas da liberdade*, que reflete sobre o protagonismo de escravos e libertos nos movimentos que levaram ao fim da escravidão e nas tensões sociorraciais que ocorreram depois do Treze de Maio.

Destaco também o livro de Wlamyra Albuquerque, *O jogo da dissimulação: Abolição e cidadania negra no Brasil*, no qual Macaco Beleza aparece como personagem central dos embates racializados sobre a cidadania no pós-abolição. Por fim, o livro de Sílvio Humberto dos Passos Cunha, *Um retrato fiel da Bahia*, que situa Macaco Beleza no campo de um ativismo negro atento às transformações dos discursos e das práticas do racismo no cenário baiano logo após a abolição.

Para narrar a história de Manoel Benício, este livro parte de algumas perguntas e reflexões. Assim, considero fundamental fazer da narrativa sobre a sua vida uma oportunidade para entender a sociedade em que viveu, particularmente as contradições e dilemas que permeavam a sociedade

Introdução

entre o fim da escravidão e a primeira década do pós-abolição. Interessa-me saber de que forma e com que intensidade ele — como pessoa negra e como ativista político — vivenciou os acontecimentos e conviveu com outros atores sociais do seu tempo. Contar a sua história é falar de muita gente com quem compartilhou aspirações ou divergiu ideologicamente. Algumas pessoas mais próximas, outras mais distantes, mas sempre aquelas que cruzaram seu caminho e de alguma maneira interferiram em sua trajetória de vida.

Como sabiamente pontuou o historiador afro-americano John Hope Franklin, acompanhar a história de vida de uma pessoa negra não é apenas acompanhar o que ela fez por si mesma, mas como os acontecimentos e as forças de uma determinada época atuaram sobre suas escolhas. É ponderar sobre o impacto das forças e acontecimentos que a afetaram de incontáveis maneiras.[7] Esse postulado valeria para a compreensão da trajetória de qualquer pessoa, não fosse a implicação percebida pelo historiador da força dramática da escravidão e do racismo sobre os africanos e seus descendentes. Afinal, o que também definia a escravidão era a privação ou limitação do direito de escolha do indivíduo para os mais diversos aspectos da vida, como decidir onde e como viver, por onde circular, trabalhar, amar e partilhar a vida ao lado dos seus. A história toda da escravidão foi de resistência — silenciosa, sorrateira, enviesada ou explosiva — para forçar os limites ou implodir a opressão racial.[8]

E, mesmo depois que a escravidão acabou, os limites de escolha ainda continuaram estreitos em função do racismo que circunscrevia nos mínimos detalhes a vida cotidiana de negros e pardos, especialmente dos egressos do cativeiro. Portanto, vale acompanhar a trajetória de Manoel Benício para pensar como um indivíduo negro e ex-escravo pôde ao longo da vida desafiar e se insurgir contra os limites da dominação escravista e do racismo. Suas respostas ao racismo certamente estão situadas historicamente, mas continuam a nos dizer muito dos persistentes dilemas que tornam o Brasil atual tão excludente e desigual. Nesse sentido, Manoel Benício dos Passos está perto, muito perto de nós.

1. Um menino chamado Manoel

> Então, o menino negro perguntou ao céu, ao sol e às flores
> aquele "por quê" jamais respondido, e, enquanto crescia, não
> amou nem o mundo nem os duros caminhos do mundo.[1]
>
> W. E. B. Du Bois

Em meados de fevereiro de 1892, depois de passar dois anos preso na ilha-presídio de Fernando de Noronha, Manoel Benício dos Passos foi mandado para a Casa de Detenção do Recife, onde aguardaria ordens para ser reenviado à Bahia. No livro de registros de entrada de presos, o escrivão anotou que Manoel Benício, apelidado de Macaco Beleza, era filho de Maria Cristina e de Aristides Conegundes de Moura. De toda a documentação até agora reunida sobre a sua vida, este foi o único registro dos nomes dos seus pais. A poucos dias de completar 26 anos, pronunciar os nomes da mãe e do pai provavelmente lhe trouxe recordações da infância na freguesia dos Mares, em Salvador.

A partir desses nomes foi possível identificar pessoas, lugares e acontecimentos de seu tempo de infância. Foi assim que encontrei o registro de batismo de um menino chamado Manoel, que aos olhos do padre era de cor parda. Ele nasceu em 26 de fevereiro de 1866, filho de Cristina, escrava de "dona" Maria Benedita de Sousa Passos. Batizado na capela de Nossa Senhora dos Mares, em Salvador, em 15 de julho daquele ano, o pequeno Manoel tinha quase cinco meses de vida quando foi levado à pia batismal.[2] Posto que a mãe era cativa, aquele que mais tarde seria considerado o maior "desordeiro" da Bahia nos primeiros anos da República foi escravizado no mesmo momento em que era convertido à fé cristã.

O batismo católico simbolizava o ingresso do indivíduo no seio da religião, e era o momento em que o menino ou a menina ganhava um nome cristão. Nosso personagem nasceu simplesmente Manoel, sem ainda carregar sobrenome, algo muito comum na época, fosse a criança livre ou escrava, nascida em família pobre ou rica. O sobrenome de família só era incorporado à identidade do indivíduo depois de alguns anos. Tanto assim que, catorze anos depois do batismo, ele apareceu na documentação policial como Manoel Benício dos Passos, com nome e sobrenome indicando pertencimento à família da qual foi cativo. O Benício como segundo nome não aparece no registro de batismo, mas, considerando a aproximação semântica com o nome Benedita, suponho que lhe foi atribuído em consideração à sua senhora.[3]

Embora não muito frequentemente, escravos e libertos costumavam adotar ou atribuir aos filhos o sobrenome da família senhorial à qual pertenciam, sobretudo se eram cativos de família rica e prestigiosa. A expectativa nem sempre correspondida era a de que adotar o sobrenome dos senhores seria talvez alcançar alguma consideração social. Na freguesia dos Mares encontram-se outros registros de pessoas negras com sobrenome Passos. Por exemplo, a liberta Mônica Maria dos Passos, falecida em 13 de fevereiro de 1866, aos oitenta anos, identificada como de "cor cabra", era viúva de um certo Manuel dos Passos.[4] Localizou-se também o registro de óbito de Lúcia Carolina dos Passos, 61 anos, parda, solteira, moradora nos Mares.[5]

Como a Igreja católica era parte do Estado brasileiro, o registro de batismo servia para oficializar a condição de escravo ou, caso fosse vontade declarada do senhor, para legalizar a alforria da criança nascida de mãe escrava. A carta de liberdade conferida na pia batismal tinha o mesmo peso legal da registrada em cartório. Uma vez que a maioria dos filhos e filhas de escravizadas seguia a condição da mãe, o batismo do pequeno Manoel marcou sua conversão tanto ao catolicismo quanto à condição de propriedade de alguém. Para os senhores, o documento de batismo representava a garantia do direito de propriedade sobre os filhos das suas cativas.

Pelo que disse Macaco Beleza ao escrivão da Casa de Detenção, sua mãe chamava-se Maria Cristina, mas no assento de batismo ela aparece simplesmente como Cristina. Sabe-se que os padres nem sempre primavam pela exatidão no registro dos nomes dos pais e das mães das crianças cativas. Por sua vez, as famílias escravas tinham maneiras próprias de, na intimidade, nomearem seus integrantes, o que muitas vezes podia divergir dos nomes atribuídos pelos senhores. Mas é também provável que o próprio Manoel Benício tenha acrescentado o nome Maria para talvez compensar a falta de sobrenome da mãe, que nascera cativa. Após a abolição, negar ou encobrir o passado era atitude bastante recorrente para quem um dia fora escravo ou descendia de família escravizada. Era como se afirmavam enquanto cidadãos livres, afastando de si e dos seus as marcas da servidão.

Ainda sobre a mãe de Manoel Benício, o assento de batismo informava que era crioula, uma palavra que na época designava pessoa negra nascida no Brasil. O memorialista José de Sá contou que seu amigo de infância Francisco de Castro, falecido em outubro de 1901, era "irmão colaço" de Manoel Benício, "por ter sido amamentado pela preta mãe deste". A informação indica que Maria Cristina foi alugada ou cedida por sua senhora para o serviço de ama de leite. Uma mulher escrava amamentando representava sempre oportunidade de ganho para os senhores.[6] Porém, a informação de que Francisco de Castro era irmão colaço de Manoel Benício não bate com as evidências: dez anos separam o nascimento de um e de outro.

Como moravam no largo da Calçada, certamente Francisco de Castro e Macaco Beleza conviveram e partilharam as mesmas brincadeiras de infância. Segundo José de Sá, quando mais tarde se tornou médico famoso, Francisco de Castro tinha grande consideração pelo antigo companheiro, a ponto de não admitir que o chamassem de Macaco Beleza, fazendo questão de tratá-lo como sr. Manoel Benício ou Benício.

Por uma escritura de hipoteca, firmada em 22 de novembro de 1864, foi possível saber mais sobre a ascendência africana de Manoel Benício. Naquele ano, Maria Benedita de Sousa Passos contraiu um empréstimo

Vista panorâmica da Freguesia de Nossa Senhora dos Mares, tendo no primeiro plano a rua do Fogo e mais ao centro a Estação e o largo da Calçada. No alto, à direita, ainda é possível ver a antiga capela dos Mares.

de 370 mil-réis com o comerciante Antônio Pereira de Carvalho, morador na freguesia dos Mares, e como garantia do pagamento apresentou sua cativa Antônia, trinta anos, africana. Considerando o risco de morte ou fuga, no contrato foi também incluída como garantia Cristina, catorze anos, crioula, filha de Antônia.[7] Portanto, Manoel era neto de uma africana renomeada no Brasil como Antônia e filho de uma moça que o concebeu aos dezesseis anos. Ele pertencia à terceira geração de uma família negra escravizada no Brasil.

Ao mesmo tempo em que revela as referências familiares de Manoel Benício, o documento de hipoteca flagra um momento dramático de mãe e filha ante a possibilidade de separação. Não foi possível saber se Antônia tinha outros filhos ou filhas em sua companhia ou separados pelo tráfico e pelo cativeiro. Os estudos sobre família escrava demonstram que, para a maioria dos cativos, era difícil manter a estabilidade familiar. A condição de mercadoria que podia ser vendida, comprada, doada, hipotecada e movimentada de um lado para o outro por capricho ou interesse dos senhores tornava bastante frágeis as possibilidades de manter por muito tempo a convivência de pais e filhos, avós e netos. Uma dificuldade financeira, a mudança de endereço ou a morte do senhor poderiam ser decisivos para quebrar o contato familiar.[8]

Escrevendo sobre "tipos populares" que viu nas ruas de Salvador no final do século XIX, o cronista João Varella informava que Macaco Beleza era descendente da "raça africana" dos "gruxis".[9] Gurunxis, gurúncis ou grúncis estão na lista de nações presentes na Bahia na época de Nina Rodrigues, que chegou a colher vocabulário da respectiva língua. E sugere que podiam ser os mesmos chamados "galinhas", talvez vindos do rio Galinas, em Serra Leoa. Segundo ele, eram tidos como de nação bravia e indomável. No dizer de Rodrigues, a comunidade grúncis era constituída de "velhinhos" que conservavam sua língua e seus costumes. Muitos ainda se reuniam no canto dos Arcos de Santa Bárbara tecendo cestas e chapéus de palha.[10]

Não tenho como confirmar a veracidade da informação sobre a nação africana da avó Antônia. Mas, considerando que era conhecida dos contemporâneos de Manoel Benício, não seria absurdo imaginar que ela chegou a conviver com o neto. Nesse caso, terá talvez podido transmitir para ele as suas lembranças da África, o sofrimento da travessia atlântica e as experiências dos muitos anos de vida escrava no Brasil. As histórias contadas pela avó provavelmente foram, para Manoel Benício, as primeiras lições de como viver e se movimentar num mundo dividido pela escravidão e pela discriminação dos africanos, seus filhos e netos.

O registro de hipoteca é o único documento que faz referência direta a Antônia. Se não fugiu ou passou ao domínio de outro senhor, provavelmente permaneceu cativa até a morte de sua senhora. A partir das informações de que era africana e tinha trinta anos em 1864, sabemos que Antônia aportou no Brasil já incluída entre os chamados "africanos livres", uma vez que chegou aqui depois da lei de 7 de novembro de 1831, que proibia o tráfico e declarava livres todos os africanos desembarcados no país a partir daquela data. Entretanto, a lei foi ignorada pelas autoridades brasileiras e sabotada pela classe senhorial, o que terminou condenando ao cativeiro milhares de africanos e africanas que por lei deveriam ser considerados livres a partir de então.[11]

Antônia chegou ao Brasil em um dos momentos de mais intensa perseguição aos africanos, em decorrência da repressão que se seguiu à Revolta dos Malês, em 1835. Depois disso, a tendência foi de se intensificarem a discriminação e o controle sobre eles. Basta dizer que, no início da década de 1870, estava em vigor a postura da Câmara Municipal de Salvador que proibia os africanos libertos de circularem pelas ruas à noite depois do toque de recolher, a não ser que levassem bilhete de cidadão brasileiro cujo nome fosse conhecido.[12]

Maria Benedita de Sousa Passos, senhora de Manoel Benício e de sua família, era proprietária de um sobrado na Calçada, onde morava. Em novembro de 1844, encontramos referências a ela na escritura de venda de uma casa situada à rua das Flores, provavelmente na freguesia de Nossa Senhora do Carmo. Na transação aparece como vendedora de uma casa de porta e janela a Joaquim José Florence pelo valor de 150 mil-réis. Ela herdara a casa por partilha de bens resultantes do falecimento de um primo, o brigadeiro José Antônio dos Passos Bruguer.[13] O tabelião refere-se a Maria Benedita como "dona", o que indica tratar-se de mulher branca e de prestígio.

Além da carreira militar, Passos Bruguer foi negociante muito ativo na cidade do Salvador no início do século XIX. Os livros de escrituras mostram que atuava principalmente na compra e venda de terras, casas, embarcações e escravos.[14] Seu filho, José Antônio de Sousa Passos, formou-se bacharel e seguiu a carreira de negociante herdada do pai. Ao longo da década de 1850 ele se envolveu em diversas transações comerciais, entre as quais a compra e venda de imóveis e cativos.[15]

José Antônio de Sousa Passos morreu em 1863, e entre suas derradeiras vontades, registradas em testamento, constavam as alforrias de Constança e de seus filhos Cristino e Sara (todos os três crioulos); Esperança, filha da africana Julieta; e Delfina (crioula). Certamente essas mulheres e crianças que conseguiram a emancipação por vontade do senhor integravam o círculo mais próximo de amizade de Antônia e Cristina, e com elas Manoel Benício conviveu ao longo de sua infância.[16]

Sobre Aristides Conegundes de Moura, pai de Manoel Benício, não há quase nenhuma informação. Seu nome nem aparece no documento de batismo, algo muito comum em se tratando de registros de crianças cativas. Afinal, o que mais importava aos senhores também interessados no registro batismal era garantir o direito de propriedade sobre os filhos e filhas de suas escravas. Como foi qualificado de "pardo" e "mulato", deduz-se que seu pai tivesse a pele mais clara, talvez fosse branco ou pardo. Carregando nome e sobrenome, tudo indica que fosse livre ou liberto.

Para saber mais sobre Aristides, busquei informações sobre a família Moura, que morava na freguesia dos Mares e com a qual ele compartilhava o sobrenome. Pelos assentos de batismos e óbitos vê-se que os Moura eram brancos e alguns deles, donos de escravos. Na cerimônia de batismo de um menino chamado Rogério, filho da escrava Lucinda, na capela dos Mares, o padre informou que a mãe era cativa de Francisca de Sousa Paraíso Moura e o filho pertencia a Alexandre Afonso de Moura, "pois assim se pediu que declarasse". Uma senhora chamada Maria Juvência de Moura, moradora na Calçada, era proprietária de Pedro, pardo, filho da escrava Luísa, batizado em 18 de junho de 1871.[17]

A suspeita de que Aristides gravitava em torno da família Moura como dependente confirmou-se depois da leitura do testamento e inventário de d. Maria Joaquina de Moura e Araújo, na época uma das moradoras mais ricas da Calçada e falecida em 22 de agosto de 1885. Um ano antes de morrer, ela redigiu um longo documento deixando parte de seus bens para escravos, libertos, afilhados, afilhadas e pessoas de sua estima. Uma casa na Ribeira de Itapagipe foi legada em usufruto para abrigar todos os seus escravos e escravas após seu falecimento.

À certa altura do testamento, Maria Joaquina determinou que a um tal Aristides fosse dada a quantia de 50 mil-réis para custear o luto após sua morte. Além dele, incluiu na mesma obrigação Fabiana (recebeu 50 mil-réis), José Moura (20 mil-réis), Pedro Moura (10 mil-réis), Antero Moura (10 mil-réis) e a crioula Maria Luísa (200 mil-réis). A maneira como mencionou os nomes dos legatários e a obrigação de luto que impôs a cada um sugerem que a testadora se dirigia a pessoas que haviam sido suas escravas ou que viviam em seu entorno como dependentes e agregados. Vê-se que alguns deles chegavam a carregar o sobrenome Moura como forma de deferência à família senhorial.[18]

A identificação de um Aristides vivendo como agregado da família Moura, residente na Calçada, pode indicar que realmente se tratava do pai de Manoel Benício. Acrescenta-se ainda que o padrinho do menino chamava-se Manuel Exótico, africano e escravo da família Moura, o que reforça ainda mais a suspeita de que Aristides era pessoa próxima àquela família. Em registro de 16 de abril de 1864, Manuel Exótico aparece na cerimônia de batismo de Idalina, filha da escrava Benedita, que pertencia a d. Laura Ida de Moura, dessa vez tocando a coroa de Nossa Senhora.[19]

Um anúncio fúnebre publicado na *Gazeta de Noticias* do Rio de Janeiro finalmente confirma a hipótese de que o pai de Manoel Benício vivia no entorno da família Moura. Em novembro de 1885, Aristides Conegundes Moura e Anatália Moura (provavelmente sua esposa) anunciaram em jornal a missa fúnebre, na igreja de São Francisco de Paula, de Maria Juvência de Moura. Isso indica que Aristides morava na Corte, mas conservava laços afetivos com sua provável ex-proprietária, ou com a parenta dela, morta na Bahia. Ao contrário do que era costume, os anunciantes não informavam o grau de parentesco com a falecida, em linha com a tendência de apagamento do passado de escravizado.[20]

Na cerimônia de batismo de Manoel Benício, um indivíduo chamado Aurélio tocou a coroa de Nossa Senhora, o que indica que o padrinho não estava presente na solenidade. Aurélio era africano e escravo de Idelfonso Moreira Sérgio e Francisco Gomes de Almeida Itaparica, conforme se lê no registro de seu falecimento na freguesia dos Mares, em 9 de junho de 1874, quando contava 46 anos, vítima do que o padre descreveu como moléstia interna.[21] O padrinho e o seu representante pertenciam à comunidade escrava africana residente na paróquia dos Mares, o que dá a entender que a mãe, a avó e mesmo o pai de Manoel Benício tiveram certa margem de escolha na solenidade do batismo. Indica ainda que o menino foi socializado a partir de referências africanas.

Manoel Benício cresceu numa comunidade negra de maioria nascida no Brasil, mas ainda pôde conviver com africanas e africanos, muitos deles remanescentes dos últimos desembarques de cativos da década de 1850. Entre aqueles que moravam na Calçada, certamente ele conheceu Joaquim, quarenta anos, falecido em 11 de junho de 1872, escravo de Manuel Pinto da Silva; Jacinta, africana, solteira, sessenta anos, escrava de Timóteo de Sousa Espínola, falecida em 19 de novembro de 1873; Eliseu, africano, 54 anos, solteiro, escravo de José Antônio Fernandes Lima, falecido em 9 de julho de 1875.[22] Provavelmente foi com algum africano que aprendeu os primeiros movimentos da capoeira, a arte da luta que mais tarde lhe serviria como recurso para se divertir, atacar e se defender no cotidiano violento das ruas.

Como em outros lugares do país, a comunidade negra da freguesia dos Mares era formada por pessoas vivendo em condições jurídicas diferenciadas. Alguns eram escravos, a maioria era liberta e livre. Evidências de laços comunitários ligando esses indivíduos despontam nos registros de batismo de crianças cativas nascidas na localidade. Basta dizer que uma parte significativa dos padrinhos e madrinhas dessas crianças era escolhida entre os próprios cativos e libertos. Por exemplo, Teodata, liberta, quatro meses, filha de Rosália, escrava de Francisco Sousa Santos, batizada em 13 de janeiro de 1866, tinha como padrinhos os cativos Jorge e Felicidade. Gertrudes, com menos de um mês de nascida, crioula, filha da escrava Benedita, foi batizada em 25 de março de 1866 por dois cativos, Aleixo e Felicidade. No mesmo dia foi batizado também Augêncio, com dois meses de nascido, filho da escrava Isabel, tendo como padrinhos os também escravos Manuel e Ventura.[23]

Quando completou cinco meses de nascido, Manoel Benício foi alforriado por "dona" Maria Benedita de Sousa Passos. Não se sabe se por afeição ou por cálculo, ela registrou em cartório a seguinte decisão:

Por esta, que eu Maria Benedita de Sousa Passos, mandei passar e que por mim é assinada e as demais testemunhas, concedo a liberdade de livre vontade à minha cria de nome Manoel, mulato, de idade de cinco meses, filho de minha escrava Cristina, crioula, para que dela possa gozar, como se de ventre livre nascesse, confiando na proteção das justiças deste Império, que dará toda a validade a esta carta, segundo o merecimento que tiver em direito. Bahia, vinte e seis de julho de mil e oitocentos e sessenta e seis. Maria Benedita de Sousa Passos. [24]

Portanto, a liberdade conferida a Manoel, mulato, filho da escrava Cristina, crioula, foi de "livre vontade", ou seja, foi gratuita, sem ônus para os familiares do menino.[25] A alforria quebrava uma sequência de duas gerações submetidas ao cativeiro. Como na relação senhor/escravo toda escolha implicava cálculo de parte a parte, devo ponderar que "dona" Maria Benedita, sem herdeiros diretos, com 55 anos de idade à época, deve ter considerado conveniente libertar o pequeno Manoel, mas sem fazer o mesmo com Cristina e Antônia. Por certo calculou que os cativeiros de mãe e filha já fossem suficientes para ampará-la quando chegasse à velhice.[26]

Além disso, é também possível que, ao longo daqueles cinco meses, Maria Benedita tenha se apegado afetivamente ao menino, algo muito recorrente em se tratando de convivência muito próxima entre senhores e escravos. O grande número de crianças entre os alforriados mostra que essas relações afetivas muitas vezes podiam pesar na decisão dos senhores de libertar os filhos de suas cativas.[27]

Por certo a cópia da carta de liberdade foi por muito tempo o único documento pessoal de Manoel Benício, que a mãe e a avó guardaram com muito cuidado entre as poucas coisas que possuíam. Era o documento a garantia legal de que o menino não poderia mais ser convertido à escravidão. Para quem um dia foi cativo, assegurava a liberdade de movimento e de não ser confundido com escravo fugido por alguma autoridade policial e submetido a qualquer arbitrariedade.[28]

Mas a percepção de que a alforria representava um marco em sua vida provavelmente só lhe atinou quando, no decorrer dos anos, foi tomando

Um menino chamado Manoel

consciência dos limites que pesavam sobre os que eram ou um dia foram propriedade de alguém. E isso certamente ocorreu-lhe na percepção da condição escrava da mãe, da avó e da maioria das pessoas com quem conviveu ao longo da infância. Certamente percebeu também que se tornar liberto não era a mesma coisa que ser livre.

Especialmente para o liberto africano e seus descendentes diretos, o preconceito e as restrições eram ainda mais drásticos. Para a Constituição do Império, os africanos, escravos ou libertos, eram estrangeiros e sem direito de participar das eleições ou ocupar empregos públicos. Da mesma maneira, a Constituição restringia os direitos dos que nasceram no país e alcançavam a alforria. Basta dizer que era facultado ao liberto participar das eleições primárias, mas lhe era vetada a candidatura para os cargos de deputado, senador ou membro dos conselhos provinciais.[29]

Para Manoel Benício, o fato de ser liberto, mas tendo ainda a mãe e a avó presas ao cativeiro, certamente terminou atrelando sua vida ao poder da ex-senhora. Como a maioria dos criados domésticos pertencentes a pequenos proprietários escravistas, avó, mãe e neto provavelmente ocupavam algum cômodo reservado aos de sua condição na casa de Maria Benedita. Vivendo com a mãe escrava sob o mesmo teto da ex-senhora, ele dificilmente fugiria ao controle e às mesmas obrigações impostas a quem de fato era cativo.[30]

Ressalte-se que, nas muitas vezes em que foi preso, Manoel Benício foi identificado como livre ou induziu os escrivães de polícia a identificá-lo como tal. E esse pode ser um sinal da maneira como lidou com e se rebelou contra os limites da sua condição de ex-escravo. Apenas em um registro de prisão, ocorrido em Salvador, em 1889, logo depois da abolição, o escrivão da polícia o incluiu na categoria dos libertos. Provavelmente assim o fez baseado no conhecimento que tinha do passado do detento.

Para o período entre 1871 — ano em que a paróquia dos Mares foi elevada à condição de freguesia — e 1876 — quando Manoel Benício completou dez anos —, foi possível levantar alguns nomes de escravos e escravas que, como ele, moravam na Calçada. Por certo ele conheceu Júlia Clara Guimarães, um caso raro de escrava que tinha sobrenome e que, em 23 de junho de 1871, perdeu o filho Pedro, de um ano. Conheceu também Amélia, escrava de Manuel Rodrigues Valença, que viu o filho Manuel, preto, morrer com um dia de nascido. Possivelmente soube da morte de Álvaro, três meses, identificado pelo padre como "pardo claro", filho de Maria, escrava de "dona" Clotildes Soares.[31]

O censo de 1872, o mais detalhado levantamento populacional feito no Brasil até então, acusou para a cidade do Salvador uma população de 129 109 habitantes. Desse total 16 468 eram escravos. Na freguesia dos Mares residiam 3722 pessoas; destas, 144 eram escravas, sendo 88 pretos e 56 pardos. Entre os escravos, os recenseadores só conseguiram encontrar doze africanos.[32] O censo indicou que a maioria dos cativos ali residentes era empregada na lavoura, possivelmente cuidando das roças e pomares dos seus senhores. O segundo grupo profissional mais importante era o de pescadores, um total de doze indivíduos escravos. Embora a freguesia dos Mares estivesse entre as que concentravam menos pessoas nessa condição, tudo indica que seu número foi subestimado pelos recenseadores.

Considerando a população por faixa de idade, o censo acusou a existência de 712 crianças entre os seis e dez anos de idade. Esse é um dado importante, pois mostra o universo de meninos e meninas contemporâneos de Manoel Benício. É preciso lembrar que nessa faixa etária não estavam incluídas as crianças nascidas de mãe escrava que haviam sido beneficiadas pela Lei do Ventre Livre, promulgada em 28 de setembro de 1871. A partir de então, filhos e filhas das escravas deixavam de ser cativos e passavam à nova condição social de libertos ou "ingênuos". Mas a lei dava aos senhores garantias de serem indenizados no valor de 600 mil-réis caso decidissem entregar o ingênuo a um asilo público quando completasse oito anos ou dispor dos seus serviços até os 21 anos.

Pelos registros de batismos realizados na capela dos Mares, foi possível identificar alguns dos ingênuos que residiam na Calçada e cresceram com Manoel Benício, decerto compartilhando os mesmos espaços de brincadeiras. Alguns deles eram: Andrelina, "parda clara", filha de Romana, crioula, escrava de José Teixeira de Assis, batizada em 15 de outubro de 1871; Cassimiro, crioulo, filho de Amélia, escrava de João José Jorge, batizado em

Um menino chamado Manoel

26 de outubro de 1871; Agnelo, crioulo, filho de Jovita, crioula, escrava de Antônio Sousa Ribeiro, batizado em 19 de maio de 1872.[33]

Depois de 1871, possivelmente tomados pelo sentimento abolicionista que começava a se espalhar pelo país, muitos senhores e senhoras de escravos residentes nos Mares começaram a conceder alforria na cerimônia de batismo para crianças nascidas pouco antes da Lei do Ventre Livre. Assim, em 29 de setembro de 1872, um dia depois do primeiro aniversário da lei, "dona" Maria Joaquina Pimentel Ferreira Tamarindo declarou na cerimônia de batismo que libertava Virgílio, cor cabra, nascido em 27 de julho de 1871, filho de sua escrava Rita. Na cerimônia de batismo de Joana, cor cabra, nascida em 26 de junho de 1870, filha da escrava Leopoldina, o coronel João Ferreira Lima, em um "ato louvável de caridade" (assim definiu o padre), declarou que dali em diante a menina fosse considerada "como se de ventre livre nascesse".[34]

Para algumas crianças escravas, a alforria foi resultado do ativismo abolicionista que começava a se insinuar na luta contra a escravidão. Entre os batismos realizados na capela dos Mares consta a alforria de Severiano, quatro anos, crioulo, filho de Maria, africana, escrava de "dona" Francisca Campolina, que foi liberto pela abolicionista Sociedade Libertadora Sete de Setembro, em 24 de novembro de 1872.[35]

Como a maioria dos escravos pertencentes a pequenos proprietários, Antônia e a filha Cristina certamente eram empregadas nos serviços domésticos e de ganho. É possível que cuidar da casa da senhora e sair para a venda de algum gênero alimentício nas ruas dos Mares fosse a labuta cotidiana de mãe e filha. As oportunidades do emprego de escravos nas atividades de ganho ampliaram-se consideravelmente depois da inauguração da estação ferroviária da Calçada. Foi na companhia da mãe e da avó que Manoel Benício deu os primeiros passos no mundo das ruas.[36]

Nos primeiros anos de vida, as suas experiências possivelmente ocorreram em um cenário bem próximo do que foi descrito pelo vice-cônsul inglês James Wetherell, por volta de 1850. Segundo ele, nos mercados onde se concentravam "pretas" vendedoras de frutas e legumes havia muitas crianças. As ganhadeiras costumavam carregar os filhos amarrados a seu corpo em panos da costa, ou acomodá-los nas pesadas cestas de frutas que transportavam na cabeça. Wetherell observou que as crianças ficavam quietas e dormiam, mas quando acordadas era possível vê-las cantarolando ou batucando nas espáduas das mães. Para ele, essa era a maneira que as mulheres negras encontravam para cuidar dos filhos e deixar livres os braços na labuta cotidiana.[37] Era a maneira africana de carregar as crianças que persistia nas ruas de Salvador.

Para proteção do corpo e do espírito, as africanas costumavam ornar seus filhos pequenos com cordões e pulseiras de contas. Wetherell observou que meninos muito novos, chamados por ele de "pretinhos", andavam completamente nus, muitos trazendo apenas um par de pulseiras ou um cordão de contas ao redor da cintura, enquanto as meninas costumavam usar um par de pequenos brincos. Com frequência muitos desses meninos e meninas se desgarravam, fugiam para longe da vista das mães e iam peralvilhar pelas ruas em busca de divertimentos fortuitos. Era quando redobravam os cuidados e o desespero maternos diante do risco permanente de as crianças serem raptadas e vendidas como cativas.[38]

Aos quatro anos, quando já andava com as próprias pernas, Manoel Benício perdeu a mãe, vítima de sífilis. No livro de registro de óbitos, o pároco escreveu que, por volta das dez horas da noite de 19 de maio de 1870, faleceu Cristina, crioula, solteira, dezenove anos, escrava de "dona" Maria Benedita de Sousa Passos, moradora na Calçada. A jovem foi sepultada no cemitério de Bom Jesus, local onde normalmente eram enterrados escravos e pobres residentes na paróquia dos Mares.[39]

Sem mãe, e possivelmente aos cuidados da avó, Manoel Benício continuou sob a tutela da ex-senhora, o que implicava mais dependência e limitações à sua condição de liberto. Além de prestar serviços como qualquer menino escravo, pesava sobre ele a obrigação de obedecer e tratar com deferência e respeito a ex-senhora. Dela partiam as ordens de como se comportar, onde brincar e o que aprender para ser no futuro um "bom trabalhador". Afinal, viver para trabalhar era o que se projetava para toda pessoa negra desde a mais tenra infância, fosse ela escrava, liberta ou livre.[40]

Um menino chamado Manoel

Vê-se que no registro de batismo e na alforria havia diferentes modos de definir a cor da pele de Manoel Benício: aos olhos do padre era pardo, e aos da sua senhora, mulato. Essa imprecisão em relação aos negros de pele mais clara estava presente nos registros oficiais da época. Na documentação policial e em diferentes momentos da sua vida, ele foi identificado com diferentes marcadores raciais de cor de pele.

As autoridades policiais costumavam estabelecer gradações de cor de pele quando identificavam o mestiço. Assim, era muito comum distinguir os pardos mais claros dos mais escuros. Essa gradação classificatória dependia da maior ou menor proximidade em relação aos biótipos branco e negro. Em 1892, as autoridades do Recife descreveram Manoel Benício como "mulato escuro" de "cabelo carapinha", o que significava maior aproximação com o negro. Indivíduos com essa característica de cor de pele e textura do cabelo jamais podiam alimentar a pretensão de se passar por brancos como faziam os mestiços de pele mais clara. A imprecisão refletia as maneiras cotidianas como pardos e mulatos eram identificados e discriminados racialmente na Bahia do século XIX. Eles eram diferenciados dos de pele mais escura, os africanos e os crioulos, por sua vez classificados como pretos e negros, respectivamente. Os brancos se presumiam superiores a todos eles e tinham as melhores chances de ascensão.

Pardos e mulatos estavam expostos a diversas formas de discriminação racial. Vez ou outra, notícias sobre sua discriminação apareciam nas páginas dos jornais. Por exemplo, em 16 de setembro de 1869, *O Alabama* publicou a denúncia de que o afilhado de um certo capitão Justino fora impedido de fazer parte da Filarmônica Rossini por ser mulato. Segundo a notícia, o capitão chegou a interpelar a direção da agremiação sobre o motivo da recusa ao sobrinho, e lá teve a confirmação de que fora preterido por ser mulato. O autor da denúncia chamou a atenção para os "novos tempos" e a própria Constituição do país. Afinal, "já se foi o tempo em que os homens se distinguiam pelas cores; mas hoje os homens distinguem-se pela inteligência e virtude, a não ser uma burla o que diz a nossa Constituição!".[41] Evidente que o argumento em favor da igualdade expressava mais o desejo do que a realidade das relações raciais na Bahia de então.

Ser liberto e ao mesmo tempo viver sob a autoridade da ex-senhora foi o dilema que acompanhou Manoel Benício por toda a infância e juventude. Essa contradição pode ser a chave para entendermos a sua rebeldia nos primeiros anos de vida. Da morte da mãe, em 1870, até 1880, quando ele completou catorze anos e foi preso pela primeira vez por desordem, não localizei outra evidência documental direta sobre Manoel Benício. Entretanto, a discussão sobre o contexto em que nasceu e cresceu pode ajudar a entrever parte de suas experiências e memórias dos primeiros anos de vida.

Lugares de infância

Quando Manoel Benício nasceu, a povoação dos Mares ainda tinha muitas características de arrabalde praieiro e lugar de descanso. Segundo José de Sá, por volta do final da década de 1850 a Calçada era ainda local de moradia de "abastados negociantes", alguns deles proprietários de casas alugadas a pessoas que buscavam aquelas paragens para veraneio ou a romeiros que anualmente se deslocavam para as festas do Bonfim.[42]

Na década seguinte, o crescimento urbano da cidade de Salvador na direção da península de Itapagipe fez com que a freguesia dos Mares rapidamente se transformasse num bairro populoso e urbanizado. Até o início da década de 1860, pela precariedade dos caminhos por terra, o mar era ainda a principal via de comunicação entre o centro da cidade e as freguesias litorâneas ao norte. Uma pequena rua chamada travessa da Fortuna ligava o largo da Calçada ao porto onde atracavam os vapores da Companhia Baiana de Navegação e os saveiros que levavam e traziam pessoas do centro da cidade.

Em meados da década de 1860, os arrabaldes de Penha, Ribeira e Mares passaram a interagir mais intensamente com o centro de Salvador, sobretudo depois da implantação das primeiras linhas de bondes, chamados gôndolas, que corriam sobre trilhos de ferro e eram puxados por uma parelha de burros. Em 1878, quando esteve na Bahia, o alemão Julius Naeher ainda testemunhou esse sistema de transporte em pleno funcionamento.

Um menino chamado Manoel 33

A linha de bondes que atravessava a freguesia dos Mares começava ao pé da ladeira da Preguiça, atravessava todo o bairro comercial, passava pelas estações de Calçada, Bonfim, Ribeira e seguia dali até o subúrbio mais distante de Itapagipe.[43]

O movimento dos bondes introduziu na freguesia dos Mares o divertimento das "sotas", já muito praticado por meninos em outras partes da cidade. A brincadeira consistia em pular para dentro ou saltar dos bondes em movimento. Era uma diversão perigosa e que muitas vezes teve desfecho trágico. Em 28 de junho de 1875, o vigário da freguesia dos Mares registrou a morte de Feliciano, crioulo, oito anos, escravo do major Manuel Rodrigues Valença, morador na Calçada, atropelado por um bonde da Companhia Veículos Econômicos, da linha do Bonfim.[44] Provavelmente Feliciano foi um dos companheiros de peraltice de Manoel Benício.

A estrada que ligava o centro comercial da cidade à freguesia dos Mares tinha pouco mais de quatro quilômetros e seguia rente à encosta e ao mar da baía de Todos os Santos. Em janeiro de 1860, o viajante austríaco Maximiliano de Habsburgo chegou a percorrer de carruagem o trecho entre o bairro comercial e a Calçada, e encantou-se com a beleza da vegetação densa que subia a encosta.[45] O largo da Calçada funcionava como uma rótula aonde chegavam e de onde partiam os caminhos e estradas ligando a cidade aos subúrbios de Plataforma, Paripe e às freguesias rurais do Recôncavo, em que se concentravam os grandes engenhos. Dali também partia uma outra estrada paralela ao mar ligando a cidade à península de Itapagipe, passando pela igreja do Bonfim e pela Ribeira.

Ao chegar à freguesia dos Mares, Maximiliano contou que desceu da carruagem para observar as obras de construção da estação da Calçada ou da Jequitaia, o marco zero da estrada de ferro que, pelo projeto original, deveria ligar Salvador à cidade de Juazeiro, na margem direita do rio São Francisco. Era um empreendimento arrojado, que se chamava Bahia and San Francisco Railway. A terra batida do canteiro de obras, as barracas que abrigavam os trabalhadores, os trilhos e vagões de carga não deram ao austríaco boa impressão do lugar.[46] As obras da ferrovia começaram em setembro de 1858 e foram finalizadas em 1863, mas sem se concluir o ambicioso plano original de ligar Salvador às margens do São Francisco. Na inauguração, o ponto mais distante alcançado pela linha férrea foi a cidade de Alagoinhas.

No ano anterior à visita de Maximiliano de Habsburgo, d. Pedro II passou pela freguesia dos Mares para visitar a igreja do Bonfim e ver de perto o começo das obras da ferrovia. O imperador conferiu os trabalhos da estação e percorreu a cavalo um trecho em construção. Em seu diário, ele anotou mais de 2 mil trabalhadores empregados nas obras da estrada de ferro, oitocentos deles italianos. Possivelmente foi em alusão a essa visita que uma das principais ruas da freguesia passou a se chamar de rua do Imperador. Passagem obrigatória para a igreja do Bonfim, um dos lugares mais visitados por viajantes, aí Manoel Benício cresceu cercado de memórias da visita de reis, rainhas e princesas.[47]

A estação da Calçada se tornou o grande símbolo da modernidade oitocentista que chegara àqueles confins da cidade. Construída em ferro e tendo como modelo as gares ferroviárias inglesas, motivou novas construções e a reutilização das mais antigas, muitas delas transformadas em hotéis e pensões. Na década de 1880, com as facilidades de transporte, algumas indústrias se instalaram nas proximidades da Calçada. Aquela foi a época da expansão da cidade na direção norte, formando bairros suburbanos que cresceram em volta das estações de Plataforma, Periperi e Paripe.[48]

Com a estação ferroviária, a Calçada tornou-se um ponto de intensa circulação de pessoas e de concentração de trabalhadores negros, sobretudo mulheres ganhadeiras envolvidas no comércio ambulante de comidas, frutas e iguarias. Para lá se deslocavam também os ganhadores e carroceiros que viviam do transporte de mercadorias vindos nos vagões da ferrovia. Dentro e fora da estação circulavam meninos e meninas negras que viviam da venda de balas e doces. Nas horas de menor movimento a meninada aproveitava para brincar, o que terminou dando à polícia o pretexto para reprimir a suposta vadiagem infantojuvenil que havia se alastrado pela localidade.

Pelos endereços encontrados nos registros paroquiais da freguesia dos Mares, é possível imaginar os lugares por onde circulou Manoel Benício em sua infância. A povoação tinha dois pontos de referência para os moradores: o largo dos Mares e o largo da Calçada, também chamado na época de Calçada do Bonfim. O nome vem de fins do século XVIII, quando grande parte da área de mangue que ali existia foi pavimentada para facilitar o acesso à igreja do Bonfim e às diversas localidades da península de Itapagipe. Contígua à Calçada e separada por uma rua abria-se outra praça, chamada largo dos Mares, que tinha em uma das extremidades a capela de Nossa Senhora dos Mares. Anos depois a pequena capela foi demolida, e em seu lugar foi construída outra, em estilo neogótico, que ainda hoje se destaca na paisagem.

Cultura, festas e brincadeiras

Manoel Benício nasceu e cresceu mergulhado em uma cultura popular marcadamente negra e em permanente movimento. Foi no interior dela que se moldaram seu modo de ser, sua irreverência e rebeldia. Muitos aspectos dessa cultura popular tinham nas festas religiosas e profanas a principal forma de expressão. Mas sua infância coincidiu com o momento em que a cultura festiva passou a ser objeto de preocupação das autoridades, cada vez mais empenhadas na moralização e no policiamento dos costumes.

Foi na década de 1860 que as autoridades policiais apertaram o cerco sobre os sambas que animavam as noites de sábado no Uruguai, uma área de mangues ao norte da freguesia que crescera com a chegada dos trabalhadores da estrada de ferro. Uma denúncia publicada no jornal *O Alabama*, em 5 de julho de 1866, reclamava do subdelegado de polícia maior vigilância sobre "os sambas e pandeiros do Uruguai". No mesmo jornal, lê-se um poema jocoso em que se fazia menção a vários personagens que ali sambavam: Mestre Paulino Ferreira, "com a viola acompanhado"; Mariquinha, que "rufava com muito garbo o pandeiro"; Custódia, que "tirava o samba"; Pinheiro, que "tocava o samba"; Miguel Corcunda e Paulina, que "respondiam a toada, de vez em quando tomando, de cachaça, uma golada".[49]

Sem dúvida, a Lavagem do Bonfim era a festa que mais alterava o cotidiano da freguesia dos Mares. A Calçada e as ruas próximas eram passagem obrigatória para a multidão de romeiros e festeiros que todos os anos buscavam a devoção e a diversão na colina sagrada. Dez anos antes do nascimento de Manoel Benício, em 1856, o citado James Wetherell, fazendo um balanço das transformações que vinham ocorrendo na festa, afirmou que "antigamente" a lavagem da igreja era o cenário da mais "desenfreada depravação". Mais de 20 mil "pretos" se reuniam em volta da igreja dançando as suas "danças nativas", ou seja, africanas. Tanto a elite branca nativa quanto os europeus que nos visitavam tinham uma visão racista e carregada de julgamentos preconceituosos sobre os modos de vestir, crer e festejar da população negra baiana.

Para Wetherell, apesar da proibição das danças em público, imensas multidões, "vestidas com o que há de melhor no gosto dos pretos", para ali se dirigiam nos três primeiros domingos de janeiro. Para contornar as proibições, a população negra passou a dançar dentro das casas, e, por vezes ignorando a proibição e resistindo a ela, também nas próprias ruas. Os divertimentos aconteciam igualmente no interior de barracas que eram montadas ao redor da igreja e onde se vendiam os mais diversos artigos, entre os quais as já famosas fitas de todas as cores com inscrições das iniciais N. S. do B. F. (Nosso Senhor do Bonfim) ou o nome completo da igreja.[50]

No início da década de 1860, Maximiliano de Habsburgo deixou um registro interessante sobre o que chamou de "a festa popular dos negros". O que mais o impressionou foi a multidão negra e o seu movimento de mar revolto em torno da igreja. Segundo ele, os negros, nos mais coloridos e "berrantes trajes" de festa, empurravam-se e corriam para todos os lados. Carruagens com senhoras em romaria ou carregando gente curiosa da cidade deslizavam pela multidão como barcos em meio a ondas impetuosas. Caixas de vidros cheias de gêneros comestíveis pairavam sobre as cabeças das pessoas, enquanto pequenos grupos de vendedores de cachaça formavam ilhas em meio àqueles que iam e vinham.

O olhar eurocêntrico do austríaco só viu sensualidade na alegria e na irreverência com que homens e mulheres negros cultuavam e festejavam o

Um menino chamado Manoel

santo. Foi assim que encarou a alegria das moças pretas, envoltas em trajes transparentes e lenços de "cores berrantes", em posições confortáveis, para ele "sensuais e desleixadas". Essas moças vendiam em cestos e caixas de vidro objetos religiosos, amuletos, velas e comidas, o que ele chamou de bugigangas. Observou as vendedoras gracejando em seus encantos com jovens negros que se empurravam em volta delas, procurando abertamente o contato. A despeito do olhar inquisitorial sobre o que chamou de "heresia ali reinante", Habsburgo não deixou de definir a festa como um espetáculo muito alegre e agradável.[51]

A festa do Bonfim anualmente reacendia as preocupações das autoridades policiais com a manutenção da ordem e a vigilância da aglomeração popular em torno da igreja. Afinal, persistia ainda o medo antigo de que a festa fosse prelúdio de revoltas. Essa preocupação parece ter se intensificado na década de 1860, sobretudo depois da implantação das linhas de bondes, que facilitaram a afluência de pessoas nos dias de lavagem. Mas, na década de 1860, o que mais se destacava no discurso das autoridades comprometidas com o projeto de civilização dos costumes era o incômodo com a forte presença de músicas, danças e rituais africanos.

Na década seguinte, a crescente afluência popular nos dias de lavagem continuou sendo objeto de grande atenção das autoridades. Em 3 de janeiro de 1879, o subdelegado da freguesia dos Mares, Justo Amado Gomes Ribeiro, escreveu ao chefe de polícia requisitando que aumentasse de seis para doze o número de praças que faziam o policiamento do local durante as festas do Bonfim, "para onde aflui grande concorrência de povo e aparecem sempre distúrbios".[52]

Por ser ainda periférica, a freguesia dos Mares tornou-se o refúgio de festas e divertimentos proibidos no centro da cidade. Em sua infância, Manoel Benício ainda testemunhou os últimos anos de celebração do entrudo. O divertimento consistia em as pessoas jogarem umas nas outras bolas chamadas de "laranjinhas" ou "limas", que arrebentavam cobrindo a pessoa de água. Por volta da década de 1850, James Wetherell observou que durante três dias o entrudo era festejado em Salvador. As classes mais ricas usavam bolas de cera em forma de frutas cheias de água, por vezes perfumadas. Já as classes mais baixas lançavam mão de grandes seringas para borrifar os que transitavam pelas ruas.[53]

Ainda segundo Wetherell, das sacadas dos sobrados costumavam-se também despejar sobre os transeuntes desavisados águas nem sempre das mais limpas. Todas as espécies de brincadeira, nem sempre agradáveis, eram praticadas nesses dias de liberdade. Os pretos se cobriam de barro vermelho e branco. Naqueles dias era impossível sair às ruas sem o risco de ser completamente encharcado. Para o vice-cônsul inglês, apesar das leis proibindo o divertimento, as autoridades policiais não vinham tendo muito sucesso na repressão do entrudo.

Em 10 de fevereiro de 1869, *O Alabama* estampava críticas ao "maldito brinquedo" e admitia que, apesar da proibição, o divertimento "estúpido, bruto e grosseiro" continuava a ocorrer em toda a cidade. Conceituando a Bahia como "terra do atrasado", informava que na Calçada "brincou-se entrudo a valer". O mais deplorável era constatar que indivíduos ocupados em manter a ordem também se envolviam na desordem da festa. Foi o que aconteceu no domingo, quando alguns guardas do 4º Batalhão jogaram água sobre os pretos que tranquilamente transitavam perto do quartel. O autor da denúncia concluiu indignado:

— Que gente meu Deus! Ainda não se convenceram da perniciosidade do brinquedo do entrudo; ainda não se convenceram do mal que causa esse estúpido e grosseiro brinquedo.

— Renitentes, larguem o brinquedo de entrudo, larguem... larguem renitentes![54]

Ao longo da década de 1870, as autoridades intensificaram a repressão ao entrudo nas ruas centrais da cidade, mas a persistência do divertimento desesperava os que defendiam a sua proibição. Em 22 de fevereiro de 1871, *O Alabama* noticiou que naquele ano o entrudo fora um pouco moderado nos dois primeiros dias, mas no terceiro esteve "desabrido". "O mais intolerável era a insolência dos moleques, forros e cativos, a emplastrar a cara de quem transitava com bananas podres, farinha do reino diluída em urina,

Um menino chamado Manoel

lama, gesso etc.".[55] A licença dos de baixo contra os de cima naqueles três dias festivos era o que mais incomodava os que pediam a proibição do entrudo. Em um momento de crise do instituto da escravidão, a elite baiana mostrava-se cada vez mais ciosa da manutenção das distinções sociais.[56]

A freguesia dos Mares foi o lugar onde o folguedo do entrudo resistiu ainda por muito tempo ao projeto "civilizador". Por isso, em 23 de fevereiro de 1873, o subdelegado da freguesia, José Ferreira Lima, chegou a pedir uma patrulha de praças de cavalaria para percorrer as ruas da localidade nos dias da diversão. Pediu também o deslocamento de uma patrulha para policiar o Uruguai, "onde excede demasiadamente o brinquedo imoral e perigoso". A iniciativa do subdelegado possivelmente acontecia como desdobramento da postura municipal que proibia não apenas o entrudo mas também a venda dos objetos nele utilizados. A postura previa punição corporal para os escravos flagrados na festa.[57]

No mês de junho, a atenção da polícia se voltava para outro brinquedo considerado inconveniente: a queima dos foguetes conhecidos como busca-pés. O fogo de artifício consistia numa carga de pólvora comprimida dentro de um tubo que, após girar no ar com grande força, explodia com enorme estrondo, espalhando destroços em várias direções. Em fins da década de 1840, James Wetherell escrevia que era forte essa tradição durante as festas juninas, sobretudo nas vésperas do São João. Vários dias antes gastava-se muito na compra e preparação de fogos que estalavam toda hora do dia e da noite.[58]

Até o final da década de 1860, o folguedo proibido era largamente praticado na freguesia dos Mares. Em julho de 1869, *O Alabama* incluía a Calçada entre os lugares onde soltar busca-pés era brincadeira que se praticava livremente a despeito das proibições policiais. Uma postura municipal da década de 1860 chegou a proibir o que definia como "fogo solto" nas ruas da cidade durante os festejos juninos. Para desencorajar a brincadeira, os jornais frequentemente noticiavam os acidentes, como o que ocorreu às vésperas do São João, quando um rapaz foi gravemente ferido depois que os busca-pés que levava para soltar na freguesia dos Mares estouraram em seus bolsos.[59]

Foi nessa época que algumas brincadeiras de criança também entraram na mira da polícia. Durante a infância de Manoel Benício, "empinar arraias" era um dos passatempos infantojuvenis mais reprimidos. Nos meses de julho e agosto, quando o vento soprava mais forte, a vigilância aumentava sobre os locais onde o divertimento era praticado pela meninada. Em algumas batidas policiais, as patrulhas chegaram a flagrar até homens adultos envolvidos no "pernicioso brinquedo das arraias".[60]

Banhar-se sem roupas nas praias foi outro divertimento infantojuvenil bastante reprimido pela polícia, apoiada pelos que defendiam a moralização dos costumes populares. Em 18 de janeiro de 1866, *O Alabama* chamou a atenção do subdelegado da freguesia da Penha para os meninos e rapazes que tomavam banhos de mar completamente nus em todo o litoral de Itapagipe.[61] Manoel Benício nasceu e cresceu numa época em que as autoridades estavam firmemente comprometidas com a ideia de civilizar os costumes e policiar o que chamavam de africanismos. Essa crescente investida das autoridades terminou intensificando a vigilância sobre as diversões e brincadeiras da meninada.

Guerra, violência e pobreza

Manoel Benício nasceu numa conjuntura de crise econômica e recrudescimento da pobreza. No começo da década de 1860, a província ainda se ressentia das consequências da terrível epidemia de cólera-morbo, que em 1855-6 dizimou entre 30 mil e 40 mil pessoas, a maioria escravos. Somava-se a isso a crise econômica decorrente da queda de preços dos produtos de exportação, principalmente o açúcar, da dificuldade de crédito e da abolição do tráfico, em 1850. Em 1860 uma seca devastadora atingiu o interior da província, provocando crise de abastecimento de alimentos, deixando milhares de mortos e espalhando a pobreza pelas cidades litorâneas. Além disso, a febre amarela, endêmica desde 1849, continuou devastando a população por toda a década de 1860.[62]

Ao mesmo tempo, uma crise na lavoura de cana, o principal produto de exportação da província, se estenderia desde esses anos até o final do século XIX. Por volta de 1866, uma praga contaminou diversas plantações, e o preço dos escravos disparou em função dos efeitos da proibição do tráfico. Foi nessa década que a Bahia começou a perder posições para as províncias do Sudeste, especialmente São Paulo, Minas Gerais e Rio de Janeiro, alavancadas pela lavoura cafeeira.[63]

Além disso, ocorreram vários surtos de doenças epidêmicas, provocando grande mortalidade entre pobres e escravos. A leitura dos livros de óbitos revela que nos anos seguintes ao nascimento de Manoel Benício houve uma sucessão de surtos de varíola, tifo e outras doenças não identificadas pelas autoridades. Em 1866, entre os meses de março e maio, catorze crianças e vários adultos foram vitimados pelo que o padre definiu como diarreia de sangue. Entre 1873 e 1875, os registros de óbitos acusaram vários casos de morte por varíola. Pode-se dizer que o menino nasceu numa conjuntura, e a ela sobreviveu, de alta mortalidade infantil.[64]

No ano em que Manoel Benício nasceu, o Brasil estava mergulhado no maior conflito regional da América do Sul: a Guerra do Paraguai. A peleja, que começou no final de 1864 e se estendeu até 1870, exigiu a mobilização de milhares de homens em várias províncias do Império. Em janeiro de 1865 seguiram para o cenário da guerra os primeiros batalhões baianos. A Bahia foi a segunda província a enviar o maior número de soldados, calculados entre 15 mil e 20 mil homens.[65] Entre os soldados baianos contavam-se muitos negros escravizados que marcharam para a guerra como estratégia para conquistar a alforria. Houve quem fugiu para as fileiras do Exército alistando-se com nome trocado e apresentando-se como cidadão livre. Mas a maioria foi jogada no conflito por decisão de senhores tomados pelo sentimento "patriótico" ou para usá-los como substitutos nos recrutamentos.[66]

Apesar do nome de Voluntários da Pátria dado aos batalhões que marcharam para o Sul, a maioria dos soldados foi forçada a se engajar. Dos primeiros anos de vida, Manoel certamente recordava-se do pânico criado pelo recrutamento militar, popularmente chamado de "pega-pega". Foi o tempo em que quase diariamente as tropas da Guarda Nacional percorriam os quarteirões mais pobres, cercavam e invadiam as casas em busca de homens em condições de engrossar as fileiras dos batalhões que rumariam para os combates. Entre os batalhões estava um chamado de zuavos, formado exclusivamente por soldados negros e pardos. O nome vinha da semelhança entre as vestes das tropas negras baianas e o fardamento das tropas coloniais francesas na Argélia.[67]

O recrutamento forçado acirrou conflitos e intensificou a violência em todo o país. Os jornais registraram a brutalidade com que era feito o alistamento de homens jovens para compor os batalhões. Aproveitando a oportunidade, muitos recrutadores invadiam as casas, capturavam escravos e se vingavam de desafetos prendendo-os mesmo sabendo que eram inaptos para o serviço militar. Em 1866, registraram-se vários conflitos no centro da cidade entre soldados e populares que resistiam ao pega-pega.[68] Entre 1866 e 1867, as ruas de Salvador foram palco de diversas reações populares ao recrutamento. Por exemplo, em 20 de junho de 1867, *O Alabama* informou que, numa ocasião em que o 16º Batalhão atuava desenfreadamente, populares reagiram à prisão de um homem recrutado postando-se na porta do quartel e exigindo sua soltura. Sob ameaça de invasão e resgate do preso, o oficial de plantão teve de reforçar a guarda e investir com baionetas contra os manifestantes.[69]

No decorrer da guerra começaram a chegar as notícias sobre as mortes em luta e as ruas se encheram de ex-combatentes, muitos deles mutilados e esmolando para sobreviver. Os jornais frequentemente denunciavam a presença dos chamados Voluntários da Pátria entre os mendigos que circulavam pela cidade suplicando de porta em porta uma "esmola pelo amor de Deus". Para denunciar o abandono e o desamparo dos "inválidos da pátria", os jornais passaram a narrar as histórias de vários soldados caídos na miséria.

Na edição de 11 de janeiro de 1871, *O Alabama* contou a história de José Pinto de Oliveira, que percorria as ruas da cidade amparado em duas muletas, coberto de andrajos. Ele fora praça da cavalaria de polícia e servira muitas vezes como guarda do palácio. Irrompendo a Guerra do Paraguai, passou para a fileira do Exército e marchou para a campanha. Baleado nas duas pernas, regressou à Bahia "sem ter o que comer, nem possibilidade de trabalhar". Apoiado em dois paus, ele saía às ruas "com as mãos estendidas implorando um pedaço de pão para não morrer na miséria!".[70]

Quando a guerra acabou, houve muita festa na cidade com o retorno dos guerreiros. Em 14 de março de 1870, os jornais noticiaram as intensas comemorações ocorridas dois dias antes com o primeiro desembarque de combatentes da Guerra do Paraguai, vindos no vapor chamado *Galgo*. Era a primeira leva de soldados que voltava. Desembarcaram às dez horas da manhã com várias salvas de canhão e recepção de muitos populares. Do porto, os "filhos queridos da pátria" desfilaram até a praça do Palácio em meio a aclamações, versos e flores.[71]

Uma cena chamou a atenção dos jornalistas que faziam a cobertura da volta dos soldados. No trajeto até o forte do Barbalho, um soldado negro avistou a mãe, identificada como africana, e, abandonando a fileira, foi até ela pedir-lhe a benção. O jornalista de *O Alabama* assim registrou a cena: "A preta deslumbrada, de boca aberta, com os olhos arregalados, encarava o filho sem poder articular palavra, enquanto este repetia-lhe: 'A benção, minha mãe'". A cena durou alguns segundos, até que uma companheira a arrancou do "êxtase em que jazia". Depois disso, a africana prorrompeu em altos gritos: "Meu filho! Meu filho!".[72]

Passada a emoção do reencontro, aquela família negra e muitas outras iriam defrontar-se com os limites da cidadania numa sociedade em que muitos ainda estavam presos à escravidão. Foi esse um dos ingredientes mais poderosos da rebeldia negra em todo o país após a Guerra do Paraguai. Uma semana depois, aqueles mesmos soldados marcharam do forte do Barbalho até a igreja do Bonfim para render graças ao santo. Ao passar pela Calçada, cruzaram sob arcos triunfais, e das sacadas dos sobrados senhoras ofereceram-lhes grinaldas de flores. No Bonfim, os soldados, dois a dois, beijaram a imagem do santo e, em seguida, desfizeram a disposição militar e se entregaram a toda sorte de divertimentos até o anoitecer, quando regressaram à cidade. Pelos cálculos de observadores da época, mais de 5 mil pessoas estiveram no Bonfim naquele dia.[73] Manoel Benício era um menino de quatro anos, e certamente deve ter guardado na memória fragmentos do brilho e do burburinho daqueles dias festivos.

Desde então, o medo e a desconfiança em relação aos soldados passaram a ocupar as atenções das autoridades. Os "queridos da pátria" logo se transformaram em ameaça à ordem estabelecida. Em 17 de março de 1870, o subdelegado da freguesia da Conceição da Praia, Joaquim da Silva Lisboa, informava com preocupação a chegada de outra leva de voluntários da pátria, que fizeram acampamento no beco do Grelo, o que para ele demandava vigilância por parte da polícia.[74] A desmobilização dos batalhões vindos da Guerra do Paraguai iria lançar nas ruas muitos homens jovens desempregados. Para diversos observadores da época, a sensação era de que o número de vadios e vagabundos crescia a cada ano. Além disso, o desamparo dos que voltaram mutilados aumentou o número de pedintes. Menores órfãos e sem condições de serem alimentados por suas famílias se acresceram ao número de mendicantes.

O retorno do soldado cativo terminou aprofundando o debate político sobre o fim da escravidão. Com o término da guerra alguns senhores de escravos tentaram reaver o direito de propriedade sobre aqueles que haviam fugido para se alistar no Exército. O governo imperial, em nome da honra do país, precisou reagir contra a possibilidade de reescravização dos que haviam se alistado. Assim, abria-se um caminho para o questionamento do caráter até então intocável do direito de propriedade dos senhores. Foi essa a oportunidade de o abolicionismo colocar em discussão os fundamentos do direito privado dos senhores, entre os quais o de escravizar os filhos de suas escravas, conceder ou anular a alforria e castigar fisicamente seus cativos.[75]

Ademais, a volta dos soldados negros teve implicações nas expectativas de alargamento dos direitos de cidadania para os ditos "homens de cor". Como dizia Cândido da Fonseca Galvão, um dos recrutados para a Guerra do Paraguai e que se autointitulava "Príncipe Dom Obá II": "Como soldado patriota que sou, entendo que não faço mais do [que] o meu dever em [...] tomar parte ativa em todos os assuntos [em] que entendo ver gravidez [sic]".[76] Sem dúvida, o fim da guerra assinalou o começo de um ativismo negro influenciado pelos soldados negros retornados do conflito.[77]

Creio que a história de Marcolino José Dias, ex-combatente da Guerra do Paraguai e conhecido nas ruas de Salvador como Preto Patriota, expressa bem as contradições vividas pelos soldados negros que marcharam para o combate. Ele alistou-se na condição de sargento e integrou as fileiras do Batalhão dos Zuavos. No ano de nascimento de Manoel Benício, 1866, foi nomeado comandante da 2ª Companhia de Zuavos, composta de 85 praças. Na ocasião, foi denunciado por ser liberto e por ter participado de eleições dando muita "cabeçada" em seus adversários conservadores. Como observa Hendrik Kraay, a referência à cabeçada mostra que Marcolino fazia parte da política partidária e do mundo das ruas, dominado pelos negros, entre eles os capoeiras.[78]

A despeito do reconhecido heroísmo no combate e da conquista da patente de capitão, Marcolino vivia de varrer as ruas do centro da cidade, sempre portando seus trajes militares. Tempos depois, por decisão de um presidente da província, foi nomeado porteiro da Biblioteca Pública. Nas festas do Dois de Julho que se seguiram ao fim da Guerra do Paraguai, ele fazia questão de envergar a farda de voluntário da pátria e desfilar altivo à frente de um batalhão chamado "Defensores da Liberdade", formado por companheiros de arma engajados tanto em reverenciar a memória dos combatentes negros da Guerra da Independência como na luta contra a escravidão. Marcolino faleceu em 20 de fevereiro de 1888, a poucos meses da abolição.[79]

Assim, Manoel Benício cresceu num contexto em que o debate sobre a cidadania negra vinha ocupando a cena política, impulsionado pela perspectiva do fim da escravidão e pela movimentação política dos jovens negros de sua geração. É desses temas que trataremos no próximo capítulo.

2. De Manoel Benício a Macaco Beleza

O aprendizado da obediência

Certa vez em que foi preso por desordem, Macaco Beleza declarou que tinha o ofício de pedreiro. Homens negros abordados pela polícia eram obrigados a dizer o que faziam e do que viviam sob pena de serem detidos como vadios ou vagabundos. Mas esse pode ser um indício de que realmente ele passou pela prova de fogo da aprendizagem de um ofício. Aos senhores interessava ter seus escravos e tutelados menores aprendendo alguma profissão, pois permitia inseri-los lucrativamente no mercado de trabalho. Para meninas e meninos, escravos ou libertos, a iniciação em algum ofício começava entre os sete e os dez anos.[1]

Ao ser iniciada no aprendizado de um ofício sob a guarda dos mestres ou das mestras, abria-se uma nova fase na vida da criança negra livre pobre ou escrava. Era um momento crítico em que elas eram afastadas da companhia das mães e passavam ao domínio mais ostensivo dos senhores e mestres no duro aprendizado da obediência e da disciplina no trabalho. Embora não se disponha de documentos sobre a vida de Macaco Beleza entre os sete e os dez anos, é certo que foi nessa faixa etária que ele se defrontou com regras e imposições do poder senhorial. Sem dúvida foi quando pela primeira vez sofreu castigo corporal e começou a aprender as artimanhas de como lidar com os caprichos e imposições dos senhores.[2]

Meninas libertas ou escravas eram treinadas por mestras para atividades domésticas diversas, como cozinhar, costurar e bordar. Assim como os meninos, muitas delas chegavam a morar na casa das mestras aprendendo e prestando serviços. Em 1881, quando foi instaurado processo para investigar o estupro de algumas menores em poder da mestra Maria Matilde dos Anjos Pereira, verificou-se que em sua companhia moravam meninas negras com idades que variavam entre oito e treze anos. Entre as aprendizes estavam Maria Adelina, nove anos; Maria da Luz, treze anos; Sebastiana, oito para nove anos; Cesária Margarida, oito anos; e Secundina, menor ingênua.[3]

Ao receber os meninos em suas tendas, os mestres se comprometiam com os pais ou com os senhores a lhes ensinar um ofício e discipliná-los para o trabalho. O tempo de permanência do menor na condição de aprendiz dependia de acerto prévio. Estava sujeito também à duração da aprendizagem e ao comportamento dos novatos, uma vez que os rebeldes, que não se adaptavam ou se recusavam a aprender o serviço, podiam ser devolvidos a seus responsáveis. Sob a autoridade dos mestres, os meninos eram submetidos a rigorosa disciplina, o que incluía extensas jornadas de trabalho e castigos corporais.

Macaco Beleza nasceu numa época em que a discussão sobre maus-tratos e castigos físicos aplicados aos menores aprendizes começava a ganhar mais espaço nas páginas dos jornais. A investida contra as sevícias se inseria num debate mais amplo sobre o direito senhorial de punir fisicamente seus cativos. O debate terminou implicando também a contestação das prerrogativas de senhores e mestres castigarem fisicamente aprendizes e dependentes. Ao legislar sobre a questão servil, as autoridades terminaram avançando sobre o domínio privado dos senhores na relação com escravos e dependentes.[4]

O jornal *O Alabama* frequentemente publicava matérias denunciando mestres e senhores que submetiam meninas e meninos aprendizes a trabalhos excessivos, a castigos físicos e a condições precárias de sobrevivência. Por exemplo, em 20 de novembro de 1866, o jornal denunciou a situação de um menino negro qualificado de "crioulinho" que andava pelas ruas com as costas cobertas de enormes cicatrizes e feridas em várias partes do corpo. Na ocasião, o jornal aplaudiu a iniciativa do delegado de entregar o menino ao hospital da Santa Casa.[5] Ao denunciante não ocorreu, ou não foi mencionada, a possibilidade de processar criminalmente o autor das sevícias.

As denúncias se referiam mais a "castigos rigorosos" do que propriamente à condenação da punição corporal. Mesmo aqueles que abraçaram o discurso humanitário e civilizador pareciam considerar que a pena física era um dos pilares da dominação senhorial. Em 26 de abril de 1870, *O Alabama* alertou as autoridades para a situação de Eduardo, nove anos, qualificado de "pardo escuro", agregado de um tal major Pontes, que andava pelas ruas vendendo bonecos de engonço e quinquilharias. Segundo a denúncia, o menino vivia como escravo, esmolando comida pelas casas e sujeito a espancamento se quebrasse algum boneco. Ou seja, o péssimo tratamento que recebia seria aceitável se se tratasse de um cativo. O denunciante apelou ao juiz de órfãos que providenciasse o recolhimento do menino à Companhia de Aprendizes-Marinheiros ou qualquer outro estabelecimento público.[6]

Em muitas denúncias, mestras e senhoras aparecem como autoras de sevícias de meninas. Em 20 de junho de 1867, *O Alabama* chamou a atenção do subdelegado da Sé para um sobrado na ladeira da Praça "onde nos informam que são castigadas com desmedida severidade meninas que ali aprendem a coser; sendo que ainda na semana passada levara uma delas sessenta palmatoadas bem puxadas".[7] Em 9 de novembro de 1869, os redatores do mesmo jornal recomendaram ao subdelegado da freguesia da Sé que observasse uma casa na ladeira da Oração, onde a esposa de um dono de loja castigava uma menina de cinco anos porque não executava com perfeição os "difíceis trabalhos de agulha". Nesse caso, o denunciante recomendava que a senhora fosse apenas admoestada a tratar a criança com mais moderação.[8]

Além da iniciação no ofício de pedreiro, é possível que entre os sete e os dez anos Manoel Benício tenha começado a alfabetizar-se. Havia escolas de primeiras letras na freguesia dos Mares desde o início da década de 1870, quando a localidade foi desmembrada da freguesia da Penha. É também possível que tenha frequentado a escola criada por d. Romualdo Maria de Seixas Barroso quando foi pároco na freguesia. Segundo Ione Celeste de Sousa, em 1872, a aula pública noturna criada pelo pároco abolicionista funcionava nas dependências da igreja dos Mares e era destinada principalmente às crianças libertas pela Lei do Ventre Livre.[9] Veremos que o esforço para aprender a ler e escrever estendeu-se por outros momentos da vida de Manoel Benício.

O aprendizado da rebeldia

Todo menino negro que se rebelava contra o poder senhorial era chamado de "moleque vadio". A expressão abrangia desde o menino abandonado ou órfão que vagava pelas ruas até o aprendiz que escapava da tenda do mestre para divertir-se ou fugir de castigos e maus-tratos. O rótulo de vadio embasava-se na ideia de que viver e trabalhar sob a dependência senhorial era a maneira de o indivíduo negro, livre ou escravo, encaixar-se no mundo da ordem. Ocorre que a infância e a adolescência de Macaco Beleza transcorreram num momento em que os fundamentos do poder senhorial vinham sendo questionados e postos à prova ante a crescente movimentação dos escravos pela abolição do cativeiro.

As fugas eram as principais formas de resistência dos menores sob o domínio dos senhores e mestres. Em muitos casos, elas podiam se dar quando pais ou senhores decidiam inseri-los no mercado de trabalho como aprendizes. Em 28 de abril de 1873, o subdelegado da freguesia da Vitória, Pedro de Góis Vasconcelos, remeteu ao chefe de polícia o menor José dos Passos de Lima, crioulo livre, que lhe foi entregue pelo próprio pai para que fosse recrutado na Armada por dois anos. Esperava assim corrigi-lo dos "desvios de sua educação, porquanto não quer se sujeitar a aprender um ofício ou entregar-se a qualquer ocupação honesta".[10]

As péssimas condições de vida e os maus-tratos apareciam entre os principais motivos de fuga. Ao ser preso vagando pelas ruas da freguesia da Rua do Paço, em 22 de julho de 1875, o menor Bonifácio Manuel de Argolo, catorze anos, declarou que fugira por "ser maltratado pela mulher de seu mestre" e pediu para assentar praça na Companhia de Aprendizes-Marinheiros.[11] Em agosto de 1876, o subdelegado da freguesia da Penha apresentou ao chefe de polícia o menor Olímpio César Leal, preso pela patrulha de polícia com marcas de maus-tratos pelo corpo. Na ocasião o menor declarou que se evadira da casa do mestre para livrar-se das pancadas que recebia.[12] A menina chamada Maria da Conceição, que vagava pelas ruas da freguesia de Santo Antônio, declarou às autoridades policiais ter fugido da casa em que morava "por não poder suportar maus-tratos". Perante o chefe de polícia a menina disse ser órfã de pai e mãe, que haviam falecido no hospital da Santa Casa depois de terem migrado das Lavras Diamantinas. Em despacho, o chefe de polícia encaminhou a menina ao juiz de órfãos.[13]

Notícias publicadas em jornais do tempo de infância de Manoel Benício dão uma ideia de como a imprensa retratava os moleques vadios e sua distribuição pelas ruas da cidade. Em maio de 1866, *O Alabama* sugeria à polícia que fosse às Portas do Carmo para prender e castigar com chicote moleques que se ajuntavam à noite para insultar a vizinhança e quem por ali passava.[14] Dias depois, solicitava a dispersão do "bando de moleques" cativos e livres que se reunia atrás da Sé.[15] Em agosto alertou o subdelegado da Sé para uma "súcia de meninos vadios" que se reunia na rua da Castanheda comandados por dois menores metidos a valentes, um deles neto de uma africana.[16] Em junho do ano seguinte, requisitou ao subdelegado da freguesia de Santana a dispersão da "súcia de moleques" que costumava se reunir todas as noites na porta da igreja matriz nas trezenas de santo Antônio.[17]

Os moleques vadios organizavam-se em grupos que os jornais denominavam "bando", "malta", "súcia" ou "quadrilha". Cada malta tinha seu próprio território de atuação e reunia dezenas de meninos de uma mesma freguesia. Geralmente o território ocupado e defendido correspondia aos limites dos largos e ao entorno das igrejas matrizes. Jornais da década de 1860 informavam a atuação de diversas maltas nas freguesias centrais da Sé, de Santo Antônio, Santana, na Rua do Paço, no Terreiro de Jesus, na Baixa dos Sapateiros e na Piedade.

Na década de 1870, quando o crescimento da cidade alcançou a península de Itapagipe, as autoridades policiais passaram a insistir mais em acusar as maltas de moleques atuando nas ruas da freguesia dos Mares, especialmente na Calçada. Em 7 de maio de 1874, o subdelegado João Hermínio

Rua da Calçada do Bonfim, onde Manoel Benício morou
e passou a infância, em fotografia de 1860.

de Lima constatou desolado que a outrora "pacífica" freguesia dos Mares estava tomada por "uma malta de vadios e turbulentos". Segundo ele, era isso que explicava o aumento de roubos nas casas do largo da Calçada.[18]

Macaco Beleza provavelmente conheceu Tomás, considerado o terror das ruas da freguesia dos Mares. Em correspondência reservada ao delegado de polícia, de 15 de julho de 1875, o subdelegado José Ferreira Lima informou que Tomás, dezoito anos, cor cabra, era o "capitão" de um grupo de meninos vadios que vagava dia e noite, insultando e roubando os vendilhões que se reuniam na Calçada. Com ele foi preso também o "molequinho" Antônio, considerado um "soldado" de Tomás.[19]

As maltas eram bastante diversas em sua composição social e racial, podendo reunir num mesmo grupo crianças brancas e negras, fossem elas escravas, libertas ou livres. Em inúmeros casos, meninos brancos e pardos livres podiam ser comandados por negros e escravos, o que mostra que a organização interna desses agrupamentos muitas vezes discrepava do modelo hierárquico reinante na sociedade. Segundo denúncias publicadas em *O Alabama*, em março de 1869, um ajuntamento de moleques no adro da igreja de São Pedro dos Clérigos era capitaneado por Florêncio, escravo do pedreiro Benvindo. Segundo a comunicação, eles se reuniam todas as tardes para atacar quem passava com vaias e pedradas.[20]

Evidente que ao reprimir esses grupos de menores a polícia agia seletivamente de acordo com a cor da pele e a condição social da criança. Tanto assim que os meninos brancos flagrados nesses grupos eram qualificados de "peraltas", nunca de "moleques vadios". Na mão das autoridades o tratamento também era diferente: os brancos eram entregues aos pais para serem punidos, enquanto os negros, livres ou escravos, eram castigados fisicamente pela própria polícia, e alguns chegavam a ser presos ou recrutados como aprendizes de marinheiro.

No interior das maltas os meninos assumiam maneiras próprias de se vestir, andar, falar e se comportar. Uma notícia publicada em *O Alabama* revelava que paletó curto, calça de camelo (mais alargada nas pernas) e chapéu caído para o lado era o estilo característico do "moleque capoeira".[21] A vestimenta e o andar gingado identificavam também o capoeira nas ruas do Rio de Janeiro. As formas de comunicação entre os membros do bando incluíam também seus códigos e gírias. Eles costumavam utilizar apitos e assovios para se comunicar durante a noite. Os apitos muitas vezes podiam ser usados para confundir a polícia, ao entoar os mesmos códigos sonoros que os guardas.[22]

As maltas eram organizações que se afirmavam no conflito e na rivalidade umas com as outras. Segundo o memorialista João Varella, a malta da freguesia de Santana rivalizava com a da Rua do Paço, que por sua vez era inimiga da de Santo Antônio. Alguns desses confrontos entre bandos rivais ganharam as páginas dos jornais, como o de 11 de abril de 1870, quando os moleques de Santo Antônio enfrentaram os da freguesia de Santana. Os primeiros, uniformizados de gorro azul e portando bandeira, atacaram os de Santana. Houve muitos feridos, e o resultado do confronto foi a perda da bandeira por parte dos moleques de Santo Antônio.[23] O gorro azul e a bandeira eram, portanto, marcas identitárias das maltas.

Provavelmente foi na década de 1860 que os rituais de briga das maltas passaram a se inspirar nos relatos sobre as provas de bravura dos ex-combatentes da Guerra do Paraguai.[24] Baixar a bandeira inimiga era a glória dos bravos. Varella chamou esse tempo de confronto entre as quadrilhas de "Bravo, meu mano".[25] Essa expressão remetia às formas de sociabilidade no interior das maltas, que eram regidas por símbolos e comportamentos baseados na afirmação de bravura e no sentimento de irmandade entre seus membros. A valentia gerava irmandade e garantia lugar no bando. As páginas dos jornais e a documentação policial da época estão cheias de denúncias de desordens que mais pareciam formas de afirmação de bravura.

O "batismo" e a permanência dos menores nas maltas dependiam da demonstração de coragem e destreza no uso do cacete, na pontaria certa no arremesso de pedras e na habilidade para subir em árvores, em dominar movimentos de ataque e defesa da capoeira, na demonstração de bravura nas brigas com adversários. Pertencer à malta importava também lealdade e coragem no enfrentamento dos praças de polícia para o resgate de parceiros presos. Possivelmente era no batismo que o novo integrante ganhava um apelido que o identificava.

As brigas ocorriam em lugares específicos de cada freguesia, geralmente praças e ruas enladeiradas. Na Sé, as maltas lutavam na rua do Monturo; em São Francisco, no alto do Pelourinho; em Santana, na ladeira do Prata; em Santo Antônio, na ladeira do Aquidabã; e assim por diante. As batalhas chegavam a interferir no cotidiano da cidade, a exemplo dos confrontos entre as quadrilhas da Sé e de Santana, que aconteciam no Domingo de Ramos. Segundo Varella essa batalha começava na ladeira do Prata e se estendia até a proximidade da Baixa dos Sapateiros, muitas vezes interrompendo o trânsito dos bondes naquelas imediações.[26]

Os enfrentamentos entre as maltas costumavam acontecer em determinados dias do ano, geralmente seguindo o calendário das festas religiosas. Varella afirmava que o Domingo de Ramos e o Sábado de Aleluia eram dias certos para confrontos. Segundo o memorialista, esses conflitos pareciam obedecer a um mesmo ritual: a "vanguarda", formada de grupos de "valentões desordeiros", era precedida por integrantes mais novos. Cacete, navalha, faca de ponta e pedras eram as armas mais utilizadas. O objetivo da luta era conquistar o território do grupo adversário, e, como vimos, a vitória era simbolizada com o hasteamento da bandeira ou estandarte nos domínios da malta rival.[27]

A extinta Procissão dos Fogaréus que acontecia no dia 31 de março era uma das festas em que os conflitos eram mais intensos. E foi por causa disso que, na década de 1860, as autoridades baianas comprometidas com a moralização dos costumes a incluíram na lista de tradições que deveriam desaparecer do calendário festivo da cidade. No ano em que nasceu Manoel Benício, alguém chegou a definir a Procissão dos Fogaréus como um "quadro vivo do atraso em que vai esta terra". Segundo o mesmo informante: "a malta de cacetistas e moleques cativos, cujos senhores tornam-se merecedores de graves censuras pela culposa liberdade que lhes dão em dias semelhantes, comete os atos mais descomunais e torpes que se pode imaginar".[28]

A reportagem revela um detalhe da relação tensa entre as maltas e o poder político. Segundo o articulista de *O Alabama*, naquele ano, toda vez que a polícia armada tentava manter a ordem, era contida com protestos de que ela "puxava armas contra o povo". Revelava-se ainda o sentimento de camaradagem que existia entre os integrantes do bando. Como informava a reportagem, a audácia dos "desordeiros" era tanta que não hesitavam em resgatar das mãos da polícia os companheiros presos.[29]

Os festejos da independência da Bahia, que começavam em 2 de julho e se estendiam até setembro, eram também momentos de intenso confronto entre as maltas. O ponto alto da festa era o desfile dos carros com as imagens do caboclo e da cabocla saindo da Lapinha e percorrendo as ruas centrais de Salvador. Segundo Antônio Vianna, especialmente no dia em que os carros voltavam à Lapinha, na chamada "levada dos carros", costumavam ocorrer confrontos entre capoeiras.[30]

As maltas eram organizações de divertimento, irreverência, escárnio e ridicularização de pessoas e costumes. Consistiam no que a imprensa na época definia como ofensas à moralidade e ao sossego público. Foi com essa preocupação que, em 31 de maio de 1866, *O Alabama* recomendou ao subdelegado da freguesia da Sé o deslocamento de quatro ou seis soldados armados para a porta da igreja de São Francisco, onde "os moleques já se não contentam em pregar a capona das mulheres, armam-se de tesouras e canivetes e golpeiam sem compaixão as capas das pobres beatas que sabe Deus quanto lhes custa arranjar".[31]

Na madrugada de 1º de janeiro de cada ano, na chamada Noite de São Bartolomeu, grupos de menores divertiam-se escrevendo palavrões e pintando obscenidades nos muros e paredes de casas e repartições públicas. Por exemplo, na última noite de 1876 foi preso, na freguesia da Sé, Antônio Freire de Carvalho, crioulo, "por ser encontrado escrevendo palavras obscenas nas paredes de uma casa". No mesmo dia foram detidos Agostinho José do Espírito Santo e Tito José Alves da Silva, "encontrados escrevendo palavras obscenas nas paredes das casas à rua da Vala".[32]

É provável que no início da década de 1880 Macaco Beleza tenha feito parte de maltas de moleques. Talvez do mesmo grupo participassem Francisco de Castro, o menino apelidado Lambe-Cinza e José de Sá, que mais tarde escreveria um livro contando as façanhas desses seus amigos de infância na freguesia dos Mares. Francisco de Castro, nascido em 1857, era branco, de família rica que morava na Calçada. A atração de rapazes bem-nascidos pelo universo das maltas de capoeira foi um fenômeno que também ocorreu em outros lugares do Brasil, especialmente no Rio de Janeiro.[33]

José de Sá conta que no seu tempo de infância moravam na Calçada cerca de quarenta rapazes, uns pobres, outros remediados ou abastados, vivendo em "comunhão fraternal" e desfrutando das festas de momo regadas a "seringa, laranjinha de cera ou de borracha e mesmo a banhos completos de baldes ou bacias aplicados aos desprecavidos transeuntes". No meio daquela "franca e despreocupada camaradagem" surgiram divertimentos de toda ordem, alguns de "caráter perigoso".[34] O relato busca dar às memórias de infância um sentido mais inocente, já que a descrição do Carnaval mais se assemelha ao velho e proibido entrudo.

Parece também exagerar o autor na imagem de fraternidade na relação entre meninos pobres e ricos. Foi o próprio José de Sá quem relatou que existia na Calçada um clube em que se reuniam os mais ricos moradores da localidade e onde os bailes, danças e folguedos se prolongavam até a madrugada. Evidente que dessas "festas suntuosas" ficavam de fora os rapazes mais pobres. Expostos ao sereno, os pobres permaneciam horas e horas assistindo à festa dos ricos, daí serem chamados de "serenistas". Em revide à discriminação, os excluídos do baile soltavam "ditos cômicos e grotescos que provocavam sonoras e prolongadas gargalhadas" e comentários "apimentados" sobre os costumes dos mais afortunados.[35]

A chamada vadiagem e a insubordinação infantojuvenil encobriam uma série de conflitos vividos cotidianamente por jovens negros no contexto das relações senhoriais. Num momento em que fartamente se discutia o fim da escravidão, esses menores ainda enfrentavam a exploração do trabalho e a violência diária como forma de disciplinamento e sujeição, desde as casas dos senhores e dos mestres até o mundo das ruas, com a vigilância permanente dos inspetores de quarteirão e subdelegados.

Para a geração de moças e rapazes negros que nasceu e cresceu no auge do agravamento da crise da escravidão, como Macaco Beleza, isso se refletiu no comportamento, nas expectativas e na rebeldia. Em meados da década de 1880, os jovens negros nascidos pouco antes ou pouco depois da Lei do Ventre Livre começaram a ingressar no mundo do trabalho imbuídos da expectativa de não mais serem tratados como cativos. Em paralelo a e em correlação com a insurgência dos escravos por emancipação, os livres e libertos se mobilizavam para se livrar das relações marcadas pela sujeição.

Foi diante disso que a classe senhorial passou a recorrer crescentemente às autoridades policiais para controlar, disciplinar e castigar os menores que circulavam pela cidade, como forma de monitorar o cotidiano da juventude que trabalhava, transitava e se divertia nas ruas. Apertar a repressão policial sobre os mais diversos aspectos da vida diária de meninos e meninas fazia parte de um projeto que visava prepará-los para servir como trabalhadores dóceis e disciplinados. Foi nesse contexto que Macaco Beleza ingressou naquela faixa etária que hoje definimos como adolescência.

Na mira da polícia

Quando Manoel Benício foi preso pela primeira vez, o subdelegado Ildefonso Lopes da Cunha disse ao chefe de polícia, em 9 de novembro de 1880, que o menor de catorze anos continuadamente perturbava o sossego dos moradores com "palavras e ações inconvenientes". Esse foi o primeiro registro documental do envolvimento dele com a polícia e o começo de uma série de prisões que se estenderiam por toda a sua vida.[36] O subdelegado Ildefonso aparece em outros momentos da vida de Benício como agente da repressão. Além de larga experiência no policiamento das ruas, já tendo atuado como juiz de paz e capitão da Guarda Nacional, era conhecedor dos meandros das disputas eleitorais entre liberais e conservadores. Consta que em 1879 escreveu um drama para o teatro intitulado *Cenas políticas*.[37]

Nessa época Manoel Benício ainda não era conhecido da polícia pelo apelido de Macaco Beleza, mas, ao acusá-lo de continuadamente perturbar o sossego dos moradores da freguesia, o subdelegado deixou evidente que já o conhecia de outras ocorrências. No mesmo dia ele foi conduzido à presença do chefe de polícia com a recomendação de que lhe fosse dado um destino que livrasse a localidade de sua incômoda presença. É possível que antes de seguir para a chefatura tenha sido submetido a castigos corporais no interior da subdelegacia, o que normalmente acontecia com moleques vadios.

Ildefonso Lopes da Cunha não deu detalhes sobre as "palavras e ações inconvenientes" que tanto ofendiam e incomodavam os moradores da freguesia dos Mares. Suspeito que elas tivessem relação com a cultura rebelde dos moleques vadios da qual Macaco Beleza passou a fazer parte. Certamente ainda não eram os discursos incendiários que anos mais tarde o tornariam figura célebre nas ruas da cidade, mas o que então dizia era suficiente para torná-lo personagem indesejado.

Talvez as aparições públicas estivessem ligadas aos combates de oratória travados nas ruas da freguesia dos Mares entre Macaco Beleza e Lambe-Cinza. José de Sá contou que, numa das vezes em que foi à casa de seu amigo de infância Chico, o depois médico Francisco de Castro, presenciou intenso debate entre Macaco Beleza e um "rapazinho vivo e inteligente" conhecido como Lambe-Cinza. A disputa entre os dois menores foi ideia de Chico, a pretexto de exercitá-los na arte da oratória. [38]

Segundo José de Sá, num determinado momento Chico deu a fala a Macaco Beleza para atacar Lambe-Cinza, que em seguida começou a falar em resposta a seu opositor. A princípio titubeou, mas com os argumentos emprestados por Chico conseguiu derrotar o antagonista colhendo uma chuva de palmas dos que assistiam. Chico então recomendou uma trégua de quinze minutos e, na volta, Macaco Beleza despejou sobre Lambe-Cinza argumentos tirados de uma acusação que ouvira numa sessão do tribunal do júri. O debate foi encerrado, mas dali por diante houve inúmeras dessas "exibições ciceronianas" dos dois meninos.

A narrativa de José de Sá revela vários detalhes, inclusive da relação de poder entre crianças brancas e negras. A forma como Chico conduzia o debate e envolvia os dois meninos na disputa revela como os códigos senhoriais eram aprendidos e exercitados desde a infância. Mostra ainda as possíveis primeiras experiências de Macaco Beleza no terreno da oratória e no uso das palavras. O autor informou que mais tarde ele se tornou orador popular, monarquista, "com péssimos resultados para sua tranquilidade e mesmo para sua integridade física". Já o seu antagonista em oratória formou-se em agronomia e foi morar em uma cidade do sul do Brasil.[39]

Quando Macaco Beleza foi preso em novembro de 1880, havia dois anos que os liberais tinham chegado ao poder na província da Bahia. Uma das propostas do novo governo foi a intensificação do policiamento das ruas e a repressão da dita vadiagem. Meses antes da detenção, o chefe de polícia José Antônio da Rocha Viana escreveu em seu relatório anual que o crescimento da criminalidade na província era impulsionado pelo "grande número de vagabundos, vadios, ébrios e larápios que infestam esta capital".[40] Foi esse projeto liberal de repressão à vadiagem que embasou as ações do subdelegado da freguesia dos Mares.

Até então, as autoridades policiais tinham dois procedimentos quando abordavam nas ruas meninos órfãos, abandonados ou os considerados delinquentes. Um era mandá-los para a Companhia de Aprendizes-Marinheiros, instituição fundada na Bahia na década de 1840 e que tinha como finalidade o adestramento de meninos para o serviço de Marinha.[41] Era uma instituição militar que admitia crianças entre doze e dezessete anos, mas recusava os que fossem considerados incorrigíveis ou vadios. Quando visitou a Bahia em 1859, o imperador Pedro II chegou a criticar a instituição por não receber meninos negros. Macaco Beleza, negro, ex-escravo e reputado como desordeiro, dificilmente ingressaria naquela instituição.

O outro procedimento da polícia, adotado desde a década de 1840, consistia em entregar a mestres de ofício meninos órfãos e abandonados que vagavam pelas ruas. Em troca o mestre poderia dispor dos serviços da criança por determinado tempo, mediante acordo formal com o chefe de polícia. Referências a esse tipo de acordo aparecem num ofício escrito pelo marceneiro Manuel Ribeiro, em julho de 1858, quando reclamou a devolução do menor José Rufino Aludão, que fugira da sua companhia para empregar-se na tenda de outro mestre. Manuel Ribeiro reclamou o direito de ter o menor de volta baseado em acordo escrito comprometendo-se a educar o menino e dispor dos seus serviços por quatro anos.[42]

Mas nenhum desses expedientes foi pensado para o "problemático" Macaco Beleza. Na correspondência enviada pelo subdelegado Ildefonso Lopes da Cunha ao chefe de polícia Virgílio Silvestre de Farias foram anotados dois despachos: o primeiro recomendava que o menino fosse enviado para o "serviço da Colônia"; o segundo, que se encaminhasse para a Casa de Prisão com Trabalho, lugar para onde a polícia comumente mandava indivíduos rotulados de vagabundos, vadios, capadócios e desordeiros. "Serviço da Colônia" referia-se à colônia agrícola então recém-criada pelo governo da província na ilha dos Frades, abrigando menores desvalidos e "incorrigíveis" detidos pela polícia.

Os liberais defendiam o confinamento dos meninos vadios em instituições que pudessem regenerá-los e, segundo uma expressão recorrente na época, "torná-los úteis a si e à sociedade". A criação da colônia agrícola para internamento de menores abandonados foi ideia do chefe de polícia José Antônio da Rocha Viana, que ocupou o cargo entre 1878 e 1880. Para ele, o controle e o internamento dos menores desocupados e desvalidos integravam o mesmo plano para repressão à vadiagem adulta. Era um dos que acreditavam que a vagabundagem estava no germe da criminalidade, cuja repressão deveria começar na infância. Segundo sua avaliação:

> Tornando-se cada vez mais crescido o número de menores que vagam em algazarra pelas ruas, quase todos entregues à escola da depravação dos costumes e até à prática de crimes, lembrei-me de providenciar sobre esse mal, ensaiando o estabelecimento de uma colônia agrícola onde pudessem os referidos menores não só adquirir meio lícito de vida, mas também obter uma educação regular que de futuro os forme cidadãos úteis à família e à sociedade. [43]

Situada na baía de Todos os Santos, a Colônia Agrícola da Ilha dos Frades foi criada pelo governo provincial em parceria com o proprietário Domingos Carlos da Silva.[44] A uma distância razoável da costa, a colônia era considerada uma instituição perfeita para os que defendiam o isolamento. Entre 1880 e 1881, alguns dos "mais incorrigíveis" meninos que vagavam por Salvador foram enviados para a Ilha dos Frades. Ocorre que nessa época os jornais da oposição conservadora vinham intensificando as críticas à colônia e denunciando a violência com que os meninos eram tirados das ruas e confinados na ilha sem processo legal. Além disso, em outubro de 1880, houve uma grande rebelião de menores recolhidos na colônia, ocasionando muitas fugas. Tido como desordeiro, as autoridades possivelmente avaliaram que Macaco Beleza só aumentaria a tensão na convulsionada ilha dos Frades.[45]

Foi então que as autoridades decidiram enviá-lo para a Casa de Prisão com Trabalho, penitenciária construída justamente nas imediações da freguesia dos Mares e que entrou em funcionamento em 1861 para abrigar presos condenados a penas mais longas. Concebida como instituição que deveria promover a regeneração por meio do trabalho, para lá eram enviados também presos por vadiagem e desordem, e alguns considerados "incorrigíveis". Como Macaco Beleza, muitos eram ali recolhidos sem

Casa de Prisão com Trabalho, onde Manoel Benício foi diversas vezes preso por desordem, em fotografia de 1880.

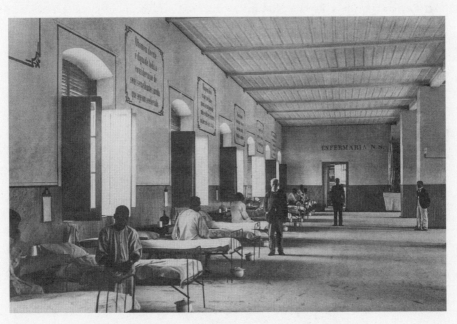

Enfermaria da Casa de Prisão com Trabalho, em 1880.

instauração de processo legal e por decisão sumária das autoridades de tirá-los de circulação.

A prisão foi projetada em formato octogonal, com as alas dispostas em raios que convergiam para um pátio central. O desenho reproduzia o modelo da prisão de Auburn, nos Estados Unidos, até então o que se tinha de mais moderno em arquitetura de presídios e método de encarceramento. Até o início da década de 1880, apenas duas alas do projeto original tinham sido construídas. O prédio abrigava cinco oficinas de marceneiros, charuteiros, alfaiates, sapateiros e encadernadores. Como estava expresso em seu regulamento, elaborado em 1863, a missão da penitenciária era punir os "desvios sociais" e, ao mesmo tempo, disciplinar e regenerar os presos por meio da instrução elementar, da educação moral e do trabalho.[46]

Não se sabe por quanto tempo Macaco Beleza foi mantido na Casa de Prisão. Considerando que só no final de 1884 ele reaparece na documentação da polícia, é possível que tenha amargado três ou quatro anos de cadeia. Ao mandá-lo para ali, as autoridades esperavam afastá-lo das ruas e convertê-lo em indivíduo "útil a si e à sociedade". Possivelmente foi na penitenciária que voltou à alfabetização, frequentando a Escola Elementar Primária, lá criada desde 1871.[47]

Foi provavelmente de dentro da Casa de Prisão que Macaco Beleza acompanhou o processo de radicalização do movimento abolicionista na Bahia, quando parte dos partidários da libertação passou a desafiar o domínio senhorial por meio de ações diretas e de grande repercussão na imprensa. Dois acontecimentos marcaram essa virada política no enfrentamento dos interesses escravistas. O primeiro aconteceu em 10 de abril de 1883, quando um grupo de abolicionistas e saveiristas impediu o embarque de três escravos que seriam levados para Canavieiras, sul da Bahia. Os cativos pertenciam a um ilustrado representante da "nobreza" local, João José Leite F. A. Pinto, o barão de Sauípe. A participação dos saveiristas mostra que o abolicionismo começava a dialogar com a resistência antiescravista das camadas populares.

No dia seguinte, abolicionistas liderados por Eduardo Carigé e Panfilo da Santa Cruz sequestraram das mãos dos funcionários da Companhia

Escola de alfabetização de detentos da Casa de Prisão com Trabalho. Foi possivelmente aí que Manoel Benício começou a se alfabetizar. Pode ser que ele esteja entre os presos que aparecem na foto frequentando aula.

de Navegação Baiana um menino escravo chamado Lino Caboto, entre onze e doze anos, "criado" do barão de Cotegipe, senador do Império, grande liderança do Partido Conservador e dono de vários engenhos no Recôncavo. O menino devia seguir na companhia do barão para o Rio de Janeiro no navio *Trent*. Às duas horas da tarde, no momento em que uma lancha conduzia Lino Caboto e as bagagens do barão para bordo do navio, o grupo resgatou o menino e o conduziu de volta para o porto a pretexto de verificar se era ou não escravo.[48]

A ação de resgate aconteceu em meio à festa de despedida promovida por correligionários de Cotegipe na ponte de embarque. Na ocasião, um vapor especialmente embandeirado conduziu até o *Trent* grande número de parceiros políticos e amigos do senador. No trajeto da ponte até o navio tocavam duas bandas marciais animando o cortejo de embarcações. O barão só tomou conhecimento do sequestro do menino — chamado de "pardinho" pelos jornais — quando já estava a bordo.

Os abolicionistas levaram o menino para a tipografia do jornal *Gazeta da Tarde*, órgão da imprensa liberal e abolicionista. Horas depois, por ordem do presidente da província, o menor foi reconduzido ao *Trent* sob escolta policial. Prevaleceram o poder e o prestígio de Cotegipe. No entanto, o episódio teve o efeito esperado pelos militantes pró-abolição: chamar a atenção da opinião pública para ações mais arrojadas de seu movimento.[49] O resgate de Lino Caboto marcou uma guinada do movimento abolicionista baiano em direção a ações mais radicais de enfrentamento dos escravocratas.[50]

Depois desse caso, o jornal *Gazeta da Bahia*, porta-voz do Partido Conservador, publicou vários artigos condenando a ação dos que se intitulavam "abolicionistas exaltados". Uma notícia intitulada "Atentado contra a propriedade legal" — o jornal falava, portanto, em nome dos interesses dos grandes proprietários de terras e escravos —, advertia que, em atenção aos interesses da "nossa agricultura", a abolição deveria ser feita de forma gradual e dentro dos marcos legais definidos pela Lei do Ventre Livre, de 28 de setembro de 1871.[51]

No editorial de 13 de abril de 1883, a *Gazeta da Bahia* voltou a atacar o que definia como "falso abolicionismo" e a reafirmar a defesa da abolição gradual. Para isso defendia o caminho traçado pela Lei do Ventre Livre, que calculava em dez a doze anos o período até a extinção do cativeiro no Brasil. Os conservadores temiam que a libertação fosse provocada a partir de baixo, pelos próprios escravos e populares. Não por acaso, o editorialista citou o caso dos Estados Unidos para demonstrar que ali o livramento imediato produzira "tristíssimas consequências, fazendo derramar ondas de sangue, atirando ao seio do país multidões de homens desenfreados, sem meios de vida, rudes e ignorantes, que se transformaram em inimigos da ordem".[52] O exemplo da Guerra Civil Americana era sempre evocado pelos que defendiam o retardamento da abolição no Brasil.

O editorialista da *Gazeta da Bahia* condenava as "conferências exaltadas e incendiárias, em que oradores apaixonados e iracundos proclamam o dilema de — liberdade ou insurreição, em que se procura favonear as paixões populares, pregando o motim, a desordem, a sublevação". O texto conclamava as autoridades da província a fazerem respeitar o direito de propriedade, a coibirem os abusos e violências dos "propagandistas incendiários" que pretendiam resolver o problema da emancipação por meio do levante. E lembrava uma frase atribuída ao visconde do Rio Branco, que advertia: "Não perturbem a questão do elemento servil".[53]

Nos editoriais seguintes, o jornal conservador voltou a alertar para a "propaganda incendiária" em favor da abolição. E defendia que ela fosse promovida dentro da ordem e da lei, sem apelar para as "paixões populares".[54] A ladainha era a mesma: livramento imediato levaria à desorganização econômica e financeira, além de paralisar a grande lavoura e causar prejuízos para os que tinham na propriedade escrava a maior parte de suas fortunas.[55]

Foi nesse contexto de acirramento do debate entre liberais e conservadores sobre os rumos da abolição que aconteceu a eleição geral de 1º de dezembro de 1884 para a escolha de representantes da província no Parlamento imperial. Segundo Cid Teixeira, nessas eleições havia o propósito de afastar do Legislativo os defensores do projeto abolicionista.[56] E foi justamente nesse dia que o subdelegado Ildefonso Lopes da Cunha, membro do Partido Liberal, mais uma vez saiu no encalço de Macaco Beleza. Em ofício enviado ao chefe de polícia, ele escreveu:

> De acordo com o que pessoalmente combinei com V. Exª, fiz recolher à Casa de Prisão com Trabalho o vagabundo Benício de tal, conhecido por Macaco Beleza, que com suas estropelias e continuadas provocações perturba o sossego desta freguesia.[57]

Vê-se que a operação era combinada com o chefe de polícia, o que indica que Macaco Beleza passou a ser considerado também um "problema" para a maior autoridade policial da província. Dessa vez ele foi acusado de vagabundo e de promover "estropelias", ou seja, desordem barulhenta. Faltam informações mais detalhadas sobre o que fez para tirar o sossego dos moradores dos Mares. Ao defini-lo como vagabundo, o subdelegado queria dizer que não vivia de ocupação regular. Esse era um rótulo que as autoridades utilizavam para justificar a prisão de indivíduos pobres e negros que por alguma razão caíam nas mãos da polícia. Importante notar que essa foi a primeira vez que Manoel Benício apareceu nas fontes policiais com o apelido de Macaco Beleza, a alcunha com que mais tarde seria célebre em todo país.

A prisão em meio a uma das mais acirradas disputas eleitorais do Império entre liberais e conservadores indica que havia motivação política em tirá-lo de circulação. Talvez o subdelegado Ildefonso, liberal, quisesse evitar que Macaco Beleza engrossasse as fileiras dos cacetistas a serviço dos conservadores. A despeito do número restrito dos que tinham direito ao voto, as eleições nesse período costumavam mobilizar muita gente. O poder dos partidos políticos se expressava na capacidade de arrebanhar o maior número de pessoas, e algumas delas entravam na condição de capangas.

Manuel Querino escreveu que as eleições baianas no Império sempre contavam com a presença dos "manejadores do cacete": "O capoeira fora sempre figura indispensável nos pleitos eleitorais, fazendo respeitar a opinião de correligionários, provocando a desordem". Essa população se dividia entre Mochilas e Vermelhos (liberais e conservadores).[58] Capangas e capoeiras eram recrutados pelos chamados "chefes de paróquia", que se encarregavam de reunir os eleitores em determinados locais — as chamadas "cumbucas" — para instruí-los e pressioná-los a votar conforme a orientação das lideranças do partido.

As cumbucas funcionavam como hospedaria para eleitores que residiam em lugares mais distantes, fornecendo-lhes roupas, gravatas, sapatos, comida e bebida. Enquanto se esperava o dia do pleito, havia encontros com políticos e lideranças locais, discursos, comida, bebida e muitas modinhas ao som de violão e outros instrumentos. Os encontros se transformavam em festas reunindo políticos, votantes, capoeiras e cacetistas dispostos e instruídos para, se preciso, partirem para a briga com os opositores.[59]

Correspondência do subdelegado Idelfonso Lopes da Cunha para
o chefe de polícia informando a prisão de Manoel Benício,
em 1º de dezembro de 1884. Esse é o primeiro registro de prisão
em que Manoel Benício aparece com o apelido Macaco Beleza.

Com o poder de prender e soltar, os subdelegados muitas vezes assumiam a posição de chefe de paróquia a serviço de seus chefes políticos. Três anos antes, na eleição geral de 1881, a imprensa conservadora já havia denunciado o subdelegado Ildefonso Lopes da Cunha por utilizar o cargo para favorecer os candidatos do governo. Na ocasião, ele foi acusado de abertamente atuar em favor do candidato liberal Rui Barbosa na disputa com José Eduardo Freire de Carvalho, a grande liderança conservadora na província, e que residia na freguesia dos Mares. Segundo a denúncia veiculada na *Gazeta da Bahia*, foi o subdelegado quem entregou cédulas preenchidas aos eleitores, e ainda dissuadiu o vigário, eleitor de Freire de Carvalho, a se retirar do local de votação com a notícia falsa de que em lugar distante da freguesia havia um enfermo necessitando de extrema-unção.[60]

Sete meses depois da eleição geral de 1884, em 3 de julho de 1885, Macaco Beleza voltou a ser preso por Ildefonso Lopes da Cunha. Dessa vez o subdelegado decidiu mandá-lo para a Casa de Correção, uma prisão antiga que funcionava no forte de Santo Antônio. Nessa terceira ocorrência, Ildefonso foi mais enfático ao reclamar do chefe de polícia uma solução definitiva para se livrar

> de tão prejudicial indivíduo que, além de ser idiota, é de uma índole má e perversa, tendo se tornado o horror de todos os moradores daqui, pois é raro dia em que esta subdelegacia não recebe uma queixa firmada na mais justa razão, e ainda há poucos dias invadiu diversas casas, dando ocasião a um conflito horrível que podia ter havido sérias consequências se não fosse a intervenção desta subdelegacia.[61]

O subdelegado não deu detalhes sobre os motivos pelos quais Macaco Beleza estava invadindo casas e provocando conflitos. Tampouco informou quais ações o tornavam indivíduo de "índole má e perversa". Pela data, infere-se que a prisão ocorreu no período em que se festejava o Dois de Julho.

Ao defini-lo como "idiota", é provável que o subdelegado estivesse se referindo às primeiras aparições públicas de Macaco Beleza como orador popular. Segundo o *Dicionário da língua portuguesa* de Antônio de Moraes Silva, a palavra "idiota" significa "ignorante", "sem estudos, letras e nem instrução".[62] Foi a maneira que o subdelegado encontrou para desqualificá-lo por discorrer sobre temas para os quais julgava lhe faltarem estudo e instrução. Não se descarta a possibilidade de que a abolição já estivesse entre os temas dos seus discursos.

Como observa Angela Alonso, entre 1883 e 1885, o ativismo abolicionista ganhou as ruas em várias províncias do país. A concentração em praças e largos com quermesses, procissões cívicas e cortejos a fim de angariar dinheiro para alforriar escravos tornaram-se frequentes nas grandes e nas pequenas cidades.[63] Em 25 de março de 1884, Salvador foi palco de festas e comícios promovidos pela Sociedade Libertadora Baiana para celebrar a emancipação dos escravos no Ceará. Segundo o noticiário dos jornais, a festa começou no Teatro São João, com a banda da polícia tocando o "Hino da liberdade". Na ocasião discursou Aristides Spinola, e o poeta João de Brito recitou um poema de sua autoria. A artista Julieta dos Santos entregou dezoito cartas de liberdade, dez delas para cativos que residiam fora da capital. Em seguida foi apresentado o drama abolicionista *A filha da escrava*, que foi muito aplaudido.[64]

Em setembro do mesmo ano, mais festa pró-abolição em Salvador, dessa vez para celebrar o fim da escravidão no Amazonas. Jornais da cidade calcularam em mais de 5 mil as pessoas nas ruas. Houve missa religiosa na igreja, procissão cívica, discursos e recitais de poesia no Politeama. No cortejo havia uma alegoria representando a liberdade que alguns jornais chegaram a ver como marca do republicanismo, pela presença do barrete frígio. Entretanto, logo atrás vinha escoltada a efígie do imperador. Segundo notícia de jornal, ao dar com aquele carro, um grupo numeroso de "pobres pretos boçais", vendo a liberdade despedaçando as correntes da escravidão, ajoelhou-se para bater "frenéticas palmas".[65] Foi nesse cenário de intensa movimentação política que Macaco Beleza se ligou ao abolicionismo.

Vale observar que nas três correspondências escritas pelo subdelegado Ildefonso Lopes não há qualquer menção à condição de liberto de Macaco Beleza, nem à sua relação com a ex-senhora. Ademais, em nenhuma das ocorrências Maria Benedita se apresentou para reclamar a soltura ou a prisão para correção de seu protegido, o que pode indicar que já não tivesse ou não quisesse ter sobre ele qualquer influência ou domínio. Aliás, no repertório punitivo dos senhores, negar o amparo patriarcal era uma forma de castigar o cativo insubmisso ou o liberto "ingrato".[66]

Se entre a ex-senhora e sua "cria" algum dia houve afeto, este foi se esvaindo à medida que o menino foi tomando consciência e se revoltando contra os limites de sua condição de liberto. O amor senhorial se alimentava de obediência e, ao primeiro sinal de rebeldia, dava lugar ao sentimento de ingratidão. A história da escravidão é repleta de casos de senhoras e senhores desgostosos com escravos ou libertos insubmissos e "ingratos". Por exemplo, em 12 de setembro de 1877, o subdelegado da freguesia de Santana, Antônio Jesuíno da Costa, em carta ao chefe de polícia, informou que Manuel Clímaco de Seixas queixava-se de seu ex-escravo Cleto, que "não queria se sujeitar a trabalho honesto, sendo, aliás, oficial de marceneiro, só vivendo em companhia de outros do mesmo jaez". Pedia para que o prendessem imediatamente e lhe dessem "destino conveniente". O subdelegado atendeu ao pedido do ex-senhor e enviou o rapaz à presença do chefe de polícia para decidir o seu destino.[67] A estratégia de Maria Benedita parece ter sido a de deixar a cargo da polícia a tarefa de enquadrar Manoel.

Do apelido Macaco Beleza

Assim como os nomes próprios, os apelidos carregam seus significados. Eles emergem em algum momento da trajetória do indivíduo atribuindo-lhe uma identidade. Alguns são descritivos e outros são honoríficos, afetuosos, mordazes ou pejorativos. Certos apelidos podem ser usados como distintivos de honra ou evocam alguma realização laudatória real ou imaginária. Outros emergem como insulto, escárnio ou zombaria. Infelizmente não foi possível determinar em que momento e circunstâncias Manoel ganhou o curioso apelido de Macaco Beleza. Ainda assim, podem-se tecer algumas considerações sobre possíveis significados do epíteto.[68]

A palavra "macaco" (*makaku*) é de origem bantu, como nos informam Nei Lopes e Yeda Pessoa de Castro. Sobre o dialeto kikongo, Karl Laman informa que *makaku* era um tipo de símio de cauda vermelha e cinzenta. No dicionário kimbundu-português (kimbundu da região de Luanda) de A. de Assis Júnior, o termo "macaco" aparece associado a *kussámba*, que significa saltitar de galho em galho como um macaco ou saltitar festivamente, rejubilar-se, estar jubiloso. Sem dúvida certas ideias sobre as características desses símios, ou pelo menos da espécie usada como referência, entraram no Brasil vindas da África Central. Como indica Luis Nicolau Parés, os povos bantu tiveram uma presença grande entre os escravizados na província da Bahia — algo como 30% a 40%, desde o século XVIII. Mas nada indica que a palavra carregasse um sentido negativo e desqualificador.[69]

É provável que com o tempo os significados vindos da África tenham passado a coexistir com outros atribuídos aos macacos no Brasil. Em fins do século XIX, Antônio Joaquim de Macedo Soares, que também indicava que o termo tinha origem na região central do antigo reino do Kongo, elencava três significados bastante elucidativos da amplitude de sentidos da palavra. Na primeira acepção, trata-se de "sujeito vivo, esperto, que não cai de cavalo magro". Na segunda, refere-se a "macaco velho", que não mete a mão em cumbuca, ou seja, não se deixa pegar em armadilha. Na terceira, trata-se de "sujeito feio e engraçado". Portanto, os significados variam positiva e negativamente, e parecem indicar sentidos diferentes para a linguagem das senzalas e a forma como os brancos empregavam a palavra.[70]

No século XIX, o macaco era um animal muito apreciado como bicho de estimação. Em meados do século, James Wetherell observou que nas embarcações que transportavam gêneros alimentícios para a cidade era muito comum haver também papagaios e macacos para serem vendidos nas feiras. Ainda segundo o vice-cônsul inglês, espécies pequenas de macacos, chamadas micos, eram mandadas em grande quantidade para vários lugares do país ou exportadas para a Europa, principalmente Portugal. Mulheres negras costumavam trazer micos nos ombros, presos ao corpo por uma pequena fita. Era muito comum vê-los trepados também na cabeça de homens pretos que usavam cabelos grandes. Por vezes adornados com brincos e contas de colares, eram muito requisitados como animais de estimação.[71]

Em 1860, Maximiliano de Habsburgo observou no meio da multidão que subia a ladeira do Bonfim uma senhora carregando um sagui vivaz e encantador, que brincava graciosamente preso por uma fita de seda.[72] Manuel Querino, em *A Bahia de outrora*, escreveu que, ao entrar em qualquer solar antigo, comumente se deparava com a gorda matrona sentada em um sofá rodeada de mucamas ou escravas, e a um canto da sala se via um macaco, preso no cepo, a saltar e fazer momices. O mesmo costume era observado em algumas casas comerciais.[73]

Rastreando o termo "macaco" em livros e jornais da época vê-se que o animal estava associado a diversos atributos humanos. No dicionário *A gíria brasileira*, o verbete "macaquear alguém" significava imitar outra pessoa.[74] Fazer macacadas era imitar de maneira jocosa o jeito e as maneiras de outrem. No caso de Macaco Beleza, a palavra talvez se referisse à sua capacidade de imitar os grandes oradores da época. Além disso, o macaco estava associado à sabedoria, à esperteza e, muitas vezes, ao comportamento gaiato e irreverente. Em 7 de fevereiro de 1868, *O Alabama* publicou o seguinte mote:

Sapateiro é remendão,
O soldado, tarimbeiro,
Todo moleque, brejeiro,
[...] Todo macaco, jocoso,
Todo músico, pateta.

Em 20 de novembro de 1869, o mesmo jornal reproduziu a letra de um lundu intitulado "Desejos", que em certo trecho associava o macaco à sensualidade.

Se eu fora um macaco,
Jocoso, chibante,
Quisera no cepo
Viver delirante,
Comendo — comidas,
De tua mãozinha,
De olhos fitados
Em tua boquinha.[75]

A presença ostensiva do macaco no cotidiano, e por serem a ele imputados muitos atributos humanos, fazia do animal o preferido para apelidar pessoas. Na própria freguesia dos Mares, existiu um indivíduo que, poucos meses depois do nascimento de Manoel Benício, ganhou a alcunha de "Macacão". A forma como ele recebeu o apelido foi documentada pelo jornal *O Alabama*, em 12 de julho de 1866. Segundo a notícia, circulava pelas ruas da cidade uma mulher enlouquecida que acusava o tio, identificado como capitão Botelho, morador na Calçada, de ter roubado seus bens numa transação de herança. Numa certa manhã, a sobrinha se encontrou no centro da cidade com o tio e começou a chamá-lo de ladrão.

Cercado de moleques, Botelho abrigou-se numa botica para fugir da turba que o perseguia e apedrejava. Do meio do grande ajuntamento que se fez em frente à botica alguém chamou Botelho de "Macacão", e em poucos minutos a multidão gritava em uníssono o apelido, e só se calou depois que a polícia dispersou as pessoas. A matéria do jornal fechava com o seguinte adágio: "Rapaz, ninguém passa neste mundo por inocente, sua alma, sua palma". A molecada deve ter tomado a palavra "macaco" naquela dimensão mais sórdida da inteligência, quando ela se transforma em esperteza e trapaça.[76]

Foi em um artigo intitulado "Os nomes", publicado em *O Alabama* em 4 de novembro de 1870, que encontramos uma outra possível explicação para a escolha do epíteto. Dizia o artigo: "Há singularidades tais nos nomes e apelidos do nosso povo que só mesmo quem anda desprevenido deixa de fazer reparo no muito que há para apreciar em semelhante matéria". Em seguida, elencam-se vários apelidos e nomes que podiam ter seu significado desvendado pelo sentido inverso. Assim, Ventura podia ser aquele "que assevera ser coisa que nunca conheceu"; Felicidade, "que tem vivido sempre na desgraça"; Prudente, "que vive de brigas"; Cândido, perverso; Generoso, sovina; Branca, negra.[77]

Talvez aí esteja a chave para decifrar os possíveis significados do apelido Macaco Beleza. No começo da década de 1860, os jornais da capital referiram-se a um indivíduo apelidado de Macaco Enfezado que circulava maltrapilho pelas ruas da cidade. Com o propósito de denunciar a grande quantidade de loucos que andava à solta, *O Alabama*, em 23 de novembro de 1868, referia-se ao personagem e a outros tipos da rua:

> — Nalgum tempo esta cidade era um viveiro de malucos. O Macaco Enfezado, o Viva Pureza, o Pitada, o Massaranduba, o Martins Berinjela, a Leopoldina das Bolas e outros; hoje, porém, extinguiu-se, porque até a Santinha lá está na Correção, arbitrariamente, para não incomodar a S. Ex.ª.[78]

Nesses termos, pode ser que o apelido Macaco Beleza fosse o inverso do de Macaco Enfezado. Em dezembro de 1877, a figura em papel deste último personagem chegou a ser vendida em loja de artigos para presépio de Natal. Naquele mesmo ano alguém que escreveu uma denúncia contra a direção do Montepio dos Artistas apresentou-se com o pseudônimo de Macaco Enfezado, que talvez expressasse a condição de alguém muito indignado.[79]

A memorialista Hildegardes Vianna sugere que a alcunha de Manoel tenha se originado do costume que ele tinha de dormir pendurado nas árvores dos jardins. Ocorre que dormir nas ruas tornou-se imperativo em sua vida anos depois de ser apelidado e quando se deterioraram suas condições de sobrevivência. Mas a própria autora oferece outra pista ao mencionar a habilidade de arremedar ou "macaquear" gestos e imitar o clarim militar. Certa vez, ele dispersou uma manifestação de estudantes e caixeiros na praça do Palácio ao soar o toque de "Cavalaria, avançar".[80]

Apuramos que o apelido tinha relação com o mundo da política. Na gíria política do século XIX costumava-se dizer que "macaco véio" (velho) era alguém dotado de inteligência, astúcia e esperteza suficientes para não se meter em cumbuca, que eram, como vimos, os locais onde os políticos recolhiam os seus eleitores a fim de prepará-los para o voto ou para a pancadaria contra os adversários. É esse o sentido que podemos inferir a partir da leitura do dicionário de Macedo Soares. Mas o termo "cumbuca" poderia referir-se ainda a armadilha ou a situação traiçoeira e embaraçosa da vida cotidiana. Por sua vez, o termo "beleza" também poderia se situar no campo da política, pois remetia a manobras políticas quase sempre desleais perpetradas por alguma facção política. Era o que diziam os conservadores quando denunciavam as "belezas" (ou manobras) dos liberais, ou vice-versa.[81]

O estudioso da capoeira Frederico José de Abreu levantou várias possibilidades para decifrar os significados do apelido. Segundo ele a alcunha pode ter surgido na roda de capoeira como forma de expressar a grande habilidade que Manoel tinha nos braços e nas pernas, e a elegância na execução dos movimentos e das acrobacias da luta. Como a figura do capadócio ou do capoeira estava mergulhada no mundo das festas de ruas, especialmente os ternos de Reis, Lavagem do Bonfim, entrudo e depois o Carnaval, não descartamos a possibilidade de que o epíteto tenha surgido em meio às festas que ocorriam nas ruas de Salvador, onde Macaco Beleza era personagem marcante.

Certa vez, ele foi preso por invadir casas de moradores da freguesia dos Mares, mas em nenhum momento o subdelegado se referiu a qualquer tentativa de roubar ou furtar. Suspeito que a invasão das casas estivesse ligada a algum folguedo oriundo do entrudo e repetido nos dias da festa da independência da Bahia e na Lavagem do Bonfim. Antônio Vianna relembra que até fins do século XIX, nas festas do Bonfim, indivíduos costumavam "embelecar o próximo", inventando algum pretexto para entrar nas casas e servir-se da comida e da bebida por puro divertimento.[82] Vianna reproduz versos de uma trova cantada pelos festeiros durante a "invasão" da casa de um morador sovina:

— Macaco, sua mãe é morta!

— Eu, que me importa; eu, que me importa!

— Macaco, sua mãe morreu!

— Antes ela do que eu!...

Zoró é bom, zoró é bom!

É bom demais.[83]

Como esclarece o próprio Antônio Vianna, zoró era sinônimo de cachaça, e pelo que diz o verso nem mesmo a morte da mãe tirou do festeiro o prazer de saborear a bebida encontrada na casa invadida.

Muitos Ternos de Reis do tempo de infância de Manoel Benício tinham nomes de animais. Os mais famosos eram Rei dos Pássaros, Bem-te-Vi e Lagartixa. Há inclusive evidências da existência de um chamado Macaco.[84] Os desfiles dos ternos incluíam desafios e disputas entre grupos rivais, o que muitas vezes descambava para pancadaria. Um dos pontos altos dos desfiles era a disputa pela bandeira ou pelo estandarte sagrado das agremiações, que deveria ser defendido do ataque dos grupos rivais. A bandeira geralmente saía no meio do cortejo e era conduzida pelo porta-bandeira, quase sempre um homem robusto fantasiado e disposto ao confronto físico em defesa do símbolo sagrado.

Era aí que a festa se articulava ao mundo dos capoeiras e dos capadócios. Como célebre capadócio, Manoel Benício pode ter sido em algum momento escalado para porta-bandeira do Terno do Macaco, e o apelido terminou lhe cabendo pela maneira própria de combinar força e elegância dos passos. O porta-bandeira dos ternos de outrora foi depois incorporado pelos cordões e escolas de samba, mas substituído por lindas mulheres.[85]

O próprio Frederico Abreu oferece outra possibilidade explicativa, ao sugerir que o apelido trazia embutido um conteúdo racista, associando um homem negro à figura do macaco. Já o complemento "beleza" seria uma maneira invertida de se referir à sua aparência física, pois Manoel era considerado por alguns "feio para danar". Segundo as teorias raciais que circulavam nos meios acadêmicos da década de 1880, a feiura era um dos traços das raças supostamente inferiores.[86]

De Manoel Benício a Macaco Beleza 77

De fato, quando Macaco Beleza nasceu havia muito já circulavam estudos científicos postulando a inferioridade racial de determinados grupos humanos. No final do século XVIII, quase simultaneamente, cientistas de vários países (todos brancos) vinham observando as características físicas de diversas populações, como tamanho e formato do crânio, cor da pele, tamanho da mandíbula, tamanho de olhos, nariz e boca. Tudo isso para defender a ideia de que a espécie humana era composta de raças que tinham diferentes origens e estágios diferenciados de desenvolvimento. Estavam lançadas as bases do racismo científico.

Os primeiros anos de infância de Macaco Beleza coincidiram com o crescente prestígio das ideias evolucionistas do biólogo inglês Charles Darwin, autor de *A origem das espécies*. Para Darwin, toda a espécie humana havia se originado de ancestrais comuns. Ocorre que interpretações racistas do monogenismo de Darwin logo passaram a desenvolver a noção de que os diversos grupos humanos se diferenciavam biologicamente desde os mais próximos até os mais distantes do ancestral comum. Rapidamente concluíram que os brancos eram os tipos superiores, fisicamente "perfeitos" e, portanto, mais distantes dos macacos. Os vários estudos feitos na época se baseavam em desenhos de crânios forçadamente distorcidos para mostrar semelhanças dos negros com os símios. Como observa Sandra Koutsoukos, imagens e mensagens ganharam o domínio público e ainda hoje servem para ofender racialmente pessoas negras.[87]

Foi na década de 1870 que a principal tese de Darwin ganhou mais projeção no Brasil e incendiou o debate na imprensa de todo o país. Seus intérpretes racistas começaram a inspirar diversas pesquisas em vários centros de ensino. Assim, o macaco entrava no debate como o ancestral primitivo da espécie humana. Mas, como observa Karoline Carula, nas controvérsias que tiveram lugar na imprensa carioca não era qualquer tipo humano o apresentado como inferior ou mais próximo do ancestral símio: somente os africanos e os povos originários das Américas.[88]

Os relatos dos viajantes europeus que visitaram a Bahia na segunda metade do século XIX insistentemente associavam negros a macacos baseados em concepções racistas. Por exemplo, Maximiliano de Habsburgo, que visitou a Bahia em 1860, ao deparar com mulheres negras idosas vendendo frutas nas ruas, descreveu-as como pessoas de aspecto rude e primitivo, "feiura horripilante" e com "mobilidade simiesca". Mesmo admitindo a beleza dos homens negros fortes e atléticos que viu nas ruas carregando cadeiras e objetos, lembrando figuras de bronze da Antiguidade, o austríaco não hesitou em ver nas pernas magras uma semelhança com os macacos.[89]

O inglês Wetherell observou que uma cena muito comum na zona portuária da cidade eram pretos brigando com mãos abertas e rodopios de pernas. Raramente os lutadores recorriam a socos ou outros golpes que pudessem causar danos no adversário. Um pontapé na canela era a pancada mais dolorosa que se podia. Segundo ele, os jogadores eram todos movimento, saltando e mexendo braços e pernas sem parar, "iguais a macacos quando brigam".[90]

Não demorou para que tais ideias servissem de base para ofensas raciais contra negros e pardos. Na década de 1860, o termo "macaco" não apenas era utilizado para apelidar pessoas negras como já havia se tornado uma forma de insulto racial. Durante a Guerra do Paraguai, a imprensa paraguaia chamava os soldados brasileiros de *los macaquitos*, por sua maioria negra e mestiça. O insulto foi também estendido ao imperador e à imperatriz, que apareciam nas charges como figuras de macaco.[91] Vez ou outra a imprensa local também fazia coro a essa visão racista dos recrutados para a guerra. Em pleno conflito, apareceram nas páginas de um jornal baiano os seguintes versos:

[...] *Roga praga e maldição*
Aos macacos do Brasil,
Pela firmeza da mão,
Quando empunha o fuzil,
Dando cabo da congada
Que tinha bem ensaiada.[92]

No romance *O mulato*, de Aluísio Azevedo, cuja primeira edição é de 1881, o protagonista, Raimundo, que era mulato, guardava um trauma de infância por ser chamado de "macaquinho" por colegas de escola.[93] Na década de 1880, em plena campanha abolicionista, José do Patrocínio por diversas vezes foi insultado com os epítetos de "preto fulo" e "macaco".[94] Ao analisar o discurso da imprensa baiana entre o final do século XIX e o início do XX, a historiadora Meire Reis observou que muito frequentemente a imagem do africano e do baiano negro era ligada a animais bravios, o que resultava da associação entre africanos e selvagens.[95]

Além de grotesco e selvagem, o termo macaco também podia significar imitador, aquele que macaqueava o jeito de ser dos outros, marca comumente atribuída aos mulatos e pardos, com frequência apontados como imitadores do jeito de se vestir e de se comportar dos brancos. Da mesma maneira, o termo "beleza" usado com a intenção de qualificar alguém como mal-apessoado não deixava de ser uma ofensa racista, ao postular a feiura como um traço das raças supostamente inferiores.

Não temos como saber de que maneira Manoel Benício construiu sua autoimagem associada ao apelido. Há evidências de que ele o utilizou para se identificar ou se fazer identificado. Em 1887, em carta endereçada ao presidente da província denunciando a violência policial e uma injusta prisão, ele se assinou com o nome próprio, seguido da observação "vulgo Macaco Beleza". Nesse caso, o apelido poderia ser incorporado como a marca identitária de quem propositalmente convertia o estigma em arma simbólica para confrontar e desafiar os que se presumiam racialmente superiores. Maneiras invertidas de lidar com o estigma aparecem em um rancho carioca que saía às ruas cantando "O macaco é o outro".[96]

Ainda que não tenha se originado da aproximação entre o indivíduo e o animal numa perspectiva racista, acreditamos que com o tempo o epíteto Macaco Beleza se ajustou perfeitamente aos objetivos de quem queria ofender Manoel racialmente. O apelido tornou-se a marca estigmatizante do negro que ousava meter-se na arena política sem a tutela e sem o consentimento dos brancos. Foi com a alcunha de Macaco Beleza que ele ficou conhecido em toda a cidade ao protagonizar momentos importantes que levaram ao fim da escravidão. É o que veremos no próximo capítulo.

3. O encontro de uma causa: Macaco Beleza e a rebeldia abolicionista

No dia 13 de maio de 1888 [...], Manoel Benício chorou por longo tempo; de seus olhos não se enxugavam as lágrimas e a sua atitude mereceu geral atenção.[1]

O abolicionismo

A PARTIR DE OUTUBRO DE 1885, Macaco Beleza passou a ser preso com mais frequência no centro da cidade. Deve ter surtido efeito o empenho do subdelegado Ildefonso Lopes para expulsá-lo da freguesia dos Mares. Mas é também plausível supor que a mudança de endereço fosse de vontade própria e estivesse ligada a um projeto pessoal de emancipação dos laços que o prendiam à ex-senhora. Nesse caso, pode ter representado uma forma de afirmação de liberdade, algo que ocorria num contexto de intenso esforço de mulheres e homens negros para libertar-se da escravidão.[2]

De qualquer maneira, os laços com a ex-senhora foram definitivamente desfeitos no ano seguinte à sua saída da freguesia dos Mares, mais precisamente em 7 de agosto de 1886. Naquele dia, o vigário registrou no livro de óbitos que Maria Benedita Sousa dos Passos, 75 anos, branca, solteira, moradora na Calçada, faleceu de febre e foi sepultada no cemitério da Quinta dos Lázaros.[3] Ela viveu o suficiente para acompanhar o crescimento de Manoel Benício e vê-lo no centro dos movimentos populares que agitaram a cidade da Bahia nos anos que antecederam o fim do cativeiro.

Macaco Beleza provavelmente foi morar em algum quarto dos muitos cortiços da populosa e movimentada freguesia da Sé. Trocar a freguesia dos Mares pelas ruas centrais da cidade teve consequências decisivas no seu modo de vida e nas suas escolhas. Desde então, ele entrou em contato mais intenso com os movimentos sociais e debates políticos que dividiam a população no período.

O que chamo aqui de centro da cidade correspondia às freguesias da Sé, da Rua do Paço e de São Pedro, situadas na chamada Cidade Alta, ou seja, na parte urbana construída no alto da encosta que divide a cidade de Salvador em dois planos. Na parte de cima, o centro podia compreender desde as imediações do Convento das Carmelitas, na freguesia do Santo Antônio Além do Carmo, até a praça da Piedade.[4]

Na chamada Cidade Baixa, o centro abrangia os bairros comerciais e portuários da Conceição da Praia e do Pilar, que cresceram no sopé da encosta, no nível do mar da baía de Todos os Santos. Nessa área portuária estavam os trapiches, armazéns e sobrados das grandes casas comerciais que operavam na exportação de produtos agrícolas locais e na importação de bens industrializados procedentes de portos europeus. Era também o lugar do ruidoso comércio de rua e das feiras de Água de Meninos e do Mercado do Ouro, onde eram comercializados gêneros de subsistência vindos de vários lugares do Recôncavo e do litoral sul. À noite, o cais do porto transformava-se em espaço de divertimentos populares, reunindo saveiristas, marinheiros, estivadores, ganhadores e prostitutas no entorno de tabernas, quitandas e botequins.

A Cidade Baixa se comunicava com a Cidade Alta pelas íngremes ladeiras da Preguiça, da Montanha, da Misericórdia e do Taboão. Em 1872, o elevador hidráulico da Conceição, mais tarde chamado de Elevador Lacerda, passaria a ligar a área do comércio à Cidade Alta, mas o sobe e desce das ladeiras continuou intenso ao longo do século XIX. A barulhenta ladeira do Taboão articulava o bairro comercial à Baixa dos Sapateiros, também conhecida como rua da Vala. Por ali passavam diariamente comerciantes, estivadores, marinheiros, ganhadores e ganhadeiras.

Na Cidade Alta, a Sé era a freguesia mais antiga, e também o centro político, administrativo e religioso. Em uma das suas principais praças, a

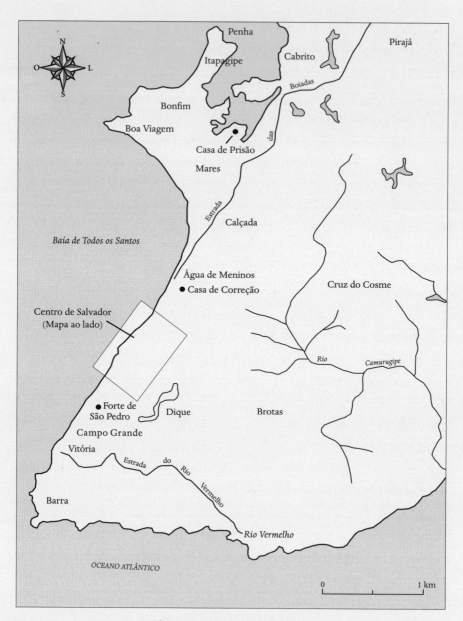

Planta da cidade de Salvador.

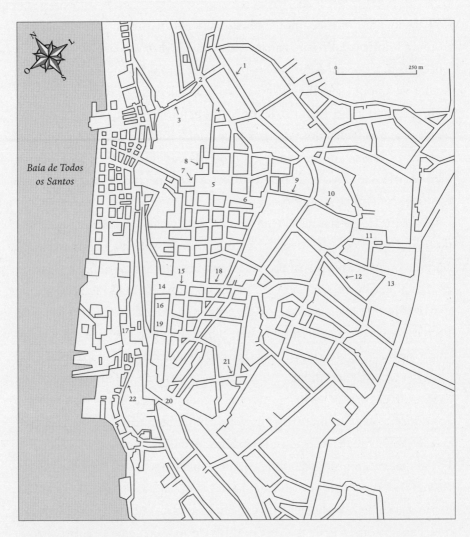

LOCAIS MENCIONADOS NO TEXTO

1. Baixa dos Sapateiros (rua da Vala)
2. Baixinha
3. Ladeira do Taboão
4. Largo do Pelourinho
5. Terreiro de Jesus
6. Largo de São Francisco
7. Catedral da Sé
8. Faculdade de Medicina
9. Rua do Monturo
10. Ladeira do Prata
11. Largo do Desterro
12. Rua do Tinguí
13. Campo da Pólvora
14. Praça do Palácio
15. Câmara Municipal
16. Palácio do Governo
17. Praça da Conceição da Praia
18. Ladeira da Praça
19. Rua Direita do Palácio
20. Largo do Teatro
21. Barroquinha
22. Ladeira da Preguiça

Planta do centro de Salvador.

do Palácio, erguiam-se imponentes os edifícios do governo provincial e da Câmara Municipal. Próxima a eles estava a sede da poderosa irmandade da Misericórdia, que concentrava hospital, internato de menores e assistência caritativa à população mendicante. Na Sé havia mais duas praças: o largo de São Francisco e o Terreiro de Jesus. Neste último erguiam-se a catedral, a igreja de São Pedro dos Clérigos e a Ordem Terceira de São Domingos. Colado à catedral, destacava-se o prédio da Faculdade de Medicina, que além de médicos formava farmacêuticos e era espaço efervescente de discussões acadêmicas e políticas.

Entre as freguesias da Sé e da Rua do Paço abria-se a praça enladeirada do Pelourinho, local de intenso movimento de pessoas que seguiam para o centro administrativo ou para a extensa freguesia de Santo Antônio. Na parte baixa do Pelourinho havia outro pequeno largo chamado Baixinha, que entroncava o final da ladeira do Taboão com a ladeira do Carmo, a rua do Paço e a Baixa dos Sapateiros. O intenso movimento de pessoas e a concentração de botequins faziam da Baixinha o lugar preferido da capadoçagem.[5]

Quando Macaco Beleza foi morar no centro da cidade, a Baixa dos Sapateiros já era um dos locais mais movimentados de Salvador. A extensa rua concentrava um intenso comércio ambulante, armazéns de comestíveis, lojas de roupas, calçados, farmácias, padarias, tabernas e botequins. Por ali passava a linha de bondes que recebia passageiros procedentes do Comércio e de outros pontos da cidade. Na Baixa dos Sapateiros estava situado o já então célebre Mercado de Santa Bárbara, que abrigava quitandas, bodegas e o comércio de frutas, verduras e outros gêneros de subsistência. Lá também eram vendidos objetos, símbolos, roupas e adereços utilizados nos rituais de candomblé.[6]

Dentro do mercado havia um ativo comércio comandado por mulheres negras que vendiam peixes fritos, bebidas e comidas diversas. Eram as chamadas "quitandas de pretas". No mês de dezembro o mercado se agitava com a já famosa festa em louvor a santa Bárbara. No século XIX, a Baixa dos Sapateiros era considerada o centro nervoso da cidade. Segundo o memorialista João Varella, todo "barulho" que começasse no forte de

O encontro de uma causa: Macaco Beleza e a rebeldia abolicionista

São Pedro ou no Cais Dourado terminava na Baixa dos Sapateiros. Afinal, era por ali que circulavam os "desordeiros contumazes".[7]

Em linhas gerais, esse foi o território em que Macaco Beleza circulou e atuou politicamente por mais de uma década. Ele conhecia todos os segredos e atalhos do labirinto de becos e vielas que levavam a várias direções, a lugares de trabalho e aos recantos de divertimento noturno. Cada largo, praça, esquina e escadaria de igreja lhe serviu de palco para discursos e performances como agitador político nos momentos mais tensos da década de 1880.

Nesse período, partes importantes das freguesias centrais já eram majoritariamente negras. Certa vez um jornal chegou a definir os lugares de concentração de população negra no centro da cidade como "verdadeiros quilombos".[8] As pessoas que antes moravam nas encostas íngremes foram gradativamente ocupando os casarões outrora habitados por moradores ricos e de classe média que, ao longo da segunda metade do século xix, tinham se deslocado para as freguesias mais periféricas em busca de paragens mais arejadas. Ao mesmo tempo, um movimento de baixo para cima foi ocorrendo nos velhos sobrados: a população pobre que habitava o subsolo dos prédios, as chamadas lojas, foi se instalando nos andares abandonados pela gente rica. Aos poucos o núcleo mais antigo da cidade foi se tornando o endereço de trabalhadores do porto, ganhadores, ganhadeiras, artesãos e empregadas domésticas. Ali era também o refúgio de escravos fugidos e o local de concentração de prostitutas, jogadores, taberneiros e marginais genericamente chamados de "capadócios".[9]

Desde meados do século xix, a freguesia da Sé era objeto de preocupação das autoridades policiais por abrigar uma vida noturna intensa e agitada. Entre os locais de divertimentos populares que mais preocupavam os subdelegados e inspetores de quarteirão estavam as célebres "casas de mocotó". Em 19 de outubro de 1870, ao criticar o policiamento da cidade, uma denúncia veiculada em *O Alabama* tomou como exemplo as noites de sábado na freguesia da Sé.

— A Sé é a freguesia por excelência das badernas.

— As bibocas de víspora, o mocotó da meia-noite e os alcouces das meretrizes são vasto campo onde põem em prática todas as cenas do mais desenvolto desregramento.[10]

Quando Macaco Beleza se mudou para a Sé, as casas de mocotó já ocupavam diversos pontos do centro. Nelas se reuniam populares para beber, comer, cantar e dançar. Mocotós famosos se espalhavam pelas ruas centrais de Sé, Pelourinho e Terreiro de Jesus. Em novembro de 1885, refletindo sobre as dificuldades de policiamento da Sé, o subdelegado Antônio Figueiredo de Pita afirmou

ser este curato o ponto de reunião de todos os desordeiros de outras freguesias, que para aqui se dirigem atraídos pelos divertimentos mais frequentes, pelo grande número de meretrizes que aqui residem, pelos célebres mocotós, pelas casas de jogos e outras coisas que determinam o estado anômalo em que sempre esteve e é tradicional neste curato.[11]

Em suas reminiscências dos últimos anos do século XIX, o cronista João da Silva Campos recordava do "afamado mocotó de meia-noite", que acontecia de sábado para domingo no Rocio, a praça que depois foi renomeada como Treze de Maio. Ali reunia-se muita "gente airada", estudantes, caixeiros, impenitentes boêmios. Entre os muitos mocotós de fama havia o da Miquelina, situado no Terreiro de Jesus e muito frequentado pelos estudantes da Faculdade de Medicina. O cronista especulou que este possivelmente foi o último mocotó de grande fama na Bahia. Silva Campos revelava-se um desiludido da República ao lamentar que a "boa e sã alegria dionisíaca dos velhos dias do século XIX emigrou, tangida pelas idiotas exigências da civilização".[12]

Manuel Querino informa que, nas noites de sábado, especialmente para a freguesia da Sé e parte da de São Pedro, convergia gente de vários outros pontos da cidade atraída pelos mocotós. Dentro e em volta das casas de mocotó e dos botequins reuniam-se jornaleiros de todas as profissões, cantores de modinhas, tocadores de violão, caixeiros, "discursadores" e outros "amantes de diversões". Entre o Terreiro de Jesus e a Piedade, passando pelo largo do Teatro, havia uma intensa movimentação de pessoas até altas horas da noite, como se fosse "festa popular".[13]

As casas de mocotó eram vistas pelas autoridades policiais como locais de desordem que mereciam permanente vigilância. Em 15 de novembro de 1887, o subdelegado Alfredo Alves Portela chamou a atenção do chefe de polícia para várias ruas da freguesia de Santana agitadas "em consequência de sambas, vendagem de mocotó e bebidas alcoólicas, jogos proibidos etc., trazendo alarmada a rua em que moram e em contínuo sobressalto as famílias vizinhas". Sobre os indivíduos que ali se reuniam, o subdelegado os qualificou de rixosos, ociosos, turbulentos e ébrios, constituindo o terror do lugar que habitavam.[14]

No centro da cidade também se concentravam as barulhentas repúblicas de estudantes da Faculdade de Medicina. Os estudantes viviam uma época romântica, em que era elegante trocar as aulas por noites alegres de boemia.[15] Segundo Alexandre Passos, nessas repúblicas predominavam independência, alegria e agressividade. Muitos professores evitavam passar por aqueles lugares para não sofrer insultos de alunos rebeldes. Tabernas e botequins eram o espaço de encontro nem sempre amistoso entre estudantes e populares. Não raro "os valentes da época, os capoeiras, os desafiavam".[16] Pode-se imaginar que muitos desses embates emergiam depois que algum discípulo das teorias raciais inadvertidamente resolvia abrir o jogo sobre o que pensava sobre negros e mestiços. Essas tensões raciais entre a juventude estudantil e as camadas populares ganharam dimensão política no momento em que se intensificaram os debates sobre o fim do cativeiro.

A mudança de Macaco Beleza para o centro da cidade coincidiu com a intensificação do controle policial sobre a crescente população de livres e libertos que morava, trabalhava e circulava pela região. Frequentemente as autoridades policiais os abordavam a pretexto de serem vadios, vagabundos e capadócios. Aos olhos da polícia, a capadoçagem abrangia um grande espectro de indivíduos que viviam às margens da sociedade: eram os ociosos, vadios, tocadores de violão, cantadores de modinhas, os que frequentavam rodas de samba e casas de jogos na companhia de meretrizes e consumiam bebida alcoólica. Na gíria do Rio de Janeiro, da Bahia e do Recife, o capadócio também era conhecido como capoeira.[17]

Hildegardes Vianna informa que os capadócios também eram chamados de "mandingueiros". Alguns costumavam trazer uma navalha escondida na "gaforinha" e gostavam de entrar em desordens por mera vadiação.[18] Um dicionário da época os definia como homens da plebe que se davam ares de importância, "aparentando nos modos e nas falas uma superioridade que lhe cabe mal".[19] Ser capadócio era não ter senhor ou não se deixar enredar nas tramas da dependência.

O capadócio tinha estilo de vida próprio, que se expressava na forma de se vestir, de se comunicar por gírias e de caminhar gingado. Segundo Manuel Querino, os "capoeiras de profissão" eram conhecidos pela atitude singular do corpo, pelo andar arrevesado, o chapéu de banda, as calças de boca larga ou pantalonas cobrindo a parte anterior do pé, a argolinha de ouro na orelha como insígnia de força e valentia. Eram indivíduos desconfiados e sempre prevenidos. Ao aproximar-se de uma esquina, tomavam imediatamente o meio da rua.[20]

Em dias de festa, como escreveu Antônio Vianna, os trajes domingueiros dos capoeiristas incluíam casaco de casimira azul, calça boca de funil, botinas de oleado com bico de faca, gravata frouxa e esvoaçante, chapéu de lebre desabado e o inseparável cacete de marmeleiro. Nos dias comuns, a gravata cedia lugar a um lenço com desenhos berrantes, amarrado com nó. Imprescindível era o uso da costeleta larga.[21] Os contemporâneos contam que Macaco Beleza costumava vestir terno, calça arregaçada na perna direita e chinelos. Muitas vezes foi visto descalço, provavelmente depois que se deterioraram suas condições de sobrevivência.

Antônio Vianna definiu essa época como o tempo dos "valentes à unha". Numa das páginas mais eloquentes sobre os "capoeiras de outrora", o memorialista recordava o pessoal que conheceu nas ruas da "velha Salvador" das serenatas e dos mocotós:

> Mestres desenganados da cabeçada, do rabo de arraia, do aú, da tesoura, do tronco, do balão, do tapa-olho dormideira, do calço, do salto mortal, do pega à unha, para falar somente da agilidade desarmada. Tão comum aos valentes que conheci. Valentes de fato! De dar e tomar. Com os pés. Com as mãos. Com a cabeça. Com os peitos. Num gira-gira atordoante.[22]

Nesse tempo, o domínio dos movimentos da capoeira era recurso importante na luta cotidiana pela sobrevivência dos trabalhadores negros nas ruas e no cais do porto. As "brigas de unha" explodiam a qualquer hora, em dias de festas ou de trabalho. Foi no Cais Dourado que Vianna chegou a assistir aos mais célebres embates entre ganhadores e carroceiros disputando os cantos de trabalho e o transporte das cargas que chegavam nos navios e saveiros.[23]

A capoeira era também uma forma de divertimento. Não havia festa de largo em que não houvesse exibição de capoeiristas executando movimentos de ataque e defesa aos ritmos de agogô, berimbau, pandeiro e viola. Era quando a capoeira se transformava em luta lúdica, com movimentos acrobáticos e de violência dissimulada que arremedavam as lutas reais do cotidiano.[24] Essa dimensão lúdica da capoeira seria alvo da repressão policial, cada vez mais preocupada com os ajuntamentos e com os movimentos de corpo que lembravam a África. Macaco Beleza fez parte desse mundo da capoeira, fosse como divertimento, fosse nos embates políticos em que se envolveu ao longo da segunda metade da década de 1880.

Um dos resultados, como vimos, foram diversas detenções. É possível que haja outros registros, mas, do que foi possível coligir da documentação policial e de notícias de jornais, vemos na Tabela 1 o resumo de suas prisões entre 1880 e 1889, com datas, locais, motivos e lugares onde ele foi encarcerado.

TABELA 1. Detenções de Macaco Beleza entre 1880 e 1889

DATA	LOCAL	MOTIVO	PRISÃO
9 de novembro de 1880	Freguesia dos Mares	Desordem	Casa de Prisão com Trabalho
1º de dezembro de 1884	Freguesia dos Mares	Desordem	Casa de Prisão com Trabalho
3 de julho de 1885	Freguesia dos Mares	Desordem	Casa de Prisão com Trabalho
12 de outubro de 1885	Freguesia da Sé	Embriaguez	Sem informação
10 de março de 1886	Não identificado	Desordem	Casa de Correção
28 de junho de 1886	Não identificado	Embriaguez	Sem informação
4 de julho de 1886	Não identificado	Embriaguez	Sem informação
31 de julho de 1886	Freguesia da Sé	Embriaguez e desordem	Xadrez
16 de setembro de 1886	Freguesia dos Mares	Desordem	Casa de Correção
18 de novembro de 1886	Não identificado	Desordem	Casa de Correção
17 de fevereiro de 1887	Freguesia da Sé	Desordem	Xadrez
24 de março de 1887	Freguesia da Sé	Desordem	Casa de Correção
27 de março de 1887	Freguesia da Sé	Desordem	Xadrez
13 de abril de 1887	Freguesia da Sé	Desordem	Casa de Prisão com Trabalho
22 de julho de 1887	Conceição da Praia	Embriaguez e desordem	Xadrez
30 de julho de 1887	Freguesia dos Mares	Desordem	Casa de Correção
23 de setembro de 1887	Freguesia da Sé	Desordem	Xadrez
11 de dezembro de 1887	Freguesia da Sé	Provocar conflitos	Casa de Correção
22 de janeiro de 1888	Bonfim	Desordem	Sem informação
10 de abril de 1888	Freguesia do Pilar	Desordem	Sem informação
11 de dezembro de 1888	Freguesia da Sé	Invadir casa e agredir uma mulher	Sem informação
11 de novembro de 1889	Freguesia de Santana	Desordem (?)	Sem informação
18 de novembro de 1889	Não identificado	Desordem	Sem informação

FONTES: Apeb, *Mapas de presos*, maços 6295 (1884-5); 6296 (1885-6). *Gazeta da Bahia*, 1885-6.

Entre 1880 e 1889, então, Macaco Beleza foi detido 23 vezes por motivos diversos, como desordem, embriaguez e vadiagem. As prisões ocorreram com mais frequência nas freguesias da Sé e dos Mares, além do Pilar e da Conceição da Praia. Eram lugares por onde circulava e sobrevivia como ganhador, pedreiro e postilhão (esse era o nome que se dava ao entregador de jornais). Considerando as ocupações que disse exercer em diferentes momentos, supõe-se que ele vivia das oportunidades que apareciam. Por exemplo, sobreviver como postilhão foi uma oportunidade que se abriu no contexto do aumento da circulação de jornais na década de 1880, muitos deles ligados ao movimento abolicionista. Ele era portanto um trabalhador, e o carimbo de vagabundo e desordeiro vinha de sua atitude questionadora e contraposta a algum grupo político.[25]

Em duas ocasiões ele foi identificado racialmente na documentação policial como de cor cabra, mas na maioria das vezes era classificado como pardo. Os escrivães também registravam que era livre, possivelmente informação dada por ele próprio como forma de se insurgir contra os limites de sua condição de liberto. O silenciamento acerca dessa condição era uma forma de questionar as hierarquias montadas com base na escravidão e um desejo de aproximar-se da cidadania livre.

A quase totalidade das prisões de Macaco Beleza foi motivada por desordem, termo genérico utilizado pela polícia para nomear os mais variados comportamentos considerados perturbadores da ordem pública. O que se chamava de desordem podia abranger desde bebedeira, vozeria, brigas entre vizinhos e frequentadores de tabernas até desavenças com senhores ou patrões, ajuntamento em casas de jogos e desacato à polícia. Mas nessa categoria as autoridades podiam então incluir também o ativismo político.

O que era definido como desordem podia ainda encobrir conflitos cotidianos no interior das populações pobres da cidade. Disputas por lugares de ganho e de comércio nas ruas eram frequentes. Além disso, é preciso considerar que grande parte dos libertos eram pessoas vindas do interior, gente que ainda estava em busca de espaço de sobrevivência numa cidade onde a luta por trabalho e melhores condições de vida acirrava-se cada vez mais. Tudo indica que a repressão à desordem era a forma como as autoridades justificavam o policiamento do cotidiano das populações negras que moravam e trabalhavam no centro da cidade. Segundo Wilson Mattos, a investida policial sobre os comportamentos considerados desviantes foi a maneira de disciplinar e enquadrar as populações negras e pobres nos limites da ordem.[26]

O segundo motivo de detenção foi por embriaguez, o que era muito frequente nos autos de indivíduos das camadas populares que circulavam pelo centro da cidade. Contudo, o grande número de prisões por embriaguez talvez estivesse ligado a uma estratégia de não permanecer na cadeia por muito tempo. Calejado por diversas passagens pelos cárceres, Macaco Beleza sabia que esse tipo de prisão não durava mais que um dia. Fingir-se de bêbado, simular doenças, loucura e trocar de nome eram estratégias a que os detidos frequentemente recorriam para confundir a polícia.

Pelo menos em quatro ocasiões foi possível relacionar as prisões de Macaco Beleza com o calendário festivo da cidade: as de 3 de julho de 1885 e 4 de julho de 1886 ocorreram em meio aos festejos da independência da Bahia; a de 22 de janeiro de 1888, na freguesia dos Mares, indica que ele foi detido no contexto da festa do Bonfim; e a prisão de 10 de março de 1886 se deu numa Quarta-Feira de Cinzas, quando as autoridades estavam ainda fortemente empenhadas na repressão ao entrudo.[27]

Entre 1886 e 1889, Macaco Beleza foi enviado seis vezes para a Casa de Correção, no forte de Santo Antônio, onde manteve contato com, entre outros, os cativos Roberto, Pedro, Torquato, Prudêncio, Tibúrcio, Balbino, Higino e Luís, todos envolvidos na célebre morte do frei carmelita João Lucas do Monte Carmelo, assassinado no engenho do Carmo em setembro de 1882.[28] O crime teve grande repercussão nacional, não apenas porque envolvia um religioso da alta hierarquia eclesiástica, mas também porque acirrou o debate em torno dos castigos corporais e da abolição.

Quando lá esteve em julho de 1886, por alguns dias, 150 presidiários lotavam a prisão, e houve denúncias de plano de fuga.[29] Quando voltou alguns meses depois, em 18 de novembro, permanecendo por doze dias, Macaco Beleza certamente se encontrou com José Justino Alves Corte Imperial, apelidado Mão de Grelha, outro tipo de rua com muitas entradas nos cárceres baianos. Dois dias antes, Mão de Grelha fora preso por furto na freguesia da Conceição da Praia, local em que geralmente circulava.[30] Anos depois, em meio às turbulências políticas do fim do Império, eles voltariam a se encontrar como companheiros de cadeia.

As numerosas ocorrências policiais envolvendo Macaco Beleza se calam sobre sua atuação no movimento abolicionista. É possível que o silêncio fosse uma forma de deslegitimar e desautorizar sua participação no movimento. Mas, antes de refletir sobre essa questão, interessa saber como ele foi se politizando no curso dos acontecimentos que culminariam na libertação dos escravos.

Uma cidade em ebulição

A notícia da decisão do imperador de entregar a chefia do gabinete a João Maurício Wanderley, o barão de Cotegipe, chegou às redações dos grandes jornais baianos no começo da noite de 20 de agosto de 1885. A ascensão dos conservadores representava uma vitória dos setores mais resistentes à abolição.[31] Para manifestar júbilo pelo triunfo de seu partido, o filho do barão concedeu alforria a três escravas pertencentes à família. Cotegipe era dono de centenas de cativos, e aquele era apenas um gesto simbólico que expressava a maneira como a classe senhorial pretendia conduzir o processo da libertação.[32] Lidar com o crescente movimento abolicionista "dentro da lei e da ordem" era a "senha" usada pelos conservadores, e foi o que defendeu José Eduardo Freire de Carvalho, uma das lideranças do Partido Conservador na Bahia, ao discursar perante os correligionários reunidos no largo do Bonfim no dia 23, ainda no clima dos festejos pela vitória.[33]

No embalo da ascensão conservadora, em 29 de agosto de 1885 ocupou a presidência da província Aurélio Ferreira Espinheira, e no discurso de posse deixou evidente que sua prioridade de governo era a manutenção da "ordem pública", o que naquele contexto significava mais policiamento das ruas e repressão ao ativismo abolicionista.[34] Foi nessa época que Macaco

Beleza se aproximou dos políticos do Partido Liberal, o que fez dele alvo preferido dos subdelegados e inspetores de quarteirão alinhados aos conservadores. Não estranha que entre 1885 e 1889 ele tenha sido ainda mais abordado e preso pela polícia.

Em face da guinada política favorável aos escravocratas, o movimento libertador na Bahia entrou numa fase de ativismo mais radical que se estendeu de 1885 a 1888. Foi nesse período que a vertente popular do movimento conferiu força política às manifestações públicas em favor da abolição. Um texto manuscrito intitulado *O abolicionismo*, encontrado no acervo de Teodoro Sampaio, conta que vários "indivíduos do povo" integravam o grupo que atuava em torno da Sociedade Libertadora Baiana, fundada em 1883 por Eduardo Carigé e Panfilo da Santa Cruz. Esse grupo se intitulava a Guarda Velha do Abolicionismo e tinha no jornal *Gazeta da Tarde* o principal canal de comunicação com o público.[35]

Segundo o autor de *O abolicionismo*, nos meetings realizados na cidade era frequente a participação do "crioulo" Marcolino José Dias, "o herói da campanha do Paraguai", de Manuel da Cruz, Pedro Bala, Muniz Barreto, Jorge Saveirista, João Branco, do tenente Olavo José de Almeida, todos eles "homens de fácil expressão". Citou ainda o capitão Pedro Augusto, Deocleciano Cândido Camuregipe, Domingos da Silva, Tibúrcio do Pelourinho, dr. Sales de Sousa, o "orador popular" Roque Jacinto da Cruz e outros "filhos do povo". Essa ala popular do abolicionismo costumava se reunir nas pastelarias, livrarias, farmácias e na loja do cabeleireiro Alípio, na rua do Palácio (atual rua Chile).[36]

Dentre os populares mencionados havia um grupo formado por homens negros, como o próprio Manoel Benício dos Passos: Roque Jacinto da Cruz, Marcolino José Dias, Manuel Querino, Ismael Ribeiro, Salustiano Pedro, chamado de "negro destemido" por Panfilo da Santa Cruz, e Eduardo Carigé. Sobre Salustiano Pedro, observou o autor do manuscrito que em "qualquer parte que o encontrassem era ocupado com o magno assunto da justiça para a sua raça". Com entusiasmo, Salustiano insistia em relembrar os feitos heroicos dos negros, exaltando a intrepidez de Henrique Dias, o homem negro que liderou uma tropa de negros livres nas lutas seiscentistas contra os holandeses em Pernambuco. Marcílio Dias, o marinheiro negro que se destacou na Guerra do Paraguai, era outro herói lembrado por ele.[37] A afirmação da identidade das pessoas negras era um componente ideológico daquele grupo que integrava a Guarda Velha. Para Wlamyra Albuquerque, a existência dessa vertente negra no movimento abolicionista revela leituras distintas sobre a abolição em si e sobre os desdobramentos do fim do cativeiro.[38]

O autor de *O abolicionismo* ressaltou também a participação de negros ainda escravizados nas fileiras da Sociedade Libertadora Baiana. Entre eles estavam os integrantes das filarmônicas dos Barbeiros e da Chapadista, esta última formada por escravos pertencentes a uma senhora chamada Raimunda Porcina de Jesus. Os músicos foram libertados após a morte de Porcina, em 1887, e acreditamos que foi a partir de então que abertamente se engajaram nas festas abolicionistas.[39] O próprio Ismael Ribeiro, que mais tarde se destacaria como liderança operária, foi abolicionista egresso do cativeiro, como revela Thiago Alberto dos Santos.[40]

A respeito de Manoel Benício dos Passos, o autor do manuscrito o descrevia como um "homem cor de bronze, de estatura hercúlea, disposto para a luta corpórea, sem instrução, porém sempre pronto a impugnar com ousadia e inteligência as opiniões dos contrários". Ele trabalhava como entregador do jornal abolicionista *Gazeta da Tarde*, ao lado de Manuel José, conhecido por Maduro, descrito como um rapaz robusto, branco, estatura mediana e que, com "invejável pulmão", anunciava pelas ruas: "Olhem a *Gazeta da Tarde!*".[41] Outro entregador de jornais conhecido era Tertuliano de Alcântara, um tipo de rua apelidado de "Peru": "homem velho, de cor branca, tinha por costume defender agressivamente os que chicanavam dos abolicionistas e da sua pessoa".[42] Tertuliano aparece em diversos escritos de memorialistas como um tipo de rua que estava sempre às voltas com os meninos vadios que o perseguiam. Ele tinha um inchaço embaixo do queixo, daí o apelido, que tanto deplorava.

Eduardo Carigé, uma das principais lideranças abolicionistas da província, escreveu que o movimento local contou com a participação de diversos trabalhadores urbanos. Segundo ele, o Clube Luís Álvares, formado por ganhadores, atuou intensamente na fuga de escravizados. Por estarem presentes em vários pontos da cidade, os chamados "cantos" de trabalho, os ganhadores foram importantíssimos para indicar rotas de fuga e esconderijos para escravos evadidos. Foi o engajamento deles que animou Carigé a afirmar, nas diversas reuniões (ou *"meetings"*, como se usava então) de que participou no início de 1888, que até o Dois de Julho não haveria mais escravos na capital.[43] E, de fato, o cativeiro foi abolido dois meses antes da festa da independência da Bahia.

Trabalhadores ligados ao transporte marítimo entre a capital e o Recôncavo, especialmente saveiristas e canoeiros, estiveram também à frente de ações de facilitação das fugas e nas manifestações de rua. Em um artigo publicado nos jornais da cidade, escrito no calor dos acontecimentos envolvendo o resgate do menino Lino Caboto, os "Muitos saveiristas" que assinavam o texto se comprometiam a não mais transportar em suas embarcações escravos para serem vendidos em outras províncias.[44]

Segundo o autor de *O abolicionismo*, na década de 1880, canoeiros que faziam a travessia do rio Paraguaçu entre Cachoeira e a povoação de São Félix se negaram a carregar escravos a serviço dos senhores, mas se prontificaram a transportar gratuitamente os que estivessem em fuga. Em Salvador, o incêndio de um sobrado do bairro comercial onde eram alojados escravos que aguardavam embarque para serem vendidos no Sul do país motivou ações mais audaciosas dos saveiristas. Teodoro Sampaio registra que membros do Clube Saveirista (organização abolicionista), utilizando-se de longas cordas, penetravam em sobrados do bairro comercial para promover a fuga dos que seriam vendidos para outras províncias.[45]

Aos saveiristas e ganhadores se juntaram os ferroviários, que ocultavam os fugidos nas obras de expansão da rede ferroviária. Foi principalmente entre os trabalhadores ligados aos transportes que a ideia abolicionista se difundiu com mais força. O próprio Teodoro Sampaio, engenheiro, negro e filho de escrava, foi um dos que se engajou na propaganda da causa abolicionista no centro da província, quando trabalhava nas obras da Estrada de Ferro da Bahia ao São Francisco.[46]

Eduardo Carigé escreveu um artigo rememorando a participação dos clubes abolicionistas populares e a maneira como militaram no movimento. Em 17 de março de 1888, por exemplo, foi fundado por mulheres o Clube Castro Alves, que defendia a educação dos "ingênuos". O Clube Francisco do Nascimento também utilizou cordas para tirar escravos que se achavam presos em sobrados e resgatou do vapor *Guahy* dois cativos que seguiriam para Sergipe. O Clube Luís Alvares atuava na área portuária da cidade não permitindo que ganhadeiras escravas vendessem gêneros a mando de seus senhores e colocando-as sob proteção dos abolicionistas. O Clube José Bonifácio deu esconderijo na capital a centenas de escravos fugidos e foi responsável pela realização da missa campal na igreja do Bonfim dias depois do 13 de Maio; o artigo cita a mãe de João Clodoaldo (um dirigente do clube), que liderava a organização e recebia em sua casa escravos fugidos. E havia também o próprio Clube Eduardo Carigé, que recolhia escravos vindos de Rio Vermelho, Barra, Itaparica, Itapagipe e outros lugares a fim de enviá-los para Jaguaripe, Ilhéus e outros pontos da província. Carigé conta ter reunido em sua casa os ganhadores da cidade, em 28 de março de 1888, no intuito de envolvê-los na causa da abolição.[47]

Como observa Maria Helena Machado, o movimento pela abolição foi a grande experiência política de figuras que se projetaram nos primeiros anos da República. Macaco Beleza foi um deles.[48]

O encontro da causa abolicionista

Manoel Benício tinha pouco mais de três anos quando os jornais anunciaram a fundação da mais antiga associação abolicionista baiana, a Sociedade Libertadora Sete de Setembro. A solenidade foi realizada com pompa na Câmara Municipal e, para marcar a data, foi arrecadado dinheiro entre os sócios para alforriar uma menina escrava. Um dos fundadores era o militante Frederico Marinho de Araújo, que se destacou na libertação, por via judicial, de dezenas de escravos. Frederico Marinho residia na freguesia da Penha, e certamente era pessoa conhecida de Macaco Beleza.[49]

Anos depois, o debate em torno da abolição demandou ações mais arrojadas de indivíduos dispostos e preparados para o confronto corporal. Acreditamos que tenha sido nesse cenário de enfrentamento com a polícia e com capitães do mato empenhados no resgate de escravos fugidos que Macaco Beleza ingressou nas fileiras abolicionistas. Certamente integrou o núcleo de homens arregimentados para garantir a segurança das reuniões e dos eventos promovidos pelos militantes. Eduardo Carigé escreveu que, nos comícios, sempre contou com "homens dispostos e resolutos" para protegê-lo.

Em meados da década de 1880 Salvador havia se tornado o destino preferencial dos cativos que fugiam das fazendas e engenhos do Recôncavo. Mergulhados em meio à população negra que já ocupava partes importantes do centro da cidade, homens e mulheres fugidos do cativeiro tinham mais chances de desaparecer da vista dos senhores e dos capitães do mato. É provável que Macaco Beleza integrasse a rede de colaboradores que recebia os fugitivos e os encaminhava para locais onde pudessem se manter ocultos. Circulando pelas ruas centrais como ganhador, carregando e descarregando mercadorias no cais ou distribuindo jornais, ele conhecia os vários recantos da cidade e as rotas secretas de fuga.[50]

Depois que fixou residência no centro da cidade, passou a trabalhar como entregador de jornais, o que lhe permitiu atuar como divulgador das ideias abolicionistas nas praças e largos. Em uma época de grande analfabetismo, a leitura em voz alta das notícias veiculadas nos jornais fazia com que os debates parlamentares chegassem aos ouvidos dos escravos e dos populares. São dessa época as suas primeiras aparições públicas manifestando posicionamentos políticos em favor da abolição.

Como entregador da *Gazeta da Tarde*, ele se aproximou de lideranças abolicionistas e de políticos influentes do Partido Liberal. Reunidos em torno da Sociedade Libertadora Baiana, a chamada Guarda Velha, ele teve contato com o advogado Frederico Marinho de Araújo, Panfilo da Santa Cruz, o médico higienista Frederico Augusto da Silva Lisboa, o médico José Luís de Almeida Couto e o senador e líder do Partido Liberal Manuel Pinto de Sousa Dantas. Foi nesse tempo que se ligou a uma geração mais nova do partido, como Carigé, Rui Barbosa, Aristides César Zama e

Manuel Vitorino Pereira. Há indícios de que Rui Barbosa conhecia de perto Macaco Beleza, pois estiveram juntos em reuniões dos liberais. Ainda que não fossem abolicionistas radicais, os daquela geração começavam a falar abertamente de libertação dos escravos, e foi isso que deve ter motivado sua aproximação daqueles indivíduos. Entende-se por que ele se tornou alvo das autoridades policiais após a ascensão dos conservadores.[51]

Trabalhar como postilhão e divulgar nas ruas e praças o conteúdo das notícias exigiam domínio da escrita e da leitura. Macaco Beleza não apenas lia as notícias dos jornais como comentava o debate sobre a abolição no Parlamento e nas várias instâncias do poder imperial. Embora fosse ainda deficiente seu domínio da escrita e da leitura, ele demonstrava uma percepção aguda das discussões que dividiam o país. Desde então, se destacou como grande orador popular, capaz de reunir ouvintes e curiosos por horas seguidas. Os adros das igrejas, as esquinas e os largos mais movimentados do centro da cidade eram o palco das suas aparições teatrais e efusivas. Seus discursos eloquentes chamaram a atenção das autoridades policiais por promoverem aglomeração nas ruas e incomodarem os que ainda possuíam escravos.[52]

Macaco Beleza viveu numa época em que a oratória era a principal forma de expressão do homem público. Além de representar status e refinamento intelectual, o bom domínio da arte do discurso era indispensável a quem ambicionasse a carreira política ou acadêmica. Na atividade professoral, a oratória era o mais apreciado e aplaudido recurso de comunicação. O falar sonoro e grandiloquente distinguia os indivíduos de "maneiras fidalgas" de expressão.[53]

Desde a mais tenra infância, os meninos da elite senhorial e mesmo da classe média eram treinados para serem bons oradores. A leitura de manuais de oratória e os exercícios de como discursar com elegância começavam nos primeiros anos de escolaridade. Segundo Luís Viana, desde o aprendizado das primeiras letras Rui Barbosa foi submetido pelo pai a uma rígida disciplina de exercícios para ler e decorar longos textos. Os exercícios incluíam fazer o menino subir sobre uma mala para discursar como se estivesse num púlpito diante de um grande auditório.[54]

Aos poucos foram surgindo no meio do povo vários oradores populares que se postavam em praças, esquinas e lugares de grande movimento. Manuel Querino escreveu que, no tempo do Império, "não faltavam os discursadores, porque até então discurso e poesia eram com o povo da Bahia". Para ele, a "tenda de aprendizagem" dos oradores do povo eram os debates na assembleia provincial. Muitos deles aprenderam a falar observando os grandes oradores da época ou frequentando os púlpitos das igrejas e as sessões dos tribunais.[55]

Na lista de oradores populares Querino citou Marcelino, oficial de sapateiro, analfabeto, porém considerado bastante inteligente; Roque Jacinto da Cruz, que no distrito de São Pedro arrastava uma multidão de eleitores para os comícios do Partido Liberal; e Pedro Alexandrino Muniz Barreto, apelidado de Pedro Bala, tido como inteligente, mas sem muito estudo.[56]

Pedro Bala foi voluntário da pátria e ganhou o apelido por ter servido como abastecedor de projéteis de uma peça de artilharia. Vivia na boemia e não se preocupava com o "trabalho útil", conta Querino. Era filiado ao Partido Liberal e de temperamento reservado, mas se transformava nos dias de eleição, envolvendo-se em discussões calorosas. Tinha uma loquacidade admirável, recheada de frases originais. Nos pleitos eleitorais costumava sair de casa empunhando uma bengala, que chamava de "Guilherme Tell", em homenagem ao lendário herói nórdico do século XIV. Segundo ele, a bengala era seu instrumento para repelir qualquer afronta.[57]

O memorialista que se assinava C. de A. oferece mais detalhes sobre Pedro Bala. Pelo que disse, era um conhecido "tipo de rua", mulato, baixo, cheio de corpo, inteligente e que trabalhava como porteiro da Câmara Municipal. Quando a repartição fechava ele saía às ruas para fazer discurso, metendo a "bomba" em todo mundo, pelo que "era temido e respeitado". Segundo o informante foi isso que lhe valeu o emprego.[58]

Podemos dizer que Macaco Beleza fazia parte de uma linhagem de oradores de rua que ficaram célebres nas grandes cidades oitocentistas. Quando ainda criança, os jornais já registravam que muitas vezes eles eram confundidos com ou tratados como bêbados e loucos. Um "bêbado" chamado Matias, que vagava pela cidade, era considerado o "mais atrevido", de língua "viperina". Menciona-se também um "inválido da pátria" que, quando embriagado, costumava derramar as suas mais "insultuosas e obscenas palavras contra o governo em vozes que são retumbantes no centro das famílias".[59]

Ébrios ou não, esses oradores de rua atuavam como divulgadores de notícias engraçadas ou embaraçosas do cotidiano. Muitas vezes se voltavam para personagens da política local, revelando detalhes curiosos e nem sempre agradáveis de suas vidas pessoais. Da boca desses discursadores de rua, quase sempre os escândalos das famílias emergiam, revelando as desigualdades de uma cidade profundamente dividida pela escravidão e pelas hierarquias raciais. No romance *Uma família baiana*, ambientado em meados da década de 1850, Xavier Marques retratou a figura do ébrio que discursava em uma praça denunciando o infortúnio de Lúcia, moça pobre de cor parda deflorada pelo filho de um coronel. Na tentativa de aplacar os estragos provocados pelo discursador de rua, o pai do rapaz correu para os jornais contra-atacando com uma carta anônima que denunciava Lúcia como rapariga pervertida, que pretendia manchar a honra de um mancebo de "nobilíssima família".[60]

Entre os muitos tipos de rua descritos por Melo Morais Filho na Corte do Rio de Janeiro encontra-se o célebre Príncipe Natureza, que fez sua primeira aparição em 1879. Segundo Melo Morais, a iniciação do Príncipe Natureza começou em uma casa à rua da Imperatriz, onde residia uma família ilustre, cujos filhos se encarregaram de adestrá-lo na arte da palavra. O orador de "assombrosa eloquência" chamava-se Miguel, era africano e ex-escravo dos frades beneditinos. Segundo Melo Morais:

> Negro de estatura regular, cheio de corpo, maior de quarenta anos, a sua cor fula harmonizava-se com os cabelos pouco carapinhados que lhe guarneciam a testa, separando-se em largas entradas. Usava barba cerrada, tinha as pernas um pouco bambas e arqueadas, e pés chatos, o que é comum nos indivíduos da sua raça.[61]

Abundante de expressões, batendo boca por "dá cá aquela palha", isto é, por qualquer coisa, o Natureza discursava sobre vários assuntos, sobretudo contra a maçonaria, por considerá-la herege e perseguidora do mosteiro de São Bento. Mas sua indignação maior era contra os portugueses que o haviam trazido escravo para o Brasil, privando-o de sua soberania e do seu reinado.[62]

Declarando-se descendente de uma realeza africana, Natureza era monarquista e católico. Nas suas aparições públicas se apresentava com o pomposo nome de Sua Arteza, o príncipe africano dom Miguer Manoer Pereira da Natureza, Sová, Gorá, Vange. Vestido de preto e com uma cruz de prata ao peito, ele discursava "arengando numa nagozada impossível". Ou seja, nas formas de falar, de vestir e de se nomear havia a afirmação de

O Príncipe Natureza, tipo de rua que circulava pela cidade do Rio de Janeiro na década de 1880. Como Manoel Benício, ele também era orador de rua. Desenho de Melo Morais Filho.

Caricatura de Macaco Beleza, parecendo ter sido inspirada no desenho do Príncipe Natureza feito por Melo Morais Filho. Para justificar a ideia racista do apelido, a face tem traços simiescos.

uma identidade africana. Seus discursos eram sempre concorridos, ouvidos inclusive por muitos capadócios a dar-lhe bravos sempre que se pronunciava sobre a democracia. Suas apresentações resultavam em estrondosas gargalhadas do público. Mas não havia nada de inocente nas aparições do Natureza, pois, segundo Melo Morais, o dinheiro arrecadado nas suas apresentações era recolhido pela Sociedade Abolicionista para a compra de alforrias.[63]

Segundo o relato de José de Sá, Macaco Beleza teve as primeiras lições de oratória na casa de Francisco de Castro e nas "exibições ciceronianas" que travou com Lambe-Cinza. Francisco de Castro mais tarde se destacaria como grande catedrático da Faculdade de Medicina por seu domínio da oratória, os discursos teatrais, carregados de gestos e frases sonoras. Para Dias Barros, o professor era o mais autêntico representante de uma geração que cultuava a eloquência acadêmica. A geração seguinte, representada por Virgílio Damásio, Egas Moniz e Almeida Couto, valorizou mais o conteúdo das matérias que ensinava.[64]

Há um detalhe da biografia do amigo de infância Francisco de Castro que chama a atenção para a circulação desses intelectuais nos meios populares. Dias Barros conta que Castro tinha seus momentos de irreverência e muitas vezes abandonava as aulas de cirurgia para reunir-se com outros acadêmicos na tenda de um sapateiro crioulo chamado Marcelino, o mesmo que aparece citado por Manuel Querino como inteligente orador popular. A tenda era o lugar para discutirem sobre arte e a "política dominante". Dias Barros frisa a eloquência do sapateiro Marcelino, o que deixa a entender que este também participava ativamente dos debates.[65]

Possivelmente, uma das fontes de inspiração era d. Romualdo Maria de Seixas Barroso, quando vigário da freguesia dos Mares. Considerado um dos grandes oradores de sua época, d. Romualdo era militante abolicionista. Em 1873, escreveu um sermão intitulado "A Igreja, a escravidão, defesa do clero brasileiro", dedicado à campanha emancipacionista encabeçada pela Sociedade Libertadora Baiana. O sermão publicado em forma de opúsculo foi vendido nas missas dominicais na frente da capela dos Mares.

O dinheiro arrecadado era destinado à compra da liberdade de escravos. Os sermões de d. Romualdo devem ter sido as primeiras referências ao abolicionismo e à arte da oratória ouvidas por Manoel Benício.

Os locais onde Macaco Beleza discursava ou participava de manifestações políticas incluíam a praça do Palácio, o Terreiro de Jesus, o largo do Teatro, o Cruzeiro de São Francisco, a ladeira do Taboão, a Baixa dos Sapateiros, o cais do porto e o largo do Bonfim, portanto no coração político, econômico e eclesiástico da cidade. Eram os locais consagrados das manifestações políticas e das grandes festas religiosas e profanas. Os espectadores eram curiosos passantes, caixeiros, trabalhadores urbanos, ganhadores e ganhadeiras, marinheiros, saveiristas, boêmios, prostitutas, jogadores, estudantes e capoeiras.

Em termos de atuação política por meio da oratória, é possível que Macaco Beleza tenha se inspirado também em Frederick Douglass, o líder negro estadunidense que, como ele, viveu a experiência da escravidão e tinha na oratória uma das principais formas de militância abolicionista. A partir de abril de 1883, José do Patrocínio publicou na *Gazeta da Tarde* a biografia seriada de Douglass, e talvez notícias de sua atuação tenham chegado ao conhecimento de Manoel Benício.[66]

Em meados da década de 1880, Macaco Beleza já era um dos mais conhecidos oradores populares. Era também o que mais incomodava as autoridades policiais. Sua fama foi aumentando no calor das lutas contra a escravidão. Essa foi a época dos grandes encontros e das festas abolicionistas, quando se proferiam publicamente discursos em favor da abolição. Infelizmente não restou nenhum registro do conteúdo dos seus discursos. Os jornais não tinham interesse em divulgá-los, certamente por acharem excessivamente carregados de denúncias contra a servidão e reveladores dos dramas vividos cotidianamente pelos cativos. Assim, preferiam priorizar as falas mais bem-comportadas das lideranças elitizadas do movimento.

Acredito que os discursos misturavam tanto considerações mais gerais sobre a escravidão quanto situações reais de opressão vividas por cativos e cativas. Eram discursos com nome e endereço das vítimas, e por isso mesmo embaraçosos para quem não queria abrir mão do privilégio de possuir escravos. Certamente apareciam também os nomes dos senhores e senhoras que castigavam, seviciavam e mantinham no cativeiro africanos desembarcados depois de 1831, mantendo sob servidão pessoas libertas ou mandando para as ruas escravos e escravas já idosos para mendigar dinheiro a fim de pagar pela alforria.[67]

Um ano depois da abolição, o barão de Vila Viçosa, grande proprietário de escravos e engenhos, ainda protestava contra os oradores populares que enchiam as ruas discursando contra a grande lavoura escravista. Para Viçosa, a oratória de rua concorreu para a "perturbação do trabalho agrícola, pela quase geral insubordinação e vadiice dos cativos e pela legalização das fugas". Nas palavras dele:

> Em todas as partes, até nas ruas da capital reuniam meetings, e do meio da populaça desenfreada erguiam-se os vultos mefistofélicos dos oradores de taverna a vomitarem blasfêmias, a vociferarem injúrias contra os lavradores, pregando impunemente à multidão as mais subversivas doutrinas e aconselhando ao escravo até o roubo e o assassinato![68]

Cremos que esses discursos incluíam também reflexões sobre a situação das "pessoas de cor", como então a questão racial era pensada e debatida pelos ativistas negros de então. Podemos dizer que a preferência por essa expressão, naquele momento, era uma forma de pensar a condição da gente negra para além da escravidão. Lembremos que os termos "preto" e "negro" estavam ainda fortemente ligados ao status do indivíduo escravizado.

Como vimos, as evidências documentais indicam que a condição das "pessoas de cor" era um tema que os abolicionistas negros, sempre que possível, inseriam em seus debates. Era essa discussão que distinguia a atuação de ativistas negros como Roque Jacinto da Cruz, Marcolino José Dias, Manuel Querino e Salustiano Pedro. Acreditamos que os discursos de Macaco Beleza também estabeleciam a ponte entre escravidão e opressão das pessoas negras — e talvez fosse isso o que mais incomodasse.

Em contraposição aos que professavam as teorias raciais para deprimir racialmente os africanos e seus descendentes, os abolicionistas negros respondiam exaltando a identidade e o protagonismo dos "homens de cor" em vários momentos da história do país. Manuel Querino, por exemplo, em muitos dos seus escritos, enaltecia o papel civilizador dos africanos e dos seus descendentes no Brasil.[69] Por certo, essa era uma forma de afirmação do que hoje chamamos de protagonismo negro, o que então incluía a participação na Guerra da Independência, quando soldados alistados no Batalhão dos Periquitos integraram o "exército libertador" no enfrentamento do domínio colonial português. O protagonismo também era lembrado em acontecimentos então mais recentes, como a Guerra do Paraguai, em que combatentes negros e mestiços formaram o Batalhão dos Zuavos. Não estranha que tanto a Guerra da Independência como o heroísmo na Guerra do Paraguai tivessem passado a fazer parte da simbologia popular que exaltava a liberdade nas festas da abolição.

Macaco Beleza reunia duas qualidades importantes nesse momento de radicalização do movimento abolicionista: a capacidade de persuasão pelo domínio da oratória e a disposição para o confronto corporal. Era o homem adequado para uma época em que os embates se davam tanto no plano do convencimento e da defesa das ideias abolicionistas quanto no do enfrentamento daqueles que resistiam a elas.

O sentimento antiescravista emergiu da sua própria experiência de menino escravizado ao nascer e que, mesmo depois de liberto, teve de enfrentar os limites de uma vida tutelada, vigiada e sempre sob a suspeita de ser cativo. Vinha da percepção da história da avó, convertida à condição de escrava pelo tráfico e transportada ainda menina para o Brasil, como mercadoria. Provavelmente ela morreu escrava, sem jamais reaver sua liberdade. Pelas leis do país, a condição se transmitiu à mãe dele, que morreu muito nova sem nunca ter experimentado a vida da gente livre.

Ao longo do ano de 1887, os abolicionistas mais radicais foram alvo de intensa perseguição policial. Naquele ano, Macaco Beleza foi detido oito vezes pela polícia. Em 5 de maio, após 22 dias na Casa de Prisão com Trabalho, escreveu ao chefe de polícia protestando contra a forma arbitrária

O encontro de uma causa: Macaco Beleza e a rebeldia abolicionista

como fora preso pelo subdelegado da Sé, sem processo formal e por tempo prolongado:

> Ilm.º ex.º sr. dr. chefe de polícia,
>
> Manoel Benício dos Passos (vulgo Macaco Beleza), preso pelo subdelegado da freguesia da Sé, em 13 de abril próximo passado; vem com o mais humilde respeito pedir a V. Ex.ª que se digne a mandar pôr o suplicante em liberdade, visto está ilegalmente contra a forma e clara disposição da lei.
>
> O suplicante deixa, porém, de fazer todos os comentários e análises; porque até mesmo não conhece o que existe contra si, pois nenhuma só testemunha viu jurá. Exm.º sr., não é porém admissível que seja o suplicante metido na prisão, e aí conservado definitivamente sem oportunidade [de comprovar] a sua não culpabilidade. Portanto, [ilegível] os doutos suplementos de V. Ex.ª pede benévolo deferimento.
>
> Vai sem selo por ser o preso pobre.[70]

Abaixo da correspondência vem a assinatura de Manoel Benício dos Passos em letra vacilante, denunciando pouco domínio da escrita. A diferença no traçado das letras da assinatura e do texto indicam que a carta foi escrita por outra pessoa. Interessante notar que, a despeito da fama de desordeiro, o texto recorre a expressões de deferência, como "humilde respeito" e "benévolo deferimento". No entanto, ele é enfático ao denunciar a ilegalidade da prisão sem processo legal e sem oportunidade de defesa.

Dois meses depois, Macaco Beleza dirigiu-se à redação do *Diario da Bahia* para denunciar mais uma vez que fora vítima de prisão arbitrária e violência policial na tarde de 22 de julho. Eis como a denúncia apareceu no jornal:

> *Uma vítima da polícia* — Apresentou-se ontem o pardo Manoel Benício dos Passos queixando-se de violências físicas de que fora vítima por soldados da guarda do bairro comercial.
>
> Segundo nos referiu, seriam três para quatro horas de sexta-feira, teve ele na Cidade Baixa uma troca de palavras com um indivíduo, a qual não

Carta assinada por Manoel Benício, de 5 de maio de 1887, protestando contra a forma arbitrária como foi preso e o tempo prolongado de permanência na Casa de Prisão com Trabalho. Para se identificar, ele próprio diz que era apelidado de Macaco Beleza.

chegou às vias de fato; e seguiu depois pela rua em frente à Companhia Baiana quando foi preso por uma praça de polícia à ordem do alferes comandante do destacamento.

Manoel Benício não resistiu, não obstante o que foi levado a empurrões e golpes de sabre até a estação policial, onde os praças fizeram-lhe novos ferimentos, além de injuriarem-no.

Vimos a vítima, que apresenta ainda nas costas, no pescoço e na face escoriações de pranchas recentes.[71]

Interessante que o autor da matéria não se refere a Macaco Beleza pelo apelido. A qualificação de pardo possivelmente foi ressaltada para demonstrar que a polícia o tratou como preto (escravo), submetendo-o a empurrões e golpes de sabre. A iniciativa de denunciar a violência partiu do próprio Manoel Benício, mas os redatores do jornal o aconselharam a procurar o delegado do 1º Distrito para fazer corpo de delito e denunciar a violência policial.

No dia seguinte, o *Diario da Bahia* publicou uma denúncia redigida pelo próprio Macaco Beleza queixando-se da violência policial. A queixa foi motivada pelo posicionamento do alferes Teles, comandante do destacamento policial, que em matéria de jornal negou os fatos ocorridos na tarde de 22 de julho. O texto assinado por Manoel Benício dizia o seguinte:

A população desta capital sabe como sou vítima dos agentes da força pública, que por qualquer "dá cá aquela palha" esbordoam-me e prendem-me nas estações, sendo eu pelos srs. drs. chefe de polícia e delegado e pelos subdelegados considerado desordeiro e atirado por meses no Engenho da Conceição, bem contra as disposições legais.

Agora, porém, que acabo de ser severamente maltratado pelas praças Firmino e um outro que é conhecido por Casca Grossa, tomei sob a proteção de alguém a resolução de proceder contra os seus agressores na forma da lei para que não seja eu o mentiroso, como querem o sr. alferes Teles e o *Jornal de Noticias*.[72]

Ele conclui a carta informando que já havia feito exame de corpo de delito e que em seguida daria queixa ao promotor público do 1º Distrito. Mais uma vez se assina como Manoel Benício dos Passos, sem referência ao apelido.

Na verdade, essa era uma denúncia de preconceito e perseguição da parte dos diversos escalões da polícia, do subdelegado ao delegado e chefe de polícia. Como afirmou, aquilo era algo de conhecimento de toda a população da cidade. Alegou que por motivos insignificantes era espancado e preso como desordeiro durante meses no Engenho da Conceição, outro nome dado à Casa de Prisão com Trabalho. Fica evidente a consciência de direitos inerentes à sua condição de pessoa livre.[73]

A denúncia deixa claro que a perseguição não se resumia àquele incidente. E há informações de que em dezembro de 1885 ele fora também vítima da violência policial, como indica uma correspondência do delegado do Pilar ordenando ao subdelegado que averiguasse o espancamento de um indivíduo "apelidado de Macaco Beleza" por seis praças do destacamento daquela freguesia.[74]

A prisão e o espancamento de Manoel Benício em 22 de julho de 1887 devem ter sido um desdobramento das ações policiais que ocorreram depois de 4 de julho, no auge da "levada", que era uma continuidade da festa da independência da Bahia e marcava o retorno das imagens do caboclo e da cabocla ao bairro da Lapinha. Nessa data havia embates entre maltas de capoeiras que conduziam os "emblemas da independência". Dias antes da denúncia escrita por Macaco Beleza, o estivador Adão da Conceição Costa havia se queixado de ter sido preso injustamente como "perturbador da ordem pública" e confundido com os "ociosos" que tinham participado da "chinfrineira" de 4 de julho.[75]

Mil oitocentos e oitenta e sete foi o ano em que Macaco Beleza mais foi abordado pela polícia, ao todo oito prisões. Como a contragosto admitiu Medeiros e Albuquerque, naquele ano a situação era "francamente revolucionária" em vários lugares do país.[76] Em todas as províncias, mulheres e homens cativos abandonaram as propriedades em que viviam, e os que permaneceram se recusaram a trabalhar nos moldes do regime escravista.

O encontro de uma causa: Macaco Beleza e a rebeldia abolicionista

Como em outros lugares do Brasil, na Bahia não houve como conter a onda de fugas e desobediência que colocou fim ao cativeiro.

O dia em que Macaco Beleza chorou

Quando os jornais anunciaram a abolição definitiva do cativeiro no Brasil, houve festa nas senzalas dos engenhos e nas cidades da Bahia. Um mês depois, Luís de Oliveira Mendes, delegado da vila de São Francisco do Conde, informou com preocupação que, desde 13 de maio, os libertos se entregavam a "ruidosos" sambas durante noites seguidas.[77] Nas cidades próximas aos centros produtores de açúcar, recém-libertos dos engenhos juntaram-se a populares nos festejos e desfiles promovidos por associações abolicionistas.

Um jornal de Cachoeira informou que, em 13 de maio, "o povo se derramou pelas ruas" acompanhado de duas bandas de música. Naquela noite, entre 6 mil e 7 mil pessoas desfilaram festivamente pelas ruas da cidade e da vizinha povoação de São Félix. Foi em meio à festa que o maestro negro Tranquilino Bastos compôs de improviso um "Hino ao Treze de Maio", e mais tarde a "Airosa passeata", que traduz musicalmente a intensidade das festas da abolição.[78]

Em Salvador, desde o dia 13, entidades abolicionistas, estudantes, populares e ex-escravos ocupavam as ruas e seguiam em cortejo pelo centro da cidade ao som de filarmônicas. Queimavam-se fogos de artifício e as fachadas das casas particulares e repartições públicas foram iluminadas durante noites seguidas. Na noite da abolição, a Música dos Libertos, outra banda formada por ex-escravos de Raimunda Porcina de Jesus, desfilou festivamente pela cidade arrastando grande multidão. A presença de ex--escravos nas ruas de Salvador foi notada por diversos contemporâneos.[79]

Por iniciativa dos libertos, os carros do caboclo e da cabocla foram da Lapinha ao centro da cidade, percorrendo o mesmo itinerário dos festejos da independência da Bahia. Faz sentido a relação de Dois de Julho — data em que se comemorava a libertação da província do colonialismo português — com as folganças da abolição. Na perspectiva dos libertos e dos populares, o fim do cativeiro era parte da luta por liberdade iniciada e não concluída em 1823.[80] Ademais, em relação à independência, a abolição podia ser vista como uma segunda chance para o país tornar-se uma nação inclusiva. Em tom apoteótico, um deputado baiano observou:

No meio daquela onda imensa de povo, notavam-se os homens negros, os ex-escravos, resplandecentes da luz da liberdade, fraternizando com a multidão que os recebia de braços abertos. Tinham a atitude ereta dos que já ousam olhar o céu [...], e dos lábios entreabertos a escarpar-se-lhes este grito ingente: "Viva a liberdade!".[81]

Entre os escritos de Teodoro Sampaio consta um texto que registra o comportamento de Macaco Beleza naquele dia histórico:

No dia 13 de maio de 1888, este homem emudeceu. No meio do entusiasmo dos moços, das aclamações estrepitosas de todos os ângulos da cidade e de seus bairros, dos subúrbios, enormes falanges de cidadãos, de todas as classes e dos que acabavam de ser emancipados; quando todos vinham saudar a *Gazeta da Tarde* e a *Libertadora Baiana*, Manoel Benício chorou por longo tempo; de seus olhos não se enxugavam as lágrimas, e a sua atitude mereceu geral atenção.[82]

Esse é um raro registro da forma como Macaco Beleza reagiu emocionalmente à abolição. A cena mostra quão intenso foi o seu envolvimento com a causa. O choro por certo era uma reação emocional ao coroamento de uma luta que vinha de muitas décadas, e até aquele momento representava uma vitória sobre os que defendiam a protelação do fim do cativeiro.

O choro não estava descolado das diversas reações emocionais daquele período em vários lugares do país. Três dias depois da abolição, o jornal *O Neto do Diabo* qualificou de indescritível a maneira como a lei foi recebida em Salvador. Músicas, foguetes, vivas, delirantes aclamações. Mais de 15 mil pessoas saíram à rua. Registraram-se a presença de estudantes da

O encontro de uma causa: Macaco Beleza e a rebeldia abolicionista   113

Missa campal em frente à igreja do Bonfim, provavelmente em 20 de maio de 1888, para a celebração da lei de 13 de maio. Observe a presença de rapazes e moças negros. No fundo mulheres negras com turbantes, certamente adeptas do candomblé.

Faculdade de Medicina, discursos de Manuel Vitorino e o desfile dos clubes carnavalescos Fantoches da Euterpe e Cruz Vermelha.[83]

Em 20 de maio, *O Neto do Diabo* noticiou a "levada" do carro do caboclo de volta para a Lapinha, mais uma vez seguindo o mesmo figurino ritualístico da festa do Dois de Julho. Uma multidão enorme marchou pelas vias públicas conduzindo os símbolos da independência, dando vivas à "pátria livre", à *Gazeta da Tarde* e aos abolicionistas Frederico Lisboa, Panfilo da Santa Cruz, Eduardo Carigé e Ramos de Queirós. Este último confessou nunca ter assistido a uma "festa tão deslumbrante".[84] Havia nas narrativas sobre os festejos a intenção de fazer daquele dia um momento único de "delírio popular" e de harmonia entre as diversas camadas sociais.

No entanto, conflitos e diferenças políticas começaram a se manifestar no meio das celebrações. No fundo, espelhavam as diferentes visões de liberdade que informavam o movimento abolicionista. Vez ou outra os relatos referiam-se a confrontos entre liberais e conservadores, ou entre monarquistas e republicanos. Na festa organizada pelos abolicionistas, os libertos apareciam no final do cortejo arrastando os carros dos caboclos. Na rabeira dos desfiles, capoeiras e capadócios se engalfinhavam tomando partido de um lado e do outro do debate político. Essa posição subalterna de algum modo simbolizava o lugar pensado para eles no Brasil pós-escravista. Mas, ao apropriar-se dos símbolos da independência, os remidos possivelmente entendiam que tanto 2 de julho quanto 13 de maio eram datas de celebração da liberdade.

Depois da abolição, a classe senhorial baiana buscou reafirmar sua presunção de superioridade racial ao planejar para a população negra um lugar inferiorizado na sociedade pós-escravista. Foi então que recorreram mais intensamente ao conceito de raça como critério classificatório dos novos cidadãos. Embora equiparadas em sua condição civil, sustentava-se que as pessoas se diferenciavam segundo a classificação racial. A concepção de raça era perfeita para quem pretendia reforçar e manter intactas as antigas hierarquias.[85]

No plano mais imediato, os proprietários e seus representantes passaram a defender a indenização pela perda de suas propriedades humanas e a cobrar do governo imperial leis que pudessem obrigar os antigos cativos a permanecer nas propriedades. Na Bahia, os ex-senhores se queixaram da falta de capital e da falta de apoio do governo central à ideia de promover a imigração de europeus que preenchesse o vazio da falta de braços para a lavoura e embranquecesse a população.[86] A indenização não veio, mas políticas econômicas para recuperação rural foram implementadas, com empréstimos bancários a juros baixos para a aquisição de máquinas e modernização do setor açucareiro. Ainda que não fosse na medida que os grandes proprietários de escravos desejavam, o governo imperial e depois os republicanos adotaram políticas compensatórias para eles.

Foi nesse contexto que políticos e intelectuais abraçaram o discurso da integração como forma de inserção dos libertos na sociedade pós-escravista, mas ela só era pensada em termos racialmente desiguais. Em editorial de 13 de maio de 1888, o *Diario da Bahia*, ligado ao Partido Liberal, conclamava a "raça libertada" a conquistar pelo trabalho o seu lugar no que definiram como "comunhão brasileira".[87] Era por meio do trabalho subalterno e dependente que os novos cidadãos deveriam se inserir na sociedade pós-escravista. Ou seja, deveriam continuar a servir e a produzir riqueza para os outros.

Muitos insistiram na ideia de que os libertos deveriam se incluir na "comunhão brasileira" abandonando os hábitos supostamente adquiridos no cativeiro, sobretudo não alimentando o que chamavam de "ódio de raça". O reconhecimento tardio de que a escravidão foi uma forma de opressão racial tinha por fim fazer crer que os libertos deveriam calar um suposto ressentimento racial contra quem os escravizou.[88] O medo era de que a abolição desencadeasse o revide negro e levasse a conflitos raciais de grandes proporções, com imprevisíveis desdobramentos.

Além disso, buscou-se colocar na conta dos libertos a dívida de gratidão para com a sociedade que os escravizou. Foi esse o sentido da mensagem dos vereadores da Câmara de Salvador aos remidos dois dias depois da abolição. Aos "novos cidadãos" cabia procurar no trabalho, na família e na paz corresponder com "generosidade" à cidadania que lhes fora garantida pelos poderes do Estado.[89]

O debate em torno da definição de lugares sociais teve como decorrência a adoção de políticas enérgicas de controle não apenas dos libertos e libertas, mas de toda a população negra da cidade e do campo. Já nos dias seguintes ao Treze de Maio houve aumento da vigilância policial sobre os libertos, muitas vezes abordados para informar para onde iam e o que faziam, e também como forma de conter o abandono das propriedades e de vigiar os que migravam. Na cidade, cresceu ao longo dos meses seguintes a preocupação policial com a circulação de trabalhadores negros nas ruas e nas festas de largo, como comprova comunicação de 7 de dezembro de 1888 em que o subdelegado da freguesia da Rua do Paço, A. F. Castilho, alertava o chefe de polícia para a necessidade de afugentar desordeiros e vagabundos que se concentravam na Baixa dos Sapateiros e suas imediações, sobretudo na véspera de dias santificados e de festas populares.[90]

Na esteira das políticas compensatórias para os ex-senhores, e levados pela ideia de que a abolição representava uma ameaça à ordem, políticos e autoridades começaram a pensar em leis e medidas coercitivas voltadas para o controle dos egressos do cativeiro. E não faltaram projetos reivindicando que a população negra emancipada fosse tutelada, vigiada e reeducada para o trabalho. Dois meses depois da promulgação do Treze de Maio, foi discutido na Câmara dos Deputados um projeto de lei que mais uma vez criminalizava a vadiagem. Entre os argumentos dos proponentes estava a ideia de que os libertos eram "despreparados" para a liberdade. Sem os freios da escravidão, eles estariam fadados à ociosidade e ao roubo. Daí também a ideia de leis para obrigá-los ao trabalho, de preferência em atividades agrícolas.[91]

Entretanto, após a abolição mulheres e homens libertos buscaram de diversas formas afirmar sua nova condição num rumo que vinha cada vez mais preocupando as autoridades e os antigos senhores. Nos engenhos do Recôncavo e em vários lugares do Brasil, negros egressos do cativeiro se envolveram em vários conflitos com os ex-senhores para terem direitos de acesso a terra, remuneração por dias trabalhados nas fazendas, redução da jornada de trabalho, redefinição das relações sociais cotidianas e estabelecimento de limites à interferência dos fazendeiros em suas vidas pessoais e familiares.

Em alguns dos engenhos do Recôncavo, os libertos exigiram dos ex-senhores tratamento compatível com a condição de pessoas livres. Os ex-senhores não esconderam o temor de que a ordem corresse sérios riscos diante de tais iniciativas. Por isso tentaram desqualificar a movimentação reivindicativa dos negros, creditando seus projetos e esperanças à "embriaguez" ou ao "delírio". As tensões no campo envolvendo essas questões ocuparam todo o ano de 1888 e se estenderam até 1890. As negociações frustradas e a quebra de acordos levaram muitos libertos a ações diretas,

O encontro de uma causa: Macaco Beleza e a rebeldia abolicionista

com saques às casas-grandes dos engenhos, incêndios de canaviais e ocupação de terras que acreditavam possuir por direito costumeiro e como reparação pela escravidão.[92]

Segundo Gilberto Freyre, a frase "É tão bom como tão bom" tornou-se uma espécie de grito de guerra dos libertos após 13 de maio, e, aos ouvidos dos ex-senhores, soou como insolência e rebeldia. Uma variante desse mesmo senso de igualdade aparece nos jongos recolhidos por Stanley Stein na região de Vassouras, na década de 1940. Numa passagem referente ao fim do cativeiro, um dos jongueiros cantava: "Tu é bom, eu também sou". Numa ou noutra versão, a palavra de ordem incomodava porque remetia ao desejo da população negra de igualar-se em direitos aos brancos. Eram termos desafiadores, sobretudo num contexto racializado, em que a população negra continuava a ser vista pela lente da subalternidade. Essas ideias de igualdade e equiparação de direitos de alguma maneira devem ter entrado nos célebres discursos de Macaco Beleza nos dias seguintes à abolição.[93]

Nesse período, o "fermento revolucionário" era sentido em todas as esferas sociais, como afirma Pedro Calmon.[94] Para as autoridades, ficou cada vez mais evidente a necessidade de conter no campo e na cidade aquela movimentação negra que vinha se intensificando desde os últimos anos. E mais: a necessidade de impedir que o movimento reivindicativo ganhasse uma coloração racial que questionasse as hierarquias montadas ao longo de mais de trezentos anos de escravização. Por isso, temia-se que em meio à população negra emergisse uma mobilização política baseada na identidade racial.

Para os abolicionistas, a questão mais decisiva era o que fazer de suas bandeiras de luta. Para muitos, o movimento havia cumprido seu papel e a escravidão passara a ser vista como página virada da história. Mas, para outros, o Treze de Maio foi apenas o começo de mudanças que deveriam consolidar, complementar e ampliar a abolição. Uns poucos, inclusive Macaco Beleza, continuaram a reclamar reformas que incluíssem os novos cidadãos na vida política do país, no acesso à instrução pública, à terra, à liberdade religiosa e aos direitos civis e políticos para toda a gente negra.

Alguns abolicionistas continuaram a militar nas causas de inserção dos novos cidadãos e a retirar do domínio dos ex-senhores famílias e pessoas reduzidas à condição de escravos. Entretanto, evitaram dar um passo adiante pautando o preconceito contra as pessoas negras. Essa tendência provavelmente terminou distanciando muitas das antigas lideranças das iniciativas das organizações negras, que tiveram de travar essa luta sozinhas nos anos seguintes. Talvez isso também explique o afastamento de Macaco Beleza de alguns chefes do movimento abolicionista que abandonaram as grandes mobilizações populares que encheram as ruas das grandes e pequenas cidades nos últimos anos de escravidão.

A maneira radical como Macaco Beleza atuou no movimento abolicionista não fez dele um personagem a ser exaltado e incluído na galeria dos que batalharam pelo fim do cativeiro. Por ter participado numa vertente mais incendiária, pregando a revolta e a fuga dos cativos, ele nem mesmo foi alçado à condição de abolicionista por seus contemporâneos. Havia uma tendência a não reconhecer o protagonismo dos participantes negros na luta por seus irmãos de cor. Afinal, deveria prevalecer a ideia de que a causa nobre da abolição era uma dádiva da "raça emancipadora", e não uma conquista da própria "raça emancipada".[95]

Aliás, nem mesmo os mais famosos abolicionistas, como Eduardo Carigé, Frederico Marinho de Araújo, Panfilo da Santa Cruz e o professor negro Cincinato Franca conquistaram o devido reconhecimento pela sua atuação. Em muitos momentos de suas vidas eles foram alvo do preconceito e do ódio de antigos escravocratas por um dia terem integrado a linha de frente do movimento e contrariado interesses senhoriais.

Assim, Macaco Beleza continuou a aparecer nos jornais como um dos mais célebres capadócios e desordeiros — atributos negativos que, assim como vadio, eram associados a pessoas negras, especialmente as que se arriscavam a abertamente sair dos limites da tutela senhorial.[96] Em 6 de janeiro de 1889, o jornal *O Neto do Diabo* publicou uma poesia em que desfilavam vários "capadócios baianos", e ele aparecia à frente de um rancho de Reis chamado Flor do Averno (uma variação de "flor do inferno"):

E para maior realce,
Desta festa ou desta empresa,
Vai dançando de baliza,
O tal Macaco Beleza.

E mais adiante recomendava:

Macaco Beleza,
Você veja o que faz
Quando der umbigada
Em senhor satanás.[97]

Em Nina Rodrigues é possível apurar que as balizas eram personagens de destaque nos ranchos de Reis, ao lado dos porta-machados, porta-bandeiras e mestres-salas. Ao longo do desfile, a baliza tinha o papel de enfrentar a figura que dava nome ao rancho.[98] Como vimos, e como esclarece a historiadora Maria Clementina Pereira Cunha, estudiosa dos antigos carnavais, os porta-bandeiras eram então homens fortes e bons de briga, encarregados de transportar o pavilhão do grupo — tido como símbolo máximo da honra daquelas pessoas. Nos desfiles, as agremiações rivais invadiam o grupo oponente em sua formação para atingir a bandeira (que costumava ir no centro, e não na frente) e rasgar o "pano sagrado", dando margem a brigas que terminavam em sangue e na chegada da polícia. Assim, quem levava a bandeira tinha de ser capaz de impor respeito e mesmo temor. Imaginamos que Macaco Beleza tenha sido um grande representante da categoria dos capadócios escalados para carregar o pendão. Na cena retratada nos versos, era ele quem enfrentava o diabo. Percebe-se o realce na imagem do indivíduo que se fazia respeitar pela altivez de enfrentar inimigo poderoso. Mas essa altivez do capadócio não aparecia como um atributo positivo. Ao contrário, era a expressão de quebra das hierarquias, atrevimento e insolência.

Na edição de 21 de janeiro de 1889, *O Neto do Diabo* ambientou o personagem Macaco Beleza na Lavagem do Bonfim. Detalhe importante: pela primeira vez, ele aparecia como ativista político em defesa da monarquia. No meio da "gente tão desenfreada" que frequentava a festa,

> *O melhor da bacanal*
> *Foi ver-se o desembaraço*
> *Com que Macaco Beleza*
> *Conduzia pelo braço*
> *A jereba imperial.*[99]

Aqui ele aparece como defensor intransigente da monarquia, ainda que para o autor dos versos o Império já se mostrasse uma causa perdida, como indica o termo "jereba", que significava animal de péssima montaria. Abandonada pelos antigos escravocratas, a imagem da monarquia parecia amesquinhar-se, ao se tornar a causa dos libertos, capadócios, capoeiras e desordeiros. O desembaraço de um homem negro marchando festivamente na mais concorrida festa popular da cidade e à frente de outros monarquistas negros aparece como uma indevida inversão da ordem política comandada por gente saída do cativeiro, e não pela classe dos antigos senhores.[100]

Se, na época das eleições do Império, Macaco Beleza atuava sob as ordens das lideranças políticas liberais, após a abolição ele se colocava à frente na defesa de suas próprias convicções. E foi justamente por essa "petulância" em defender sua orientação política que ele se fez mais célebre e admirado pelos populares.[101] Esse posicionamento de Manoel Benício se revelava no mesmo momento em que se intensificava a propaganda republicana em várias cidades do Brasil, e em que as cisões no âmbito do movimento abolicionista se tornavam mais evidentes. Suas escolhas terminaram levando à ruptura com antigos companheiros de abolicionismo, especialmente com aqueles que abandonaram a agitação reivindicativa das ruas e se engajaram na propaganda republicana logo depois de 13 de maio.

4. Macaco Beleza e a rebeldia negra após a abolição

Recorda-se, compadre, há quatro anos,
Que dia de juízo pra os baianos,
Quantas dedicações à monarquia? [...]
Cinco meses depois [...] tudo aderia![1]

Lulu Parola, "Cantando e rindo"

A FESTA DA ABOLIÇÃO na cidade de Santos, província de São Paulo, foi um momento decisivo na trajetória do advogado Antônio da Silva Jardim, um dos mais entusiastas militantes republicanos. Anos depois ele registrou em livro as suas impressões daquele dia: "Os gritos de 'Viva a liberdade da Pátria!", 'Viva a lei de 13 de maio!', 'Viva a princesa Isabel!' ecoavam por toda a cidade de Santos. Era a vitória da causa abolicionista que ali se festejava como no país inteiro".[2] Desde a década de 1880, Santos havia se tornado o grande reduto da resistência antiescravista da província de São Paulo. Era para onde fugiam muitos escravos em busca do famoso Quilombo do Jabaquara, liderado pelo negro Quintino de Lacerda.

Nascido em Capivari, no Rio de Janeiro, em 1860, Silva Jardim era radical defensor da propaganda como estratégia para a divulgação das ideias republicanas e a superação do regime monárquico. Para ele, a festa da abolição representava uma oportunidade mais para intensificar a propaganda do que para celebrar o fim do cativeiro. Na sua perspectiva, o que mais importava eram os desdobramentos do ato da lei e o seu potencial político de abalar as bases da monarquia. Naquele momento, ele avaliou que a "fatalidade do choque" haveria de atingir os agricultores das províncias do Brasil, empurrando-os de vez para o lado da República.[3]

Silva Jardim considerava importante a incorporação dos libertos do 13 de Maio ao projeto de república, mas não cogitava a participação efetiva deles na fundação do novo regime. A seu ver os libertos não passavam de uma gente a ser tutelada, governada e doutrinada na fé republicana. Foi pensando assim que se juntou aos egressos do cativeiro para festejar a abolição.

> Eis por que entendi aceitar ativo a parte que os libertos me chamavam a to-
> mar nas suas festas: era preciso tornar bem claro o meu passado abolicionista,
> para poder ficar puro da eiva de escravismo quando pregasse a República ao
> elemento agrícola, e me visse coberto dos seus aplausos; e era preciso, desde
> ali, daquele ponto do país de grande eco pela sua posição comercial, não con-
> sentir que a veneração pública e especialmente dos libertos se concentrasse
> toda na princesa Isabel. Creio ter conseguido os meus fins.[4]

Depreende-se que ele participou da festa mais por cálculo político do que por reconhecimento dos significados da liberdade para os que emergiram da escravidão. Portanto, o momento era de reafirmação do seu passado abolicionista e de "não consentir" que a celebração se transformasse em veneração à monarquia. Presumia que podia conduzir e instruir os libertos na sua forma de celebrar o fim do cativeiro. O momento era também de esconder seu preconceito perante os "pretos" que festejavam a abolição e relembravam suas dores:

> Depois as passeatas dos pretos, bandeiras à frente, com seus grosseiros instru-
> mentos musicais, suas grosseiras roupas, endomingados alguns, esfarrapados
> outros, que me vinham despertar às vezes, convidando-me a segui-los, e
> entre os quais se encontravam alguns que, com a eloquência do sofrimento,
> narravam as dores passadas em discursos tristes, enquanto os mais velhos e
> as mulheres choravam comovidos.[5]

Macaco Beleza e a rebeldia negra após a abolição

O entusiasmo das festas ainda não tinha esfriado quando, em 22 de maio, os republicanos paulistas reuniram-se em um congresso em São Paulo para discutir os novos rumos do movimento. No congresso — que reuniu dois futuros presidentes da República, Campos Sales e Prudente de Morais, e figuras como Francisco Glicério, Rangel Pestana e o próprio Silva Jardim — decidiu-se pela intensificação da propaganda em favor da República. A ideia era "aproveitar as forças agrícolas emancipadas da escravidão, e espontaneamente irritadas contra o trono".[6] Portanto, contava-se principalmente com o envolvimento dos ex-senhores de escravos insatisfeitos com a Coroa na condução do processo que levou ao fim do cativeiro.

Na Bahia, os partidários da República também viram a abolição como uma oportunidade para intensificar a propaganda republicana. Em dezembro de 1888, eles fundaram o Partido Republicano e já contavam com a adesão de médicos e professores da Faculdade de Medicina, a exemplo de Virgílio Clímaco Damásio e Deocleciano Ramos. Na ocasião, o diretório decidiu que o partido promoveria propaganda por meio de conferências populares e de jornais acessíveis no preço e à "inteligência popular".[7] Isso mostra que buscavam a adesão das camadas mais baixas, especialmente da população recém-liberta.

Embora a propaganda republicana agitasse cada vez mais as ruas das grandes cidades, ficava gradativamente notório que seu discurso e suas promessas não eram capazes de promover o engajamento de parte significativa da população negra, especialmente dos ex-escravos. Contrariando as expectativas, após a abolição o Império passou a gozar de maior popularidade entre as camadas mais pobres, sobretudo os libertos em 13 de maio.[8]

Naquele contexto, republicanos e libertos monarquistas tinham diferentes percepções e expectativas em relação aos caminhos que o país deveria trilhar. Essas diferenças estiveram na base dos conflitos cada vez mais agressivos que ocorreram na segunda metade de 1888. Os embates mais violentos começaram na manhã de 30 de dezembro, em uma conferência realizada por Silva Jardim na sede da Sociedade Francesa de Ginástica, no centro do Rio de Janeiro.

Pouco antes do início do evento, "irrequietos grupos" (em torno de quatrocentos indivíduos) circulavam pelas ruas próximas, a maioria carregando bengalas e armas consideradas perigosas. Quando Silva Jardim discursava, cerca de trezentos homens armados de cacetes e com "vozeria infernal" invadiram o local, o que resultou em agressões, tiros e muitos feridos. A ordem foi restabelecida a muito custo depois da chegada de soldados de infantaria e de cavalaria.[9]

O testemunho de Medeiros e Albuquerque, que se gabava de nunca ter faltado a nenhuma conferência de Silva Jardim, mostra como, na mente dos republicanos, o episódio tinha a dimensão de conflito racial, ao ver nos negros os adversários de sua propaganda. Era como se o embate de raças tantas vezes lembrado pela classe senhorial como uma das consequências fatais da abolição tivesse finalmente se consumado. Segundo seu relato, os "pretos" estavam organizados em torno da chamada Guarda Negra, uma entidade formada por ex-escravos que atuava em defesa do trono e contra a propaganda republicana.[10]

Medeiros e Albuquerque contou que, do alto do edifício da Sociedade Francesa de Ginástica, ele e mais outros se postaram armados de revólver e agradeceram à circunstância de que a "polícia não ousara armar os pretos com arma de fogo", dando-lhes apenas cacetes e navalhas. Segundo ele, o fogo que se abriu do alto do prédio matou muitos negros, "cujos cadáveres a polícia escondeu".[11] Em sua versão, os jornais silenciaram as inúmeras mortes do lado dos manifestantes monarquistas. Muitos anos depois, ele relembraria:

> Carregávamos os revólveres, entreabríamos uma fresta na janela e, pondo apenas o braço de fora, descarregávamos os cinco tiros do barrilete. Feito isso, nova carregação, nova descarga. Descarga ao acaso, contra a multidão compacta e cada vez mais furiosa. E das cem balas que eu levava fiquei apenas com cinco.[12]

Sob escolta policial, Silva Jardim e mais dez ou doze correligionários conseguiram com muita dificuldade sair do edifício, que ficou bastante danificado com a invasão. O grupo seguiu na direção da praça da Constituição (atual praça Tiradentes), onde foi atacado por uma multidão aos gritos de "Mata, é o Silva Jardim!". Quando passava pela rua do Teatro travou-se novo enfrentamento, sendo os manifestantes monarquistas de novo dispersados pela polícia.[13]

Ao longo do dia, os conflitos se espalharam pelo largo de São Francisco e pelas ruas do Ouvidor e Gonçalves Dias. Na praça da Constituição e no largo de São Francisco grupos ovacionaram a monarquia, o imperador e o conselheiro João Alfredo. À tarde ocorreram mais alguns episódios em que pequenos grupos percorreram a rua do Ouvidor saudando a monarquia e apedrejando a sede do jornal *O Paiz*, que naqueles dias vinha aumentando o tom da crítica ao imperador e ao gabinete conservador. O saldo oficial do conflito divulgado nos jornais foi de mais de cinquenta feridos e quinze presos.[14]

A notícia sobre as disputas de 30 de dezembro nas ruas da capital do Império imediatamente repercutiu na Bahia. O *Diario da Bahia*, porta-voz do Partido Liberal, fez coro com outros jornais que circulavam na Corte acusando o chefe do gabinete conservador de ter criado a Guarda Negra. Acusava-se o gabinete de querer "dividir a nação em duas partes, atirando uma sobre a outra".[15] Ou seja, a divisão não seria apenas entre liberais e conservadores, monarquistas e republicanos. Era algo considerado mais perigoso e temido: a divisão racial entre negros e brancos.

Os acontecimentos de 30 de dezembro foram considerados a primeira manifestação da Guarda Negra. Desde então formou-se a opinião de que o país estava à beira de uma guerra civil com forte componente racial. Os liberais acusavam João Alfredo de se aproveitar do "sentimento de gratidão" dos libertos para convertê-los em defensores do trono.[16] Notícias vindas do Rio de Janeiro informavam a existência de um suposto plano orquestrado pelo gabinete conservador e pelo conde d'Eu, esposo da princesa Isabel, para desencadear uma guerra civil no país. Noticiou-se inclusive que, a mando de João Alfredo, já havia gente nas ruas pregando o "ódio de raças" e conclamando os negros a defenderem o Ministério e a princesa, "matando os brancos!".[17]

As tensões sociorraciais daqueles primeiros dias pós-abolição eram desdobramentos dos conflitos que haviam marcado os anos anteriores, quando, em vários lugares do país, os escravos fugiram em massa das fazendas, o que terminou inviabilizando qualquer possibilidade de sobrevida político-institucional do sistema vigente. Depois de 13 de maio, a presença dos libertos nos festejos e seu envolvimento nos debates políticos que dividiam o país em torno das controvérsias entre monarquia ou república reacenderam os temores de que a abolição acabasse resultando em conflitos raciais semelhantes aos que ocorreram em outros países de passado escravista, especialmente os Estados Unidos e o Haiti. Como argumenta Flávio Gomes, o intenso debate sobre a participação política dos ex-cativos assumiria a forma de conflitos armados entre libertos monarquistas e republicanos, algo que ocorreria também na Bahia.[18]

Os artigos de Rui Barbosa publicados a partir de março de 1889 são parte importante da discussão. Os textos combinavam uma tentativa de desacreditar o gabinete conservador, de um lado, à preocupação com o crescente envolvimento dos libertos nos debates políticos em curso no país, de outro. Insuflar medo racial era uma estratégia para controlar a movimentação negra nas ruas. Nessa época, Rui Barbosa ainda não havia se decidido abertamente pelo lado da República, mas não poupava críticas à ideia de um terceiro reinado sem reformas que instaurassem o federalismo, até então sua principal bandeira política.[19]

Em um dos artigos que escreveu, intitulado "Libertos e republicanos", datado de 19 de março de 1889, Rui Barbosa acusava os conselheiros da monarquia de jogarem os libertos e as maltas de "navalhistas" contra os republicanos, e escancarava seu preconceito em relação ao comportamento político dos libertos:

Ao manipanso grotesco das senzalas, próprio para a gente de África, sucedia o feiticismo da idolatria áulica, digna de uma nação de libertos inconscientes. E, para que ninguém ousasse perturbar o sossego desses ritos, imaginou-se estender em volta da Coroa um exército de corações iludidos. Desse pensamento perverso contra a raça emancipadora e a raça emancipada nasceu o artifício de organizar em batalhões da princesa os homens de cor.[20]

Para Rui Barbosa — assim como para a elite política do país, inclusive os muitos que militaram no movimento abolicionista —, a população liberta constituía uma massa inconsciente, manipulável e inabilitada para fazer uma leitura própria do que acontecia. Na sua visão, corrompidos pela escravidão e limitados pela condição racial, os ex-escravos eram incapazes de pensar e atuar politicamente por si mesmos.[21]

Próximo à data do primeiro aniversário da abolição, Rui Barbosa voltou a escrever sobre o tema no artigo "O gabinete do terror", com grande repercussão na Bahia. Aí ele reproduzia na íntegra a carta escrita por uma ex-senhora de escravos do município de Vassouras, Rio de Janeiro, esposa de um "antigo e devotado abolicionista". Na missiva, datada de 25 de abril de 1889, a senhora previa "grandes barulhos" para o 13 de maio:

> Comunico-te que se esperam grandes coisas para o dia 13 de maio. Viste, meu irmão, no dia 11 de março, a boa-fé de F.; pois agora desde já ele tomou cautela. Contudo, eu espero o dia 13, como um condenado que sobe ao cadafalso. Ele não quer que eu me retire com as crianças: diz que aqui mesmo devemos ficar. Mas tenho certeza de grandes barulhos.[22]

Quando finalmente chegou o dia, a questão do comportamento político dos libertos monarquistas voltou ao centro do debate na imprensa e nas ruas. Eduardo Carigé, o grande nome do abolicionismo na Bahia, escreveu longo artigo conclamando os ex-escravos a passar para o lado republicano. Ainda acreditava que podia colocar sua autoridade moral de líder abolicionista a serviço da propaganda republicana. Como ele mesmo confessou: "Se a República fosse contra os libertos, não me abrigava sob a sua sombra, porque seria trair o meu passado e poluir o meu nome".[23]

Para Carigé, a criação da Guarda Negra era uma forma de dividir racialmente o país. Em contraposição a ela, conclamou os libertos a aderirem ao que chamou de Guarda Cívica, que seria uma frente ampla juntando as "raças" pelos princípios da fraternidade e da igualdade. Disse ainda confiar nos seus "concidadãos" que viviam sofrendo por falta de trabalho, sem liberdade de voto, sem instrução e sem garantias. E os convocava para a reconstrução nacional contra o imperialismo que os deprimia por um suposto "sentimento de gratidão".[24] Carigé sabia quais eram os principais entraves à cidadania dos ex-escravos e acreditava na República como caminho possível de inclusão, mas sem que isso implicasse tocar na questão do racismo nem na organização dos libertos e das demais pessoas negras a partir da ideia de pertencimento racial.

Naquele primeiro aniversário da abolição, os republicanos também manifestaram cuidado com as manifestações políticas dos libertos monarquistas. Em uma conferência realizada no Politeama (um barracão construído em 1883 para a realização de eventos públicos), Virgílio de Lemos, redator do *Diario do Povo*, disse não duvidar de que, no dia em que se comemorava "a grande revolução pacífica que nivelou civilmente todos os cidadãos deste vasto país", a navalha, a carabina e o bacamarte estivessem dizimando muitos republicanos. Dirigindo-se a um público restrito, Lemos sentiu-se à vontade, inclusive, para evidenciar seu preconceito em relação às camadas mais baixas da população:

> É com esta turba nojenta, que não tem pejo de apedrejar cidadãos probos, de posição social conquistada pelo mérito, moços que procuram um porvir luminoso, turba que apodrece nos botequins, nas ruas da cidade, que tem por travesseiro o lixo no alcoice do vício, que tem por Deus tutelar a faca, o punhal do homicida, que conhece bastante as enxovias do cárcere, turba que morrendo a fome vai nas horas da noite em busca de alimento por meio do roubo, do furto, do incêndio, que alguém como joguete, como aríete, pretende fazer barreiras às grandes ideias.[25]

Três dias depois da celebração, um jornal da cidade de Cachoeira chamava de "indignos e miseráveis cidadãos" os que pretendiam massacrar os republicanos servindo-se dos "nossos infelizes irmãos de cor, aos quais as luzes da instrução ainda não conseguiram de todo iluminar o seu es-

Macaco Beleza e a rebeldia negra após a abolição

pírito, há pouco saído das trevas da escravidão e do eito".[26] Mais uma vez expunha-se a ideia de que aos libertos faltavam discernimento e instrução para fazer suas próprias escolhas políticas.

No final de maio, Rui Barbosa voltou a bater no gabinete de João Alfredo acusando-o de tramar "planos altamente criminosos" por meio da criação da Guarda Negra. No seu entendimento, a intenção era "descativar das senzalas a raça negra [...] para a atrelar a uma escravidão mais ignóbil, convertendo-a em algoz da nação que a libertou". Como observa Wlamyra Albuquerque, ele não via a abolição como uma conquista dos ex-escravos, e sim como uma dádiva da nação que libertou a "raça negra".[27]

No artigo ele recorria a um suposto informante para revelar o que chamou de a "vida clandestina" da Guarda Negra. O informante, um militar que não teve o nome revelado, assegurou-lhe que os "homens de cor" se reuniam na rua da Misericórdia, no centro da cidade do Rio de Janeiro. "Está morto" era a senha para ter acesso ao local da reunião. Ainda segundo a informação:

> Tem a Guarda Negra mais de um ponto de reunião secreta nesta capital, dos quais nos designam dois: um à rua da Carioca, em aposento da Casa da Lua, onde preside as assentadas um abolicionista conhecidíssimo; o outro no Catete, [...] sob a presidência de um empregado das capatazias, cujos serviços sua majestade acaba de condecorar.
>
> Militam nas fileiras dessa legião do sangue os indivíduos com quem as classes mais ameaçadas da população se acham em contato mais ocasionado a perigos: cocheiros, carroceiros, cozinheiros, criados de servir. Cada um de nós, portanto, pode ter um em sua casa, sem prevenção possível contra o inimigo, uma arma de mancomunação homicida.
>
> O número dos alistados orça, ao presente, por 1500 a 1600 homens, réus de polícia, capoeiras, navalhistas, malfeitores da pior casta, ao lado de outros que não devem inspirar senão piedade, pobres criaturas a quem nós abrimos o nosso coração, e que a venalidade maligna de traficantes famosos arrasta ao ódio contra os seus verdadeiros amigos, procurando trocar-lhes na mais estúpida vingança a gratidão devida aos lutadores desinteressados da causa abolicionista.[28]

Contou o militar que os arregimentados dispunham de muito armamento, navalhas, cacetes e revólveres fornecidos pela polícia. A organização se distribuía pelas diversas freguesias da cidade, cada uma com seu respectivo cabo, e se infiltrava nas casas através dos "criados de servir". Mais uma vez era o medo branco acionado para conter a onda negra.[29]

A iniciação solene dos novos integrantes se fazia com o juramento de "morrer pela princesa redentora". Segundo o informante, a organização tinha a intenção de usar a data da abolição para realizar uma parada a fim de "intimidar, ao mesmo tempo, a Coroa e o Parlamento". E, para incitar a cólera armada dos "guardas da princesa", espalhariam a notícia da intenção dos republicanos de reescravizar os libertos.[30] Esse detalhe deixava escapar uma informação que se contrapunha ao argumento de que os engajados na Guarda Negra não tinham discernimento político e agiam sob as ordens do governo. Portanto, sob a bandeira da monarquia, aqueles libertos sabiam que estavam combatendo os projetos de reescravização.

O gabinete conservador de João Alfredo não resistiu à onda oposicionista e caiu em 7 de junho de 1889. No mesmo dia assumiu Afonso Celso de Assis Figueiredo, o visconde de Ouro Preto, que era do Partido Liberal. Mas a ascensão do gabinete liberal não interrompeu as manifestações da Guarda Negra no Rio de Janeiro e nas diversas cidades do país. Foi quando muitos perceberam uma perigosa autonomia da organização negra e seu preocupante potencial de aglutinação dos egressos da escravidão e da população negra em geral.

Naquele mesmo dia houve reunião dos liberais baianos na freguesia de Santo Antônio, Salvador, reduto da malta de capoeiristas chamada Flor da Gente. De lá saíram em passeata pelas ruas centrais da cidade festejando a ascensão do gabinete liberal. Em 14 de junho, José Luís de Almeida Couto assumiu a presidência da província, cargo que ocupou até a queda do Império. No dia seguinte à posse eclodiriam nas ruas de Salvador violentos conflitos envolvendo republicanos e monarquistas, com destacada participação de Macaco Beleza.

O fatídico 15 de junho

Os confrontos entre republicanos e negros monarquistas tiveram seu ápice na manhã de 15 de junho de 1889, quando desembarcou na Bahia o príncipe Gastão de Orléans, o conde d'Eu, para visita às províncias do Norte em campanha pelo terceiro reinado. No mesmo vapor *Alagoas* viajava Antônio da Silva Jardim. A decisão de embarcar no mesmo navio que levava o conde d'Eu foi intencional e encaixava-se no propósito de Silva Jardim de divulgar seu ideário e rebelar a população contra a monarquia. Foi uma viagem tensa, em que ele e o príncipe evitaram-se o tempo todo e não trocaram uma palavra.[31]

Na noite de 14 de junho, Salvador já estava agitada pelo confronto. Segundo reportagem publicada na capital do Império pelo jornal *Gazeta*

O Terreiro de Jesus, vendo-se a catedral da Sé e a Faculdade de Medicina.

de Noticias, os defensores da república organizaram um comício na praça Conde d'Eu (também chamada de Terreiro de Jesus) reunindo cerca de duzentas pessoas. Na ocasião, discursaram os líderes republicanos Cosme Moreira, Virgílio Damásio e Virgílio de Lemos. No meio da multidão começaram a surgir manifestações de desagrado por parte de indivíduos que assistiam ao comício.[32]

Do Terreiro de Jesus os manifestantes seguiram para a praça do Palácio, acompanhados de grande número de cidadãos. Os primeiros confrontos corporais começaram na praça, quando "grupos de populares" passaram a dar vivas à monarquia, ao Partido Liberal, e morras à república. Na ocasião, alguns participantes do comício foram abordados por indivíduos armados de cacetes que os obrigaram a saudar a monarquia.[33]

Na praça do Palácio, os republicanos se dispersaram, e o evento se transformou numa manifestação em favor do Império. Entre os oradores monarquistas se destacou Macaco Beleza, que liderava um grupo bastante numeroso de "perturbadores". Depois das manifestações, o grupo percorreu diversas ruas saudando a monarquia e obrigando muitas pessoas a acompanhá-los. Era quase meia-noite quando a "malta de capadócios" se dispersou em vários grupos, e alguns começaram a apedrejar casas de partidários da República.[34] Dias depois desses acontecimentos, Manuel Teixeira Soares e outros republicanos escreveriam um artigo atribuindo as ações ao grupo liderado pelo "desordeiro" Macaco Beleza.[35] Segundo essa versão, as agressões físicas começaram na praça do Palácio e se estenderam até o prédio onde funcionava o Clube Republicano Federal, que foi apedrejado. A sede do clube era também residência do estudante e militante republicano Gastão da Cunha, na ocasião insultado pelos manifestantes.[36]

No dia seguinte, 15 de junho, as tensões começaram logo pela manhã e se deslocaram para a zona portuária da cidade. Pouco depois das sete horas, o conde d'Eu desembarcou no cais do Arsenal de Marinha, cercado de toda a solenidade e na presença de autoridades, entre elas José Luís de Almeida Couto, empossado governador da província no dia anterior. Dali o conde d'Eu seguiu numa carruagem para o palácio do governo, na freguesia da Vitória, escoltado por soldados da cavalaria.[37]

Por volta do mesmo horário, um vapor embandeirado seguiu em direção ao *Alagoas* levando as principais lideranças do Clube Republicano Federal para recepcionar Silva Jardim. No trajeto até o vapor começaram os conflitos, quando, sob protestos de saveiristas e trabalhadores do cais, os republicanos substituíram a bandeira do Império pela do clube. Entre oito e nove horas, Silva Jardim desembarcou no cais da Companhia Baiana de Navegação, onde foi recebido por cerca de oitenta pessoas. O cortejo era formado por estudantes da Faculdade de Medicina e membros do Clube Republicano Federal, entre os quais Virgílio Damásio, Deocleciano Ramos, Cosme Moreira, Manuel Teixeira Soares e Virgílio de Lemos.[38]

Animava o evento a banda Música dos Libertos, formada pelos ex-escravos de Raimunda Porcina e muito requisitada para animar festas religiosas e profanas. Quando os músicos eram escravos, a banda era conhecida como Música da Chapada ou da Chapadista, mas depois da morte da ex-senhora passou a se apresentar com o novo nome.

Quase um mês depois dos acontecimentos, um editorial do *Diario do Povo* informou que, ao desembarcar na ponte da Companhia Baiana de Navegação, Silva Jardim foi recebido pelos "agressores" aos gritos insultuosos de "Fora a república, viva a monarquia, morram os republicanos, viva o conde d'Eu, morra o Silva Jardim, o Silva Capim" etc. Na ocasião, populares despedaçaram a bandeira republicana aos gritos de "Não queremos república, somos monarquistas!".[39] Dias depois, o próprio Silva Jardim lamentaria não poder "ver a cidade senão através da tempestade das agressões que nos foram dirigidas".[40]

Do cais da Companhia Baiana, Silva Jardim e seus correligionários seguiriam até o Terreiro de Jesus, onde ele faria uma conferência na Faculdade de Medicina. Segundo o relato de Manuel Teixeira Soares, depois de alguns metros de caminhada, homens que pareciam saveiristas e carregadores avançaram contra o cortejo para arrancar o estandarte do Clube Republicano Federal, o que resultou em outro confronto entre populares e republicanos. Nas palavras de Teixeira Soares:

Atrás de nós se tinha condensado numerosa malta de homens de cor, sujos, descalços, sem chapéu, maltrapilhos, rostos ferozes, em grande número, desconhecidos [de] todos que os viam passar e perguntavam donde havia surgido semelhante gente, que, com gestos furiosos e voz em grita, urrava pelas nossas costas repetidos morras à república e vivas à monarquia.[41]

As imagens ligadas às ideias de sujeira, desordem e ferocidade apareciam repetidas vezes nos relatos dos republicanos e endossavam o discurso racial que postulava a inferioridade das pessoas negras e mestiças, componentes majoritários das classes populares.

Começava ali um conflito que duraria até o final da tarde e se estenderia pelas ruas próximas à área portuária, alcançando Cidade Alta, ladeira do Taboão, Baixa dos Sapateiros, Santana, Pelourinho, Terreiro de Jesus e Piedade. Ainda na Cidade Baixa, na altura da travessa Catilina, ponto tradicional de reunião e de discussão política, "pessoas do povo" começaram a dar vivas à monarquia, à princesa imperial e à Coroa, ao que os adversários responderam com vivas à república. Em meio ao tumulto, o cortejo seguiu em direção à ladeira do Taboão, parte do percurso que os levaria ao Terreiro de Jesus, onde estava localizada a Faculdade de Medicina. No começo da ladeira, os republicanos gritaram "Morra a monarquia" e "Fora o príncipe estrangeiro", e tiveram como resposta um ataque da "grande massa de populares" armada de bengalas, cacetes e facas.[42]

Na ladeira do Taboão o conflito foi mais violento e o cortejo republicano se desfez completamente. Segundo os cálculos de um jornal, naquele lugar cerca de cem homens armados de cacetes e pedras participaram do ataque. Grande parte dos que integravam o desfile republicano correu em direção à Baixa dos Sapateiros ou se refugiou em casas e sobrados.[43] Para Teixeira Soares, foi do alto da ladeira que partiu o ataque de outra "malta" vinda da Baixa dos Sapateiros. Aos gritos de "É agora", "Viva a monarquia" e "Morra Silva Jardim", a "ralé" avançou sobre os republicanos. Dias depois, Silva Jardim recordou que, em determinado momento da confusão, ouviu uma voz ameaçadora:

"Onde está este Silva Jardim, que eu quero matá-lo?", gritava, dirigindo-me a pergunta, um capadócio, homem grande e reforçado, cor de mulato, nari-

Macaco Beleza e a rebeldia negra após a abolição

nas dilatadas, olhos grandes injetados de sangue, fisionomia descomposta, cabelos encarapinhados, trajando apenas calça e camisa, e brandindo uma grande faca, espécie de punhal.[44]

A maioria dos manifestantes monarquistas era negra, mas a descrição feita por Silva Jardim revela muito mais o medo branco de almas negras assentado em sua mente. Na confusão, na companhia de Virgílio Damásio, Edmundo Gastão e Cosme Moreira, refugiou-se numa quitanda pertencente a um africano. Dali eles subiram para o primeiro andar de uma "casa de mulheres de má vida". Ainda que tomadas de medo, as "pobres raparigas" facilitaram ao grupo a entrada na casa e consentiram que fechassem a porta da rua.[45]

Silva Jardim considerou indigno refugiar-se em uma casa de prostitutas, tanto mais contando com a boa vontade das anfitriãs. Mesmo naquela situação de apuro, estar ali era "sair do terrível para o ridículo". Para quem se sentia paladino da civilização não seria honroso se colocar sob a proteção de mulheres do baixo meretrício. Foi por isso que o grupo decidiu escalar um muro e passar para a próxima casa, onde moravam outras "pobres mulheres".

Nos diversos relatos deixados pelos republicanos há um fato interessante. Com desalento, eles perceberam que a banda Música dos Libertos havia passado para o lado monarquista. O contramestre do grupo se transformara no mais feroz dos espancadores, sendo visto no alto da ladeira gritando para a multidão: "Cá estão eles! Aqui, minha gente! Acudam! Venham matar Silva Jardim! Agora nós, minha gente. Mata o Silva Capim".[46] Desolado, Teixeira Soares constatou: "Nossa música voltara-se contra nós".

Teixeira Soares relata ainda que ele próprio, com Silva Jardim, Virgílio Damásio, Cosme Moreira, Gastão da Cunha e Deocleciano Ramos, refugiou-se na casa de um "homem de cor", o saveirista Manuel Júlio dos Santos, que os acolheu cordialmente. A surpresa diante da proteção e gentil acolhida na casa de um homem negro acabou não sendo mero detalhe na narrativa daqueles acontecimentos. A rigor, era algo que para eles destoava da ideia fixa de que se achavam no meio de uma guerra racial.

Foi dessa casa que Virgílio Damásio escreveu às pressas um bilhete endereçado ao presidente da província pedindo proteção policial. Enquanto rabiscava o papel ainda pôde escutar as injúrias e ameaças de morte que vinham das ruas. Depois disso, eles passaram para outra casa, onde moravam um casal de africanos idosos, uma mulher parda, duas crioulas e algumas crianças amedrontadas. Entregaram o bilhete a uma moça "parda", certos de que, por sua cor de pele, ela não despertaria a desconfiança da multidão que os perseguia.

Em torno das onze horas o chefe de polícia, Manuel Caetano de Oliveira Passos, acompanhado de cinco soldados, chegou à ladeira do Taboão para resgatar Silva Jardim e o grupo de republicanos. Escoltados pela polícia, eles saíram da casa acompanhados por uma multidão hostil que os insultava com saudações ao Partido Liberal e à monarquia. Ao longo do trajeto entre a ladeira do Taboão e a Baixa dos Sapateiros, os soldados a custo contiveram a multidão que investia contra Silva Jardim e os demais.

Gastão da Cunha recordou que, quando o chefe de polícia compareceu ao local para salvá-los do ataque do que chamou de "turba selvagem e desenfreada", ele e Cosme Moreira foram impedidos de entrar no carro da polícia que conduziu Silva Jardim e Virgílio Damásio. Perdido no meio do povaréu reunido na Baixa dos Sapateiros, ele acusou o tenente de polícia de nome Machado de largá-lo brutalmente ali, e agradeceu à sorte o fato de não ter sido reconhecido pela multidão.[47]

No início da tarde saiu uma edição extra do jornal *Diario do Povo* anunciando em primeira página que a Guarda Negra estava em plena atividade nas ruas da cidade. A organização supostamente criada pelos conservadores e formada por libertos fiéis à Coroa agora estava a serviço dos liberais, que recrutaram a "malta de capadócios e réus de polícia" para promover a "matança dos republicanos". Informou-se ainda que à frente da malta estava o célebre Macaco Beleza.

Dois dias depois, o mesmo jornal reiterou enfaticamente: "Já temos Guarda Negra".[48] Pelas notícias veiculadas nos jornais, pode-se afirmar que os conflitos que se iniciaram no cais do porto e na ladeira do Taboão se estenderam à Baixa dos Sapateiros, à praça do Palácio e finalmente ao Terreiro de Jesus. Praticamente todo o centro ficou convulsionado. O próprio Silva Jardim reconheceu que "o acontecimento se espalhara pela cidade inteira com a rapidez do raio".[49]

Os jornais relataram que estudantes e professores que conseguiram escapar da confusão no Taboão, alguns espancados e feridos, alcançaram o Terreiro de Jesus e refugiaram-se no prédio da Faculdade de Medicina. Foram eles que levaram a notícia de que Silva Jardim e outros líderes republicanos estavam encurralados no Taboão. Aquele dia fora de reunião da congregação, e a faculdade estava cheia de estudantes e professores. O professor Manuel Vitorino, à frente de um grupo de estudantes, decidiu marchar até a praça do Palácio para pedir providências a José Luís de Almeida Couto. Marcha inútil, pois naquele instante o presidente da província estava no Palácio da Vitória recepcionando o conde d'Eu.

A marcha terminou abrindo mais um foco de tensão, pois muitos populares passaram a hostilizá-la aos gritos de "Viva a monarquia" e "Morra a república". A muito custo eles conseguiram retornar ao prédio da faculdade, onde foram sitiados pela "turba", que apedrejou o prédio durante quatro horas seguidas.[50] Segundo Teixeira Soares, os "turbulentos", com palavras injuriosas e cacetes erguidos, ameaçavam todas as pessoas que se aproximavam do prédio e as obrigavam a dar viva à monarquia três vezes seguidas.[51] A memória daqueles confrontos de rua mais tarde repercutiria nas medidas repressivas adotadas por Manuel Vitorino quando assumiu o governo da Bahia nos primeiros cinco meses da República.

Mas a ação dos populares se estendeu para outras partes da cidade. Segundo Gastão da Cunha, o tenente de polícia Antônio José Machado invadiu seu domicílio, onde funcionava também a sede da *República Federal*, e arrancou as bandeiras da Suíça, dos Estados Unidos, da Argentina e de outras nações republicanas hasteadas em homenagem a Silva Jardim. O tenente de polícia por nome Machado era o mesmo que na manhã daquele dia empurrara Gastão da Cunha para fora do carro que conduzia Silva Jardim.[52]

Para os republicanos e para os críticos do governo, no topo da lista dos responsáveis pelos conflitos estava o presidente da província, José

Luís de Almeida Couto. Em artigo publicado no *Diario do Povo*, Rui Barbosa acusou o governo provincial de aderir ao projeto de terceiro reinado, sinalizando seu rompimento com a ala do Partido Liberal ligada a Almeida Couto. Este defendeu-se através da imprensa alegando que não fora o autor das ordens que haviam resultado nos conflitos de 15 de junho. Contra a acusação de que a polícia foi conivente e participou das agressões aos republicanos, ele ponderou que o aparelho policial ainda estava sob as ordens do governo anterior.[53]

Em editorial, o *Diario da Bahia* saiu em defesa dos liberais e do governador afirmando que naquele dia ainda se vivia sob domínio conservador. Mais uma vez acusou o gabinete anterior de ter criado a Guarda Negra, explorar a "política da gratidão" e perseguir os partidários da república. Afirmou que no dia 15 todas as autoridades responsáveis pela vigilância da cidade, delegados e subdelegados, ainda eram conservadoras, à exceção do chefe de polícia. Interessante notar que a narrativa em nenhum momento citava Macaco Beleza como liderança do movimento.[54] Mais tarde, quando aderiu ao novo regime, Almeida Couto não se livrou da pecha de ter chefiado os distúrbios daquele dia. Na cerimônia de formandos da Faculdade de Medicina de 1890 seu nome foi excluído da lista de homenageados. Talvez pelo mesmo motivo, jamais voltou a ter o protagonismo político de que desfrutou no regime deposto.

Chama a atenção o fato de que o episódio em que muita gente foi espancada e ferida não tenha tido como desdobramento a instauração de processo de crime responsabilizando Almeida Couto ou integrantes da Guarda Negra. Nem mesmo Macaco Beleza, apontado como líder das manifestações, foi convocado para responder a algum processo de lesão corporal ou por desordem. Isso talvez seja uma evidência de sua ligação com a ala liberal comandada por Almeida Couto. Essa ligação ficou registrada na tradição oral que narra a solenidade de recepção do conde d'Eu no Palácio da Vitória, onde Macaco Beleza e Almeida Couto aparecem lado a lado recepcionando o príncipe.

Estudantes e professores formaram uma comissão para criminalizar os responsáveis pelos espancamentos e pelo apedrejamento do edifício da Faculdade de Medicina. Rui Barbosa foi escolhido e chegou a aceitar o convite para representá-los. Contudo, o processo não prosseguiu, mas deixou uma ferida grande e não cicatrizada para aquela geração de acadêmicos da qual sairiam muitas das lideranças políticas da Primeira República.

Os relatos dos acontecimentos estavam carregados de preconceito racial em relação aos populares. Teixeira Soares referiu-se à "massa de amotinadores" como gente da "ínfima camada social". Na sua visão, uma parte era de libertos, "em cujo espírito, ainda nas trevas da mais crassa ignorância e infantilmente crédulo, incutiram a crença de que os republicanos querem matar a princesa, que foi quem os libertou, a fim de escravizá-los de novo". A outra parte era de "homens de cor", mesmo que não libertos, de mesmo grau de "ignorância e credulidade". Os republicanos pretendiam rebaixar esses homens a uma condição em que não poderiam aspirar a ter empregos senão como subalternos. E, por fim, havia a "capangagem eleitoral" e a "gente de confiança" dos chefes políticos, sem vontade própria, quase todos sem profissão certa, mas eméritos na arte de provocar desordem e mestres no manejo da faca e do cacete.[55]

O historiador Brás do Amaral viu a multidão nas ruas como "gente suja, de roupa grossa, coberta de barro e lama, com aparência de moradores dos arredores da cidade atraídos para aquela tarefa". Ou seja, estavam ali não por convicção, mas para cumprir uma tarefa para a qual tinham sido remunerados. A estes se juntaram os "vagabundos ou desocupados", que Amaral definiu como "plebe feroz, tão próxima de povos selvagens como o africano e o índio".[56] Expressões de desqualificação racial dos participantes do movimento seguiriam ao longo do século xx. Numa narrativa escrita por João da Costa Pinto Dantas Júnior em 1939, referindo-se a Macaco Beleza, dizia-se que o movimento era liderado por um "mulato beiçola".[57]

Na edição de 21 de junho, na coluna Temas do Dia, o articulista do *Diario do Povo* sustentava que a "horda" que promovera os conflitos de 15 de junho fora alugada para atear o incêndio do "ódio de raças" e da guerra civil.[58] Dias depois, Rui Barbosa escreveu outro artigo afirmando que o ódio aos brancos e o conflito entre os libertos e a grande propriedade foram gestados pela "camarilha" da princesa imperial.[59] Está mais uma vez aí a ideia de que havia uma guerra racial em curso, com consequências imprevisíveis. Na fala de Rui Barbosa e na de muitos observadores da época, era como se até então não houvesse conflito racial na Bahia. E mais: os polos do conflito apareciam invertidos, sendo os brancos as vítimas do ódio racial, e não o contrário.

Uma carta anônima endereçada a Virgílio Damásio e assinada por um certo "Dr. M." em 16 de junho de 1889 apontava Almeida Couto como o responsável pela arregimentação de gente para tumultuar a recepção de Silva Jardim.

> Amigo e conselheiro Virgílio.
>
> Sempre fui seu amigo e o meu intuito é lhe esclarecer sobre pontos em que está em dúvida. O conselheiro Couto está muito incomodado com o que se deu: e ele é que pediu aos amigos e chefes de paróquia que perturbassem qualquer meeting ou manifestação dos republicanos, mas não autorizou violências. Ele mandou pedir ao coronel Araponga Santos Marques, ao Tantú, ao José Gil Moreira, que amparassem o conde d'Eu. Estes e o sr. Nicolau Carneiro, a conselho do conselheiro Carneiro da Rocha, é que abusaram, chamando o Panfilo da *Gazeta da Tarde*, o Marcelino, conhecido por Bom Senhor, o mestre pedreiro Pedro Augusto e um pardo saveirista, [de] que não sei o nome, que arrebanharam grande número de capangas, estivadores e moleques, [...] excitaram o povo contra os acadêmicos e mandaram dispersar o grupo republicano.[60]

Na visão do missivista, a dinâmica do movimento parecia descrever a mesma lógica de organização dos bandos armados que atuavam a serviço dos chefes políticos dos partidos no tempo do Império: a liderança maior convocava os chefes de paróquia, e estes arregimentavam os capangas para tumultuar os comícios e reuniões dos adversários. Araponga Santos Marques, Tantú e José Gil Moreira eram chefes de paróquia na freguesia de Santo Antônio e figuras conhecidas nos períodos de eleição. Pelo que

Macaco Beleza e a rebeldia negra após a abolição

disse o autor da carta, uma parte foi escalada para recepcionar o conde d'Eu, a outra para tumultuar o cortejo republicano.

Vê-se que o autor da carta buscou poupar Almeida Couto ao dizer que ele não desejava violência e que o movimento havia saído do seu controle. Essa versão corrobora o que disse Brás do Amaral ao afirmar que a multidão em fúria ultrapassou "as instruções da encomenda".[61] A intenção inicial pode ter sido apenas tumultuar a recepção a Silva Jardim, mas a antipatia à propaganda republicana terminou incendiando toda a cidade.

O aspecto mais revelador da carta foi citar alguns nomes que integravam a Guarda Negra na Bahia, como Panfilo da Santa Cruz, abolicionista que integrou o grupo da chamada Guarda Velha e esteve à frente das ações mais arrojadas do movimento pelo fim da escravidão ao lado de Eduardo Carigé. Durante a campanha abolicionista, Santa Cruz defendeu a República, mas depois de 13 de maio passou a criticar os partidários locais acusando-os provocadoramente de "republicanos de 14 de maio". Jailton Lima Brito sugere que essa guinada para a monarquia vinha da desilusão com os rumos do movimento, que se aliara aos escravocratas.[62]

Outro mencionado, Marcelino, apelidado de Bom Senhor, é o mesmo que aparece nas memórias de João Varella como diretor de um terno de Reis chamado Cardeal (observo que o cardeal é um passarinho de cabeça vermelha, a cor símbolo dos liberais).[63] Possivelmente se tratava de um Marcelino que tinha tenda de sapateiro na Sé e já citado por Manuel Querino como um dos mais destacados oradores populares e abolicionista.

A lista citada é pequena, mas mesmo assim permite vislumbrar que os manifestantes ligados à Guarda Negra eram oriundos das camadas populares, libertos, artesãos, pedreiros e saveiristas. Muitos deles, a exemplo dos saveiristas, haviam participado do movimento de abolição. Lembremos que eles chegaram a formar um clube e estiveram à frente de ações para libertar escravos mantidos em armazéns da Cidade Baixa à espera de embarcações que os levassem para o Sudeste.

Os desdobramentos de 15 de junho

Na manhã de 16 de junho, o *Alagoas* partiu do porto de Salvador com destino ao Recife levando Silva Jardim e o conde d'Eu. Mas os conflitos continuaram nas ruas da cidade. Em 20 de junho o jornal *O Paiz*, que circulava no Rio de Janeiro, baseado em telegramas procedentes da Bahia noticiou que ainda no dia 18 diversos grupos percorreram as ruas, uns dando vivas à monarquia, outros à república.[64] Em 19 de junho Rui Barbosa reclamava que ainda "ondulava a ressaca da violência" nas imediações da Faculdade de Medicina, sendo os estudantes obrigados a dar vivas à monarquia sob a ameaça de levar bordoadas.[65] No dia 26, o *Diario do Povo*, que fez uma cobertura dos acontecimentos bastante favorável aos republicanos, queixava-se do ataque aos seus distribuidores de jornais, que estavam sob ameaça do "cacete e da navalha" da Guarda Negra.[66] O autor da coluna Musa Popular, publicada no *Diario do Povo* em 27 de junho, sugeriu em verso que os capadócios eram ainda senhores das ruas:

> *Eu amo o capadócio da Bahia,*
> *Esse eterno alegrete,*
> *Que passa provocante em nossa frente,*
> *Brandindo o seu cacete.*
>
> *Adoro o capoeira petulante,*
> *O cabra debochado.*
> *O terror do batuque, o desordeiro,*
> *Que anda sempre de compasso ao lado.*[67]

Mais uma vez a petulância e o deboche aparecem como marcas das atitudes e do comportamento político da gente negra após a abolição. A referência ao "cabra debochado" era uma forma de dizer que a defesa da monarquia era feita por pessoas negras. Em outro trecho, o autor dos versos reproduz o tenso encontro com um desses capadócios no cais do porto:

Ele, ao ver-me parado, sustentando
Um riso muito franco,
Disse-me assim, com um ar de pouco amigo:
— Afomente-se, branco![68]

O autor não se "afomentou" — ou seja, na gíria capoeirista, não encarou o desafio — e foi obrigado a recuar cabisbaixo. Pelo código racial da época era imperdoável admitir que um branco fora desafiado por um negro.

Na semana seguinte a 15 de junho, os deputados da Assembleia Provincial envolveram-se em áspera e elucidativa discussão sobre os conflitos de rua. O debate se deu em meio ao discurso do deputado Joaquim Inácio Tosta, do Partido Conservador, monarquista e assumidamente representante da grande lavoura. O discurso foi eivado de interrupções, apartes irônicos por parte dos adversários e frequentes intervenções do presidente da Assembleia tocando a campainha para chamar os deputados à ordem. Tosta começou sua fala relacionando 13 de maio de 1888 a 15 de junho de 1889, no que definiu como "deploráveis ocorrências". Na verdade, a intenção era voltar à defesa da indenização que ao seu ver causou profundo descontentamento nas "classes conservadoras". Inferiu daí que esse descontentamento tinha acelerado a "onda republicana", inclusive levando os fazendeiros do Sul do país a abandonarem a monarquia. Ele acreditava que o mesmo estava acontecendo na Bahia.[69]

Sobre os episódios de 15 de junho, ele acusou o presidente da província de indiferença ante o que definiu como "cenas de vandalismo" e "atos de barbaria". Para ele os manifestantes monarquistas não passavam de bandos "armados de cacetes" e "grupos de desordeiros". Não se tratava do "povo baiano". Talvez por ironia um deputado lembrou que o único a defender a monarquia na praça do Palácio fora Macaco Beleza. Tosta não se deteve e continuou a discursar, contrariando tanto conservadores como liberais.

O que mais desnorteou seus correligionários foi que, como monarquista, Tosta defendia as manifestações republicanas por serem "ordeiras" e terem a participação de "pessoas altamente colocadas na sociedade", inclusive muitos estudantes de medicina.[70] Branco e monarquista, jamais iria se pôr ao lado de monarquistas negros, a menos que fosse para comandá-los. Isso demonstra o quanto o posicionamento político de Macaco Beleza seguia uma orientação diametralmente oposta aos interesses da classe senhorial, cuja fé monarquista começava a fraquejar diante da falta de indenização e de leis que obrigassem os libertos a permanecer nas grandes propriedades.

Até o final de junho, os jornais publicaram pedidos de intervenção da polícia contra a ousadia dos capadócios em vários pontos da cidade. No dia 28 houve denúncias de que uma "certa gente" que morava na rua da Independência, freguesia de Santana, insultava as famílias com "horripilantes palavras e desbragadas indecências". Um desses personagens era um capadócio conhecido como Castro, vulgo Arreia as Calças, que insultava as famílias daquele local. Outra denúncia chamava a atenção para a deficiência do policiamento em diversos pontos da cidade. No Tororó, freguesia de Santana, não havia taberna que não estivesse na mais completa desmoralização, onde se reuniam desordeiros e criminosos.[71] Observo que a freguesia de Santana era o reduto da Música dos Libertos, cujos integrantes participaram das manifestações do dia 15 ao lado dos monarquistas.

Brás do Amaral, testemunha ocular dos acontecimentos, informou que após 15 de junho não era raro ouvir entre o "povo baixo" chacotas ridicularizando os republicanos.[72] Hildegardes Vianna registrou "galhofas quadrinhas" lançadas contra eles pela "ralé" constituída de peixeiras, ganhadeiras, saveiristas, prostitutas, magarefes e outros, em "promiscuidade" com desocupados e desordeiros de praia do Peixe, Portas da Ribeira e Cais Dourado. Uma dessas cançonetas dizia:

Delém-dem-bão
Café com pão
Maduro Gostoso
Com bolachão
Por ordem do velho
Caboré Pranchão

Macaco Beleza
Vintém Dobrão
Varreram o Jardim
Lá no Taboão
Correram Virgílio
A murro e a facão
Fugiu seu Dió
Sem respiração
Suado, molhado,
Cheirando a corilópsis
Do Japão
Bão-bão-bão.[73]

Sem dúvida, o desdém, a galhofa e a ridicularização de partidários da República por parte dos populares era uma espécie de revide ao que era lido na imprensa inferiorizando racialmente as camadas sociais mais baixas, sobretudo negros e mulatos. Homens letrados do povo, a exemplo de Macaco Beleza, sabiam da arrogância e da presunção de superioridade com que intelectuais e políticos se referiam à população negra nas páginas dos jornais e nas suas reuniões a portas fechadas.

Hildegardes Vianna ajuda a identificar os personagens que apareciam nos versos desdenhosos alusivos ao 15 de junho. Vintém Dobrão foi descrito por ela como um "negro ganhador, muito valente e ignorante, que possuía uma cicatriz de queimadura na testa exatamente do tamanho de um vintém", daí o apelido. De Caboré Pranchão a autora disse ignorar a identidade, embora o tenha reputado também como "desordeiro"; julgando pelo apelido, podemos conjecturar que fosse trabalhador do cais, encarregado de manejar pranchas de madeira utilizadas para dar acesso às embarcações.[74] Quanto a Macaco Beleza, Vianna o apresenta como "um tipo de rua, cachaceiro, cabeça de motim, dono de uma eloquência que Brás do Amaral classificou de 'sanguinária e veemente'".

Acrescento que Maduro Gostoso era o citado Manuel José, que, em companhia de Macaco Beleza e Peru, entregava o jornal abolicionista *Ga-*

zeta da Tarde. Entre os que fugiam da multidão estava "seu Dió", que era o médico Deocleciano Ramos, professor da Faculdade de Medicina e um dos entusiastas do movimento republicano local.[75]

Naqueles dias, Macaco Beleza foi alçado à posição de liderança das manifestações da Guarda Negra na Bahia. Os jornais não perderiam tempo em ridicularizar suas escolhas políticas. Um mês depois de 15 de junho, versos anônimos publicados no *Diario do Povo* diziam:

MOTE
Vive o Macaco Beleza
Pra dar vida à monarquia

COLCHEIA
Para a glória da nobreza
Pra torná-la sempre forte,
Pra sustentá-la no Norte
— Vive o Macaco Beleza!

É digno da realeza,
O tribuno herói do dia,
É credor da simpatia,
Do trono valente escudo;
Sacrifica o saber... tudo
— Pra dar vida à monarquia.[76]

Na década de 1940, o escritor Afrânio Peixoto, que era médico e professava as teorias raciológicas, descreve um improvável encontro entre Macaco Beleza e o conde d'Eu em meio aos tumultuados acontecimentos de 15 de junho. Segundo o escritor, antes de ir à presença do príncipe, o capadócio teria sido instruído não apenas a não fazer perguntas, mas a ficar em completo silêncio. E respondido: "Já sei, sr. conselheiro, baiano burro nasce morto. Fique sossegado. Eu não me aperto". Ao ser introduzido no salão, Macaco Beleza identifica o príncipe pela farda de marechal

Macaco Beleza e a rebeldia negra após a abolição 147

e o cavanhaque característico. Adiantando-se, faz reverência a Gastão de Orléans, e em verso apresenta-se:

> *Manoel Benício dos Passos,*
> *Vulgo Macaco Beleza,*
> *Escravo da monarquia,*
> *Criado de Vossa Alteza*[77]

O príncipe aplaude, todos sorriem e o conde d'Eu oferece-lhe um charuto, que ele pega, mordendo a ponta. O príncipe faz fogo e ele cortesmente aceita. Em seguida, voltando-se para Almeida Couto, sussurra: "Está vendo, sr. conselheiro?... Baiano burro nasce morto... Na Bahia até os capadócios têm linha...".[78]

Vários memorialistas repisaram a mesma história do célebre encontro, mas não se tem evidência documental sobre isso. Se encontro houve, aconteceu dois meses depois, quando o conde d'Eu passou pela Bahia em sua viagem de volta à Corte. A imprensa inclusive chegou a noticiar a solenidade com a manifestação do ativista negro Roque Jacinto da Cruz, que, em meio à multidão nas ruas, jurou fidelidade à monarquia. Possivelmente Afrânio Peixoto recolheu essa história da tradição oral e do muito que ainda se falava sobre Macaco Beleza e sua fidelidade à monarquia.

Essa ingênua e mesmo serviçal devoção à realeza atribuída a Macaco Beleza e à população negra merece algumas reflexões. O monarquismo popular em muitos momentos foi um ingrediente importante de crítica política e da rebeldia das camadas sociais mais baixas. Muitas vezes ao longo do século XIX o apoio dessas camadas à monarquia emergiu como bandeira contestadora e ameaça radical aos detentores do poder. Assim, a opção não pode ser pensada a partir da ideia simplista de que os populares agiam de maneira irracional e segundo os desígnios e vontades dos grupos dominantes. Liberdade e cidadania eram centrais para o engajamento do povo na defesa das instituições monárquicas.[79]

Hendrik Kraay lembra que o sentimento de identificação com a monarquia por parte das camadas populares estava presente nas festas, nos rituais cívicos e na forma de organização das irmandades católicas negras, que anualmente elegiam reis e rainhas em eleições bastante disputadas.[80] João Reis sugere a existência de uma espécie de monarquismo negro recriado a partir de concepções africanas de liderança e reforçado num país governado por "cabeças coroadas". Essa mentalidade se expressava nas hierarquias formadas no interior dos quilombos, geralmente encabeçadas por "reis" e "rainhas". A simbologia da realeza fez parte do imaginário popular em que Macaco Beleza estava mergulhado.[81]

Entretanto, nem todos os negros egressos do cativeiro eram monarquistas, como queriam fazer crer os republicanos. Nos comícios no interior de Minas e São Paulo, Silva Jardim gabou-se de ter sido saudado por muitos libertos que se mostravam simpatizantes à sua posição. Na passagem por Cataguases, Minas Gerais, em 3 de março de 1889, testemunhas disseram ter visto libertos saudando a República. Na visita que fez a Leopoldina, a imprensa local informou que houve manifestação da Guarda Negra, mas "muitos libertos aderiram à causa republicana, fazendo ao dr. Jardim ruidosa manifestação".[82] Conquistar a adesão negra e mesmo a dos libertos de 13 de maio foi parte dos embates políticos ao longo daqueles meses que antecederam a proclamação.

Mas, na versão construída por muitos republicanos, os negros libertos defendiam indistintamente a monarquia por força de uma suposta "dívida de gratidão" com a princesa imperial. Acreditavam que eles haviam sido capturados pelo mito da Redentora, a quem deveriam venerar, respeitar e defender. Nesses termos, a opção pela monarquia era vista como o resultado de uma manipulação dos políticos próximos ao imperador e interessados em garantir apoio popular ao terceiro reinado.[83] Essa visão binária de negros monarquistas contra brancos republicanos reforçava os estereótipos racistas do embate entre os selvagens contra os que se presumiam civilizados.

Além disso, entre os monarquistas negros não havia consenso em torno das ações e estratégias políticas para defender a realeza. Por exemplo, depois de 15 de junho, Roque Jacinto da Cruz, abolicionista, liderou um movimento em defesa da monarquia chamado Batalhão Patriótico Princesa Isabel, que visava distinguir-se da Guarda Negra.[84]

Na perspectiva dos libertos alinhados à monarquia havia motivos para desconfiar do engajamento dos republicanos na luta pelo fim do cativeiro e nas que viriam depois de 13 de maio para assegurar a liberdade. Afinal, a abolição não esteve no centro das aspirações do movimento republicano. O manifesto do Clube Republicano paulista, criado em 3 de dezembro de 1870, que inspirou a formação de outros núcleos em outras províncias, tocou timidamente na questão.[85] Mais de dois anos depois, no primeiro congresso, realizado na cidade de Itu em 18 de abril de 1873, decidiu-se que, instaurada a República no Brasil, a questão da abolição ficaria a cargo de cada província. Era uma decisão que visava tranquilizar os cafeicultores paulistas fortemente comprometidos com a manutenção do sistema escravista. Na ocasião, o abolicionista negro Luiz Gama foi um dos poucos a protestar contra tal direcionamento.[86]

Na Bahia, alguns republicanos históricos envolveram-se no abolicionismo, mas a abolição parece ter sido uma luta secundária, figurando apenas como condição para a superação do regime monárquico. A base social dos republicanos históricos baianos era formada por indivíduos da classe média, professores e estudantes da Faculdade de Medicina, comerciantes, funcionários públicos e militares. Eram indivíduos que aspiravam a ter representatividade política com a instauração do novo regime, mas que não admitiam compartilhar o poder em condições de igualdade com gente das camadas mais baixas, sobretudo com os egressos da escravidão. Para eles bastava que os estratos populares não se comportassem de acordo com suas expectativas para apelarem para termos preconceituosos e desqualificadores como "ralé", "turba", "ínfima classe" e "desordeiros".[87]

Ademais, é preciso pensar o comportamento político dos egressos do cativeiro a partir das experiências vividas nos últimos anos de escravidão. Para quem abraçou o credo monarquista, a defesa do trono fundava-se na percepção de que o imperador oferecia garantias mais seguras de que a abolição não seria revogada. A notícia de que a lei de 13 de maio seria anulada pelos republicanos correu de boca em boca em 30 de dezembro de 1888, quando se deu a primeira manifestação da Guarda Negra nas ruas do Rio de Janeiro. O mesmo aconteceu em Salvador no dia 15 de junho de 1889 e se repetiria meses depois no Quinze de Novembro, quando boa parte da população se engajou nos protestos contra a mudança de regime.[88]

Segundo o relato de Teixeira Soares, em 15 de junho de 1889 espalhou-se a notícia de que, consumada a República, os negros livres seriam rebaixados a uma condição mais subalterna, inclusive sem acesso aos empregos públicos. Portanto, defender a monarquia não era uma escolha inconsciente e irracional: era um posicionamento coerente com o que se sabia ocorrer, por exemplo, na república dos Estados Unidos na década de 1880, quando houve uma deterioração dos direitos civis que a população negra havia alcançado no contexto da Reconstrução (1865-75). Assim, a opção pela monarquia tinha íntima conexão com o sentimento de igualdade de direitos e de liberdade.[89]

A imagem do "monarca-cidadão" que vinha confrontando os interesses da grande lavoura desde a promulgação da Lei do Ventre Livre e depois, com a abolição, indicava que o imperador podia ser naquele momento a alternativa de poder capaz de pôr limites à classe senhorial. Essa imagem da realeza calou fundo em muitos da geração de negros que viveram os anos finais da escravidão e o processo abolicionista. Lembremos que logo depois de 13 de maio os ex-senhores insistentemente cobraram do governo indenização e leis complementares à da abolição que obrigassem os libertos a permanecer nas propriedades onde haviam servido como cativos.[90] Diante desse quadro, não faz sentido associar a defesa da monarquia por parte dos libertos a uma projeção da vontade da elite senhorial.

Além disso, a emergência da Guarda Negra sinalizava uma movimentação política autônoma de parte da população negra. Era isso o que mais preocupava seus críticos. Havia algo de assustador numa organização que se baseava na solidariedade das "pessoas de cor" e no compromisso ideológico de resistir à revogação da abolição e a qualquer forma de diferenciação de direitos baseada na cor da pele.[91] Ressalte-se que a Guarda Negra teve atuação em várias províncias, como Rio de Janeiro, Bahia, São Paulo, Minas Gerais, Rio Grande do Sul, Pernambuco e Maranhão. A disseminação do movimento e a adesão a ele resultavam da percepção, comum entre muitos negros, de que era preciso fazer valer a lei de 13 de maio e combater

Macaco Beleza e a rebeldia negra após a abolição

possíveis tentativas de empurrá-los de volta à escravidão ou a algo similar. As manifestações de rua da Guarda Negra marcaram a estreia dos movimentos negros no cenário político brasileiro após a abolição.[92]

Importante observar que o movimento da Guarda Negra ocorreu num contexto mais amplo de reivindicações de acesso a terra, educação e participação política em igualdade de condições com a população branca. Por isso mesmo, na visão dos antigos senhores, era preciso barrar a agitação que, aliás, eles antes identificavam como desordem. Segundo Felício Buarque, foi em 14 de julho de 1889, no calor dos atos da Guarda Negra em São Paulo, que o coronel Cunha Matos apresentou ao Clube Militar a proposta de que, em caso de "emergência", o Exército deveria assumir a "defesa das instituições". Na ocasião a proposta foi recusada por unanimidade, mas esse posicionamento mudaria quatro meses depois, quando, em nome da defesa da ordem, os militares embarcaram no projeto de República.[93]

O ingresso na Guarda Negra significou uma inflexão na trajetória de Macaco Beleza. Sua liderança do movimento implicou uma ruptura tanto com seus antigos aliados do movimento abolicionista quanto com políticos do Partido Liberal, aos quais se ligara desde 1885. Sobre essa virada, João Varella informou que, não escutando as recomendações de Carigé e de Panfilo da Santa Cruz, Manoel Benício partiu para ações mais radicais — e pelo visto desagradou os que aderiram à República e também os que se mantiveram fiéis à monarquia. Sua fidelidade talvez fosse mesmo outra: em um momento de agudo acirramento de protestos por direito ao voto, acesso à instrução e melhores condições de vida para as pessoas negras, Macaco Beleza optou por tomar o partido das ações cujo objetivo conspícuo era oferecer resistência contra qualquer tentativa de revogação da lei de 13 de maio.[94]

Macaco Beleza projeta-se para o Brasil

Jornais de todo o país deram ampla cobertura ao movimento de rua que agitou a cidade de Salvador. Em 22 de junho de 1889, a *Gazeta de Noti-*

cias, um dos mais importantes jornais do Rio de Janeiro, publicou na primeira página um longo artigo narrando os acontecimentos de 15 de junho, quando, segundo a reportagem, "diversos cidadãos falaram às massas, entre os quais o indivíduo Manoel Benício dos Passos, alcunhado Macaco Beleza, que dirigia um dos grupos perturbadores, assaz numeroso".[95]

Os conflitos na Bahia parecem ter repercutido no Rio de Janeiro nos meses seguintes. Em 14 de julho, data em que se celebrava o centenário da Queda da Bastilha, houve confronto entre populares monarquistas e estudantes que percorreram as ruas aos gritos de "Viva a república!". Segundo o noticiário, os acadêmicos foram agredidos a caminho da rua do Ouvidor. Contudo, o depoimento de Pedro Justo de Sousa, 24 anos, solteiro, empregado em uma confeitaria, apresenta outra versão da história. Sousa se disse membro da Guarda Negra e declarou que naquela tarde caminhava com alguns companheiros pela rua do Ouvidor e, ao darem vivas à monarquia, foram agredidos por estudantes e caixeiros, que contra eles dispararam tiros de revólver. Os conflitos começaram à tarde e se estenderam até o início da noite.[96]

O recrudescimento dos conflitos resultou na decisão da polícia da Corte de proibir que, nas ruas e praças, e em presença de autoridades, fossem dados vivas à república e morras à monarquia. O edital não falava em coibir os que se manifestassem em favor do Império, mas sinalizava para a repressão às atividades da Guarda Negra ao punir o uso de armas proibidas (cacetes e navalhas) e ajuntamentos em lugares públicos. Ainda assim, na noite de 21 de julho, três imperiais marinheiros, seguidos de uma "malta de capoeiras", passaram duas vezes pela rua do Ouvidor gritando "Viva a monarquia!". Segundo observadores, os capoeiras desfilavam armados e "berravam" contra a República. Tal como na Bahia, os jornais locais denunciaram que tudo aconteceu bem debaixo das barbas da polícia.[97] De alguma maneira, aqueles acontecimentos deram aos republicanos a indicação de sobre quais personagens a nova ordem deveria repressivamente se impor.

Desse momento em diante, Macaco Beleza passou a ser conhecido em todo o país como defensor da monarquia. Do ponto de vista da classe

Macaco Beleza e a rebeldia negra após a abolição

senhorial, nada mais assustador do que assistir ao crescente envolvimento da "gente de cor" e dos libertos nos embates políticos pela redefinição institucional do país. Escrevendo sobre os episódios de 15 de junho na Bahia, Rui Barbosa definiu Macaco Beleza como "sicário" e "o único paladino, cujo nome se declina, da monarquia contra a agitação republicana, encarnada na corporação acadêmica, tendo à frente o conselheiro Virgílio Damásio, ilustre luminar da faculdade".[98] Dizer que Macaco Beleza era o grande defensor da monarquia não deixava de ser uma crítica ao sistema de governo que se sustentava apenas sobre capadócios e desordeiros.

Foi da atuação de Macaco Beleza nos acontecimentos de 15 de junho como agitador das ruas que os memorialistas deixaram registros. Hildegardes Vianna o descreve em cima de caixotes, gradis e parapeitos, de onde "insuflava o gérmen da desordem, acendendo o ódio contra os republicanos mais destacados da cidade".[99]

João Varella, que o viu discursando nas ruas, registrou a observação sobre ele ser "muito alto, espadaúdo, cara e boca grandes, vestindo sempre paletó comprido, uma perna de calça arregaçada um pouco, ora de pés descalços, ora de chinelões. Falava alto. Voz cheia. Abundância de gestos". Comentou também que era admirado pela "petulância, pelo ardor com que defendia a sua orientação política". Em outro trecho Varella afirma que ele era apontado nas ruas e temido. Não era covarde. Sobre sua convicção monárquica, escreveu: "Não sei se favores recebeu do regime para lhe ser tão grato, e gratidão até o sacrifício!".[100]

Os acontecimentos de 15 de junho foram um divisor de águas na política baiana. O temor de que se vivesse em meio a uma guerra racial redefiniu posições políticas em relação tanto à monarquia quanto à República. Como diria em editorial o *Diario do Povo*: "Não somos ainda republicanos, como também não somos monarquistas".[101] Depois daquele dia, políticos ligados ao Partido Liberal começaram a abraçar as teses republicanas. Rui Barbosa e Manuel Vitorino passaram a falar abertamente na possibilidade de transição de um regime para outro como alternativa para a manutenção da ordem. E, como vimos, eles criticaram o próprio Partido Liberal baiano por se portar timidamente em relação aos episódios da desordem.

Dois dias depois do Quinze de Junho, um artigo de Rui Barbosa publicado em jornais do Sudeste, intitulado "Primeiro sangue", definia aquele dia como "começo de revolução", que acendeu a centelha contra os representantes do terceiro reinado. Até então Rui Barbosa defendia a federação como modo de sustentar a realeza constitucional.[102] Dali por diante sua crítica à monarquia se tornaria mais radical, porém a adesão ao republicanismo só viria dias antes da proclamação.

Na tentativa de erigir a versão do heroísmo dos republicanos históricos ante os "selvagens" da Guarda Negra, em junho de 1896 o vereador Deocleciano Ramos (o "seu Dió") ainda tentou tornar 15 de junho um feriado municipal. O projeto incluía também 17 de novembro, que celebrava a data da proclamação da República na Bahia (ocorrida dois dias depois da data oficial). Mas a iniciativa não prosperou na Câmara. As duas datas estavam ainda carregadas de sentimentos de ódio, ressentimento e vergonha para muitos que, para sobreviver no novo regime, buscaram apagar seu passado monarquista.[103]

Anos depois da instauração da República, historiadores e memorialistas incluiriam 15 de junho entre as datas malditas da história da Bahia. No final da década de 1920, Pedro Calmon ainda lamentava que as ruas da cidade tivessem sido palco de "cenas lamentáveis" entre partidários da monarquia e da república, os primeiros representados pelos crioulos (a Guarda Negra) contra os segundos, na maioria estudantes. Tanto para Amaral como para Calmon, os acontecimentos daquele dia tinham um componente racial perigoso que era preciso silenciar.[104]

É possível que as manifestações da Guarda Negra na Bahia e em outros lugares do país tenham servido para convencer muitos simpatizantes da República a desistir da propaganda e do convencimento e a apelar para a participação das Forças Armadas no processo de instauração do novo regime. A versão de que o Império se apoiava na Guarda Negra era a justificativa perfeita para quem viu no militarismo o caminho mais fácil para derrubar a monarquia e impor a ordem republicana.

5. A República chegando

> Quem visse os acontecimentos do dia 15 de junho tinha razões para acreditar que a população era hostil aos republicanos, que a monarquia contava com defensores capazes de algum esforço por ela e que se achavam aqui elementos suficientemente dedicados ao imperador e ao trono.[1]
>
> BRÁS DO AMARAL

CONTA-SE QUE JÁ A CAMINHO DO EXÍLIO, ao saber que na Bahia houvera reações a 15 de novembro, Pedro II teria dito: "A Bahia! Sempre a Bahia!".[2] Verdade ou não, a instauração da República na Bahia seguiu seus próprios caminhos, e isso tem a ver com as intensas manifestações populares que por três dias tomaram as ruas de Salvador logo depois que chegaram as primeiras notícias da conspiração civil-militar que depusera o imperador.[3]

A Bahia foi uma das últimas províncias do Império a aderir ao regime republicano. A explicação para essa demora se baseia na ideia de que a elite política local se manteve fiel à monarquia até o último instante, ou mais precisamente até o momento em que a família imperial seguiu para o exílio.[4] Mas essa explicação despreza o fato de que grande parte da hesitação e depois adesão em massa de liberais e conservadores ao novo regime se deu em meio a intensa movimentação popular que sacudiu Salvador por três dias. Para Eugene Ridings, a adesão de parte significativa de negros e mestiços à monarquia após 13 de maio teria levado os grupos dominantes a renunciar à resistência.[5]

Em 11 de novembro de 1889, Macaco Beleza estava preso no xadrez da estação policial da Cidade Baixa. O registro de prisão informava que fora detido por desordem a pedido do subdelegado da freguesia de Santana. Contava 23 anos e foi fichado como pardo, liberto, solteiro, trabalhando como entregador de jornais. Constava ainda que sua soltura ocorrera no dia 14 de novembro. Saiu, portanto, na véspera da proclamação da República e a tempo de participar dos acontecimentos que sacudiram a cidade entre os dias 15 e 18, quando a elite política baiana ficou dividida entre os fiéis à monarquia e os que aderiram ao golpe militar que a derrubou.[6]

O motivo da prisão estava correlacionado à sua atuação política. O manuscrito intitulado *O abolicionismo*, que se acha entre os documentos de Teodoro Sampaio, faz referência a esse momento decisivo de sua vida. O texto diz o seguinte:

> O advento da República e a expatriação de d. Pedro II e sua família de novo trouxeram o Macaco Beleza à praça pública. Firmara uma resolução desatendendo ao major Panfilo, a Carigé e outros abolicionistas. Ciente da efetuação de alguma passeata, de um folguedo popular qualquer, fazia-se comparecer para dar vivas à mãe dos cativos, à princesa redentora, d. Isabel. Dizia que o presidente da República deveria ser d. Pedro II. Descomedida tornou-se a atitude de Macaco Beleza. Em um distúrbio na Baixa dos Sapateiros, tão hostil foi o seu procedimento que alguns comerciantes fecharam suas portas.[7]

Segundo o autor do manuscrito, por vezes Macaco Beleza ajoelhava-se em meio à multidão e discursava contra os que haviam aderido ao novo regime, "vendo-se o governo do estado na contingência de deportá-lo por conveniente à ordem". O texto mistura vários tempos de sua vida, mas cabe salientar aqui o momento de ruptura com os antigos companheiros de abolicionismo e a participação nos movimentos que ocorreram na Baixa dos Sapateiros em 15 de novembro.

Hildegardes Vianna escreveu que naquela data a população saiu às ruas e se concentrou na praça do Palácio para comentar as notícias que chegavam do Rio de Janeiro. Estudantes e caixeiros se movimentavam,

A *República chegando*

e mais uma vez repetiu-se o fecha-fecha das casas comerciais. Era assim que o comércio reagia quando os ânimos das ruas ficavam ameaçadores. Para Vianna, as classes populares (chamadas por ela de "Zé Povinho") a princípio não levaram o caso a sério, uma vez que tinham "respeito e veneração" pela figura do imperador.[8]

Oficialmente, a notícia da proclamação só chegou em 16 de novembro, quando o presidente da província recebeu um telegrama do marechal Deodoro solicitando adesão ao governo provisório. Depois disso afluiu para o palácio do governo grande número de políticos dos partidos Conservador e Liberal. Almeida Couto e demais representantes ali reunidos declararam fidelidade à monarquia, à Constituição e ao Império. Firmou-se o entendimento de que o governo da província não reconhecia a República instaurada no Rio de Janeiro. Ao longo do dia, o presidente recebeu diversas manifestações de apoio, entre as quais as da Associação Comercial, de funcionários públicos, negociantes nacionais e estrangeiros.[9]

Na mesma ocasião, o marechal Hermes Ernesto da Fonseca, comandante das armas da Bahia e Sergipe, declarou-se fiel à legalidade e contrário ao movimento militar liderado por seu irmão Deodoro.[10] Segundo Maria de Lourdes Janotti, Hermes da Fonseca chegou a telegrafar ao imperador aconselhando-o a não renunciar e dirigir-se à Bahia, onde o Exército lá sediado resistiria. Entretanto, o telegrama foi interceptado, fracassando assim um primeiro esboço de reação ao golpe.[11] Naquele dia houve sessão extraordinária na Câmara Municipal de Salvador e, por unanimidade, os vereadores declararam fidelidade ao Império. No final da leitura da ata foram dados muitos vivas à monarquia. Num pronunciamento enviado aos jornais, os vereadores protestaram contra a ditadura militar e afirmaram completa adesão às instituições e à Constituição. Denunciaram também o governo provisório como ilegal, imposto pela força e pelo terror.[12]

No começo da noite de 16 de novembro, no forte de São Pedro, houve manifestação de apoio ao governo provisório instaurado na capital do Império. Os soldados e oficiais arrancaram dos quepes a coroa, símbolo da ordem imperial, e, tendo à frente o coronel Frederico Cristiano Buys, Virgílio Damásio, Deocleciano Ramos e outros republicanos, percorreram as ruas próximas ao quartel anunciando a proclamação. Estavam na solenidade os 160 sócios do Clube Republicano e muitos estudantes da Faculdade de Medicina.[13] Apesar da eloquência dos gestos de ruptura, aquelas manifestações não tiveram força para impor a nova ordem política na Bahia.

Brás do Amaral informou que alertou pessoalmente Virgílio Damásio para a possiblidade de um motim nos moldes do que ocorrera em 15 de junho. Mas este último desconsiderou essa possibilidade, seguro de que "eles [os monarquistas] nada mais [fariam], porque o imperador já embarcou".[14] Damásio errou nos cálculos, pois no mesmo dia populares contrários à República estavam agitando a cidade. Na Sé, muitos bondes foram apedrejados e as pensões de estudantes, chamadas de repúblicas, foram invadidas e depredadas. Segundo Francisco Borges de Barros o "povo" começou a dar morras à república e vivas à monarquia, havendo desacatos e assassinatos. Na ocasião, os "amotinadores" chegaram a percorrer as ruas à caça de Virgílio Damásio e outros republicanos.[15] Referindo-se à agitação daquele dia, Brás do Amaral escreveu que em meio à multidão destacava-se

> um degenerado alcoólico que tinha uma alcunha grotesca, suscetível de exacerbar o seu delírio por doses novas de tóxico e dotado nestes acessos de uma eloquência sanguinária e veemente; era ele quem reunia os desocupados das classes ínfimas da plebe e capitaneava os manifestantes antirrepublicanos desde o 15 de junho.[16]

Amaral negou-se a registrar o nome do tal "degenerado alcoólico". Mas tratava-se de Macaco Beleza. Não por acaso o termo "degenerado" entrava no relato do historiador como uma forma de definir racialmente o agitador das ruas. Ele partia da ideia-mito então difundida de que o mestiço, produto da mestiçagem, era por definição um "degradado". E no caso de Macaco Beleza havia o agravante do alcoolismo, também encarado como uma das dimensões da decadência da raça.

Há um trecho do relato de Brás do Amaral que revela as motivações do comportamento político das camadas populares, principalmente daqueles que viveram a experiência do cativeiro. Segundo ele, voltaram a circular

A *República chegando* 159

boatos de que a república revogaria a lei de 13 de maio, reescravizando os libertos e proibindo os negros de ocupar cargos e empregos públicos, como supostamente vinha acontecendo nos Estados Unidos.[17] Para ele, mais uma vez a Bahia mergulhava perigosamente no acirramento do conflito racial.

Hildegardes Vianna oferece mais detalhes sobre os ânimos das ruas naqueles dias. Segundo ela houve apedrejamento de casas comerciais, hotéis e repúblicas de estudantes. E cita uma testemunha ocular que vira na Cova da Onça, freguesia de Santana, uma turma de "mandingueirotes", ou seja, capoeiras, liderada por um sujeito apelidado João Bandinha, postar-se em frente à residência de Almeida Couto "dando vivas ao imperador e ao governador do estado".

Em seguida, o grupo marchou até o largo de Nazaré, certamente para hostilizar Manuel Vitorino, que ali morava e havia aderido ao movimento republicano. No local, o grupo de João Bandinha defrontou-se com outro grupo chefiado por um capoeira conhecido como Peru Depenado, que se posicionou em defesa da casa de Vitorino.[18] Segundo Vianna, Peru Depenado era um conhecido ladrão que morava na Cidade de Bananal, nas imediações da residência de Vitorino, e fazia ponto nos matagais próximos da Fonte das Pedras e da Fonte da Vovó, na freguesia de Santana.

> Peru Depenado, hábil na capoeira, estragou meia dúzia de adversários, mas, vendo a superioridade numérica dos asseclas de João Bandinha, prefere correr para a cidade de Bananal, onde sabia estar em segurança. O grupo de João Bandinha prosseguiu apedrejando várias fachadas até alcançar a residência de Manuel Vitorino, onde foi contido por um ganhador apelidado de Lulu Fartura.[19]

A resistência do grupo de Lulu Fartura conseguiu conter o ataque até a chegada de soldados da cavalaria. Vê-se que as maltas também se dividiam entre monarquistas e republicanos. E nem todos estavam alinhados à Guarda Negra na defesa do imperador.[20] Sobre a atuação do grupo liderado por Macaco Beleza, Vianna escreveu:

A plebe, açulada por Macaco Beleza e outros tipos reles, se levantou, atacando bondes, depredando "repúblicas" de estudantes, desacatando pessoas de conceito e apedrejando instituições como o Liceu de Artes e Ofícios. A ralé implantava a desordem na cidade. As chamadas "freguesias do Centro" serviram de teatro a correrias que os menos informados julgavam ser as habituais brigas entre caixeiros e estudantes. Os aproveitadores invadiam as tabernas para roubar. Desacatavam os estrangeiros julgados franceses, querendo estabelecer confusão e atirar a culpa para os republicanos. A cidade estava praticamente entregue à sanha dos malfeitores, pois que as autoridades policiais haviam abandonado seus postos.[21]

Brás do Amaral escreveu que na noite de 16 de novembro "a cidade dormiu entregue à perfeita acefalia da autoridade e possuída de sobressaltos, nas suas freguesias centrais".[22] Telegramas enviados aos jornais do Rio de Janeiro diziam que foi então, depois das oito horas, que grande número de monarquistas vindos do Campo Grande em direção ao centro deu vivas à monarquia, apedrejou estabelecimentos comerciais e casas de particulares, espancando e machucando. Ao chegar à praça do Palácio eles entraram em confronto com grupos republicanos, o que resultou em grande número de feridos e dois mortos. A cidade esteve alarmada durante toda a noite, e a agitação se estendeu ao dia seguinte.[23]

No início da tarde do dia 17, junto ao portão do forte de São Pedro, quartel do 16º Batalhão de Infantaria, Virgílio Damásio, em presença do coronel Buys e de oficiais e estudantes, pela segunda vez proclamou a República na Bahia. Em seguida, a banda de música do batalhão tocou *A Marselhesa*, os soldados brandiram as armas e seguiram todos até o Terreiro de Jesus, onde o coronel Buys, que estava encarregado de manter a ordem, anunciou a instauração do regime republicano. Segundo Brás do Amaral havia muita gente na rua para ver a passeata militar, mas sem delírio popular.[24] Seguindo o mesmo modelo do que acontecera no Rio de Janeiro, o novo regime nascia na Bahia tutelado pelos militares.

No mesmo dia, patrulhas do 16º Batalhão, armadas de carabinas, saíram às ruas e estacionaram nos locais considerados suspeitos. Brás do

A República chegando

Amaral proclamou triunfante: "Todos os que haviam se mostrado tão bravos e afoitos em 15 de junho, todos os magarefes, saveiristas e desordeiros dos distritos centrais ou suburbanos, sumiram como se a terra os tivesse engolido". A Baixa dos Sapateiros, que fora teatro dos fatos de 15 de junho e onde "tantas bravatas se tinham apregoado naquele dia", às nove da noite era um deserto onde apenas se avistavam três soldados armados de espingarda. E completou: "Agitadores e instrumentos dos motins, dos espancamentos de outrora, pareciam ter sido exilados com a monarquia".[25]

Notícias que chegavam do interior da província informavam que na noite de 16 para 17 de novembro ocorreram "distúrbios" em São Félix e em Cachoeira, resultando em diversas pessoas espancadas por grupos de valentes liderados por um tal Enéas Pamponet. Dias depois, em 21 de novembro, em meio às festas republicanas, um grupo de manifestantes monarquistas fechou a ponte Pedro ii, impedindo o trânsito de pessoas de Cachoeira para São Félix e vice-versa.[26]

Para Hildegardes Vianna, o homem do momento foi o coronel Frederico Cristiano Buys, que sufocou os motins, guarneceu os lugares considerados perigosos e prendeu os indivíduos tidos como desordeiros. A autora informa que no dia 18 houve ainda um princípio de arruaça provocado por Macaco Beleza, que, subindo num caixote, começou a discursar, razão pela qual teria sido preso e levado para o xadrez, onde já estavam muitos outros "malandros ardorosamente monarquistas". O mais provável é que tenha ido parar em algum quartel do Exército — talvez o forte de São Pedro —, e lá permanecido até dezembro, quando as autoridades decidiram deportá-lo.

O certo é que, em 18 de novembro, Virgílio Damásio tomou posse como governador do estado depois de longo impasse entre ele e Manuel Vitorino sobre quem assumiria o cargo. Damásio era das fileiras dos que historicamente haviam se declarado republicanos, enquanto Vitorino aderira ao novo regime depois de 15 de novembro. Em favor do novo governador, houve quem invocasse o episódio de 24 de maio de 1888, por ocasião da criação do Clube Republicano, quando Manuel Vitorino se pronunciou contrário à propaganda republicana por achá-la desnecessária e inoportuna.[27] Depois da posse houve desfile das tropas do forte de São Pedro até a praça do Palácio. Nesse mesmo dia, um telegrama da Câmara Municipal de Salvador voltou atrás do seu pronunciamento de 16 e reconheceu o regime instaurado no Rio de Janeiro.[28] Naquele momento selava-se de vez a adesão da Bahia ao regime republicano.

Foi a partir de 18 de novembro que antigos monarquistas começaram a aderir ao novo regime. Naquele dia houve reunião da direção do Partido Liberal na casa de Almeida Couto, com a presença de grande número de políticos que decidiram se converter ao republicanismo.[29] Declarações de chefes políticos do interior em apoio à nova ordem se estenderiam por todo o mês de dezembro.

Senhoras da situação, as autoridades começaram a festejar a República, mas evitaram as manifestações de rua. Em 19 de novembro, às dez da noite, houve celebração no Teatro São João com a presença do governador do estado, Virgílio Damásio, e ao som da *Marselhesa*. Nos vivas levantados pelo governador estavam saudações ao Exército, à Marinha e ao povo. Como aconteceu no Rio de Janeiro, buscava-se legitimar o novo regime pela suposta vontade consensual entre as Forças Armadas e o povo. Houve missa de ação de graças, no dia 22, na igreja do Bonfim, para celebrar o advento da República, que supostamente ocorrera sem derramamento de "uma gota de sangue".[30] Assim como no processo de abolição, buscava-se reafirmar a fábula de que os grandes impasses eram resolvidos pacificamente.

Virgílio Damásio teve um mandato-relâmpago, que durou apenas cinco dias. A brevidade no cargo foi expressão da tímida representatividade dos republicanos históricos no processo de estruturação do regime. Talvez fosse apenas um tributo à sua participação nos acontecimentos de 15 de junho, quando foi alçado à condição de mártir. Em 23 de novembro, por determinação do governo federal e pressão de Rui Barbosa, Manuel Vitorino Pereira foi nomeado governador da Bahia. Filho de imigrante português, médico e professor da Faculdade de Medicina, ele pertencia a uma geração mais nova do Partido Liberal, no qual havia ingressado em 1885, como secretário.[31] Foi nessa época que Manuel Vitorino e Macaco Beleza se conheceram.

A República chegando

A posse de Vitorino ocorreu na Câmara Municipal, e foi da sacada do edifício que ele fez seu primeiro discurso como governador. Com Macaco Beleza preso, ele podia discursar sem receios de ser interrompido por algum "Viva a monarquia!". Na ocasião, destacou que seu governo seria de moderação e patriotismo, e agradeceu à guarnição do Exército pelos serviços prestados à manutenção da ordem e à instituição "serena" do novo regime. Por fim, agradeceu ao coronel Buys, "a quem esta cidade deve a calma e a confiança dos primeiros dias da República".[32] Esse reconhecimento se baseava na atuação decisiva de Buys em fazer cessar os movimentos de rua e prender Macaco Beleza, assim como os principais integrantes da Guarda Negra.

A manutenção da ordem era a principal preocupação de Vitorino naquele momento. Em ato de 28 de novembro, criou a Guarda Cívica, uma força armada composta de trezentos integrantes e cuja função era exclusivamente policiar a capital do estado.[33] Submetida ao governador e ao chefe de polícia, parte dela era formada de cavalaria, e parte, de praças munidas de carabina, sabre e pistola. O nome já denunciava a intenção de criar uma força que fosse capaz de se contrapor à Guarda Negra. Alguns anos depois, alguém denunciou Vitorino por ter recomendado ao comandante da Guarda Cívica que não admitisse "preto", ainda que soubesse ler e escrever. Em 18 de dezembro, o efetivo da Guarda Cívica foi elevado a 350 praças. No dizer do historiador Rocha Pombo, a "odiosa milícia" se tornaria em poucos dias célebre por "excessos e valentias".[34]

Para reforçar o aparato já existente, em 3 de dezembro de 1889 foi determinada a reorganização do Corpo Policial do Estado, que passaria a se chamar Corpo Militar de Polícia e contaria com novecentos homens encarregados de cuidar do policiamento da capital e também do interior do estado.[35] Instruiu-se essa unidade a prender grupos de indivíduos armados (a despeito da finalidade do porte, se com fins sediciosos ou a título de proteção de fazendas e rebanhos), deter ladrões de animais e remetê-los para a capital a fim de serem forçados a trabalhar nas colônias do estado, cuja função era dar ocupação aos considerados vagabundos e ociosos.[36] Essas medidas visavam à imposição da ordem nas áreas rurais ainda conflagradas com o fim da escravidão. Eram uma forma de responder aos clamores da classe senhorial por maior apoio da força pública no controle da movimentação de parte dos libertos de 13 de maio, que se recusavam a trabalhar nas grandes propriedades e promoviam assentamentos nas terras dos engenhos sem o consentimento dos antigos senhores.[37]

Em 19 de novembro de 1889, o governador determinou que fossem eliminadas todas as fórmulas e emblemas monárquicos que aludissem ao regime deposto. Ordenou-se que as repartições públicas e as instituições religiosas, inclusive a Santa Casa de Misericórdia, retirassem todos os símbolos que lembrassem a realeza. Foi por essa época que os nomes de ruas e praças começaram a ser mudados para designações que remetessem à República.[38]

Os republicanos e os que aderiram ao novo regime foram rápidos em eliminar os sinais de estremecimento da ordem. Uma bandeira diferente tremulando nas embarcações estacionadas no cais chamou a atenção de E. F. Knight, comandante inglês do veleiro *Alerte*, ao desembarcar no porto de Salvador em janeiro de 1890. Meses antes, quando deixara a cidade em direção ao litoral africano, tremulava nas embarcações a bandeira do Império. Ainda no porto um "remador preto" lhe explicou com ar indiferente: "Ah, a República". Mais tarde, um certo Mr. Wilson explicou-lhe que uma revolução política expulsara o imperador do trono. Tudo indica que o comandante do *Alerte* voltou para o seu país com a falsa ideia de que nenhum conflito digno de nota ocorrera no Brasil durante sua ausência.[39]

Após a proclamação da República, a imagem de Macaco Beleza como símbolo da resistência monarquista se espalhou por todo o país. Em 1º de dezembro de 1889, *O Pharol*, jornal de Juiz de Fora, Minas Gerais, publicou um artigo assinado pelo escritor Raul Pompeia festejando o novo regime e o concomitante enfraquecimento das "perspectivas assustadoras" de resistência ao governo provisório. Ele procurava tranquilizar seus leitores afirmando ser mentirosa a notícia de que o imperador desembarcara na Bahia para dali marchar contra a capital do país, tendo no comando Macaco Beleza, "aquele extraordinário capanga, celebrizado nas arruaças da recepção do conde d'Eu, na terra dos devotos do Senhor do Bonfim".[40]

A Republica chegando

A partir do que viu em 15 de junho e em 15 de novembro, Brás do Amaral acreditava que, se o navio que seguia para a Europa levando o imperador e a princesa imperial tivesse aportado na Bahia, a República não teria vingado no Brasil. Para ele havia "elementos de resistência" que poderiam sustentar o trono se para isso fossem convocados.[41] A verdade é que dias depois de assumir o governo Manuel Vitorino deu ordem para a deportação de Macaco Beleza e outros indivíduos considerados desordeiros. Em 20 de dezembro de 1889, ele foi sigilosamente embarcado no navio *Pará* com destino ao Amazonas.

Degredado

Assim que os republicanos assumiram o poder, medidas repressivas foram adotadas para restabelecer a ordem e suprimir qualquer manifestação de resistência monarquista. No Rio de Janeiro, o chefe de polícia João Batista de Sampaio Ferraz começou uma grande operação policial para prender e deportar capoeiras, vadios, desordeiros e opositores à república. Os chamados capoeiras ocupavam a primeira lista de indivíduos visados pelas autoridades policiais. Afinal, muitos deles eram apontados como integrantes da Guarda Negra ou ligados a políticos influentes no regime anterior.

Ao longo do mês de janeiro de 1890, as autoridades encarregadas da repressão policial no Rio de Janeiro começaram a mandar para a ilha-presídio de Fernando de Noronha as primeiras levas de capoeiras. Em vários estados do Brasil desencadearam-se operações semelhantes. Sem base legal, sem culpa formada e sem processo judicial, o degredo sumário era uma medida de força do governo provisório. Como observa Marco Pamplona, a prática de deportar sem qualquer processo legal foi largamente utilizada durante o Império e se intensificou na República.[42]

Também na Bahia, como vimos, a prisão e a deportação de desordeiros e opositores ao novo regime tiveram início logo após a proclamação da República. Foi o momento de desmontar a Guarda Negra e acertar contas com os que participaram dos movimentos de 15 de junho e 15 de novembro. A decisão de deportar Macaco Beleza foi para Manuel Vitorino algo mais que zelo de impor a ordem. Foi também uma questão pessoal. Como professor da Faculdade de Medicina, apedrejada por defensores da monarquia durante os distúrbios de 15 de junho, ele fora um dos sitiados pela multidão que se aglomerou em frente ao edifício. Lembremos que para sair do cerco Vitorino marchou à frente de uma passeata que rumou até o palácio do governo para pedir a repressão dos manifestantes. No percurso, a passeata foi cercada por populares que agressivamente a incitavam a dar vivas à monarquia.

Em 22 de dezembro de 1889, o *Jornal do Recife* noticiou a passagem do vapor *Pará* pelo porto da cidade com destino ao Norte, e só então foi possível saber que a ordem de deportação de Macaco Beleza havia sido executada. O governo tentou esconder a operação alterando o nome de Manoel Benício para Joaquim Veríssimo Passos. Entre os degredados estavam também Joaquim Manuel de Santana ("desertor", vulgarmente conhecido como Joaquim Farol) e Marcelino José da Costa, que tiveram seus nomes alterados para Joaquim Mário de Santana e Marcolino José da Costa.[43] Considerando que de Salvador para o Recife a viagem durava cerca de dois dias, supõe-se que eles foram embarcados no dia 20.

A razão da escolha do Amazonas como local de desterro para Macaco Beleza e demais desordeiros continua um mistério. Talvez a intenção fosse mandá-los para bem longe, de onde se tornasse quase impossível retornar. O trajeto de Salvador a Manaus durou cerca de treze dias, em condições muito insalubres, no porão.[44] Foi uma viagem de bate e volta: o chefe de polícia do Amazonas recusou-se a receber os deportados, e é provável que eles nem tenham sido autorizados a sair do navio. Fato é que, um mês depois, regressavam todos à Bahia no mesmo navio *Pará*. Na viagem de volta, a embarcação passou pelo porto da capital pernambucana em 19 de janeiro de 1890. Na lista de passageiros publicada nos jornais veem-se os nomes de Joaquim Manuel Santana, Marcelino José da Costa e do suposto Manuel Veríssimo dos Passos. No mesmo vapor seguiam 44 praças do Exército e três voluntários da Marinha.[45]

A *República chegando*

Três anos depois daqueles episódios, o jornal *O Tempo*, que circulava no Rio de Janeiro, fez menção a um indivíduo que se dizia chamar Manuel Juvêncio Ornelas, cor parda, membro de uma quadrilha de ladrões atuantes nas ruas de Salvador. Em depoimento à polícia ele se dizia companheiro de viagem de Macaco Beleza quando este foi mandado para o Amazonas. O suposto Ornelas contou que fugiu do navio e voltou para a Bahia por terra.[46]

Na lista de nomes embarcados para o Amazonas não consta nenhum Ornelas nem foi noticiado qualquer caso de fuga de presos. A história pode ter sido criada a partir de relatos sobre as façanhas de Macaco Beleza colhidas pelo depoente nas diversas prisões que frequentou. Ao dizer que seu nome era Manuel Juvêncio Ornelas, ele teria desejado conferir veracidade ao relato aproximando seu nome do de Manuel Possidônio Ornelas, este sim companheiro de viagem de Macaco Beleza quando mandado para Fernando de Noronha.

O *Livro de entrada de passageiros* confirma que, em 22 de janeiro, desembarcaram em Salvador 33 passageiros do vapor *Pará* procedentes de várias províncias do Norte, dentre os quais os três que haviam sido deportados (Manuel Veríssimo dos Passos, Joaquim Manuel de Santana e Marcelino José da Costa). Apenas Macaco Beleza teve o nome trocado no desembarque. Um dia depois, o *Jornal de Noticias* informou que a ordem para devolver Macaco Beleza à Bahia fora do chefe de polícia do Amazonas, o que mostra que o sigilo da operação para deportá-lo terminou vazando para o noticiário local.[47]

Dar um destino a Macaco Beleza continuou um problema não resolvido até o momento em que a Bahia aderiu ao plano do governo federal de mandar os capoeiras para Fernando de Noronha. Foi assim que, em ofício "reservado", datado de 13 de fevereiro de 1890, Manuel Vitorino comunicou ao governador de Pernambuco que, por determinação do Ministério da Justiça, enviaria para o presídio da ilha dezoito indivíduos. O governo baiano solicitou providências para darem àqueles homens "conveniente destino" assim que chegassem ao Recife.[48]

Na lista anexa ao ofício do governador constava o nome de Manuel Veríssimo dos Passos, alteração proposital de Manoel Benício dos Passos, sem menção ao apelido de Macaco Beleza. O Veríssimo parecia estar ali para confirmar uma inverdade. Na lista figuravam ainda José Justino Alves Corte Imperial, Julião Marques da Luz, Luís Machado, Pedro José de Santana, Arsênio José de Santana, Emídio Rodrigues do Couto, João Evangelista da Silva, Joaquim Teixeira da Rocha, Marcos Borges da Silva, Carlos Alberto de Faria, Marcelino José da Silva, Luís Manuel de Jesus Viana, Tomás José da Rocha, Manuel Possidônio Ornelas, Augusto Félix Fernandes, Joaquim José Capela e José Pedro Canguçu.

Muitos desses indivíduos eram conhecidos da polícia baiana, e alguns haviam participado dos acontecimentos dos dias 15 de junho e 15 de novembro de 1889. Para alguns deles foi possível colher informações. Pedro José de Santana, 28 anos, solteiro, pedreiro, cor cabra, era de Santo Amaro, mas vivia nas ruas de Salvador; em 22 de agosto de 1889, foi preso por ter ferido um indivíduo na freguesia da Rua do Paço. Emídio Rodrigues do Couto, 24 anos, solteiro, ganhador, livre, foi preso em 28 de novembro de 1889 por desordem, na freguesia da Conceição da Praia.[49]

Marcelino José da Silva certamente é o mesmo que aparece como companheiro de viagem de Macaco Beleza na malograda deportação para o Amazonas. Era crioulo, tinha tenda de sapateiro na Sé e foi citado por Manuel Querino como abolicionista e orador popular; como já mencionado, era apelidado de Bom Senhor e aparece nas memórias de João Varella como diretor de um terno de Reis chamado Cardeal. Seu nome figura na carta anônima que denunciou os integrantes da Guarda Negra responsáveis pelos episódios de 15 de junho.[50]

Luís Manuel de Jesus Viana foi denunciado pelo promotor público por ter, no dia 26 de fevereiro de 1886, na rua Conselheiro Dantas, agredido com cacete um outro indivíduo. No interrogatório, afirmou que tinha 41 anos, era solteiro, morava na freguesia da Sé desde o nascimento e era "entregador de gazetas". Pelo auto de qualificação, confirma-se que era mesmo natural de Salvador, filho da "crioula Maria das Dores", analfabeto, e trabalhava no *Jornal de Noticias* como postilhão.[51]

A *República chegando*

Joaquim Teixeira da Rocha, apelidado Joaquim Boa Perna, foi denunciado pela promotoria pública da cidade de Amargosa em 6 de novembro de 1888. Ele e mais outros três indivíduos foram acusados de se passarem por funcionários da Câmara Municipal para extorquir os proprietários de terrenos próximos às estradas. Com tal artifício conseguiram arrancar dos lavradores dinheiro e animais, a pretexto de cobrança de multas por desrespeito à postura municipal que os obrigava a manter limpa a frente de suas propriedades.[52] Joaquim Boa Perna aparece em outro episódio ocorrido na mesma vila de Amargosa, nos festejos de Santo Antônio, em 12 de junho de 1889, quando, junto com outros "desordeiros", agrediu os músicos de uma filarmônica. Uma das testemunhas informou que ele fazia parte do chamado Cordão, grupo de homens armados acusados de cometer toda sorte de arbitrariedades, inclusive obrigar lavradores a entregar-lhes os gêneros que traziam para comercializar nas feiras.[53]

José Justino Alves Corte Imperial, o Mão de Grelha, atuava nas ruas do Comércio desde meados da década de 1870 e era velho conhecido da polícia de Salvador. Em seu longo histórico de ocorrências policiais consta, por exemplo, uma prisão por "desordem" em 31 de agosto de 1878 na freguesia da Conceição da Praia. Na ocasião ele estava acompanhado de uma mulher de cor parda chamada Maria Inácia do Desterro. Um subdelegado chegou a considerá-lo um dos mais sagazes ladrões que infestavam o Comércio, e requisitou do governo providências para que ele não mais voltasse àquela região.[54] A *Gazeta da Bahia* noticiou que o subdelegado do distrito da Sé, em 19 de fevereiro de 1880, obrigou Justino Alves a assinar um termo de bem-viver, que era o compromisso de ter ocupação regular e não provocar desordem.[55] A poucos meses da proclamação da República, em 20 de outubro de 1889, ele foi novamente preso por desordem na freguesia da Rua do Paço; o escrivão anotou que tinha 26 anos e era carapina, solteiro, pardo, livre.[56]

Intrigante foi a presença na lista dos deportados baianos de Julião Marques da Luz, conhecido capoeira nas ruas do Rio de Janeiro. Provavelmente ele foi preso na Bahia depois de fugir da Corte. O escrivão da Casa de Detenção do Recife o identificou como pardo, casado, 43 anos, pedreiro, sabia ler e escrever. Anos depois, em 1898, temos nova notícia dele, agora preso por espancar e ferir um homem na praia de Copacabana, no Rio de Janeiro.[57]

Sobre Pedro José de Santana temos apenas o registro de entrada na Casa de Detenção do Recife, em 13 de fevereiro de 1893, quando, com Julião Marques da Luz, foi mandado de volta para a Bahia. Ele tinha 29 anos, era solteiro, preto e com profissão de empalhador.[58] É provável que fosse o mesmo Pedro denunciado por uma carta anônima como integrante da Guarda Negra e que participou dos acontecimentos de 15 de junho.

Há evidências de que o governo baiano deportou mais alguns indivíduos ao longo de 1890. Nos pedidos de liberdade que chegaram às mãos do governador no ano seguinte constam petições de Joaquim Gonçalves dos Santos, Eduardo José Oliveira, Vicente Jeremias Rocha Nogueira e Manuel Ferreira, que não estavam incluídos na primeira turma que seguiu com Macaco Beleza.[59]

Não foi encontrado nenhum registro da data de embarque de Macaco Beleza em Salvador. Isso deve ter acontecido logo após a correspondência "reservada" entre Manuel Vitorino e o governador de Pernambuco, em 13 de fevereiro de 1890. É plausível que tenha embarcado em algum navio das companhias que faziam o transporte de passageiros entre o porto do Rio de Janeiro e as cidades costeiras do Norte do país.[60] O mais provável é que tenha mais uma vez viajado no vapor *Pará*, que saiu do Rio de Janeiro em 10 de fevereiro e passou por Salvador na mesma semana do dia 13.

João Varella deve ter se confundido ao informar que Macaco Beleza seguiu para o Recife no *Purus*, vapor que pertencia à esquadra da Marinha do Brasil. No entanto, ele revela um detalhe importante: na ocasião do embarque, Macaco Beleza foi transportado do porto para o vapor em uma lancha da polícia chamada *Bendegó*, supostamente para não ser visto pelos saveiristas, que em geral faziam o transporte de passageiros para os navios. A intenção era evitar que a notícia de sua deportação provocasse alguma manifestação contrária por parte dos coligados que tinha na área portuária. Além disso, mantinha-se a fachada de que a transição para a República havia sido pacífica e ordeira.[61]

O vapor *Purus* da Marinha do Brasil, um dos utilizados no transporte de capoeiras para a prisão em Fernando de Noronha.

Ainda segundo Varella, entre os deportados que seguiram para Fernando de Noronha com Macaco Beleza estavam Zé Molambo e Júlio Bugan. Mas dos nomes relacionados pelo governador não há como afirmar quais deles carregavam esses apelidos. Sobre Zé Molambo, Varella informou que era um conhecido tipo de rua, filho de uma senhora que vendia rolete de cana nas ruas da cidade.[62] A informação sobre Júlio Bugan talvez esteja equivocada, pois em 23 de julho de 1890 ele aparece em uma notícia de jornal como preso por desordens na rua do Paço.[63] Nessa ocasião o governo provisório ainda não havia relaxado a prisão de nenhum deportado para Fernando de Noronha. Possivelmente Bugan foi mandado para alguma prisão local, ficando muitos meses fora de circulação, o que deve ter dado a impressão de que também fora degredado.

O *Pará* alcançou o porto do Recife em 17 de fevereiro, e talvez naquele mesmo dia os proscritos da Bahia tenham sido transferidos para a canhoneira da Marinha ironicamente chamada *Liberdade*. Foi essa embarcação que levou Macaco Beleza e os demais deportados para Fernando de Noronha. A canhoneira tinha 38 metros de comprimento e era tripulada por 69 militares, dos quais doze eram oficiais, 45 marinheiros e os demais, foguistas, enfermeiros, maquinistas e escrevente. As operações da embarcação na costa do Nordeste no início de 1890 encorajaram o governador de Pernambuco a solicitar ao comandante que a embarcação ficasse à disposição do governo para pôr em prática seu plano de retirar das ruas do Recife o maior número possível de "desordeiros e anarquistas".[64] Aproveitando a oportunidade, o chefe de polícia local fez embarcar como deportado um capoeira chamado Luís Francisco de Oliveira, conhecido nas ruas do Recife pelo apelido de Lula Patola.[65]

A travessia do Recife para Fernando de Noronha durava cerca de dois dias. O que se sabe sobre as condições de transporte de presos — fosse em navios da Marinha, fosse em embarcações de carreira — dá conta de uma viagem sujeita a muitas privações. O relato de Gregório Bezerra, preso político que 49 anos depois, em 1939, fez esse percurso a bordo do vapor *Rodrigues Alves*, pode nos servir de base para imaginar as condições vivenciadas por Macaco Beleza. Pelo que disse Bezerra, por medo de motim, o comandante do navio os obrigou a viajar o tempo todo no porão, privados da luz do sol, com pouca ventilação, água e alimentação escassas, e a sujeira que ia se acumulando a cada dia. Ele e mais outros detidos se amotinaram para obrigar o comandante a transportá-los no convés.[66]

No caso da canhoneira *Liberdade,* dadas as péssimas condições de navegabilidade da embarcação — denunciadas dias depois por um jornal —, estavam em risco não apenas a vida dos presos mas também a dos oficiais e da marinhagem. Esse perigo aumentava no inverno, quando o mar ficava mais agitado e se tornava crítico em trajetos longos. As carvoeiras dos vapores não comportavam combustível suficiente para mais de três dias de viagem, o que obrigava a embarcação a navegar próximo à costa. As condições de transporte dos presos eram insuportáveis, considerando-se que dos porões onde estavam instalados exalava forte odor.[67]

A República chegando

A canhoneira *Liberdade*, que levou Manoel Benício para a
ilha-presídio de Fernando de Noronha, em fotografia de 1880.

Não obstante o risco, não apenas os detentos mas também os marinheiros eram punidos caso incorressem em alguma falta durante a viagem. Segundo o diário de bordo da *Liberdade* para o ano de 1891, em 9 de agosto, quando estava fundeada na baía de Guanabara, o capitão registrou que havia cinco marinheiros presos, todos amarrados em "ferros", dois deles na "solitária". Em 11 de agosto, foi amarrado na "golilha" o marinheiro Jesuíno de Lima".[68] Golilha era uma argola de ferro fixada em um poste ou pelourinho, muito usada para punir escravos e que ainda era utilizada pela Marinha do Brasil para castigar marujos insubordinados.[69]

Somada à malograda viagem ao Amazonas, havia quase dois meses que Macaco Beleza estava metido em porões fétidos de navios. Mesma sina de sua avó, Antônia, que fizera a travessia da África para o Brasil em condições semelhantes. Para alguém que viveu a experiência da escravidão e militou no abolicionismo, era difícil escapar da percepção de que o passado se repetia no presente, outrora desejado como reino da liberdade.

A despeito da tentativa do governo de manter a deportação em sigilo, cerca de uma semana depois do embarque em Salvador, em pleno Carnaval, Macaco Beleza foi tema de um clube carnavalesco chamado Os Críticos Independentes. O bloco, que se dedicava à crítica política, desfilou pelo centro da cidade de Salvador com um carro alegórico que abertamente encarnava a deportação e a proclamação da República. Na lateral do carro estava escrito em letras grandes: "Macaco Beleza. Afinal conseguiram deportá-lo para Fernando de Noronha!".[70]

O "afinal" que aparece na frase deixa evidente que os integrantes do clube carnavalesco aprovavam a decisão do governador Manuel Vitorino de deportar o tal "desordeiro". Expressa ainda o sentimento de alívio em mandar para bem longe o negro rebelde, protagonista dos protestos que haviam convulsionado as ruas da cidade em defesa da monarquia em junho e novembro de 1889. A gente "respeitosa" que desfilava no bloco estava politicamente alinhada à nova ordem republicana.[71] Ainda assim, a divulgação da deportação em pleno Carnaval não deve ter agradado as autoridades constituídas.

Os Críticos Independentes foram ainda mais longe, caricaturando em outro carro alegórico o momento em que a República fora proclamada na Bahia. Na cena retratada, um grupo de mascarados representando autoridades militares e civis, entre as quais o chefe de polícia em exercício, aparecia hasteando uma bandeira improvisada com cores semelhantes às da norte-americana.

No momento em que o carro passava em frente ao forte de São Pedro, local onde se dera o caricaturado acontecimento, apareceram o chefe de polícia, o delegado e muitos praças da polícia, alguns da cavalaria cívica, exigindo que o folião fantasiado de chefe de polícia retirasse a máscara sob pena de ser levado preso. O homem se recusou a atender à ordem das autoridades e foi detido por desacato. Os foliões do bloco acompanharam-

A República chegando

-no até o quartel e só voltaram a desfilar depois que o governador mandou soltá-lo.[72]

Em 13 de março de 1890, na coluna Musa Folgazã apareceu uma referência a Macaco Beleza, mas sem citar a deportação. A lembrança vinha a propósito da falta de brilho de um vereador ao discursar. Na ocasião, o articulista se lembrou de compará-lo ao já célebre orador de rua:

> Quem diria? Ninguém.
> Nem o Carlos da Mota pensaria
> Que existiria na Bahia
> Quem pudesse ofuscar,
> Do seu talento, excelsa grandeza...
> Nem Macaco Beleza,
> A fazer conferência monarquista,
> Julgara que o seu gênio ofuscaria
> Um simples camarista![73]

Apenas em abril os jornais baianos se pronunciaram sobre Macaco Beleza. Foi uma denúncia tímida e que só veio à tona dada a desconfiança de que o governador Manuel Vitorino ameaçava deportar opositores e críticos de alto coturno. Nas censuras ao governo provisório pelas restrições às liberdades individuais e à imprensa, o *Pequeno Jornal* citou os desterros de Macaco Beleza e do "desassisado" José Molambo.[74] Em artigo de 21 de abril de 1890, o mesmo periódico voltou à crítica pelos desterros e citou a circular do Ministério da Justiça chamando a atenção dos governadores para o "inqualificável abuso" de exilar sem o menor escrúpulo indivíduos das mais diversas classes. Na circular, o ministro alertava para as avultadas transferências, para o Rio de Janeiro, de indivíduos classificados como gatunos, capoeiras ou suspeitos de crime.[75]

6. Fernando de Noronha:
Um sumiço para Macaco Beleza

Fernando de Noronha!
Eis tudo,
Basta pronunciar este nome maldito...[1]

AMORIM NETO

NO FINAL DA TARDE de 22 de fevereiro de 1890, salvas de tiros disparados da fortaleza dos Remédios anunciaram a chegada de mais uma embarcação. Era a canhoneira *Liberdade* que se aproximava da ilha de Fernando de Noronha levando a bordo dezenove "presos capoeiras", entre os quais Macaco Beleza. Ao longo de todo o mês, aquele navio da Marinha do Brasil fizera várias viagens entre Recife e Fernando de Noronha conduzindo deportados.[2] Normalmente o atracamento se dava no porto da Vila dos Remédios, mas, pela força do vento que soprava do sul naquela parte do ano, o desembarque foi realizado no porto auxiliar de Santo Antônio.[3] Depois de pisar em terra, o grupo de desterrados foi obrigado a caminhar cerca de um quilômetro e meio por uma estrada de chão até as instalações do presídio.

Como de praxe, os presos recém-chegados eram levados para um grande alojamento chamado Aldeia, e lá permaneciam confinados por alguns dias até serem incorporados à rotina do presídio. Ali ficavam os dormitórios dos detentos que não tinham família ou casas na ilha. Além do alojamento comum havia as celas solitárias destinadas aos que cometiam alguma indisciplina. Trancafiado com outros deportados, Macaco Beleza decerto se deu conta de que estava diante da realidade e não mais da mística de Fernando de Noronha, uma das prisões mais temidas do Brasil.

Na Aldeia acontecia o "batismo" dos presos novatos. Era lá que tinham os cabelos cortados, recebiam roupas novas e tomavam conhecimento das obrigações definidas pelo *Regulamento*, vigente desde 1885. A cada detento era dado um número de identificação e se registrava no livro de matrícula, em que constava nome, apelido, cor, idade, procedência e descrição de traços físicos. Foi com o nome alterado para Manuel Veríssimo dos Passos, acompanhado do apelido Macaco Beleza, que ele foi registrado nos documentos oficiais do presídio. Naqueles papéis lhe foi também atribuído o termo "capoeira", que identificava todos os detentos mandados pelo governo provisório.

Por ordem do médico do presídio, em 28 de fevereiro Macaco Beleza e alguns outros companheiros de viagem foram obrigados a permanecer mais dias na Aldeia. Essa determinação geralmente era prescrita para aqueles que sofriam de alguma doença contraída nos porões dos navios. Ficaram aldeados também por motivo de doença José Justino Alves Corte Imperial, o Mão de Grelha; Luís Francisco de Oliveira, o Lula Patola; Emídio Rodrigues do Couto; José Joaquim Capela; e Joaquim Francisco da Rocha, o Joaquim Boa Perna.[4]

O arquipélago de Fernando de Noronha é formado por 21 ilhas, ilhotas e rochedos. A ilha maior, onde estava localizado o presídio, ocupava uma área de dezessete quilômetros quadrados. Nela havia um centro urbano chamado Vila dos Remédios, formado por habitações de moradores locais, edifícios do presídio, alojamentos e casas dos detentos. A mais de 360 quilômetros da costa, eram mínimas as chances de fuga. Como disse um deportado: "Aqui os que não estão presos pela lei estão pelo mar".[5] Já o moleque Ricardo, personagem de José Lins do Rego, que para ali foi deportado, refletia: "O mar de Fernando cercava os presos por todos os lados".[6] Depois que as autoridades republicanas decidiram mandar para lá capoeiras e desordeiros, aumentou a fama da ilha como lugar maldito.

Vista da Vila dos Remédios e de alguns prédios
do presídio de Fernando de Noronha, em 1938.

Desde as primeiras expedições de reconhecimento territorial da colônia, entre 1501 e 1503, os navegadores portugueses tomaram conhecimento da existência do arquipélago. Em 1504, a ilha inicialmente batizada de São João foi doada pela Coroa ao donatário Fernão de Loronha. Com o tempo, o nome do donatário foi se abrasileirando até se transformar em Fernando de Noronha, corruptela que passou a nomear o local. A ilha ficou sob domínio dos Loronha até 1737, quando a Coroa decidiu anexá-la à capitania de Pernambuco. No início da segunda metade do século XVIII, o arquipélago passou a ser utilizado como prisão.[7]

Em meados do século XIX, a antiga prisão colonial começou a ostentar o pomposo nome de Presídio Colônia Agrícola de Fernando de Noronha. Para lá eram enviados civis e militares sentenciados a penas de mais de

Fernando de Noronha: Um sumiço para Macaco Beleza

seis anos, a galés perpétuas e ao degredo. As galés perpétuas punham os condenados à disposição do governo para serem empregados em trabalhos públicos e portando argolas e correntes nos pés. Muitos dos destinados a elas eram cativos e cativas condenados por crimes cometidos no tempo da escravidão.[8]

Sob a alçada do governo central, o presídio recebia sentenciados de várias províncias do Império, destacando-se os procedentes de São Paulo, Pernambuco, Rio de Janeiro, Minas Gerais e Bahia. Por seu caráter insular, era bastante requisitado pelos presidentes de província para abrigar os condenados a penas mais longas e considerados perigosos. Por isso mesmo, Fernando de Noronha concentrava uma das maiores populações carcerárias do país. Em maio de 1890, o *Jornal do Commercio* publicou uma reportagem contabilizando a população do presídio.[9] Com base nesses dados montamos a Tabela 2:

TABELA 2. População do presídio de Fernando de Noronha, março de 1890

POPULAÇÃO / CATEGORIA	NÚMEROS
Empregados civis e famílias	46
Militares e famílias	120
Sentenciados (destes, 29 eram mulheres)	1270
Deportados (RJ, BA e PE)	87
Mulheres de sentenciados	157
Filhos de sentenciados	366
TOTAL	2046

Suprimindo a população não carcerária, chamada de "paisana", vê-se que o número de sentenciados e deportados chegava a 1357 indivíduos. Outra contagem, feita em agosto de 1890, indicou que a população geral da ilha saltou para 2088 habitantes; destes, 1399 eram sentenciados civis, militares e deportados. Depois da proclamação da República, os proscritos capoeiras formariam uma nova categoria de presos.[10]

Contudo, o ingresso crescente dos capoeiras entre 1890 e 1891 não alterou muito o número total da população carcerária. Isso porque, ao longo daqueles anos, o governo federal vinha intensificando a concessão de indultos para ex-escravos que cumpriam penas por crimes cometidos no tempo da escravidão. Ao longo de 1891, cerca de 445 presos, incluindo sentenciados e deportados, saíram de Fernando de Noronha. Por isso, no final daquele ano, a população carcerária caiu para 885 detentos; destes, 79 eram degredados remanescentes da repressão que se seguiu à proclamação da República.[11]

O presídio admitia homens e mulheres, mas o número de sentenciadas sempre foi menor em relação ao de sentenciados. Dos 1270 do começo de 1890, apenas 29 eram mulheres. Para se ter uma ideia, dos 780 presos que deixaram a penitenciária entre 1890 e 1892, identificam-se apenas dez mulheres. Três delas, Benedita, Úrsula e Romana, eram ex-escravas. Duas, Maria Francisca da Conceição e Cândida Maria do Espírito Santo, trabalhavam na enfermaria.[12]

A população feminina de Fernando de Noronha incluía também as chamadas "raparigas", mulheres solteiras, muitas delas prostitutas, que recebiam permissão do governo para residir ou passar uma temporada na ilha. A autorização, aliás, foi considerada altamente recomendável por Antônio Herculano de Sousa Bandeira Filho, que, a serviço do governo imperial, escreveu circunstanciado relatório sobre as condições de vida no presídio no final da década de 1870. Ele acreditava que a entrada de raparigas poderia conter o que chamava de "prática da sodomia".[13]

Durante o tempo que Macaco Beleza passou em Fernando de Noronha grande parte da população carcerária era composta de ex-escravos e ex-escravas que haviam cometido crimes antes da abolição. Segundo Peter Beattie, em 1881 existiam 264 escravos cumprindo sentença no presídio. Esse número deve ter aumentado no decorrer daquela década pela intensificação das tensões nos últimos anos antes da abolição.[14] A maioria dos ex-cativos era condenada a penas previstas na lei de 10 de junho de 1835, que determinava galé perpétua para os que atentassem contra a vida dos seus senhores, familiares e feitores. A lei entrou em vigor logo depois da Revolta dos Malês, quando as autoridades brasileiras buscaram prevenir outras rebeliões e reforçar as garantias da propriedade escrava.

Fernando de Noronha: Um sumiço para Macaco Beleza

O mergulho nas histórias daqueles homens e mulheres permite perceber as muitas camadas da resistência escrava ao longo da segunda metade do século XIX. Havia em Fernando de Noronha ex-escravos de diversos estados do Brasil: Pernambuco, Bahia, Ceará, Paraíba, Minas Gerais, Santa Catarina, Rio Grande do Sul e São Paulo. Muitos chegaram ao presídio no contexto do crescimento das tensões entre senhores e escravos nas décadas de 1860 e 1870. Sabemos que os sentenciados procedentes de São Paulo representavam maior número depois de 1871, quando os chefes de polícia daquela província decidiram retirar da vista pública os condenados a galés perpétuas. Temiam que sua exposição nos serviços públicos insuflasse o comportamento rebelde entre a população escrava em geral.[15]

A despeito da abolição, dentro do presídio a identidade dos ex-escravos ainda era definida pelo fato de terem pertencido a alguém como cativos, informação que sempre acompanhava seus nomes na documentação. Por exemplo, quando faleceu Benedito Bicudo, o escrivão registrou logo em seguida: "ex-escravo de José Ricardo de Cerqueira". Mesmo nos registros de atividades cotidianas o procedimento era o mesmo: Pedro, "ex-escravo do major Cândido Ribeiro Barbosa", ou Adão, "ex-escravo de Joaquim de Barros".[16] O nome do antigo senhorio era como uma marca da escravidão que os encarcerados eram obrigados a carregar enquanto ali estivessem.

Muitos presos residiam em casas próprias na companhia de mulher e filhos. Por exemplo, Vicência Maria do Espírito Santo acompanhava o marido, Francisco Meneses e Silva. Em novembro de 1889, ela escreveu ao presidente da província de Pernambuco solicitando passagens para Fernando de Noronha, onde o marido já cumpria pena.[17] Em janeiro de 1890, o ministro da Justiça ordenou que Luísa Oltivil e seu filho menor fossem embarcados para acompanhar o marido sentenciado. Desde o início do século XIX o governo de Pernambuco vinha permitindo que os detentos convivessem com suas famílias. Contudo, por ser alto o custo de transporte, poucos tiveram a chance de fazer isso.[18]

No ano em que Macaco Beleza desembarcou na ilha, havia 212 imóveis pertencentes ao presídio. Eram chamados de "prédios nacionais", porque incluíam atividades administrativas, fortificações, oficinas, almoxarifado, enfermagem, residências do diretor, funcionários, militares responsáveis pela vigilância e alojamentos dos presos. Eram contadas como domínio do presídio 96 casas construídas de taipa e cobertas de zinco ou palha que abrigavam os presos acompanhados da família. O marinheiro Gastão Penalva, que anos depois prestou serviços na ilha, informou que essas habitações eram chamadas mocambos, certamente por serem muito pobres, e a maioria habitada por pessoas negras.[19] Além das instalações do presídio, havia mais 562 casas pertencentes à população civil livre que ali vivia, os chamados "paisanos". Destas, apenas 56 eram de pedra e cal, o que indica que a maioria da população de paisanos era bastante pobre. Incluindo as "nacionais" e as de particulares, havia 774 casas em Fernando de Noronha.[20]

A maioria das habitações estava concentrada em duas praças contíguas que formavam o centro da Vila dos Remédios. Na primeira praça ficavam: as repartições da direção, a casa do diretor, residências de funcionários e de militares da guarnição, almoxarifado, enfermarias, oficinas de trabalho e alojamento dos presos. Na segunda destacava-se a igreja de Nossa Senhora dos Remédios, a padroeira dos sentenciados. A igreja fora edificada em meados do século XVIII e vinha passando por reformas na época em que Macaco Beleza ali desembarcou.[21]

O ano de 1890 foi de muitas obras de restauração e de construções novas. Dias antes da chegada de Macaco Beleza, o diretor do presídio, major Justino da Silveira, havia lançado a pedra inaugural da construção do hospital da Conceição, e estavam em curso as obras de um outro alojamento para os presos, a chamada Aldeia de Sambaquixaba. Estava em andamento também a restauração da capela de Nossa Senhora do Rosário. Além disso, havia reparos nas estradas, abertura de cacimba e pintura dos prédios "nacionais". Ao final daquele ano, o diretor lamentou não ter feito mais obras pela falta regular de alimentos, que comprometera o rendimento do trabalho dos presos.[22]

Naquele período, a combinação de seca prolongada, escassez e carestia de gêneros alimentícios tornou as condições de sobrevivência na ilha

Alojamento de presos da Vila Quixaba, Fernando de Noronha, 1938. Esse prédio estava em construção na época em que Macaco Beleza esteve no presídio.

bastante complicadas. Embora a maior parte das terras do arquipélago não se prestasse à agricultura, uma parcela significativa dos alimentos era produzida internamente, na lavoura. Completavam a dieta dos presos as atividades de pesca, pecuária e extrativismo. Mas ao longo dos anos de 1889 e 1890 a longa estiagem devastou toda a lavoura de mandioca, e a população ilhoa passou a depender mais dos comestíveis que chegavam do continente.

Por conseguinte, passou-se a consumir o rebanho local, o que resultou em significativa queda no número de animais. Em 1889, bois, cabritos e cabras somavam 921 animais, e em 1890, caíram para 644.[23] A seca afetou também o que era extraído da mata. O diretor informou que havia na ilha 11 296 árvores, mas as frutíferas vinham sofrendo impacto na produtividade por causa da estiagem. Por exemplo, as 5487 bananeiras não deram frutos e foram cortadas para alimentar os animais. Dos 3783 coqueiros, a maior parte não deu frutos. Informou-se que em todo o ano de 1889 plantaram-se 2200 coqueiros e grande quantidade de cajueiros, amendoeiras e castanheiras, mas apenas um terço das mudas vingou. Além da seca que reduziu o número de árvores, a ilha ainda se ressentia do desmatamento ocorrido em 1886.[24]

A situação persistira ao longo de 1889 e 1890. Pouco antes da chegada de Macaco Beleza, o diretor se queixara ao governador da situação difícil em que se achava a ilha, desprovida de quase tudo e até mesmo de carne bovina para a dieta dos enfermos.[25] Em setembro de 1890 faltou farinha de trigo para alimentar os presos doentes na enfermaria, o que obrigou o diretor a autorizar o médico a pedir empréstimo aos presos que tivessem reservas próprias do produto.[26] Segundo a avaliação do diretor, em 1891 a situação se manteve crítica. A seca continuou inclemente, apesar das chuvas esparsas do inverno. As colheitas de milho e algodão ficaram bastante comprometidas. A produção de farinha era incerta, a despeito do plantio de 100 mil covas de mandioca.[27]

Durante todo o período em que Macaco Beleza esteve no presídio as coisas não mudaram. No dia mesmo em que embarcou de volta para a Bahia, 13 de fevereiro de 1892, o diretor escreveu longa carta ao governador expondo a situação difícil do abastecimento. Afirmava que tudo seria mais penoso não fosse a chegada de gêneros procedentes do Recife. Havia dois anos que não chovia, e a maior parte dos alimentos vinha do continente. O charque que chegara no vapor *Una* era insuficiente para abastecer o almoxarifado.[28] Além da escassez, o que chegava era de péssima qualidade. Para o encarregado da enfermaria, a carne vinda no início de 1890 deveria ser devolvida, mas, em face das "necessidades do presídio", deixou com o diretor a decisão de reenviar ou não o alimento estragado.[29]

Para completar, entre 1889 e 1892, houve sucessivos surtos epidêmicos de beribéri, varíola e bexigas. Em 1889 foi alta a mortalidade no presídio: 66 pessoas sucumbiram na enfermaria, a maior parte vítima de beribéri. Fora dela faleceram 24 pessoas, entre presos e paisanos. Em fins de 1891, o médico Ismael Evaristo da Cruz Gouveia escreveu que eram bastante precárias as condições de salubridade. A enfermaria tinha problemas de higiene e o serviço de atendimento era insuficiente para o número crescente

Fernando de Noronha: Um sumiço para Macaco Beleza

de doentes, com falta de pessoal e instrumentos cirúrgicos. A equipe que cuidava dos doentes resumia-se a um guarda paisano e alguns sentenciados que trabalhavam como enfermeiros, ajudantes e serventes. Fiel à ideologia higienista do século XIX, Gouveia propôs a retirada do cemitério do centro da Vila dos Remédios por considerá-lo grande gerador de moléstias.[30]

O relatório do médico informava que a alimentação dos presos se baseava em farinha de mandioca e charque, quase sempre de má qualidade. No inverno, a dieta melhorava um pouco, incluindo legumes e hortaliças, o que tornava a saúde dos detentos mais resistente às moléstias. Entre as condições de insalubridade da ilha, Gouveia incluía a poeira que emanava das praias, aumentando a incidência de problemas respiratórios. Ele finalizava dizendo que, ao longo do tempo em que esteve à frente da enfermaria, houve muitos casos de "febre efêmera e biliosa", alguns levando a óbito.

Gouveia avaliou que os alojamentos dos presos, na chamada Aldeia, eram infectos, acanhados e de "construção retrógrada". As celas em geral eram baixas, úmidas, mal ventiladas, sem luz, e nelas se aglomerava grande número de indivíduos. Para o médico, as péssimas condições higiênicas explicavam a visível palidez dos sentenciados e a proliferação da tuberculose. Na sua visão, a insalubridade era agravada pela "depravação dos costumes" da maioria dos sentenciados, que se entregavam ao onanismo, à "pederastia e formas outras de satisfação sexual".[31]

Dez anos antes, o relatório de Antônio Herculano de Sousa Bandeira Filho já apontava a superlotação da Aldeia. O alojamento era dividido em dois salões, cada um com a capacidade máxima de 220 detentos, mas normalmente abrigando mais de quatrocentos. Cada salão tinha um xadrez reservado para a punição de algum prisioneiro que cometesse falta mais grave. Nos anos em que Macaco Beleza ali esteve, o problema da superlotação deve ter se agravado, considerando o grande número de presos no início de 1890.

Na década de 1930, quarenta anos depois do relatório de Gouveia, o jornalista Amorim Netto ainda se impressionava com as condições muito precárias dos alojamentos dos presos. Para ele, saltavam aos olhos a falta de higiene, as paredes sem pintura, iluminadas à noite com um lampião de querosene. As camas eram feitas de cimento e tão estreitas que mais pareciam carneiros de cemitérios. Os colchões eram imundos, e utilizavam-se chumaços de folhas de bananeira para amenizar sua dureza.[32]

Quando os capoeiras desembarcaram em Fernando de Noronha, era diretor do presídio Justino Rodrigues da Silveira, nomeado pelo governo provisório logo depois da proclamação. Assim que assumiu o cargo, em 16 de dezembro de 1889, Silveira tratou de indicar diversos sentenciados para trabalharem como seus serviçais particulares. Ao todo eram treze presos assim distribuídos: um cozinheiro, dois copeiros, dois aguadeiros, um engomador, três lavradores, um encarregado das criações e três pescadores. Destes, eram ex-escravos o cozinheiro Apolinário, o lavrador Inácio, o pescador Bernardo e Ursulina, "ex-escrava de Picanço Lenheiro".[33] Em 27 de abril Silveira adicionou mais dois sentenciados para servir como "caranguejeiros da diretoria", ou seja, eles deveriam estar à sua disposição.[34]

A prerrogativa de utilizar o trabalho dos presos em caráter privado não estava prevista no *Regulamento*, mas tudo indica que essa prática se tornou costumeira por todos os que dirigiram a instituição ao longo do século XIX. O privilégio se estendia aos funcionários mais graduados (secretários, médicos e professores) e aos de baixa hierarquia (enfermeiros e guardas). Todos tinham uma certa quantidade de presos homens ou mulheres que lhes prestavam serviços domésticos (cozinhando, passando, lavando) ou forneciam lenha, pescados e mariscos. Silveira procurou ter controle sobre a distribuição desses privilégios ordenando que nenhum guarda dispusesse para seu serviço particular de preso algum sem a sua autorização. Mas determinou que o sentenciado Lourenço Crioulo, ex-escravo, passasse a servir de pescador para o ajudante da diretoria.[35]

Sob o comando de Silveira, proibiu-se que os detentos andassem com facas de ponta e ordenou-se que a primeira revista do dia começasse às sete horas da manhã. Ele prescreveu também que das nove da noite até as cinco da manhã seria expressamente vetado o trânsito de presos pelas ruas, bem como o uso de luzes nas casas, exceto com permissão da diretoria. O policiamento deveria ser feito pela segunda turma de presidiários, devendo eles se postarem nas três ruas da vila. O diretor mandou que diariamente quatro presos das turmas que trabalhavam no campo coadjuvassem a ronda noturna. Os soldados da guarnição eram responsáveis pela vigilância das fortalezas espalhadas em diversos pontos da ilha, enquanto os próprios detentos faziam o policiamento das ruas no entorno do presídio.

A cada dez dias, a direção distribuía alimentos aos presos. Era o chamado "munício". Pela tabela fixada desde 1889, eram dados a cada preso: 2,5 quilos de carne de charque, dez litros de farinha, um quilo de açúcar, quinhentos gramas de café em grãos, cem gramas de fumo e 133 gramas de sabão.[36] Uma vez por ano os presos receberiam roupas novas, e no inverno ganhariam mantas para agasalho noturno. Mas nos anos seguintes, por força da seca e da carestia, a cota de alimentos foi drasticamente restringida. Também se sabe que no inverno de 1890, por descuido ou falta de planejamento, o número de mantas não deu para atender aos presos capoeiras.[37]

Os detentos recorriam a diversos artifícios e estratégias a fim de aumentar a quantidade e diversificar os alimentos e roupas. Os que trabalhavam na lavoura podiam arar seus próprios roçados para sustento pessoal e da família, e, em determinadas conjunturas, vender o excedente de suas plantações para a direção do presídio ou outros detentos. O mar piscoso do arquipélago permitia também extrair parte da alimentação na pesca e na mariscagem. Alguns tinham permissão para criar porcos, ovelhas, cabras e galinhas para consumo próprio ou para vender.[38] Segundo o testemunho de um deportado, abundava na ilha um pássaro chamado viúva, que tinha o tamanho de uma pomba e deitava ovos grandes, rendendo algum dinheiro a quem os recolhesse.[39]

Contrariando o *Regulamento*, os presos tinham acesso a dinheiro, o que alimentava intenso comércio. Alguns eram remunerados por serviços prestados à direção. Assim, em 2 de junho de 1890, o almoxarife ficou de pagar gratificações aos empregados nas diversas repartições do presídio e aos operários que trabalhavam nas oficinas.[40] Esse dinheiro circulava e alimentava o comércio e as trocas entre os presos. Mas uma ordem do diretor, de 1º de junho de 1890, suspendeu as gratificações pelos serviços nas oficinas dos operários capoeiras.[41]

A economia interna dos presos incluía também o contrabando de alimentos e bebidas alcoólicas, que entravam clandestinamente no presídio através dos navios que chegavam do continente. Uma bebida feita à base de cachaça e caju, chamada "cajuís", era produzida e consumida largamente pelos presos. Quando o diretor apertou o cerco sobre o contrabando e o comércio nas vendas, houve desvio de álcool da enfermaria para a produção de cajuís.[42]

A fabricação, o comércio e o consumo de cajuís eram punidos com severidade pela direção. Em 9 de maio de 1890, o diretor descobriu que o coadjuvante de escrita Fernando Manuel Rodrigues Leite Jujuíba levava para casa quantidades de álcool a fim de fabricar aguardente e vender aos presos. Ele foi demitido do cargo e recolhido ao xadrez.[43] Dois anos após a saída de Macaco Beleza, apareceram evidências do tipo de castigo que recaía sobre os que fabricavam e consumiam cajuís. Em 17 de dezembro de 1894, Antônio Benedito de Vargas foi sentenciado a oito dias de cárcere a pão e água por ter fabricado "garrafão de cajuís" e vendido a seus companheiros. No dia seguinte, foi a vez de Luís Domingos Pereira, que pegou o mesmo tempo de pena, mas no "quarto escuro", por ter se embriagado de "garrafão".[44]

No início da década de 1920, quase trinta anos depois que Macaco Beleza lá esteve, um deportado poeta recitava:

Quando apita quatro horas, tudo larga,
Formados dois a dois vamos pra Aldeia,
O deportado logo avança num caju,
Corre o sargento e o mete na cadeia.[45]

Na economia interna da ilha, grande parte do comércio e distribuição de alimentos era controlada por alguns presos donos de pequenas vendas, chamados de "vivandeiros". No final da década de 1870, Bandeira Filho denunciava como "desmoralizador" o fato de alguns presos serem donos de vendas que negociavam produtos diversos, inclusive comida e bebida para os outros detentos. Eles operavam também no empréstimo

Fernando de Noronha: Um sumiço para Macaco Beleza

de dinheiro a juros para soldados da guarnição e até para a administração do presídio. Para o ano de 1879 foram identificados 25 detentos que se ocupavam desse trato.[46]

A economia interna entrou na mira das autoridades do presídio logo depois da chegada do diretor Joaquim de Gusmão Coelho, nomeado pelo governo federal em 7 de junho de 1890.[47] Além de cuidar da imediata nomeação do filho para o cargo de secretário da direção, Gusmão Coelho recorreu a uma medida drástica, mandando fechar todas as vendas de gêneros que pertenciam aos presos. Na ocasião, deu-se um prazo de trinta dias para os donos liquidarem seus negócios. Ele determinou também que não apenas os produtos da lavoura mas todos os artefatos produzidos nas oficinas passariam a ser registrados no almoxarifado.[48] Essas medidas terminaram provocando escassez de alimentos no depósito, o que obrigou a diretoria a recuar da proibição aos vivandeiros.[49]

No ano seguinte, Gusmão Coelho tentou mais uma medida para limitar a atividade dos comerciantes, proibindo e punindo com quinze dias de prisão os que emprestassem dinheiro a juros aos praças da guarnição, que frequentemente sofriam com atrasos no recebimento dos soldos e a escassez de moeda.[50] Na época o diretor chegou a recomendar o confisco de todo dinheiro miúdo que estivesse em poder dos detentos.[51]

Uma circular de Gusmão Coelho, datada de 15 de novembro de 1890, deve ter impressionado Macaco Beleza e os capoeiras que haviam integrado a Guarda Negra. O diretor instituía a comemoração da proclamação da República. Em voz alta para praças e sentenciados (não há referência aos deportados), o diretor os exortou a tomar aquela data como exemplo de paz e regeneração dos costumes. Para ele, a República proclamada no país fez-se "sem derramamento de uma só gota de sangue" graças ao patriotismo e à abnegação do chefe de governo e ao Exército. Em seguida, dirigindo-se aos detentos, arrematou:

> Vós outros, desviados da senda do direito e da lei, inspirai-vos também na calma, tranquilidade e progressiva marcha do governo que hoje dirige os destinos da República, e compreendeis que toda opressão fere ao mesmo

tempo o oprimido e o opressor, porque este também sacrifica no ato de sua vingança o seu repouso, a sua liberdade e o futuro, muitas vezes dos que lhes são caros. Ordem e progresso.[52]

Para quem estava ali por força da repressão patrocinada pelo governo provisório, não escapou o sentido provocativo do discurso.

O ano de 1890 foi de intensa disputa pelo poder envolvendo Gusmão Coelho, o promotor e o juiz de direito, os dois últimos com cargos criados depois da proclamação. A instituição da promotoria e do juizado criou instâncias de poder concorrentes com a direção. O juiz de direito Ambrósio Cavalcanti de Melo e o promotor público José Hemetério de Barros Pimentel desembarcaram na ilha em 16 de novembro de 1890.[53] A partir de então, os presos podiam recorrer tanto a um quanto a outro para solicitar diminuição de pena ou mesmo denunciar maus-tratos.

Quatro meses depois de chegar à ilha, o juiz de direito envolveu-se em sério conflito com o diretor. A reconstituição do embate entre as duas principais autoridades ajuda a entender as tensões políticas que marcaram os anos de permanência de Macaco Beleza no presídio. Em longa correspondência enviada ao governador de Pernambuco, em 31 de março de 1891, o diretor queixou-se da ingerência de Ambrósio Cavalcanti de Melo na disciplina dos presos. No seu entender, a paz e o sossego tinham se alterado desde que o juiz assumira o cargo, e responsabilizou-o pela insubordinação dos detentos.

Como sabe V. Ex.ª, a quase totalidade dos presos é de homens perversos, sanguinários e roubadores pertencentes às últimas camadas da sociedade, para os quais não há castigo suficiente que os corrija, estando sempre dispostos ao cometimento de crimes à primeira oportunidade que se lhes depare ou facilite; motivo pelo qual se [os] deve trazer sempre debaixo de um rigor bem entendido e vigiado incessantemente. Os presos daquele jaez são os que sofrem contínuos e repetidos castigos, não acontecendo o mesmo com os de bons costumes e morigerados, os quais expiam a sua sorte, bem se conduzindo.[54]

O diretor defendia sua política de punição, inclusive a imposição de castigos corporais, que qualificava de maneira cifrada como "rigor bem entendido", para controle dos que classificava como "presos ruins". Segundo ele, o juiz de direito, por vingança e para angariar as simpatias dos "presos ruins", foi às aldeias da Vila dos Remédios, Sueste e Sambaquixaba declarar-lhes que a punição física estava abolida e que ninguém seria castigado ou metido no tronco. Declarava Gusmão Coelho que, animados pelas palavras do juiz, muitos presos diziam que dali por diante imperariam a faca e a navalha. Por fim, denunciava o que chamou de conluio entre o juiz e o tenente Nunes, responsável pela vigilância do trabalho no campo, que vivia em pescarias, "cantorias e toques de violão" com os presos.[55]

No entanto, em abril de 1891, a mando do governador de Pernambuco, foi instaurada uma sindicância para apurar as irregularidades apontadas pelo juiz de direito. Segundo este, o diretor aplicava castigos corporais e utilizava a mão de obra dos presos em benefício próprio. O governador nomeou o capitão Joaquim Jorge de Melo Filho para conduzir as investigações, que foram concluídas em 6 de junho, com a apresentação de extenso relatório.

Na exposição, Jorge de Melo pintava a figura do diretor como "a mais tíbia e inerte que se pode imaginar". Sua inércia era tanta que no máximo ia às oficinas para assistir e dirigir trabalhos de seu interesse particular. Ali se apropriava dos serviços de sentenciados e deportados, que recebiam salários pagos pelos cofres públicos. Um detalhe pitoresco: dos 36 dias em que lá esteve, o capitão só se encontrou com o diretor uma vez, num domingo, quando este último o levou à praia denominada Sueste para tomar água de coco verde.[56]

O relator desaprovava a disciplina no presídio, considerando-a frouxa para uns e rigorosa para outros, incluindo o uso do tronco, a prisão a pão e água e o castigo corporal proibidos pelo *Regulamento* desde 1885. Segundo ele, isso motivara o conflito entre o diretor e o juiz de direito, que se opôs a esse tipo de punição. Para os "protegidos" tudo era consentido, desde a licença para brigas de galo até a permissão para bailes em que tomavam parte centenas de sentenciados e mulheres. O jogo de cartas era "quase tolerado", porque não rigorosamente proibido e reprimido.[57]

Ao longo do relatório, Jorge de Melo fornece informações preciosas sobre a geografia de Fernando de Noronha. Segundo ele, a ilha era dividida em três zonas: a da mata, a agrícola e a estéril. A zona agrícola ficava entre a zona da mata, ao sul, e a estéril, ao norte. Naquele ano, apenas três quartos da área de lavoura haviam sido arroteados e plantados. A outra parte ficara coberta de capim e arbustos silvestres. Mesmo assim, salvo o caso da seca, houve a produção das 500 mil covas de mandioca, das quais 250 mil foram plantadas a "seu mando", ou seja, do próprio Jorge de Melo. Vê-se que nos pouco mais de trinta dias que ficou na ilha o capitão terminou caindo na tentação de arrebatar algumas das atribuições do diretor.[58]

Gusmão foi acusado de dispor do serviço de 31 homens distribuídos nas mais diversas ocupações, como serviço doméstico e fabrico e venda de bolos, canjica, arroz-doce, bananas, pimentas e até de castanhas assadas. Só como pescadores o diretor dispunha de cinco detentos, que iam para o mar todos os dias da semana, exceto aos domingos. Além destes, havia 32 detentos empregados na mariscagem de caranguejos, lagostins, guarás e aratus. Outros dezesseis se ocupavam em fazer urupemas (um tipo de peneira), colheres de pau, rendas e em fiar algodão. O número de presos a serviço do diretor incluía ainda os que se ocupavam em apanhar búzios e conchas para fabricação de artesanato vendido no continente. Concluía o relatório: "É inacreditável!".[59]

Jorge de Melo finalizava acusando o diretor de ter montado um esquema de favorecimento pessoal a partir do usufruto do trabalho dos presos, desvios de materiais do almoxarifado e apropriação de recursos produzidos na lavoura. O esquema envolvia os sentenciados e deportados capoeiras. No entanto, Gusmão Coelho permaneceu na diretoria ao longo dos anos de 1891 e 1892. É possível que gozasse da proteção do governador de Pernambuco para continuar no cargo, a despeito das graves denúncias contra a sua gestão. Considerando a crise financeira que atingia todos os estados da federação, talvez fosse menos oneroso manter a administração do presídio nas bases montadas pelo diretor e os que o haviam antecedido.

Macaco Beleza em Fernando de Noronha

Dezoito dias depois do desembarque, em 12 de março de 1890, Macaco Beleza recebeu alta médica, e só então passou à disposição da direção para integrar as turmas de trabalho. Os registros do diretor informam que, além de trabalhar, ele começou a estudar na escola noturna do presídio.[60] Também frequentava a escola o capoeira Arsênio José de Santana, baiano que chegara na mesma embarcação.[61]

Vê-se que ampliar o domínio da escrita e da leitura continuava no horizonte das expectativas de Macaco Beleza nos anos de desterro. O esforço para alfabetizar-se era uma forma de melhor compreender e atuar no mundo à sua volta, e o ajudava a superar uma das principais barreiras à cidadania dos negros, sobretudo naquele tempo em que o analfabetismo passou a ser a linha de corte entre quem podia e quem não podia votar.

Pelas regras do presídio, os detentos eram organizados em turmas de trabalho. Cada turma era supervisionada por um deles, que coordenava e verificava a regularidade dos serviços. O *Regulamento* previa o deslocamento dos presos de uma turma para outra, a depender do bom ou mau comportamento. Os considerados de melhor comportamento eram sempre alocados nas primeiras turmas de serviço. Nos dias iniciais, Macaco Beleza foi incluído na 15ª turma de trabalho, ao lado dos capoeiras Manuel Ferreira, Júlio Henrique do Amaral, Domingos Ramos Constantino (o Fortaleza), Antônio José Ferreira (o Padeirinho), Antônio José Teixeira (o Bahia) e José Ribeiro Marques (o Trinta). Em junho de 1890, foi transferido para a 2ª turma, para a qual foram também os capoeiras Justino Alves Corte Imperial (o Mão de Grelha), João José da Silva (também conhecido como Bahia) e Antônio José Rodrigues (o Piolho). Possivelmente por problemas de comportamento, no final do mesmo mês Macaco Beleza e Mão de Grelha passaram para a 13ª turma.[62]

Os dias no presídio tinham uma rotina bem definida de horários e atividades. Pela manhã, pontualmente às sete horas, os presos se apresentavam para a revista e para a primeira refeição do dia. Vez ou outra, especialmente em datas cívicas e religiosas, o diretor comparecia para fazer alguma preleção ou informar sobre alterações na disciplina. Em seguida, os detentos se apresentavam aos chefes de turma, recebiam instruções e iniciavam as tarefas do dia.

O cotidiano da penitenciária era um labutar incessante na lavoura e nas oficinas.[63] A jornada começava às sete da manhã e se estendia até as cinco da tarde. Os trabalhadores do campo ficavam na lavoura até as catorze horas, mas logo depois eram remanejados para diversas outras atividades, que se estendiam até o final da tarde. O serviço do campo incluía cultivo, limpeza e vigilância das plantações de algodão, mandioca, milho e feijão. Abrangia também os cuidados com as matas, atividade fundamental, pois delas se tirava a lenha para uso doméstico da população e abastecimento dos vapores que semanalmente atracavam na ilha, além de madeira para a construção de casas.

Os lotes cultivados pelos presos para abastecer de alimentos o almoxarifado eram chamados de "roçados nacionais". Mas, como vimos, muitos detentos tinham seus próprios roçados, direito costumeiro reconhecido pelas autoridades do presídio. Periodicamente, a direção concedia licenças para tais cultivos. Por exemplo, em 24 de janeiro de 1890, os ex-escravos Frederico Moçambique e Belizário, cor cabra, foram dispensados por três dias para agricultar "seus roçados".[64]

Os trabalhadores do campo podiam ser dispensados também para cuidar de suas famílias em caso de doença ou gravidez da mulher. Em janeiro de 1890, foram liberados por oito dias Manuel Martins dos Anjos e Tomás Antônio de Gouveia "para tratar de suas mulheres por estas terem dado à luz".[65] Em 28 de fevereiro foi a vez do sentenciado José Venâncio da Silva receber licença para cuidar da mulher, pelo mesmo motivo. Basílio Liberto foi dispensado por dois dias para consertar a casa em que morava.[66]

Além dos trabalhadores do campo, uma parte dos presos labutava nas diversas oficinas de artesãos como sapateiros, ferreiros, alfaiates, serralheiros, funileiros, carpinas e tanoeiros. Delas saía grande quantidade de produtos que eram vendidos no Recife e constituíam uma importante fonte de receita do presídio. Em fevereiro de 1890, jornais de Pernambuco noticiaram que a Fazenda estadual chegou a vender 12 513 pares de sapatos fabricados em Fernando de Noronha.[67] Como havia a determinação do governo federal de que os capoeiras não fossem empregados na lavoura, todos eles eram escalados para o trabalho nas oficinas como artesãos ou para prestar serviços em alguma repartição do presídio.

Os presos que prestavam serviços eram chamados de "camaradas".[68] Macaco Beleza chegou a ser escalado para trabalhar como servente de enfermaria dos praças da guarnição.[69] Em seguida, ocupou na enfermaria a função de cavaleiro, acompanhando o médico nos deslocamentos para atender pacientes em várias partes da ilha. Entre 3 e 10 de julho de 1890, foi ele próprio recolhido à enfermaria por motivo de doença.[70]

A depender da escala feita pela direção, todos os presos e presas eram obrigados a periodicamente prestar serviço extra como faxineiros e serventes nas repartições do presídio. Diariamente, as turmas de trabalhadores do campo eram obrigadas a fornecer cinco detentos para serventes de pedreiros e faxineiros nas fortalezas e para as obras de restauro na igreja de Nossa Senhora dos Remédios.[71] Em 8 de março de 1890, o diretor determinou que as turmas de trabalhadores de campo cederiam um preso para o serviço de descarregamento de mercadorias dos navios. Em 17 de abril de 1890, cada turma de trabalho do campo passou a fornecer cinco detentos para servente de pedreiro, faxina das fortalezas, conservação das estradas e ruas e movimentação do torno das oficinas.[72]

Na divisão de trabalho, os ex-escravos eram sempre escalados para as funções que exigiam mais tempo e esforço físico. Como na sociedade escravista, a eles eram reservados os serviços mais pesados e considerados indignos para pessoas brancas, mesmo que encarceradas. Assim, compunham a maioria dos que trabalhavam na lavoura plantando mandioca, milho, feijão, algodão, cuidando das matas, recolhendo lenha para suprir as repartições e as casas dos funcionários de alto escalão. Eram diariamente indicados para serviços extras de faxina nos prédios da administração, fortalezas e alojamentos dos guardas, de limpeza e abertura de estradas e em trabalhos de serventes nas construções novas.

Os ex-cativos eram muito requisitados para serventes nas casas dos funcionários e auxiliares da direção. Por exemplo, entre as tarefas definidas pela diretoria para 25 de fevereiro de 1890, o ex-escravo Inácio passou à função de fornecedor de lenha para a casa da diretoria; Joaquim Casa Branca, ex-escravo, foi escalado para servente do cadete Tavares; Luísa Preta, ex-escrava, foi designada para servente do capitão da guarnição. Em 27 de abril de 1890 passaram a trabalhar como serventes do capitão da guarnição e do médico Seixas dezesseis sentenciados, entre eles os ex-escravos Damião e Luísa. Em 9 de junho de 1890, o ex-escravo Bernardo começou a ser pescador para o alferes Prazeres.[73]

A serviço do diretor aparecem vários ex-escravos e ex-escravas trabalhando como cozinheiros, lavadores de roupa, engomadores, faxineiros, pescadores, marisqueiros, cuidadores da horta. No tempo em que Macaco Beleza esteve no presídio passaram pelos trabalhos de serventes e faxineiros da casa da diretoria Belisário Cabra, Sebastião, Joaquim Mina, Antônia Catarina e Raimundo, todos ex-escravos.[74]

Os detentos egressos do cativeiro eram também empregados nas funções mais insalubres. Nas anotações do escrivão constava que, em 27 de abril de 1890, foram designadas para lavar a roupa da enfermaria as ex-escravas Maria Joaquina da Conceição e Cândida Maria do Espírito Santo. Tomás, "ex-escravo de dona Restituta Rodrigues Ferreira", trabalhou na enfermaria como cozinheiro até maio de 1890. Na manhã do dia 25, ele faleceu vítima de varíola.[75] Em substituição a Tomás, em 31 de maio passou a servir o ex-escravo Cláudio.[76] Nessa época, a limpeza da enfermaria ficava a cargo de Manuel, "ex-escravo de Piancó".[77]

Os ex-cativos nunca eram escalados para posições de mando nas turmas de trabalho. Um dos poucos que ocupavam posição mais graduada no presídio era Matias, encarregado do armazém de materiais das oficinas e da iluminação pública da vila. Ele foi um dos primeiros a se beneficiar do decreto do governo federal que perdoava os crimes cometidos durante a escravidão. Na manhã de 26 de março de 1890, já velho e com os cabelos grisalhos, seguiu para o Recife a bordo do vapor *São Francisco*. Sobre ele, o diretor observou: "Este sentenciado bem cumpriu os seus deveres".[78]

Na linguagem do presídio, a palavra "pronto" se referia a presos que, por "má conduta", eram afastados de suas funções. Mapeando as ocorrências nas ordens do dia do diretor, nas quais o termo aparecia com frequência, é possível flagrar alguns momentos em que os detentos se insurgiam contra o trabalho. Assim, em 3 de março de 1890, passava a pronto no serviço de vigilância o sentenciado Manuel Inácio, substituído por Arsênio José de Santana. Dias depois, foi a vez da ex-escrava Luísa Preta substituir, como servente do capitão da guarnição, o sentenciado Paulo Lopes Guimarães, que passava a pronto. Infelizmente, os documentos não especificam as "más condutas" em questão.[79]

Percebe-se, contudo, que conflitos e indisciplina na execução das tarefas eram muito frequentes. Em 5 de fevereiro de 1890, o diretor determinou que fosse castigado com quinze dias de recolhimento na penitenciária o capoeira Antônio Lafaiete, apelidado de Padivinho, por ter se recusado a fazer o serviço de faxina da Aldeia.[80] Dois dias depois, estabeleceu que fosse recolhido por cinco dias, carregando uma corrente presa da cintura aos pés, o sentenciado José da Soledade, por ter faltado ao respeito com outro homem da mesma turma de trabalho e se recusado a fazer o serviço que lhe fora ordenado.[81] Na documentação sobre as alterações cotidianas do presídio, não há registro de que Macaco Beleza tenha sido punido por indisciplina. Como a documentação sobre ordens do dia cobre apenas o primeiro semestre de 1890, não foi possível saber se seu comportamento se manteve assim no restante do tempo em que lá esteve.

A segurança do presídio era mantida por um destacamento de soldados que girava em torno de 140 homens. Muitos deles eram deslocados para Fernando de Noronha como punição por alguma falta cometida em seus batalhões sediados no Recife. Os chamados soldados da guarnição eram distribuídos para a vigilância nas fortalezas e nos locais da ilha que ofereciam condições de "deitar jangada no mar", ou seja, favoráveis à fuga. Mas desde a década de 1880 os próprios presos passaram a ser empregados na vigilância noturna dos locais mais propensos a evasão.[82]

Além de premiações, privilégios e remunerações, a ordem interna do presídio se baseava num sistema rigoroso de punições. O *Regula-*

mento previa o emprego de ferros e isolamento em celas com privação de alimento por até 24 horas. Mas, pelo que vimos das denúncias do juiz de direito, ainda persistiam o uso do tronco e as punições corporais, a temida "gameleira", que era o açoite com o uso de raízes de uma árvore de mesmo nome. A gameleira chegou a ser proibida por aviso do Ministério da Justiça de 7 de maio de 1879, mas no início de 1881 a direção voltou a utilizá-la por considerar o único meio de "sustentar a ordem e a disciplina".[83] Quando Macaco Beleza chegou, a gameleira ainda era utilizada como instrumento de tortura, a despeito do esforço do juiz de direito e da promotoria para coibi-lo.

Em 1º de julho de 1891, a direção do presídio descobriu um plano envolvendo sentenciados que pretendiam roubar casas do presídio. Os suspeitos eram Antônio Marques de Siqueira (o Antônio Pretinho), José Barbosa de Lira (o José Lúcio), Manuel José da Silva, João Ferreira da Costa (o Chico Cego), Antônio Pedro de Oliveira e Manuel João (o Piloto). Depois de interrogá-los, o diretor determinou que fossem recolhidos na fortaleza dos Remédios, onde foram submetidos a 23 dias de prisão "a pão e água". Alimentação completa, só de sete em sete dias. Ordenou que todo sentenciado que cometesse falta igual fosse "castigado com todo o rigor da lei".[84] Tudo indica que os capoeiras não participaram ou não foram incluídos no motim.

No final da tarde, às cinco horas, os presos se reuniam na praça central para a última revista do dia, e só depois disso voltavam para suas casas ou para as celas da Aldeia. A direção costumava mandar a banda de música formada por presidiários executar algumas composições, dentre as quais constavam: "Última rosa de verão", "Saudade de minha terra", "Não posso ficar mais sem ela" e "Mulher perdida".[85]

Durante a noite, os presos se recolhiam em suas casas e nas celas das aldeias, à exceção dos que eram convocados para fazer a vigilância. Nunca se destacavam os capoeiras para essa função. À noite era quando os presidiários podiam brincar, beber, jogar e se divertir, quase sempre quebrando as regras de disciplina. O regulamento proibia o jogo, mas os detidos eram frequentemente flagrados em rodas de apostas. Essas reuniões aconteciam nas aldeias ou nas próprias casas dos presos, e eram severamente punidas, principalmente se envolvessem apostas em dinheiro.

Ao longo dos anos em que Macaco Beleza esteve no presídio, diversos detentos foram castigados por jogar a dinheiro. Por exemplo, em 12 de junho de 1890, estavam na solitária Sancho de Araújo, Vicente Ferreira de Lima, Emídio Pereira e Luís, ex-escravo, por serem flagrados apostando dinheiro em carteado.[86] No mês seguinte, o diretor baixou uma ordem proibindo o jogo e determinando castigo rigoroso ao sentenciado ou deportado que fosse encontrado jogando.[87] Há evidências de que a roda de samba também rolava sempre que possível longe da vista da direção, e algumas vezes com a conivência dos guardas. Pouco antes da chegada de Macaco Beleza, o diretor chegou a punir com trinta dias de prisão no xadrez o guarda Joaquim José Valentim, por permitir um samba em que se reuniram muitos sentenciados.[88]

A documentação acusa algumas tentativas de fuga no mesmo período. Uma delas aconteceu na manhã de 4 de setembro de 1891, por volta das sete da noite, quando o sentenciado João Correia de Vasconcelos partiu em uma "jangada composta de duas âncoras e algumas varas de joão-mole e mulungu", árvores de madeira flutuante. Na época o preso Manuel Joaquim dos Santos, conhecido como Bairão, foi acusado por ter ajudado o fugitivo a construir a embarcação. Bairão desistiu de fugir por desconfiar de que a jangada não resistiria à viagem. Mesmo assim, foi punido por não ter relatado o plano à diretoria. Depois dessa escapada o diretor proibiu que os presos entrassem na mata depois das três da tarde, visto que preparativos e evasões eram executados entre o entardecer e a noite.[89]

Dias depois, em 24 de setembro de 1891, o sentenciado Manuel Francisco do Nascimento, que trabalhava na balsa e fazia carga e descarga de mercadorias do vapor, tentou um plano menos arriscado. Aproveitando-se da escuridão da noite, iludiu a vigilância e se escondeu em um navio atracado no porto que deixaria a ilha ainda naquele dia. Mais tarde, depois da partida do navio, os guardas notaram sua ausência.[90]

Logo após a saída de Macaco Beleza ocorreu uma espécie de fuga reivindicativa realizada pelos sentenciados João Vieira da Silva, Francisco

Elias Gomes e Charles Jones. Segundo informações do chefe de polícia, eles deixaram o presídio tripulando uma jangada com o intuito de comunicar ao governo do estado de Pernambuco a absoluta falta de gêneros para alimentar a tropa, os presos e outros habitantes de Fernando de Noronha.[91] Na documentação coligida para esta pesquisa, não se verificou nenhuma tentativa de evasão por parte dos deportados capoeiras.

Por força da operação policial que objetivava livrar as cidades brasileiras do que as autoridades republicanas chamavam de "escória turbulenta", a ilha de Fernando de Noronha tornou-se o local de encontro de capoeiras de vários lugares do Brasil. A convivência forçada criou e fortaleceu alianças, mas também acirrou velhas diferenças e inimizades. Como companheiros da mesma travessia em porões infectos de navios e nos rigores da vida no presídio, aqueles homens de origens e maltas diversas terminaram formando uma comunidade de renegados da República.

7. Macaco Beleza e outros renegados da República

> O sebastianista não é cidadão, não é brasileiro, não merece considerações de espécie alguma e está fora da lei [...]. Para esse réptil venenoso — Fernando de Noronha e pau — é a receita.[1]
>
> *O Tempo*

EM JANEIRO DE 1891, o jornal *Novidades*, que circulava no Rio de Janeiro, publicou uma série de seis artigos intitulados "Cartas de um capoeira", assinados por alguém com as iniciais J. S. Ele contava que fora preso nas ruas da capital federal logo depois da proclamação da República e em seguida deportado para Fernando de Noronha. A correspondência era endereçada a um suposto tio que residia no Rio de Janeiro, que resolveu publicá-la para fazer ouvir o "grito forte dos oprimidos", como comentava o jornal.[2] Essa correspondência e as histórias de outros deportados nos ajudam a saber mais sobre o cotidiano de Macaco Beleza no presídio da ilha.

As cartas eram parte de um conjunto de manifestações em defesa da libertação dos deportados. Buscavam mostrar que muitos dos que lá estavam haviam sido presos injustamente e não faziam parte do conjunto dos chamados capoeiras. Pelos detalhes que revelam do cotidiano do presídio, parece que o relato era realmente de algum degredado, ou se baseava no que contou alguém que lá esteve. A narrativa indica que o autor das cartas integrou uma das primeiras levas de capoeiras desterrados e embarcados no vapor *Jacuhype*, por ordem de Sampaio Ferraz, então chefe de polícia do Distrito Federal.

O correspondente J. S. começava escrevendo sobre as circunstâncias em que fora preso, como "capoeira conhecido", e conduzido por um agente de polícia a uma estação policial. De cara ele recusara o carimbo de capoeira que lhe fora imputado e se identificava como vítima de uma injusta perseguição. Era noite e caminhava pela rua Marquês de Abrantes em direção ao bairro de Botafogo quando foi surpreendido por um indivíduo que o intimou a comparecer perante uma autoridade. A certa altura, foi detido e coagido a entrar em uma carruagem, que partiu a toda velocidade para uma repartição da polícia onde permaneceu das nove e meia às dez horas da noite à espera de uma autoridade. Logo depois chegou um indivíduo que o mirou de alto a baixo e, dirigindo-se a um "sujeito moreno", perguntou:

— Então, é este o tal capoeira?
— É ele mêmo, o cumpanhero do Grego das Ostras.[3]

Grego das Ostras era um capoeira conhecido da polícia e que fazia parte da mesma malta em que atuavam os célebres Carrapeta e Landusa, conhecidos nas ruas do Rio de Janeiro e que também estavam na mira de Sampaio Ferraz.

Em um relatório escrito em outubro de 1890, o chefe de polícia deu sua justificativa para a grande operação que tinha por fim tirar os capoeiras das ruas. Ele definiu os dias seguintes à proclamação como "momento tão crítico", em que teve de enfrentar os "vícios" que dominavam a repartição da polícia desde o tempo do Império. Avaliou que o bom êxito do novo regime dependia da manutenção da ordem. Desde então lançou sua mira para a repressão aos capoeiras, tidos por ele como o "elemento gangrenado" da sociedade e que durante muito tempo fora a "fonte perniciosa de todos os abusos".[4]

Passados trinta anos daqueles acontecimentos, relembrando o dia da proclamação e sua participação no movimento que derrubou a monarquia, Sampaio Ferraz voltou ao assunto. Contou que, logo ao tomar posse do cargo, aproveitando-se do estado de sítio decretado pelo governo provisório, empreendeu uma verdadeira "guerra de extermínio" contra os capoeiras, prendendo dezenas deles na fortaleza de Santa Cruz, de onde

Macaco Beleza e outros renegados da República

seguiriam para a ilha-presídio de Fernando de Noronha. Reputava a ação como o maior feito de sua gestão à frente da chefatura de polícia e a inseria num plano maior para debelar o que chamava de antigos costumes do período imperial.[5]

Importa considerar que o discurso de saneamento moral das ruas escondia a intenção de cortar os vínculos dos antigos políticos com o mundo dos capoeiras. A capoeiragem no Rio de Janeiro se dividia em duas grandes maltas, a dos Nagoas e a dos Guaiamus. Quando os liberais subiam ao poder, eram mais frequentemente presos os Nagoas. O mesmo acontecia com os Guaiamus se o governo ia parar nas mãos dos conservadores. Assim, a repressão aos capoeiras aparecia para muitos como condição necessária para a consolidação do novo regime republicano.[6]

Ademais, a perseguição policial aos capoeiras foi também uma forma de desmontar as bases da Guarda Negra. O agravamento do confronto entre republicanos e monarquistas alimentou a desconfiança da parte dos militares de que havia um projeto imperial de enfraquecimento do Exército e fortalecimento da Guarda Nacional e da Guarda Negra a fim de garantir o terceiro reinado. Para Felício Buarque, nos dias que antecederam o golpe que culminou na República, havia ainda da parte dos republicanos a desconfiança de que a Guarda Negra fosse "arregimentada" para a defesa da monarquia.[7]

Assim, sua supressão entrou nos cálculos políticos dos que se decidiram pela sedição militar de 1889. O visconde de Ouro Preto, o último chefe de gabinete do Império, escreveu que, na manhã de 15 de novembro, informaram-lhe que o levante militar que agitava o centro da cidade tinha como motivações uma suposta prisão do marechal Deodoro da Fonseca e a denúncia de que alguns batalhões do Exército seriam atacados pela Guarda Negra. Na madrugada do mesmo dia, ele chegou a telegrafar ao imperador informando que três batalhões estavam em movimento ante a suposta ameaça de ataque da organização negra.[8]

Assim, as primeiras operações contra os capoeiras começaram imediatamente depois de 15 de novembro de 1889 e se intensificaram ao longo de dezembro. No início desse mês foi preso nas ruas da capital federal Catão

José Lourenço, negro, apelidado Caninha Doce, "por ser vagabundo e desordeiro conhecido".[9] Em 11 de dezembro, uma grande operação policial promovida pela chefatura de polícia prendeu no centro do Rio de Janeiro 110 capoeiras em várias casas de tavolagens. A operação foi comandada pelo subdelegado do distrito de Sacramento e teve a participação da Guarda Cívica, então recentemente criada pelo governo provisório para auxiliar o policiamento das ruas.[10]

Houve quem definisse a operação policial de "Boa Colheita", pois prendeu o que se chamou de a *high life* da capoeiragem do Rio de Janeiro. Os capoeiras Antonio Landusa, Piolho (Antonio José Rodrigues dos Santos), Formiga, Narciso Dias da Silva e Narciso Rodrigues Vilarinho Júnior foram capturados numa casa de jogo na rua da Conceição que pertencia a Carrapeta (Manuel Gomes Fiúza), o chefe da malta. Este resistiu à prisão e tentou fugir escalando os telhados dos sobrados, mas foi detido às quatro da manhã, quando voltava para sua morada.[11]

Naquele mesmo dia, Sampaio Ferraz encontrou-se com Campos Sales, ministro da Justiça, para acertarem os detalhes do seu plano de fechar as casas de jogo e livrar a capital federal do que definia como a "perigosa classe dos capoeiras". Foi então que decidiu mandar alguns deles para a Casa de Detenção, como Carrapeta, Piolho e Landusa.[12]

No dia seguinte, a polícia prendeu outro capoeira "célebre", conhecido pelo apelido de Manduca da Seda, considerado um dos "mais horríveis" da cidade.[13] Logo depois, em 14 de dezembro, mais vinte foram recolhidos à Casa de Detenção.[14] Entre eles estava Napolitano — Pascoal Secreto, na verdade Segreto, natural da Itália, que, com os irmãos Afonso e Gaetano, atuava no ramo de jogos e "divertimentos noturnos" (casas de dança e teatro) no centro do Rio de Janeiro. No início do século XX, Segreto se ligou ao jogo do bicho, abriu salas de cinema e investiu no teatro de revista.[15]

Ainda em dezembro, cerca de trinta desses capoeiras recolhidos à Casa de Detenção foram colocados em uma lancha da Marinha e levados para a fortaleza de Santa Cruz. Um oficial e mais quarenta praças de polícia fizeram a escolta dos presos.[16] Na ocasião os jornais revelaram que o destino escolhido para aqueles homens era Fernando de Noronha. Entre os capoeiras, apenas Felipe Santiago Viana foi declaradamente detido por fazer proselitismo em favor da monarquia. Ele foi flagrado na madrugada de 23 de dezembro de 1889, em um botequim na rua Sete de Setembro, esquina com a Gonçalves Dias, tentando convencer um soldado do Batalhão Naval a aderir à causa monárquica. Segundo o relato do inspetor de quarteirão, Viana resistiu à ordem de prisão, e os soldados reagiram espancando-o violentamente.[17] Incluído na primeira leva de deportados, Viana foi um dos que mais tempo ficou em Fernando de Noronha.[18]

Um levantamento feito em janeiro de 1890 indicava que chegava a 271 o número de capoeiras presos na capital federal por ordem de Sampaio Ferraz. Desses, 121 estavam espalhados por várias fortalezas ou haviam sido mandados como recrutas para regiões de fronteira do país. Os outros 150 estavam na Casa de Detenção aguardando a disponibilidade de embarcação para Fernando de Noronha.[19] Esses números tendiam a crescer, uma vez que os governadores dos estados aproveitaram a oportunidade para despachar para o Rio de Janeiro muitos homens qualificados de "gatunos" e capoeiras. A fim de evitar a superlotação das cadeias, o ministro da Justiça foi obrigado a publicar uma circular proibindo o envio de capoeiras para a capital federal.[20]

Voltemos ao relato do correspondente J. S. para saber mais detalhes sobre aquela grande operação policial a partir da perspectiva dos capoeiras. Ele contou que depois de algumas horas no xadrez foi transferido para a Casa de Detenção. Durante a madrugada foi despertado e conduzido até o porto, escoltado por muitos soldados. As ruas achavam-se escuras e desertas. Foram colocados numa lancha e, pouco depois, encarcerados com outros presos na fortaleza de Santa Cruz.[21] Esse detalhe é interessante pois mostra como as autoridades policiais tentavam manter em segredo o embarque dos capoeiras. Era o regime buscando esconder a violência que marcou o seu processo de instauração e, ao mesmo tempo, temeroso de que a operação pudesse desencadear alguma reação popular.

J. S. contou que permaneceu na fortaleza de Santa Cruz por quatro dias, submetido às mais duras provações. Na chegada, os guardas obrigavam os presos a cortar os cabelos ao modo dos soldados, a fazer faxina "como os galés" e a carregar barris na cabeça. Para não ser castigado, J. S. decidiu se comportar com obediência. Outros, rebeldes, não tiveram a mesma sorte e foram castigados com pranchas — como "um capoeira que aqui ainda anda e é [...] um mau sujeito": Carrapeta.[22] Ao longo da sua narrativa, J. S. procurou distanciar-se física e moralmente de Carrapeta, mesmo porque sua intenção era mostrar que não pertencia ao mundo dos capoeiras.

No começo da tarde de 9 de janeiro de 1890, o navio *Madeira*, da Marinha do Brasil, partiu do Rio de Janeiro levando a primeira leva de capoeiras destinada a Fernando de Noronha, ao todo 59 homens reputados como os mais perigosos da cidade. Nove deles foram embarcados em Niterói. O plano de navegação previa uma parada na Bahia, outra no Recife, e dali partia para a ilha-presídio. No mesmo vapor seguiu uma força policial de trinta praças do corpo militar de polícia escoltando os deportados.[23] O *Madeira* chegou ao Recife na tarde de 18 de janeiro e ali pernoitou, só retomando a viagem no dia seguinte. O certo é que, ao meio-dia de 23 de janeiro, o navio alcançou Fernando de Noronha.[24] Portanto, do Rio de Janeiro até seu destino final foram catorze dias de viagem. O sofrimento prolongado dos presos no porão do navio não entrava no cômputo da rota.[25]

Nessa primeira leva de deportados estavam os mais conhecidos capoeiras do Rio de Janeiro: Manuel Augusto Ferreira (vulgo Caturra), José Antônio Pereira (o Guaxinim), Carrapeta, Fuão Diogo (o Diogo da Lapa), Domingos Soares Calçada (o Dominguinhos da Sé), Ernesto José Bento (o Gôndola), José Pereira da Silva (o Pereirinha da Sé), Catão José Lourenço (o Caninha Doce), Francisco Ferreira Resende (o Chico Capenga), Domingos Rodrigues Pinheiro (o Sardinha), João de Deus Barros (o Bahia), Napoleão Zeferino da Silva (o Napoleão Faquista), Caetano José de Sousa Nunes (o Teteia da Lapa), Manuel Gonçalves (o Tremoceiro), Fortunato Nunes Neto (o Padeirinho), Nicolau de Sousa Luísa (o Caxeirinho), Alfredo de Sousa (o Boboca Bahia), Antônio Lafaiete (o Francesinho), Pedro Pereira Neto (o Cadete), Manuel de Lima Peixoto (o Manduca da Seda), Narciso Rodrigues Vilarinho Júnior, Piolho, Antônio Landusa, Napolitano, Domingos Ramos Constantino Coutinho (o Fortaleza), Antônio José Ferreira (também chamado de Padeirinho), José Ribeiro Marques (o Trinta).[26]

É interessante atentar para os apelidos. Vê-se que a maioria deles tinha como referência o pertencimento do indivíduo a um território: Diogo da Lapa, Dominguinhos e Pereirinha da Sé, Bahia, Teteia da Lapa, Fortaleza. Possivelmente se referiam aos locais onde nasceram, em que trabalhavam ou onde se reuniam as maltas. A segunda categoria de apelidos remetia a instrumentos ou objetos de trabalho, como Caturra, Carrapeta, Gôndola. Quatro deles — Padeirinho, Cadete, Tremoceiro e Caxeirinho — possivelmente carregavam nos apelidos as profissões que exerciam. Um deles fora alcunhado por uma deficiência física, o Capenga. Outros remetiam a nomes de animais, como Piolho, Guaxinim, Sardinha. Por fim, os que tinham sentido indeterminado e possivelmente se referiam a alguma circunstância da vida de capoeira, como Trinta, Napoleão Faquista e Manduca da Seda.

Ao recordar o tempo dos "valentes" que povoavam as ruas do Rio de Janeiro no século XIX, um cronista escreveu que as alcunhas dos capoeiras nasciam de alguma façanha. Chamava-se isso de "tirar carta de valente". Quatro cabeças partidas e alguns golpes de capoeira davam direito à "carta". No tempo dos Guaiamus e Nagoas, a carta era tirada com cerimônias em "coletivas desordens". A crônica contém ainda a revelação de que Sampaio Ferraz, que "deu o tombo na navalha", desbaratando os grupos de capoeiras, fora ele mesmo, na juventude, um "capoeira temível".[27]

Para Fernando de Noronha foram enviados também deportados de diversos outros estados, especialmente Pernambuco e Bahia. Ao longo do mês de janeiro de 1890, a canhoneira *Liberdade* fez várias viagens levando desterrados. No dia 21, deixou na ilha dez capoeiras, entre os quais achava-se Luís Antônio Tavares, conhecido por Pernambuco, e João Clímaco Severiano da Silva, apelidado de Bicudo.[28] A bordo do vapor *São Francisco*, em 21 de abril, seguiram 22 capoeiras pernambucanos, entre eles nomes conhecidos da polícia, como João Francisco de Oliveira (o Sete Boias), Antônio Gomes da Conceição (o Pinguinho), João José da Silva (o Bahia), Manuel Hilário de Santana (o Sotero).[29] Em maio, a bordo do vapor *Jacuhype*, chegaram mais 23 "deportados e vagabundos" enviados pelo chefe de polícia por ordem do governador de Pernambuco. Entre os mais famosos estavam José Manuel de Sousa (o Cachoeira), João Félix da Silva (o Zambeta) e Júlio Gonçalves Pinto (o Macaco Pará).[30]

Anos depois daqueles acontecimentos, um poeta deportado recordava em rima o drama dos que foram embarcados no Recife com destino a Fernando de Noronha:

Estava na célula três,
Quando a sineta tocou;
O servente disse à gente:
— Foi navio que chegou.
[...]
No cais de Capiberibe
Era gente em multidão,
Apreciando o embarque
Daquela deportação.[31]

Ao longo de todo o ano de 1890 houve desembarques de capoeiras em Fernando de Noronha. Em 15 de julho chegaram 29 homens a bordo do vapor *Beberibe*, mas sem distinção entre sentenciados e capoeiras.[32] Em 3 de setembro, o *Purus* deixou mais 44 capoeiras procedentes da capital federal.[33] Em 20 de outubro, mais treze no vapor *Jacuhype*.[34] Os números não são precisos, mas estima-se que ao longo do ano foram deportados, só para Fernando de Noronha, entre duzentos e 250 capoeiras. No final de 1891, o número caiu sensivelmente graças à política de relaxamento das prisões e à suspensão de envio de capoeiras por parte do governo federal. Segundo relatório da direção, em dezembro de 1891 restavam 79 deportados no presídio.[35]

Os capoeiras e suas histórias

O termo "capoeira" recobria uma diversificada gama de indivíduos que a polícia enquadrava como jogadores, vadios, vagabundos, valentões e turbulentos. Como vimos, na Bahia eles eram chamados genericamente de capadócios ou mandingueiros. Muitos eram donos ou frequentadores de casas de jogos e circunstancialmente podiam ser recrutados como capangas de políticos dos antigos partidos Liberal e Conservador, e até mesmo como colaboradores da polícia. Equilibrar-se na corda bamba da sobrevivência significava que em muitas ocasiões esses indivíduos tiveram de se aliar às forças políticas dominantes do momento. Os que não o faziam ou permaneciam ligados aos partidos derrotados terminavam caindo nas unhas dos inspetores e subdelegados como desordeiros, vadios e capoeiras.[36]

Muitos integravam as maltas que ao longo do século XIX aterrorizaram a polícia da Corte. As maltas de capoeiras atuavam nas freguesias, ocupavam os adros das igrejas, largos e praças em encontros noturnos. Os modos de afirmação dentro desses grupos incluíam a demonstração de valentia e o domínio da arte da capoeira. A destreza no uso de braços e pernas, o manuseio da navalha e do cacete eram fundamentais para os confrontos com outros grupos rivais e com a polícia. O chapéu de abas largas, a cabeleira e a calça balão eram o visual característico dos capoeiras no Rio e na Bahia.[37]

Sem dúvida Manuel Gomes Neto Fiúza, o Carrapeta, foi o mais conhecido dos capoeiras deportados para Fernando de Noronha. Os registros da Casa de Detenção do Recife informavam que ele era português, 34 anos, branco, casado, carpinteiro e alfabetizado. Segundo as anotações do escrivão, tinha 1,52 metro de estatura, cabelos castanhos corridos, rosto comprido, pouca barba, olhos pardos, nariz afilado, boca e corpo regulares, todos os dentes e um sinal no lado direito do rosto.[38] Desde o início da década de 1880 os jornais vinham noticiando suas façanhas. A malta liderada por ele incluía outros capoeiras célebres, conforme vimos, como Grego, Landusa, Suringa, Figueiró e Manuel Rotas. Quase todos estavam na primeira leva dos enviados para Fernando de Noronha.

Carrapeta era o tipo valente que aos poucos foi se impondo como liderança de malta e dono de casas de jogos nas ruas de São Jorge e da Conceição, no centro da cidade do Rio de Janeiro. Com frequência a polícia fazia buscas nas suas casas de jogo, especialmente nos momentos em que ele não estava alinhado aos políticos dominantes. Por exemplo, na madrugada de 8 de março de 1885 a polícia cercou e multou diversas casas de jogos na rua de São Jorge, inclusive a que lhe pertencia.[39] Entre os proprietários autuados estava um de nome Adolfo de Morais, que também constava na lista dos que foram deportados em janeiro de 1890.

Certa vez, numa busca em 8 de novembro de 1886, na "casa de jogatina" na rua de São Jorge a polícia encontrou oito indivíduos. O delegado resolveu esquadrinhar a casa de número 63, pertencente a Carrapeta, e ali encontrou mais sete sujeitos "piparoteando a orelha da sota", ou seja, jogando cartas. O dono estava ausente, mas foi para o xadrez um representante seu, Antônio da Silva Paiva.[40] Em abril de 1888, o subdelegado do 2º Distrito de Sacramento voltou a dar buscas no mesmo endereço e apreendeu dois bancos compridos, três baralhos, fichas de marfim e muitos outros objetos utilizados para o jogo.[41]

Provavelmente para obter proteção, muitas vezes Carrapeta aliou-se à polícia como "agente secreto". Em 28 de abril de 1885, José Elísio dos Reis, o Juca Reis, capoeira de família rica, o acusou de agredi-lo quando saía da Maison Moderne, uma conhecida casa de divertimentos noturnos. Juca Reis declarou que, embora desarmado, conseguiu se desvencilhar dos agressores, e revelou que Carrapeta agia em companhia de outros agentes da "polícia secreta".[42] Mais adiante veremos que, assim como Carrapeta, Juca Reis foi também deportado para Fernando de Noronha.

Sabe-se que Carrapeta era protegido por um político do Partido Liberal chamado Antônio José Leite Borges, que foi também subdelegado de polícia da cidade do Rio de Janeiro entre 1888 e 1889. Nessa condição, Borges buscou apoio dos capoeiras, afinal "eles conhecem as batotas, [...] eles conhecem os gatunos, eles conhecem todas as bilontragens. São os melhores agentes possíveis". A explicação do subdelegado para essa aproximação era de motivação estratégica: recrutar capoeiras para pegar outros capoeiras. Mas parece que o zelo pela santa causa do serviço público era apenas uma forma de mascarar os reais interesses de se ligar ao mundo da capoeiragem.[43]

O nome de Carrapeta aparecia com frequência nos embates envolvendo maltas de capoeiras. Por ocasião das manifestações pela ascensão do Partido Conservador, em 20 de agosto de 1885, quando se confrontaram no centro da cidade as maltas rivais dos Nagoas e dos Guaiamus, foi ele apontado como um dos responsáveis pela morte do português Manuel Moreira Pinto, de dezesseis anos, caixeiro de uma casa comercial da rua dos Ourives. Um observador informou que, depois da ascensão dos conservadores, as casas de jogos que tinham sido fechadas graças aos esforços das autoridades liberais foram reabertas, e a "capoeiragem desenfreada, dividida em partidos", voltou a se manifestar. Assim, as maltas alinhadas aos conservadores espalharam-se pelas ruas na certeza de que tinham a proteção do grupo político vencedor.[44]

Naquele dia, logo ao anoitecer, enormes batalhas ocorreram no 1º distrito de São José, onde Carrapeta tinha outra casa de jogo. Um grande número de capoeiras atacou os soldados da guarda para resgatar um preso, mas foram contidos pelos policiais. Batidos, "transportaram as suas bandeiras" para o largo de São Francisco de Paula, onde era mais vasto o espaço para as "lutas da navalha". Os jornais chegaram a noticiar que naquela noite homens de "fisionomias sinistras" rodeavam o jardim, "conversando por meio de sinais e em gíria" do mundo da capoeira. Nas ruas próximas ouviram-se também assobios próprios das comunicações entre membros das maltas. Foi então que a polícia sitiou os combatentes em diversos pontos da praça. No momento mais intenso da luta, o jovem caixeiro foi ferido mortalmente por navalha.[45]

Depois da ascensão dos conservadores, outros episódios envolvendo Carrapeta viraram notícias de jornal. No conflito ocorrido na rua Luís de Camões em 5 de junho de 1887, em que se enfrentaram duas maltas de capoeiras, entre os feridos e presos estavam Napoleão Faquista e Carrapeta.[46] Em 31 de dezembro de 1887, um capoeira chamado João Batista queixou-se à polícia de que na rua do Teatro fora atacado por certa malta.[47] Antônio Landusa era um dos agressores. Estava acompanhado de Grego, Suringa, Figueiró e Carrapeta. Pelos registros da Casa de Detenção do Recife, Landusa tinha 31 anos, era branco, solteiro, jornaleiro, filho de pais incógnitos, natural do Rio de Janeiro. Tinha 1,75 metro de estatura, cabelos pretos escorridos, uma mancha na testa, pouca barba, olhos pardos, nariz afilado, falta de dentes na frente. Na grande operação de 11 de dezembro de 1890, Landusa seria preso e também incluído na primeira leva de capoeiras deportados para Fernando de Noronha.[48]

Entre esses deportados, outro grande conhecido da polícia carioca era Domingos Soares Calçada, o Dominguinhos da Sé. Em várias notícias de jornal era apontado como chefe de malta. Na noite de 28 de fevereiro de 1888, ele feriu Felício Joaquim Martins, vulgo Moleque Felipe, em "exercício de capoeiragem" no largo de São Francisco. Na ocasião, Moleque Felipe foi preso e Dominguinhos escapou.[49] Quase três meses depois, em 24 de maio de 1888, a polícia conseguiu capturá-lo.[50] Em 5 de novembro de 1889 foi preso de novo, agora em companhia do irmão, Francisco Soares Calçada Júnior, conhecido como Chiquinho da Sé. Ambos estariam promovendo "desordem" "no largo do Rosário. Na época, os jornais informaram que Dominguinhos fazia parte da Guarda Nacional.[51]

Alguns dos capoeiras enviados para Fernando de Noronha eram conhecidos ladrões, chamados de gatunos. Entre estes estava Antônio Lafaiete, o Francesinho. Em 19 de agosto de 1889 ele foi preso por roubar um relógio de ouro em Santa Teresa.[52] Em 12 de março de 1887 fora detido com Antônio José Pires (o Bolinha de Ouro), Nicolau Rodrigues Bastos (o Mariquinha dos Apitos), Benedito José dos Anjos (o Teteia), Clemente Manuel Vieira (o Boneca que Chora) e Artur Timóteo de Carvalho (o Casaca). Todos foram presos como vagabundos e por terem sido encontrados "praticando atos contra a moral e boa decência".[53] Pelos apelidos que portavam, é possível que fizessem parte de um grupo de homossexuais que circulava no centro da cidade.

Outro célebre capoeira deportado era José Ribeiro Marques, o Trinta. Ele morava no centro da cidade sobrevivendo de diversos expedientes, inclusive em associação com uma prostituta chamada Gertrudes, com quem morava na rua Senhor dos Passos. Trinta passou a ter ciúme da companheira e a proibiu de receber em sua casa uma outra mulher com quem ela tinha amizade. Na tarde de 20 de outubro de 1885, por ciumar da presença da mulher em seu cortiço, Trinta agrediu violentamente Gertrudes, jogando-a do primeiro andar da casa.[54]

Dentre os capoeiras que também foram para a ilha pernambucana havia um que destoava bastante dos demais: José Elísio dos Reis, conhecido nas ruas do Rio de Janeiro como Juca Reis. Natural da cidade, casado, 36 anos, sua família pertencia à elite carioca: era filho do conde e da condessa de São Salvador de Matosinhos. Os documentos da Casa de Detenção do Recife o descrevem como branco, 1,81 metro de altura, cabelos pretos e crespos, rosto comprido, barbado, olhos pardos, nariz afilado, boca e corpo regulares, todos os dentes, alfabetizado. Anos depois desses episódios, Sampaio Ferraz relembrou as circunstâncias em que prendeu Juca Reis, a quem se referiu como "famigerado":

> Bela figura de rapaz, forte, estroina e maneiroso, trajando sempre com apurada elegância, José Elísio dos Reis tinha-se tornado famoso nas vielas do crime por seus inúmeros conflitos, contínuas violências a desafetos, constantes espancamentos de mulheres decaídas e pela autoria ou cumplicidade de um assassinato ocorrido em meados de 88, na rua dos Andradas, junto ao largo de São Francisco de Paula.
>
> Vivendo sempre em rodas suspeitas, nas quais se cercava de perigosos asseclas, ele escolhia a noite, os teatros para campo de suas façanhas, aí despertando gerais animosidades e improfícuas internações da polícia.[55]

Segundo Ferraz, pouco antes da proclamação da República, Juca Reis viajara para a Europa e voltara justamente "quando aqui encetei a enérgica repressão daqueles perversos delinquentes". Ferraz revelou que, conhecendo as estreitas relações entre o chefe republicano Quintino Bocaiuva e o irmão de Juca Reis, alertara o primeiro para avisar à família que não deixasse o rapaz regressar ao Brasil.[56]

> Foi, pois, com uma grande surpresa que, decorrido algum tempo, ao passar pela rua do Ouvidor, vejo-o em frente à confeitaria Pascoal, vestido com esmero, de cartola branca e luvas, tendo desembarcado havia pouco da Europa de um paquete da Messageries Maritimes.

Dentro de uma hora, Reis era recolhido à Polícia Central, de onde, como de praxe, foi trasladado para a Detenção, causando isso um forte sentimento de aplauso, que se revelava nos animados comentários, entrecruzando-se por todos os recantos da cidade.[57]

Segundo Evaristo de Morais a prisão de Juca Reis desencadeou uma das mais demoradas crises dos primeiros anos de República. João José dos Reis Júnior, o irmão do famoso capoeira, era dono do jornal *O Paiz*, cujo redator principal era Quintino Bocaiuva, um dos arquitetos do golpe de 15 de novembro. A detenção foi objeto de áspera discussão no Conselho de Ministros, que agrupava o presidente da República e o gabinete. Na reunião de 12 de abril de 1890 o próprio Quintino Bocaiuva, ministro das Relações Exteriores, levou o assunto a discussão, definindo como excessivamente rigorosa a prisão de Juca Reis, e ameaçou deixar o governo caso prevalecesse a decisão do chefe de polícia de enviá-lo para Fernando de Noronha. Presente na reunião, Rui Barbosa clamou pela permanência de Bocaiuva, mas defendeu a manutenção da ordem de deportação.[58]

Campos Sales, então ministro da Justiça, também seguiu na mesma linha, e defendeu o chefe de polícia, que ficaria desmoralizado publicamente caso fosse anulada a sua ordem. Para resolver o impasse, o próprio Campos Sales propôs que se baixasse uma ordem permitindo que os deportados com posses pudessem deixar Fernando de Noronha e fossem morar em outro país. Como veremos, essa decisão prevaleceu, e o presidente pôde a um só tempo evitar a demissão do seu ministro e garantir a determinação do chefe de polícia.

Anos depois daqueles episódios, Sampaio Ferraz manteve sua narrativa de autopromoção como paladino republicano no cumprimento dos deveres. Ele contou que ao fim de alguns dias após a prisão de Juca Reis chegou-lhe às mãos um convite de Campos Sales para tratar do assunto. Perante o ministro, Ferraz se mostrou inflexível. Explicou que a prisão se baseava em circunstâncias anteriores e ameaçou abandonar o cargo caso não fosse consumada a deportação para Fernando de Noronha.

No dia seguinte, foi a vez de o presidente da República, Deodoro da Fonseca, convocá-lo para uma audiência no palácio Itamaraty. Na ocasião estava também presente a "veneranda" condessa de São Salvador de Matosinhos, que foi interceder pelo filho. Confidenciou-lhe o marechal Deodoro que a "ilustre fidalga" chegou a se ajoelhar aos seus pés, banhada em lágrimas e suplicante, pedindo-lhe que poupasse o filho de "um presídio de criminosos". Diante do marechal, Ferraz argumentou que fora procurado por muitas mães, e a todas resistira em nome dos "sagrados interesses sociais e da dignidade da República". Arrematou dizendo: "Eram humildes criaturas, pobres mulheres do povo, algumas, talvez, fiéis companheiras de bravos soldados do glorioso Exército nacional, e, entretanto, mães tão extremosas e dignas de compaixão quanto a venerável condessa de Matosinhos". Depois disso, segundo contou, o marechal apertou-lhe a mão e lhe disse: "Tem razão. Mande o homem!".[59]

No dia seguinte, Juca Reis foi embarcado no vapor *Arlindo* com destino ao Recife, com a recomendação de que dali seguisse imediatamente para Fernando de Noronha. Noticiou-se que pelas onze horas da noite de 30 de abril de 1890, depois de passar 23 dias na Casa de Detenção do Rio de Janeiro, ele foi avisado de que viajaria no dia seguinte. Às três da madrugada de 1º de maio foi transportado até o Arsenal de Guerra e de lá para o navio. Da Casa de Detenção até o Arsenal acompanharam-no o delegado, um tenente e mais quatro praças do regimento policial. As ruas por onde passou a carruagem foram patrulhadas com reforço da polícia.[60]

Observadores da época informaram que no dia do embarque Juca Reis achava-se muito abatido, magro, barba e cabelos crescidos e com uma palidez marmórea. Trajava um terno de casimira escuro e chapéu preto. Um articulista seduzido pelo que chamou de "belo tipo romântico" disse que Juca Reis parecia um personagem de romance. Exibindo o documento oficial, ele foi entregue ao tenente Pereira de Sousa, "que lhe ofereceu lugar numa carruagem da Companhia Fluminense parada à porta da Detenção".[61]

No Arsenal de Guerra já estavam postados sessenta praças de polícia. Na lancha que o conduziu até o navio seguiram quinze soldados e o delegado. Cinco militares foram escalados para escoltá-lo até o Recife. Suas malas e objetos pessoais passaram por revista minuciosa. Até o momento da zarpagem esteve a bordo do vapor seu irmão, Reis Júnior, que fora avisado da viagem naquela mesma madrugada.[62] Os jornais exploraram bastante as cenas dramáticas do embarque de Juca Reis. Um deles informou que, chegando ao paquete, o moço subiu imediatamente para o tombadilho e "aí se conservou, num passeio agitado, até sete horas da manhã", quando chegou o irmão. Só então ele desceu do tombadilho e, na companhia de Reis Júnior, se dirigiu a uma sala onde conversaram intimamente até a hora de o navio levantar ferros.[63]

A Juca Reis foi dado um camarote na primeira classe, com beliche para dormir. O mesmo compartimento foi ocupado pelo tenente Pereira de Sousa, que o escoltava. A bordo do navio seguiriam também dois agentes de polícia e mais quatro praças do regimento policial. Um repórter de jornal engenhosamente disfarçado assistiu a tudo, desde a intimação dada ao preso até o momento em que os dois irmãos se despediram. Depois informou que tentara por diversas vezes conversar com Juca Reis, mas não fora possível arrancar-lhe uma palavra. Segundo o repórter, "o preso estava inteiramente sucumbido".[64]

Quatro dias antes, Reis Júnior publicara um longo manifesto no jornal *O Paiz* protestando contra o aprisionamento do irmão. Explicou que José Elísio era daqueles que tinha "esperdiçado a sua inteligência e atividade em ruidosos prazeres", mas não cometera crime algum. Sabia que ele estava na lista de indivíduos que deveriam ser degredados, mas, fiado em pessoa "altamente colocada" (certamente o poderoso Quintino Bocaiuva), consentira em voltar ao Brasil, condição necessária para conclusão do inventário do seu falecido pai. Para sua surpresa, "pouco depois de se ter encontrado na rua do Ouvidor com o sr. dr. Sampaio Ferraz, foi meu irmão, por ordem desse senhor, e horas depois de haver desembarcado, arrastado à prisão por quatro agentes da polícia, e ali mantido até hoje".[65]

Reis Júnior denunciou a forma como o irmão foi tratado na prisão. Privaram-lhe de todo o conforto, inclusive sendo obrigado a dormir no chão. "À minha veneranda madrasta, viúva de meu respeitável pai", não foi permitida a visita a seu filho. Lamentou também pelos cinco anos que devotara à causa da República. E alfinetou Sampaio Ferraz, atribuindo a prisão do irmão a uma "vindita longamente senhoreada" e motivos que disfarçavam "rancores de rivalidades totalmente estranhas à política".[66] Certamente referia-se ao tempo em que Sampaio Ferraz participara de grupos de capoeiras.

A chegada de Juca Reis ao Recife também recebeu grande cobertura jornalística. O navio *Arlindo* chegou em 10 de maio e naquele mesmo dia o rapaz foi recolhido à Casa de Detenção. No final da tarde uma força de trinta praças, comandada por um oficial, foi esperá-lo no porto de desembarque. Dali foi escoltado pela força e seguido por muitos curiosos.[67]

Juca Reis tentou ao máximo postergar sua transferência para Fernando de Noronha. A ideia era ganhar tempo para que a família conseguisse reverter a decisão do governo provisório. Tanto assim que, logo ao desembarcar, alegou problemas de saúde. Um médico contratado pela família fez o acompanhamento dele na prisão. Apesar dos esforços dos parentes, não houve como rever a ordem de deportação, e ele foi finalmente mandado para o presídio da ilha em 10 de junho de 1890, a bordo do *Jaboatão*.[68] O embarque ocorreu sob protestos do médico assistente, que definiu o ato como "revoltante violência da gente do poder".[69]

Naquele dia, Juca Reis ainda tentou um último recurso ao enviar uma petição ao governador de Pernambuco solicitando a suspensão de sua transferência, visto que estava gravemente enfermo, como demonstrava o atestado assinado pelo médico da Casa de Detenção. O documento declarava que o rapaz estava impossibilitado de fazer viagem marítima em razão de febre e vômitos, e por ter ele tomado forte purgante. O governador chegou a despachar favoravelmente, mas logo em seguida chegaram ordens do Ministério da Justiça mandando embarcá-lo imediatamente.[70]

Cercado de proteção e com recursos para protelar a deportação, Juca Reis buscou a todo custo evitar a transferência. Por trás desse esforço, o orgulho de classe ferido por ser mandado para uma prisão destinada a pretos da "ínfima classe". Mais do que isso, o temor de encontrar com capoeiras de maltas adversárias. Lembremos das rivalidades entre ele e Carrapeta.

O leitor ou a leitora deve estar se perguntando por que tantos detalhes sobre Juca Reis. Ocorre que, nesse caso, nós *temos* registro desses detalhes, precisamente porque ele era uma exceção no meio da gente negra, pobre e marginalizada que foi encarcerada em Fernando de Noronha. A ampla cobertura dos jornais e a rede de proteção que Juca Reis recebeu dos funcionários dos presídios por ser rico e de "distintíssima família" só mostra o quanto era desigual a sociedade brasileira. O silêncio absoluto da imprensa para o drama dos homens que foram deportados, jogados nos porões dos navios, encarcerados em fétidas prisões e castigados com tronco e açoite escancarava todas as contradições de uma sociedade que tratava desigualmente seus cidadãos. Por serem negros da "ínfima classe", seus sofrimentos não rendiam notícias nos jornais.

A comunidade de capoeiras em Fernando de Noronha

Recuperando nosso correspondente J. S., contou ele que, depois de longa travessia no porão do vapor *Jacuhype*, ele e os demais "infelizes" desembarcaram em Fernando de Noronha. Ao chegar ao presídio foi mandado à Aldeia. Era a quinta prisão que frequentava desde que fora capturado nas ruas do Rio de Janeiro. Segundo ele, tudo era horripilante e medonho, a começar pela "saudação festiva" do galé que recebia os novatos com "ar diabólico", até o "urro destemperado" do guarda a dar ordens como um "déspota".[71]

Em abril de 1890, J. S. mandou uma carta desabafando: "A vida aqui é muito horrível. Neste desterro, longe de tudo e de todos, passo horas triste, cheio de saudades cruéis". Não faltaram em seu relato toques românticos ao confessar o amor por "aquela" que fora a causa inocente de todo o seu sofrimento. Mas sentiu-se triste ao saber que pelo vapor *Jaboatão* não chegara correspondência da amada. Comentou, desolado: "Como o desterro faz esquecer a gente!".[72] Por esse detalhe é possível saber que aos capoeiras era dado o direito de receber correspondências e conhecer o que acontecia no continente.

Nosso informante contou que um moço de nome A. de M. recebia os jornais e repassava as notícias para os companheiros. Graças a ele pôde saber o que se passava no país. Do seu ponto de vista, a maioria dos desterrados não se preocupava muito com o noticiário político, pois quando estavam lendo a *Gazeta de Noticias* só queriam se informar se a polícia estava perseguindo as casas de jogo ou havia prendido algum conhecido.[73] Não percebia ele que, na verdade, os capoeiras se inquietavam com a situação política, mas de uma perspectiva própria. Aos olhos de J. S., os capoeiras pareciam resignados com o sofrimento a que estavam submetidos. Riam muito e passavam parte da noite "contando histórias e façanhas!".

> Aqui os regulamentos são muito rigorosos. Os desterrados não têm regalia alguma e estão sujeitos a todas as penas. Um dos que vieram comigo, tendo desacatado um empregado do presídio, foi castigado com as célebres varas de raiz de gameleira. Quando acabou o castigo, estava com as costas todas feridas. Que barbaridade![74]

A narrativa de J. S. em muitos pontos coincide com o que foi registrado na documentação do presídio e com o que já se escreveu sobre o envolvimento dos capoeiras na política no tempo do Império. Os presos considerados de "boa conduta" eram obrigados a permanecer na Aldeia, os rebeldes ficavam na prisão solitária. J. S. lamentou não haver liberdade para andar pela ilha e desfrutar da beleza do lugar. Ao refletir sobre os presos capoeiras, observou:

> Há homens aqui que nunca *souberam* como se atira uma rasteira ou uma cabeçada; são mais moles do que uma lesma, mais medrosos do que um sagui. E no entanto, cá estão por *serem perigosos*. [...]
>
> Quase todos os verdadeiros capoeiras foram do serviço de altos personagens políticos, e tudo quanto fizeram foi contando com a proteção desses personagens, ou por mando deles. Serviram a todas as situações e a todos os governos da monarquia. Conhecem o mecanismo de tudo isso aí e descrevem como é costume enlear um homem numa rede de intrigas que o façam perder-se.[75]

Assim, a Aldeia era o local onde ocorriam os primeiros encontros entre capoeiras procedentes dos vários estados do Brasil. O correspondente J. S. informava que nos primeiros dias sentiu-se muito solitário, mas aos poucos foi fazendo amizades. Na sua visão, no meio de tanta gente de "má recomendação", teve de escolher os amigos. A certa altura se referia a um capoeira chamado Piolho, mas "bastou o nome para fazer-me fugir dele. É que os piolhos dão logo na cabeça".[76]

Macaco Beleza sabia das façanhas dos capoeiras do Rio de Janeiro. Vez ou outra os jornais baianos reproduziam notícias da capital do Império informando sobre conflitos de rua com a polícia. Por exemplo, em 11 de maio de 1881, a *Gazeta da Bahia* publicou uma longa exposição sobre Antônio Gomes Ferreira, apelidado de Russinho, um capoeira célebre da capital. Em agosto de 1885, os jornais baianos noticiaram os confrontos entre as maltas dos Nagoas e Guaiamus, no centro do Rio de Janeiro, por ocasião da ascensão do Partido Conservador.[77] Certamente ele jamais imaginou que um dia estaria frente a frente com esses temidos homens.

Em muitos momentos de sua narrativa, J. S. utilizou a expressão "companheiros de infortúnio", deixando transparecer que se criara um senso de comunidade entre os capoeiras. Foi assim que, com o tempo, conseguiu fazer amizade com dois presos. Um deles era um deportado chamado Zé Mariano, e o outro era um velho desterrado "do tempo da perigosa monarquia". O primeiro estava ali por atrever-se a olhar para a filha de um "figurão"; o segundo, por ter se envolvido na política.[78]

Contou J. S. que o "velho desterrado" era muito instruído, passava noites inteiras falando contra a República. Costumava lamentar fazendo caretas: "A geração do Nunes Machado não tem descendente". A referência era ao líder da Revolução Praieira, em Pernambuco, que optara pela luta armada. Mencionava também Pedro Ivo, afirmando que fora um grande patriota, e elogiava o padre João Manuel como um novo Frei Caneca. J. S. confessou admiração e afeição pelo velho desterrado, a quem passou a estimar como se fosse um parente. "Quase todos aqui o respeitam, à exceção do tal Carrapeta, que não faz caso de ninguém."[79] Assim, o "velho desterrado" era um republicano, mas crítico e descontente com o movimento de 15 de novembro.

O recolhimento punitivo de capoeiras à Aldeia era constante, o que demonstra que a disciplina do presídio não lhes diminuía o caráter rebelde. O que os livrava do longo confinamento era o "bom comportamento". Por exemplo, em 28 de fevereiro de 1890, o capoeira Manuel de Lima Peixoto, o já mencionado Manduca da Seda, foi desaldeado "por trabalhar nas oficinas e portar-se bem".[80] Em 8 de março foi a vez dos capoeiras Antônio Cuco e Domingos Ramos Constantino, o Fortaleza, serem tirados da Aldeia "por terem se portado bem".[81] Manuel Possidônio Ornelas, capoeira baiano, foi solto por bom comportamento em 9 de março de 1890.[82]

Nos dois anos em que permaneceu em Fernando de Noronha, Macaco Beleza testemunhou um dos momentos mais intensos da história do presídio. A entrada brusca de presos capoeiras procedentes de vários lugares do Brasil e principalmente do Rio de Janeiro alteraria o cotidiano e aumentaria as tensões na ilha. Ele também chegou a tempo de ver a movimentação dos ex-escravos que ali estavam cumprindo pena por crimes cometidos no tempo e em consequência da escravidão. É disso que trata o capítulo seguinte.

8. Macaco Beleza e a esperança de uma segunda abolição

> Há dezessete anos que o implorante sofre [a] dolorosa provação do cárcere nos rochedos do presídio de Fernando de Noronha.[1]
>
> MANUEL JOAQUIM, ex-escravo

QUANDO MACACO BELEZA DESEMBARCOU na ilha de Fernando de Noronha, a população carcerária formada por ex-escravos estava agitada com a expectativa de anistia por crimes cometidos no tempo do cativeiro. A abolição e a mudança de regime reacenderam a esperança de comutação das penas e outorga de perdão. Aqueles dias foram de intenso movimento no volume de pedidos de soltura e na pressão exercida sobre a direção do presídio para dar celeridade aos requerimentos. A movimentação dos ex-escravos por liberdade correu em paralelo (embora não alheia) às iniciativas dos capoeiras para sair da ilha. Além disso, o encontro com homens e mulheres que viveram e resistiram ao cativeiro certamente foi, para Macaco Beleza, um momento ímpar de reflexão sobre a escravidão e seu nefasto legado.

Em busca de uma outra abolição

Depois da abolição, ficou indefinida a situação dos ex-escravos cumprindo pena por crimes cometidos na época da escravidão. O cativeiro havia acabado, mas parte da legislação que o sustentava se manteve intacta, dando

Presos de Fernando de Noronha trabalhando na lavoura, década de 1930. O trabalho em turmas e sob supervisão dos guardas eram bem semelhantes ao que viu Macaco Beleza quando lá esteve.

base legal ao encarceramento da população negra. Outrora na mão do senhor, agora nas malhas do sistema prisional, o destino daquelas pessoas seguia sob o domínio dos outros. Foi contra esse segundo cativeiro que se deu a luta por liberdade nos presídios brasileiros no final do século XIX.

Ricardo Pirola demonstra que, entre 1888 e 1889, muitos réus condenados pela lei de 10 de junho de 1835 tiveram suas penas revisadas pelo Poder Moderador, exercido pelo próprio imperador. Por meio de uma circular de 23 de abril de 1889, o governo central instruiu os presidentes de província a enviarem ao imperador todos os pedidos de perdão encaminhados por réus incluídos na resolução. Pedro II fez questão de dar publicidade a essas decisões via decreto do Poder Moderador justamente em 13 de maio de 1889, data do primeiro aniversário da abolição.[2]

Ao longo de 1889 foram libertadas as primeiras levas de ex-escravos beneficiados pela política de concessões de indulto. Depois da proclamação da República, os ex-escravos pressionaram o novo regime com novas solicitações de perdão. Até o despacho final, as petições passavam por várias autoridades: das mãos do diretor, o documento seguia para o governador de província, e deste para o ministro da Justiça, que dava a decisão final. Ao diretor cumpria receber a petição, informar sobre a trajetória do preso até o ingresso no presídio e dar um parecer avaliando seu comportamento.

É nessa leva de petições que se encontra a do já mencionado Tomás, que trabalhou na enfermaria do presídio e era identificado como "ex-escravo de dona Restituta Rodrigues Ferreira". Em 7 de abril de 1890, o diretor enviou esse requerimento para o presidente da República informando que pedia perdão da pena de prisão perpétua imposta pelo júri de Leopoldina, Minas Gerais, em 1883. Tomás, no entanto, faleceu de varíola na manhã de 25 de maio de 1890, às vésperas de sair do presídio.[3]

Pressionado pela movimentação dos presos, em 20 de setembro de 1890 o governo provisório baixou o decreto nº 774 abolindo a pena de galés. Determinava-se que os juízes deveriam imediatamente converter a prisão perpétua em pena de trinta anos de prisão. Além disso, extinguia-se a obrigação dos presos de trazerem corrente e calceta nos pés. No preâmbulo, o legislador dizia inspirar-se nos "princípios da humanidade" que condenavam as punições cruéis e aflitivas que em nada contribuíam para a reabilitação do criminoso.[4]

Logo em seguida, outro decreto, de 28 de setembro de 1890, tornou sem efeito a execução das sentenças condenatórias baseadas na lei de 10 de junho de 1835. Essa ordem governamental incidiu diretamente sobre os ex-escravos que haviam cometido crimes antes da abolição. A decisão se baseava na ideia de que aquela era uma "lei de exceção" e um dos "mais opressivos aparelhos da escravidão". Considerava que ela não poderia continuar a surtir seus "perniciosos efeitos", posto que formulada em um momento no qual o legislador estava "aconselhado por circunstâncias mal ponderadas" e dominado por "infundadas apreensões".[5] Estranha e tardia essa ponderação do legislador, considerando a longevidade da lei e sua vigência ainda mais de dois anos depois de abolida a escravidão!

Com efeito, a partir de setembro de 1890, voltou a crescer o número de petições de perdão que chegavam às mãos do diretor do presídio. Muitas esbarravam na burocracia e na desorganização do arquivo da instituição. Não raro faltavam nas fichas cadastrais informações elementares, como o tempo da pena e a data de entrada em Fernando de Noronha. A demora nos trâmites legais foi o que motivou a ex-escrava Úrsula e mais outros ex-escravos a redigirem uma queixa cobrando maior celeridade da diretoria na inclusão dos seus nomes na lista dos que deveriam ser beneficiados pelo decreto. O diretor Joaquim de Gusmão Coelho defendeu-se afirmando que as guias existentes na secretaria do presídio não ajudavam a determinar quem realmente tinha sido condenado com base na lei de 10 de junho de 1835.[6]

A pressão dos presos fez com que o Ministério da Justiça, em 4 de fevereiro de 1892, enviasse a todos os governadores uma circular determinando:

> Havendo chegado ao conhecimento deste ministério, por diversas reclamações de sentenciados ex-escravos perdoados pelo decreto de 28 de setembro de 1890, que eles continuam ilegalmente presos, não posso deixar de chamar a vossa atenção para este fato, no intuito de serem postos em liberdade os referidos indultados, devendo os juízes da execução, independentemente de comunicação desta secretaria, como preceitua o citado decreto, julgar extintas as penas e expedir os respectivos alvarás de soltura para serem cumpridos nos lugares em que estiverem os agraciados.[7]

Com base na Tabela 3, que se refere à movimentação de saída de presos entre 1890 e 1892, pode-se dimensionar quantos ex-escravos foram indultados ou cumpriram pena ao longo desses anos. Os números podem variar para mais ou para menos, pois até o momento do embarque haveria inclusão ou exclusão de passageiros. Com frequência presos deixavam de embarcar por motivo de morte ou doença. Além disso, só foram computados como ex-escravos aqueles que assim foram identificados nas listas de passageiros.

TABELA 3. Movimento de saída de presos de Fernando de Noronha,
agosto de 1890-março de 1892*

NAVIO	DATA DE SAÍDA	SENTENCIADOS	EX-ESCRAVOS	DEPORTADOS	TOTAL DE PRESOS
Jaboatão	27 ago. 1890	8	3	10	21
Beberibe	3 out. 1890	3	1	20	24
Jacuhype	27 out. 1890	85	34	3	122
Beberibe	19 nov. 1890	9	27	76	112
Una	17 dez. 1890	25	4	3	32
Beberibe	20 jan. 1891	31	6	—	37
Beberibe	19 fev. 1891	44	3	1	48
Jaboatão	28 mar. 1891	157	23	—	180
Jacuhype	21 abr. 1891	28	4	1	33
Beberibe	23 mai. 1891	21	9	—	30
Una	20 jun. 1891	11	1	—	12
—	25 jul. 1891	37	—	—	37
S. Francisco	22 ago. 1891	20	—	—	20
—	24 set. 1891	20	3	—	23
Jaboatão	19 out. 1891	25	2	1	28
Una	13 fev. 1892	—	—	12	12
Goyana	31 mar. 1892	49	15	4	68
TOTAL		573	135	131	839

* Tabela elaborada a partir das correspondências do diretor do presídio, contendo a lista de
passageiros que deveriam seguir nos navios (1883-94).

Observa-se que houve aumento no número de saídas de ex-escravos
logo depois do decreto de 28 de setembro, o que mostra que eles estavam
atentos às oportunidades de alcançar a liberdade. Considerando os 264 escravos cumprindo pena em Fernando de Noronha em 1881, pode-se dizer
que pouco mais da metade foi indultada entre 1890 e 1892. A primeira

Macaco Beleza e a esperança de uma segunda abolição

grande saída após o decreto aconteceu em 27 de outubro de 1890, quando seguiram a bordo do *Jacuhype* 122 presos deportados e sentenciados, dentre eles 33 ex-escravos. Pelos nomes listados percebe-se que havia muitos africanos: Agostinho Monjolo, Fernando Mina, Jacinto Moçambique, Brás Congo, Vitorino Moçambique, Tomás Congo e Macário Nagô. Alguns deles já carregavam sobrenome de pessoa livre, como Domingos Fortes e Antônio Gregório.[8]

Na viagem do *Jacuhype* seguiram nove ex-escravos já muito idosos que cumpriam pena desde a década de 1850. Entre eles estavam Trajano, ex-cativo de José Joaquim de Brito, que cumpria pena desde o distante 15 de junho de 1850; Pedro 1º (assim chamado para distingui-lo de algum homônimo), que cumpria pena desde novembro de 1851; Quirino, conhecido por José Quirino, desde setembro de 1854; Francisco do Ó, crioulo, desde fevereiro de 1855; Macário Nagô, desde abril de 1855; Félix Gomes, ex-escravo de Antônio Gomes, desde maio de 1860.[9]

Outro grande grupo deixou Fernando de Noronha em 19 de novembro de 1890: o vapor *Beberibe* partiu levando 112 sentenciados e alguns capoeiras, sendo 26 ex-escravos, a maioria enquadrada no decreto de 28 de setembro de 1890. Seguiram, entre outros, Januário Clementino, ex-escravo de João Nepomuceno de Melo, que deixou o presídio levando os cinco filhos; Francisco Cafundó, ex-escravo, levando consigo a mulher, sete filhos e a sogra. Nesse grupo de ex-escravizados seguiu também Benedita, ex-escrava de Manuel Ferreira da Rocha, embarcada com as duas filhas. Foi nessa viagem que seguiram também os capoeiras pernambucanos conhecidos como Lula Patola, Pernambuco, Bicudo, Pinguinho, Sotero, Macaco Pará e Dondon.[10]

Cerca de vinte anos depois desses acontecimentos, o marinheiro Gastão Penalva chegou a testemunhar o intenso rebuliço nas praias de Fernando de Noronha nos dias de embarque dos presos que deixavam o presídio. É difícil imaginar o que sentiram aqueles homens e mulheres encarcerados por força de condenação por crimes do tempo da escravidão. Alguns poucos haviam constituído família ou levado sua família para a ilha, mas a maioria tinha perdido completamente as referências familiares e de comunidade. Para estes, a alegria devia se misturar à tristeza de terem a liberdade restituída quando já idosos e alquebrados por muitos anos de trabalho forçado. Sem dúvida aqueles eram momentos de muitas incertezas.[11]

Histórias do cativeiro contadas pelos ex-escravos

Embora escritas por terceiros, as petições encaminhadas por ex-escravos são documentos valiosos para dimensionar como aqueles homens e mulheres pensavam a experiência da escravidão e quais estratégias utilizavam para embasar os pedidos de perdão. O roteiro era padronizado. Em geral o preso começava contando sua própria história, a data de chegada ao presídio e em quais circunstâncias havia cometido o crime, ou, para sermos mais justos, resistido à opressão escravista.

Para tornar os solicitantes mais convincentes e dignos do perdão, as requisições trazem muitas vezes confissão de arrependimento e apelo ao sentimento de misericórdia das autoridades. A linguagem é de deferência, humildade e respeito. Ainda assim, são documentos reveladores da forma como eles viveram a experiência da escravidão e os longos anos de cárcere.[12] Pelo que diziam, a beleza natural de Fernando de Noronha estava bem longe de representar o paraíso.

Comecemos pela petição do sentenciado Damião, "ex-escravo de João Bezerra Chaves", redigida em 8 de janeiro de 1890 pelo segundo cadete João da Costa Medeiros Sobrinho, provavelmente um sentenciado militar. Pelas informações preliminares do diretor, sabe-se que Damião foi condenado a pena de galés perpétuas pelo júri do Recife em 1883.[13] O texto começa:

> Com a maior submissão e cheio da mais convicta humildade vem o ex-
> -escravo Damião dirigir-vos a presente petição na qual vos solicita a graça de
> terminar ou de minorar a pesada e rigorosa pena de galés perpétuas que lhe
> impôs o júri da cidade do Recife em sessão de 23 de abril de 1883.[14]

Em seguida, ele sutilmente emenda uma crítica às "velhas leis de seu país" e aos seus julgadores, que à época não atentaram para as atenuantes

Macaco Beleza e a esperança de uma segunda abolição

que o levaram ao homicídio do "seu bárbaro e selvagem feitor, que, com tanto exagero quanta perversidade, excedia-se em perseguir e castigar os escravos de seu ex-senhor, João Bezerra Chaves". Eis parte do texto da petição, que, mesmo escrito por outro indivíduo, tem muito da narrativa do próprio Damião.

> Era o ex-escravo Damião considerado por seu ex-senhor, prestando-lhe com a devida humildade e baixeza do cativo de então todos os serviços que de si eram exigidos.
>
> Em um dia que o selvagem feitor castigava desapiedadamente sua própria mãe em sua presença, e que além de não atender aos seus rogos de filho com o fim de livrá-la da surra da qual estava injustamente sendo vítima lembrou-se esse bárbaro de agredi-lo com a deliberada intenção de fazer-lhe o mesmo que fazia à sua velha e infeliz mãe! Foi uma ocasião que o destino levou o ex-escravo Damião a ser homicida, o desespero de instante gerado pelos castigos infligidos à sua mãe, a quem tanto se dedicara com o mais extremado amor filial, o fez perdê-lo, como está certo de que razões idênticas fariam perder a todos os filhos em suas condições.[15]

Preso havia mais de seis anos, Damião terminava com a seguinte súplica: "Grande cidadão perdoe ao mísero ex-escravo e galé, dele tendes piedade por vossa glória, por vossa história e por seus feitos. Saúde e fraternidade". Pelo despacho de 5 de maio de 1891, Damião recebeu o perdão e foi solto.

A petição do ex-escravo Possidônio, apresentada ao presidente da República em 10 de janeiro de 1890, também apelava para as circunstâncias em que cometera o crime e lembrava a longevidade dos "horrores da nefanda escravidão" no país. Além da exploração de que foi vítima no cativeiro, ele também se via "esgotado" pelos longos anos de trabalhos no presídio.

> Diante do grande cidadão que hoje preside os destinos do Brasil, vem prostrar-se de joelhos o infeliz ex-escravo Possidônio, para implorar o perdão do crime de morte que cometeu, obrigado pelos horrores da nefanda escravidão, que por tantos anos existiu neste imenso país.

O suplicante foi condenado a pena de galés perpétuas pelo júri de Codó no estado do Maranhão em 10 de setembro de 1878, e como sejam decorridos doze anos depois da perpetração do crime, durante os quais tem o infeliz galé esgotado suas forças nos trabalhos do presídio de Fernando de Noronha, anima-se hoje a pedir perdão de tão excessiva pena, atento às circunstâncias em que foi cometido o crime.[16]

O pedido de perdão de Antônio Ferreira, "ex-escravo de Cândido Ribeiro Barbosa", que chegou a Fernando de Noronha em 5 de agosto de 1871 para cumprir pena de galés perpétuas imposta pelo júri de Bananal, em São Paulo, em junho de 1864, ressaltava o fato de ele ter nascido "debaixo do rigor da escravidão":

Além de ter o impetrante nascido debaixo do rigor da escravidão, dela saiu para expiar um crime que inesperadamente praticou, infelizmente, tendo a companhia de outros corréus; são passados 26 anos que o impetrante arrependido e corrigido expia seu crime, por este motivo tem fé na vossa caridade e justiça ainda tendendo às informações que seus superiores terão de ministrar com relação a seu comportamento, deferir na forma requerida.[17]

A petição de Antônio Ferreira foi escrita por Liberalino Rodrigues Machado, sentenciado militar que deixou o presídio em outubro de 1890, a bordo do vapor *Jacuhype*.[18] Aqui fica muito evidente como as alianças tecidas no presídio foram importantes para a sobrevivência e para a busca de liberdade, mesmo considerando-se que os cativos provavelmente pagavam pela redação dos pedidos.

O africano José dos Reis do Espírito Santo argumentou que sua condenação era como um outro cativeiro ainda mais rigoroso que a escravidão. Havia algo de tensão existencial em suas palavras ao dizer que não desejava morrer sob pressão de "tão cruel sentença". Pelo sobrenome adotado no Brasil, provavelmente fora convertido ao catolicismo e não desejava morrer na condição de presidiário.

Macaco Beleza e a esperança de uma segunda abolição

O suplicante cidadão, dizendo-se africano vos tem dito o suficiente para compreenderdes os seus sofrimentos como escravizado, mas hoje que vê os seus companheiros livres e que sobre si ainda tem o jugo de condenado, vos pede de joelhos o vosso perdão para esta nova pena pior ainda que o cativeiro.

O suplicante é condenado a galés perpétuas e, velho como já é, deseja não morrer sob a pressão de tão cruel sentença. A vós cidadão.[19]

Em 9 de junho de 1890, o diretor do presídio escreveu ao governador de Pernambuco apresentando a petição do sentenciado Lauriano, "ex-escravo de João Batista de Arruda". Ele pedia perdão da pena de galés perpétuas imposta pelo júri de São Carlos do Pinhal, em São Paulo, em 23 de novembro de 1866. Lauriano chegou a Pernambuco em agosto de 1871. Na petição, argumentava que era um dos compreendidos na lei de 10 de junho de 1835, mas protestava por continuar no presídio mesmo depois que a maior parte dos seus companheiros incursos na citada lei já havia sido perdoada desde "o tempo da monarquia". A referência aos feitos do Império não deixava de ser uma forma inteligente de provocar as autoridades da República a fazer mais do que até então tinham feito por ele.

O implorante tem íntima confiança no eminentíssimo cidadão chefe do governo provisório dos Estados Unidos do Brasil, que se condoerá da triste e lamentável situação do infeliz ex-escravizado, que durante o tempo do seu horroroso cativeiro sofreu toda a casta de crueldade; o que deu isso lugar à fatalidade do delito pelo qual está sofrendo.

O implorante é um dos compreendidos na lei de 10 de junho de 1835, já tendo sido a maior parte dos ex-escravizados na citada lei perdoada no tempo da monarquia.[20]

O mais interessante dessa petição é que ela permite perceber alguns fios que ligavam os ex-escravos aos capoeiras. Verifica-se que o requerimento de Lauriano foi escrito pelo capoeira deportado Duarte José Teixeira Júnior, que era branco e na época tinha dezenove anos. Uma pesquisa sobre os antecedentes do jovem capoeira permite apurar que seu pai, Duarte José

Teixeira, era dono de matadouro de gado e um dos grandes fornecedores de carne bovina para a cidade do Rio de Janeiro. O pai era também ligado ao Partido Liberal.[21] Nos tempos áureos, chegou a frequentar as aulas do prestigioso Colégio Pedro II.[22]

A morte do pai em janeiro de 1889 e as dificuldades financeiras possivelmente desandaram a vida de Teixeira Júnior. No início de 1890, foi preso como capoeira em uma das operações desencadeadas por Sampaio Ferraz e, logo em seguida, enviado para Fernando de Noronha. O prestígio que restava da família permitiu que em menos de um ano ele saísse do presídio por intervenção do ministro da Justiça Campos Sales, em 10 de janeiro de 1891. No despacho, o ministro observava que Teixeira Júnior fora deportado "por suspeita de ser capoeira", o que não era a mesma coisa que dizer que ele era capoeira.[23] O fato de ser branco e rico franqueava-lhe o benefício da dúvida. Em 19 de fevereiro, seu nome apareceu na relação de passageiros embarcados no Recife, no vapor *Manáos*, com destino ao Rio de Janeiro.[24] Uma notícia de jornal de 1891 dava conta de que Teixeira Júnior tornara-se funcionário da Estrada de Ferro Central do Brasil. Em 1893 ele aparecia numa lista de funcionários da Prefeitura do Distrito Federal. Três anos depois, seu nome constava numa relação de contribuintes do imposto municipal falecidos em 1896.[25]

As petições são preciosos testemunhos da forma como os ex-escravos definiam as experiências do cativeiro. Expressões como "horrores da escravidão", "cruel cativeiro", "garras do cativeiro" e "rigor da escravidão" são muito indicativas do que pensavam sobre a opressão vivida no tempo de servidão. No limite, podem também ser interpretadas como uma percepção da incompletude da abolição. O Treze de Maio tantas vezes mencionado nas cartas era como uma lembrança às autoridades de que a liberdade deveria prevalecer sobre o que ainda restava do maldito jugo. O encarceramento nos rochedos da ilha funesta era a prova viva de que o legado da escravidão era tão opressivo quanto o sistema abolido em 13 de maio. Do que ouviu daqueles detentos e pela própria experiência de abolicionista e ex-cativo, não há dúvida de que em algum momento Macaco Beleza foi tocado por essas inevitáveis reflexões.

Macaco Beleza e a esperança de uma segunda abolição 233

A movimentação dos capoeiras

Em paralelo às iniciativas dos ex-cativos, os capoeiras também se movimentavam para deixar o presídio. Em 11 de julho de 1890, uma decisão do Ministério da Justiça deu ao governo de Pernambuco poderes para permitir a saída de deportados estrangeiros que estavam em Fernando de Noronha como "desordeiros ou capoeiras". Era a primeira vez que o governo provisório se posicionava sobre a situação das dezenas de degredados. A decisão alcançava apenas os estrangeiros e aqueles que se comprometessem a deixar o território brasileiro e não voltar sem licença do governo federal, sob pena de reclusão por tempo indeterminado. Além disso, eles deveriam remeter ao governo de Pernambuco a quantia de pelo menos 300 mil-réis para custear a viagem.[26]

Em função desse aviso, em 27 de agosto de 1890, o diretor do presídio de Fernando de Noronha, Joaquim de Gusmão Coelho, fez embarcar no vapor *Jaboatão* com destino a Pernambuco 21 presos, entre os quais dez capoeiras que pretendiam deixar o país. Na relação constavam quatro estrangeiros: Narciso Dias da Silva e Jerônimo Cardoso, portugueses; Antônio Lafaiete, francês; e Pascoal Segreto, italiano. Os demais eram brasileiros: Adolfo Duarte de Morais, Manuel Ferreira, Felipe Santiago Viana, Pedro Pereira Neto (o Cadete), Diogo Francisco de Oliveira (o Diogo da Lapa) e Domingos Ramos Constantino. Dois outros capoeiras deixaram de embarcar: Estanislau Joaquim de Moura havia baixado à enfermaria e Raimundo Manuel do Nascimento morrera pouco antes da viagem.[27]

Nessa primeira leva de indultados seguiu também o nosso conhecido José Elísio dos Reis, o Juca Reis. Em 30 de agosto ele foi recolhido à Casa de Detenção do Recife, mas não permaneceria ali por muito tempo.[28] Por uma notícia publicada em *O Paiz* pôde-se apurar que em novembro já se encontrava em Matosinhos, Portugal.[29]

A partir de meados de 1890, começou a chegar ao Ministério da Justiça grande número de petições escritas pelos próprios capoeiras ou por seus parentes. As mães foram as que mais intercederam pela liberdade dos filhos. Felicidade Maria da Conceição foi uma que escreveu pedindo a soltura do filho, Isidoro da Silva Santos, enviado como capoeira em 10 de janeiro de 1890.[30] Os irmãos capoeiras José e Antônio Carlos Tarlé foram soltos depois que a mãe deles, Maria da Glória Tarlé, apelou ao ministro da Justiça. A soltura só se efetivou seis meses depois da petição.[31] A liberação do preso capoeira Manuel Rodrigues Barbosa, ou Braga, foi também fruto dos esforços de sua mãe, Justina Maria Rodrigues Braga, moradora no Rio de Janeiro. No pedido, ela alegava que o filho estava preso por "motivos administrativos", eufemismo para não dizer que estava ali por ser capoeira.[32]

Embora não houvesse muitos entusiastas da soltura de capoeiras, algumas vozes isoladas se levantaram pedindo a liberdade dos aprisionados em Fernando de Noronha. Em setembro de 1890, Alberto de Carvalho, que se identificava como republicano histórico, defendeu sua candidatura a deputado federal pelo Rio de Janeiro prometendo ao eleitorado batalhar por uma "República livre" e pelo "indulto aos deportados".[33]

Na sessão da Câmara dos Deputados de 24 de agosto de 1891, o representante baiano Aristides César Zama denunciou as deportações e banimentos de cidadãos como desrespeito às liberdades individuais. A discussão sobre o assunto terminou descambando para um bate-boca entre os parlamentares e muitas tiradas de ironia lançadas contra Zama. Um deputado chamado Mena Barreto reagiu: "Eu, se fosse governo, tinha deportado V. Exª no dia 15 de novembro". Zama insistiu afirmando que os governadores das províncias haviam se excedido, sobretudo os das províncias do então chamado Norte, onde ocorreram numerosos banimentos para Fernando de Noronha. No discurso, ele afirmou que os excessos tinham sido tamanhos que na Bahia até "enfermos e idiotas" foram deportados.[34]

Mena Barreto interrompeu, a título de ironia: "Na Bahia só foi deportado o Macaco Beleza (risos)". Provocado a declarar de onde assistira à proclamação da República, Zama disse que da Câmara dos Deputados. Francisco Glicério aproveitou para alfinetar o baiano lembrando que, no dia da proclamação, ele fora visto tomado de "profunda indignação", e ainda dera muitos "vivas à monarquia". Zama teve de explicar por que se convertera depois de 15 de novembro, mas deixou no ar referências a ligações embaraçosas entre os capoeiras deportados e os políticos que estavam no entorno do presidente da República.[35]

Zama ainda disse saber que Deodoro da Fonseca tinha um negócio "levadinho da breca", ou seja, insuportável e difícil de resolver, que envolvia um certo Manuel, mais conhecido como Manduca. Segundo Zama, no dia em que Manduca fosse solto levaria a cidade aos ares, pois o capoeira tinha uma lista de desafetos que chegava a duas dezenas. E acrescentou um ditado popular: "Galinha e caldo de cautela não fazem mal a doente".[36] Tudo leva a crer que o capoeira sabia de muita coisa envolvendo pessoas próximas ao presidente. Esse suspeito talvez fosse o tal capoeira Manduca da Seda, que estava então em Fernando de Noronha.

No início de 1891, um aviso do Ministério da Justiça autorizou o governo de Pernambuco a tomar a iniciativa de propor ao governo federal a concessão de liberdade aos deportados que tivessem bom comportamento e merecessem voltar à "comunhão social". O ministro recomendou ainda que o governador ouvisse as autoridades administrativas e judiciais do presídio a respeito do procedimento e da conduta dos referidos "degredados".[37] A saída de capoeiras interessava ao governador do estado e à própria diretoria do presídio, pressionados pelo agravamento da crise de abastecimento e pela carestia de gêneros alimentícios.

A decisão do Ministério certamente estava embasada no que determinava a então recém-promulgada Constituição brasileira de 24 de fevereiro de 1891. Na seção de direitos, a Constituição declarava que ninguém poderia ser conservado em prisão sem culpa formada e que ficavam abolidos a pena de galés e o banimento judicial. Mas a Carta manteve o desterro em caso de estado de sítio.[38]

O fator mais decisivo para a libertação dos deportados, contudo, talvez estivesse relacionado à decisão do governo federal de passar ao estado de Pernambuco a gestão do presídio. Embora contasse com os cofres da União, a manutenção dos presos dali em diante seria mais onerosa para o governo estadual.[39] Também parece ter pesado na decisão de diminuir a população carcerária a ameaça à manutenção da ordem interna do presídio, com os continuados rumores de fugas e rebeliões. Em 7 de setembro de

1891, por exemplo, o diretor daria instruções ao comandante da guarnição para redobrar a vigilância nos portos de Santo Antônio e dos Cachorros, onde havia dezesseis jangadas de pescadores e uma balsa utilizada na carga e descarga dos vapores. A intenção era evitar que os presos se apoderassem daquelas embarcações para fugir.[40]

No início de 1891, então, chegaram às mãos do diretor do presídio muitas petições de capoeiras com pedidos de liberdade. As cartas eram endereçadas ao ministro da Justiça, que deveria decidir sobre a sorte do preso. Entre as solicitações encontra-se a do já conhecido Manuel Gomes Neto Fiúza, o Carrapeta. O pedido, redigido em 25 de janeiro de 1891 e endereçado ao ministro, foi escrito e assinado pelo próprio Fiúza, e ideado quando ele aguardava na Casa de Detenção do Recife a ordem do Ministério para retornar ao Rio de Janeiro. Com uma caligrafia invejável e um texto bem construído, Carrapeta começava assim:

> Esta tem por fim, vir respeitosamente de joelhos implorar ao exmo. para que se digne mandar que o suplicante seja posto em liberdade visto se achar preso desde o dia 11 de dezembro de 1889, sem culpa formada; o suplicante foi preso no Rio de Janeiro e remetido para o presídio de Fernando de Noronha e desde o princípio de novembro que se acha na Casa de Detenção de Pernambuco vindo do mesmo presídio em consequência de moléstia.[41]

Carrapeta informava que era casado e com família; morava na rua da Alfândega, tinha esposa gravemente enferma e era pai de três filhos menores. Pedia para ser transferido para a Casa de Detenção da capital federal a fim de poder mais facilmente socorrer os seus. Declarava ainda que era estabelecido na rua Senhor dos Passos, eleitor do 2º Distrito do Sacramento e "bom chefe de família". Nunca respondera a processo, nunca fora preso armado nem por ferimentos.

Ele esclarecia que chegara a remeter ao chefe de polícia um abaixo-assinado com diversos nomes, inclusive os de 22 negociantes, pedindo a sua soltura, e até aquele momento não havia obtido resposta. Preso por longo tempo e longe da família, ele se queixava de perseguição. Por fim,

Macaco Beleza e a esperança de uma segunda abolição

apelou para o amor que o ministro tinha por sua própria família para lhe conceder a liberdade.

> O suplicante não sabe a quem há de atribuir essa perseguição, preso a uma imensidade de tempo, longe de sua família e uma irmã viúva a quem sustenta e de quem é dela o único amparo. Por isso, o suplicante pede ao exmo. sr. que pelo amor que tem à sua família dê uma resolução favorável a este que se acha nos cárceres há mais de um ano sem culpabilidade alguma.[42]

A descrição que Carrapeta faz de si mesmo destoa completamente da imagem do indivíduo violento, tumultuoso e desordeiro que aparecia nas páginas dos jornais. Ele ressaltava sua condição de pessoa obediente à lei e à ordem, arrimo de família, eleitor, negociante estabelecido e querido na cidade do Rio de Janeiro. Apresentava-se como o cidadão-modelo — trabalhador e ordeiro — desejado pelo novo regime. Em 5 de fevereiro de 1891, o ministro da Justiça escreveu ao governador de Pernambuco recomendando a soltura. No dia seguinte Carrapeta recebeu autorização para deixar a Casa de Detenção e seguir para o Rio de Janeiro.

Ainda no início do ano os jornais da capital federal já falavam do retorno de alguns dos capoeiras deportados. Em 6 de abril, o *Novidades* estampava a notícia: "Consta-nos que muitos dos deportados para Fernando de Noronha já se acham comodamente estabelecidos nesta capital, com casa de jogo aberta à disposição do público".[43] Em 10 de setembro, o *Jornal do Commercio* informou que o chefe de polícia vinha recomendando rigor na repressão à capoeiragem que reapareceu mais fortalecida depois da chegada dos retornados de Fernando de Noronha.[44] Dezessete anos depois desses eventos, em 1908, alguém que escreveu sobre o tempo dos "valentões" nas ruas do Rio de Janeiro ainda relembraria o dia em que Carrapeta regressou do exílio.

> Carrapeta voltou ao Rio. O povo da lira aclamou-o. O eminente sicofanta fundou, então, na rua da Conceição uma casa de jogo e, reverberado pela reputação que granjeara desde as memoráveis eleições dos partidos monár-

quicos, viveu em paz e abastança, até que adormeceu, acarinhado e chorado, no sono eterno dos justos.[45]

A rua da Conceição era o centro da "valentia carioca". Ao longo da viela funcionavam tavolagens consideradas perigosas e bordéis de "ínfima classe". Reputada pelo autor como "recanto infecto", nela viviam célebres valentes como Manuel Comprido, Alfredo Bexiga, Manduca da Seda, Russo da Praia, Antônio Buldogue e Sousa Malandro.[46]

Carrapeta voltou às atividades, mas não parece que sua vida tenha sido de paz e abastança. Numa de suas primeiras reaparições no noticiário consta que, na tarde de 20 de junho de 1891, a polícia o teria cercado em uma casa de jogo na rua da Conceição. No lugar foram encontrados dez "viciosos", que pagaram multa e foram recolhidos à Casa de Detenção.[47] Na tarde de 28 de setembro, na mesma casa de jogo, Carrapeta foi ferido com três facadas.[48] Quase um ano depois, foi novamente ferido, desta vez com um "alfinete de gravata", por um tal Augusto Nogueira dos Santos, que foi preso.[49] Alfinete de gravata era como se chamava a lingueta de ferro utilizada para fechar portas, mas na gíria capoeirista tinha o mesmo sentido de pincho, que significava pulo, salto, cabriola.[50] Cinco anos depois, ainda apareciam notícias de jornal contando façanhas de Carrapeta nas ruas do Rio de Janeiro. Um artigo de jornal daquele ano o definia como um tipo que vivia de explorar o vício do jogo e apresentar-se "ostensivamente como chefe de malta". Na mesma ocasião informava-se que às três e meia da tarde apresentara-se à polícia José Joaquim Pinto Soares, ferido por Felipe Santiago Viana, "um dos asseclas" de Carrapeta e integrante da primeira leva de capoeiras que Sampaio Ferraz mandou para Fernando de Noronha.[51]

Entre 1891 e 1892, capoeiras famosos obtiveram do governo autorização para deixar a ilha pernambucana. Foi nessa época que Macaco Beleza e os demais baianos começaram a dar os primeiros passos para sair. O envio de sua petição consta em ofício do diretor do presídio datado de 20 de junho de 1891, e em 2 de julho *A Provincia*, jornal que circulava no Recife, noticiou que entre os atos oficiais do governo de Pernambuco estavam as petições de Manoel Benício dos Passos e Manuel Possidônio Ornelas, que deveriam ser entregues ao presidente da República.[52]

Na Bahia, os primeiros rumores da volta de Macaco Beleza chegaram às páginas do *Pequeno Jornal* em 22 de dezembro de 1891. Segundo se noticiou, em 17 de outubro, o Ministério da Justiça notificou ao governo o envio dos requerimentos dos dois detentos pedindo a recuperação da liberdade.[53] Infelizmente não foi possível encontrar a petição redigida por Manoel Benício. Percebe-se que o documento percorreu várias repartições: das mãos do governador de Pernambuco seguiu para o ministro da Justiça no Rio de Janeiro e deste para o governador da Bahia, que finalmente a reenviou ao de Pernambuco. Quando chegou às mãos do governador baiano, em 26 de dezembro de 1891, ele deu o seguinte parecer:

> Atendendo ao que requereram Manoel Benício dos Passos e Manuel Possidô-nio Ornelas, e em vista do documento que exibiram mostrando terem tido até hoje bom comportamento no arquipélago de Fernando de Noronha, para onde foram remetidos, tenho por conveniente dar-lhes liberdade; pelo que vos rogo que providencieis a respeito.[54]

Em 16 de janeiro de 1892, o governador de Pernambuco ordenou que o diretor fizesse retornar para o Recife os deportados designados pelo governador da Bahia.[55] Entre a entrega da petição e a decisão final de soltura passaram-se sete meses. Em 23 de janeiro de 1892, o *Jornal de Notícias* anunciou que corria como certo que em breve regressariam de Fernando de Noronha Manoel Benício dos Passos, "vulgo Macaco Beleza", e Manuel Possidônio Ornelas.[56]

Finalmente, em 13 de fevereiro, o diretor do presídio informou ao governador de Pernambuco, Antônio Epaminondas Correia, que, por ordem da junta governativa daquele estado, fizera embarcar no vapor *Una* doze deportados, entre eles Manuel Possidônio Ornelas e Manoel Benício dos Passos (desta vez registrado com o nome verdadeiro). Segundo o diretor, a quantidade de deportados fora pequena pelo reduzido número de praças disponíveis para escoltá-los.[57] Uma incrível coincidência: também em 13 de fevereiro, dois anos antes, o governador Manuel Vitorino escrevia

Lista de capoeiras, incluindo Manoel Benício, embarcados no vapor *Una* com destino ao Recife, em 13 de fevereiro de 1892.

reservadamente ao governador de Pernambuco informando o transporte de Macaco Beleza.

Os outros embarcados no *Una* foram os capoeiras José e Antônio Carlos Tarlé (irmãos), Manuel Justino dos Santos, Antônio Landusa, Eduardo Alves da Silva, Manuel Rodrigues Barbosa (ou Braga), Narciso Rodrigues Vilarinho Júnior, Leocádio José Barbosa, Antônio José de Santana e Deocleciano Alves de Medeiros. Uma anotação na parte superior do documento de transferência informava que os presos foram recolhidos à Casa de Detenção do Recife em 15 de fevereiro, o que indica que a viagem de retorno durou dois dias.[58]

Antes do embarque, o diretor recomendou ao comandante da escolta que, ao chegarem ao Recife, solicitasse força policial para conduzir

A Casa de Detenção do Recife, em fotografia do final do século XIX.

os capoeiras até a Casa de Detenção.[59] Construída em 1867, a Casa de Detenção foi concebida segundo o modelo das mais modernas penitenciárias europeias. O edifício tinha formato de cruz, com os quatro raios convergindo para um saguão central coberto por uma cúpula em metal e vidro. Cada raio formava uma ala de três pavimentos com celas de um lado e de outro. Macaco Beleza já ficara preso em lugar parecido, a Casa de Prisão com Trabalho, em Salvador, projetada com semelhante desenho arquitetônico.

Ao ser recolhido à Casa de Detenção, onde permaneceu por apenas cinco dias, ele passou por minucioso exame. O escrivão anotou seu nome, apelido, os nomes dos pais, idade, estado civil, cor e profissão. Foi por este documento que soubemos que seus pais se chamavam Aristides Conegundes de Moura e Maria Cristina. Uma coluna do livro de registro dava breve descrição dos seus traços físicos: 25 anos, solteiro, "pardo escuro", pedreiro, 1,82 metro de altura, cabelos pretos e carapinhos, rosto comprido, pouca barba, olhos graúdos, nariz chato, boca grande, todos os dentes, corpo regular, sabia ler e escrever. De toda a documentação até aqui pesquisada, esse é o mais detalhado perfil físico de Macaco Beleza.[60]

A respeito de Manuel Possidônio Ornelas, a documentação da Casa de Detenção informava que era natural da Bahia, 21 anos, filho de João Marcos Ornelas e Maria Cândida da Anunciação, "pardo escuro", solteiro, ferreiro, 1,68 metro de altura, cabelos pretos e carapinhos, uma cicatriz na orelha direita, pouca barba, olhos pardos, nariz grosso, boca e corpo regulares, todos os dentes, sabia ler e escrever. Segundo a declaração do chefe de polícia, ele fora para Fernando de Noronha por ordem da Junta Governativa até que se tivesse competente destino.[61]

Três dias antes de os detentos embarcarem para a Bahia, os jornais do Recife registraram numa pequena nota a decisão do governador de autorizar a soltura de Macaco Beleza e Manuel Possidônio.[62] Em 20 de fevereiro de 1892, às quatro horas da tarde, os dois foram levados ao vapor *Jacuhype*, com destino a Salvador. Ancorado no porto do Recife desde o dia anterior para embarcar cargas, encomendas e passageiros, o navio faria uma parada em Maceió e dali seguiria direto para a capital baiana.[63]

Macaco Beleza e a esperança de uma segunda abolição

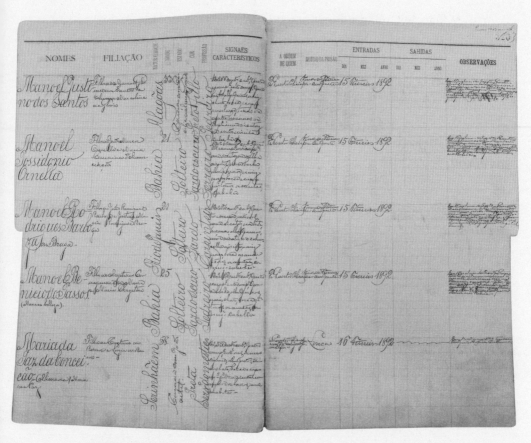

Páginas do livro de registro de entrada de presos da Casa de Detenção do Recife com indicação do ingresso de Macaco Beleza, em 1892.

A permanência de Macaco Beleza em Fernando de Noronha foi ligeiramente mais prolongada que a dos demais deportados, na maioria libertados ao longo de 1891. Joaquim Gonçalves dos Santos, por exemplo, recebeu autorização para voltar à Bahia em 4 de abril daquele ano. Mandado para o Amazonas e depois transferido para Fernando de Noronha, Santos fora companheiro de Macaco Beleza nas ruas de Salvador.[64]

Houve quem amargasse mais tempo no presídio da ilha. José Justino Alves Corte Imperial (o Mão de Grelha), Emídio Rodrigues do Couto, Tomás José da Rocha, José Pedro Canguçu só foram soltos em setembro de

1893.[65] Mão de Grelha submeteu requerimento de liberdade ao governador da Bahia, Joaquim Manuel Rodrigues Lima. Deportado como "larápio de profissão e desordeiro, e em bem da ordem e segurança pública deste estado", seu pedido foi indeferido em 27 de janeiro de 1893.[66] Em 17 de fevereiro do mesmo ano, o governador indeferiu também, e pelos mesmos motivos, a volta de Marcos Borges da Silva.[67]

Os últimos deportados só regressariam a seus estados de origem depois do decreto de 3 de dezembro de 1894, que proibiu o recebimento de sentenciados no presídio de Fernando de Noronha. No início de junho de 1897, a pedido do ministro da Justiça, a fragata de guerra *Carlos Gomes* retirava da ilha os últimos sentenciados que lá estavam por determinação do governo central.[68]

9. De volta à velha Bahia

> É tempo de desistirem de sua maléfica empresa os que imagi-
> nam anarquizar a república pelo ódio de classes, assim como já
> se pretendeu consolidar a monarquia pelo ódio de raças.[1]
>
> "Exemplo de solidariedade"

EM PLENO CARNAVAL DE 1892, a cidade de Salvador acordou com uma notícia de jornal cujo título era exatamente "Macaco Beleza". Publicada em
29 de fevereiro, para alguns a matéria soou como um banho de água fria
sobre a fervura dos festejos de Momo. Estava de volta o "tal" que agitara
a cidade nos últimos anos do Império e protagonizara os movimentos de
rua que adiaram por três dias a instauração da República na Bahia.

> Não é pilhéria de Carnaval, nem tampouco veio mascarado.
> Acha-se na Bahia, e aqui na capital do estado, Manoel Benício dos Passos,
> vulgo Macaco Beleza, figura saliente nas lutas vergonhosas de 15 de junho e
> de 15 de novembro, e que foi banido pelo governo do sr. dr. Manuel Vitorino
> Ferreira.
> Com certeza, será ele bem recebido pelos grupos amigos.[2]

O texto exprimia a perspectiva de quem aderira tardiamente à República e não estava nada contente com o retorno de Macaco Beleza à cidade.
Para muitos republicanos de última hora, as duas datas mencionadas haviam sido momentos traumáticos e vergonhosos. A expressão "grupos
amigos" se referia aos partidários do imperador. Naquela altura dos acon-

tecimentos, o fantasma monarquista a todo momento era lembrado como a grande ameaça para a estabilidade do sistema.

Na verdade, a informação estava atrasada em alguns dias. Conforme registro no *Livro de entrada de passageiros*, Macaco Beleza havia desembarcado no porto de Salvador em 22 de fevereiro, após dois longos dias de viagem no porão do vapor *Jacuhype*, procedente do Recife. Com ele chegaram mais quatro deportados também saídos de Fernando de Noronha.[3] Os cinco presos viajaram sob escolta policial e, antes de ganharem as ruas, foram conduzidos até a Secretaria de Segurança Pública de Salvador, onde receberam uma admoestação do chefe de polícia. Manoel Benício e Manuel Possidônio Ornelas (que fizera parte da primeira leva de deportados, em fevereiro de 1890) foram soltos a tempo de participar do Carnaval, que começou em 28 de fevereiro e se estendeu até 1º de março.

O desembarque deve ter causado alvoroço entre trabalhadores do porto, saveiristas, estivadores, ganhadores e ganhadeiras que vendiam frutas nas ruas próximas à Companhia Baiana de Navegação. Eles souberam da volta de Manoel Benício bem antes de ela virar notícia de jornal. Do cais a notícia se espalhou pela cidade, foi assunto nas rodas de capoeira, tabernas e casas de mocotó.

A reaparição pública de Macaco Beleza foi como uma verdadeira ressurreição, já que os dois anos de banimento haviam feito muita gente acreditar que ele teria morrido na onda repressiva dos primeiros dias de República. O retorno às ruas era a confirmação de que estava bem vivo e com a língua ainda mais afiada na crítica ao novo regime e aos que conspiraram para derrubar a monarquia. As aglomerações típicas do Carnaval criavam o ambiente propício para discursos nas praças e largos, bem ao seu estilo.

Isso acontecia no auge da crise econômica decorrente da carestia de gêneros de subsistência, de problemas de abastecimento e escassez de moeda corrente em Salvador. Desde o início de 1891, o comércio ressentia-se da falta de notas de 1 e de 10 mil-réis, causando embaraços cotidianos na devolução do troco. Por conta disso, patrões pagavam os trabalhadores com vales nem sempre aceitos nos mercados que comercia-

De volta à velha Bahia 247

lizavam alimentos. Por falta de moedas, as empresas de bonde passaram a dar o troco também em forma de vales, o que terminou aumentando o descontentamento popular.[4]

A seca que atingia o interior da Bahia desde meados de 1888 lançou nas ruas grande número de pessoas implorando à caridade pública. O *Jornal de Noticias* alertava que a falta de trabalho e a carestia iam multiplicando os furtos e roubos.[5] Para agravar mais a situação, a população da cidade estava apreensiva com o aumento de casos de febre amarela. No próprio dia do desembarque de Macaco Beleza, os jornais informaram a transferência para o hospital de Bom Despacho de dois tripulantes do vapor *Pernambuco*, atacados pela doença. Dois dias antes, o mesmo hospital havia recebido oito doentes oriundos do vapor italiano *Colombo*. Durante a viagem da cidade de Gênova, na Itália, para Salvador, dez passageiros faleceram acometidos pela moléstia. A tripulação se viu obrigada a lançar os corpos ao mar. Nos dias seguintes chegariam notícias da epidemia de influenza que vinha se alastrando na Europa.[6]

A menos de um mês da eleição para governador do estado, que ocorreria em 30 de março, acirravam-se os conflitos entre os diversos grupos políticos.[7] O medo do ressurgimento de movimentos restauradores, chamados "sebastianistas", ainda dominava as lideranças republicanas. No mesmo dia em que Macaco Beleza voltou do exílio, o chefe de polícia reuniu-se com a comissão nomeada pelo governo para organizar os festejos do Carnaval. Desde que surgira como alternativa ao deplorado entrudo, as autoridades policiais buscavam ter o máximo controle sobre a festa. Foi pactuado que naquele ano o desfile deveria começar no largo do Teatro, seguir pela Carlos Gomes até o Campo Grande e retornar pelo forte de São Pedro, Mercês, rua Direita da Piedade e novamente largo do Teatro.

Para muitos observadores, o festejo chegava "sem o luxo, sem a animação, sem o brilhantismo dos inolvidáveis carnavais passados". Naquele ano desfilaram os grandes clubes carnavalescos da cidade, o Fantoches e o Cruz Vermelha. Alguns notaram um clima de saudosismo, embora sem o mesmo ímpeto sebastianista dos anos anteriores. Os grupos carnavalescos não perderam a oportunidade de fazer críticas políticas. Um grupo avulso chamado Vítima de um Acordo levou para o desfile vários personagens simbolizando figuras do cenário político republicano. Um deles representava um indivíduo cansado pelo tempo, lendo um manifesto e gritando que não podia governar com a espada, que falava bem e declarava sempre "não meter mão em cumbuca". Possivelmente fazia menção a Manuel Vitorino, acusado por seus críticos de ter se apoiado no militarismo para governar.[8]

Pouco após a chegada de Macaco Beleza, os jornais anunciaram para os próximos dias a vinda do ex-governador Vitorino, representante da Bahia no Senado nacional e o homem que, dois anos antes, ordenara a deportação do capoeira. De fato, Vitorino saltou em terra em 26 de fevereiro e foi recebido festivamente na ponte de desembarque por muitos correligionários que o acompanharam até sua residência no distrito de Nazaré.[9]

Dez dias depois que Macaco Beleza voltou, o *Jornal de Noticias* publicou uma poesia intitulada "Traços ligeiros", assinada por alguém com o pseudônimo de Napoleão Muller. De forma cifrada, o poema dava-lhe boas-vindas às avessas. Dizia assim:

> *Fora do número também dos deportados*
> *(Todavia, digamos a verdade),*
> *Da política também ele fez parte*
> *Inda que nela fosse nulidade.*
>
> *No tempo das cruéis revoluções*
> *Ele também falou à multidão;*
> *Da praça do Palácio, lá nos bancos,*
> *Muitas vezes pregou o seu sermão.*
>
> *Alguns outros tiveram por menagem*
> *As cidades de Roma ou Bolonha,*
> *Entretanto, não eram desterrados*
> *Como ele em Fernando de Noronha?*

De volta à velha Bahia

Não andava de fraque ou de plastron
Não era por modéstia, já se vê;
Sua seita — Diógenes, o cínico,
Beleza a do macaco chimpanzé.[10]

A poesia tinha alvo bem definido e deixava evidente como a elite local via Macaco Beleza. O autor dos versos evitava se referir diretamente a ele pelo nome ou apelido. A menção era feita em forma de ataque racista associando-o a um chimpanzé. Havia o reconhecimento de que ele interferira na política, mas logo em seguida vinha a desqualificação, ao considerá-lo uma nulidade.

Os recados que ele recebeu nos jornais eram testemunho de sua presença nos acontecimentos políticos da Bahia dos últimos anos de Império. E deixavam mais do que explícita a ideia de que a política não era lugar para ele. "A política é só para os políticos", dizia a frase estampada pela loja Oriente em anúncio de jornal para vender "elegantes chapéus de feltro", evocando acontecimentos políticos do momento como estratégia para chamar a atenção para seus produtos.[11]

Mas façamos um rápido recuo no tempo para entender o cenário político no período em que Macaco Beleza esteve fora da província.

A Bahia no tempo do desterro

Nos dois anos de prisão em Fernando de Noronha, Macaco Beleza certamente não ficou alheio ao que acontecia no resto do país. Os poucos jornais que chegavam pelos vapores e circulavam entre os funcionários do presídio terminavam chegando às mãos dos presos. Os analfabetos reuniam-se em volta dos que sabiam ler para escutar o que era noticiado. A seção de política devia atrair os capoeiras, ávidos por uma reviravolta que os livrasse do desterro.

Em 1890, porém, a nota que mais deve ter chamado a atenção dos presos há de ter sido a que informava sobre a explosão de uma casa comercial na ladeira do Taboão, ocorrida em 4 de março. O episódio, chamado de "catástrofe do Taboão", foi noticiado em vários jornais do país. A tragédia aconteceu às oito horas da manhã, quando era grande o movimento de negociantes e trabalhadores que desciam a ladeira com destino ao bairro comercial. Mais tarde soube-se que foi provocada por um incêndio em local onde havia pólvora armazenada. A explosão foi tão forte que de imediato pôs abaixo onze prédios e vitimou dezenas de moradores e transeuntes. Com os acontecimentos de 15 de junho de 1889 ainda relativamente frescos na memória, muitos chegaram a pensar que aquilo era o começo de uma revolução monarquista.[12]

O dono do armazém de pólvora morreu na tragédia, mas a maior parte das vítimas eram pessoas negras, algumas delas africanas, que habitavam pequenos cubículos nos subsolos dos prédios — as chamadas lojas — ou nos cortiços dos andares superiores. Um mês depois da catástrofe, um relatório indicou 48 mortos e 33 feridos, dezessete deles em estado muito grave.[13] Certamente entre as vítimas estavam alguns dos que haviam assistido aos tumultos ou tido suas casas invadidas pelos que fugiam da célebre briga entre monarquistas e republicanos.

No mês de maio, as notícias de jornal deram conta do clima tenso em que transcorreu o segundo aniversário da abolição na Bahia. Alguns observadores chegaram a dizer que as "festas correram friamente, sem entusiasmo, não parecendo serem em honra à maior data da pátria". "O povo absteve-se de comemorá-la publicamente nas ruas com aquela alegria com que os povos patriotas concorriam a todas as suas festas." Para explicar esse retraimento, falou-se dos "pavorosos boatos" de dias antes anunciando que haveria revoltas, golpes de Estado e vitória dos sebastianistas em 13 de maio. Não se sabe de que "povo" o jornalista falava, mas é possível que o esfriamento da festa também se estendesse aos negros, diante dos tímidos resultados da abolição. O que se observou desde então foi a tentativa da nova ordem republicana de capturar a luz da festa popular no primeiro ano. Afinal, o que predominou na passeata realizada foi o brilho das fardas e o espelhamento das espadas dos batalhões do Exército e da Guarda Cívica que Manuel Vitorino criou para vigiar os libertos de 13 de maio.[14]

De volta à velha Bahia

Por certo Macaco Beleza ficou sabendo também da morte de Silva Jardim, em 1º de julho de 1891, aos trinta anos de idade. Ele excursionava pela Itália quando, na visita ao vulcão Vesúvio, foi tragado por uma fenda que se abriu sob seus pés. O corpo jamais foi encontrado. Por suas ideias mais democráticas, Silva Jardim foi alijado do processo de instauração da República com o golpe militar de 15 de novembro; de alguma forma isso também fez dele um excluído da República. Anos depois, quando o terreno republicano já estava mais ou menos sedimentado, a ladeira do Taboão foi rebatizada com seu nome.[15]

Outra notícia que certamente causou rebuliço entre os presos foi a morte de Pedro II, em 5 de dezembro de 1891. O imperador morreu no exílio, em Paris, aos 66 anos, vítima de pneumonia. Os jornais deram cobertura aos detalhes mais íntimos dos seus últimos momentos. Em Salvador, muitas casas comerciais fecharam as portas e bandeiras foram hasteadas a meio pau nos consulados de Portugal e da Itália, no Gabinete Português de Leitura e em outras instituições da cidade.[16]

A morte do imperador tinha para Macaco Beleza um significado especial, considerando que foi em defesa da monarquia que se lançou na luta contra a República e seguiu degredado para Fernando de Noronha. Contudo, sua convicção monarquista não foi abalada, afinal o monarca falecera sem abdicar do poder, o que tornava sua filha Isabel sucessora legal do trono do Império do Brasil.[17]

Mas foi depois que chegou à Bahia que Macaco Beleza pôde inteirar-se dos últimos acontecimentos da política local. Enquanto estava em Fernando de Noronha, dois governadores haviam sido destituídos do poder por brigas de facções. O primeiro deles, o próprio Manuel Vitorino, renunciou cinco meses depois de ter assumido, tendo enfrentado oposição tanto dos republicanos históricos como de antigos companheiros do Partido Liberal, como Aristides César Zama e Eduardo Carigé. As críticas da oposição tinham como principal veículo o *Pequeno Jornal*, fundado por Zama.

Os opositores chegaram a pôr em dúvida a participação de Manuel Vitorino no movimento abolicionista. Em discurso feito na cidade de Santo Amaro, e para agradar à classe senhorial do lugar, o governador chegou a afirmar que a lei de 13 de maio fora um ato de "perfídia da monarquia". O articulista definiu o governador como alguém que não participou efetivamente do movimento, apenas o "acompanhou". Colocaram em dúvida ainda suas convicções republicanas ao lembrar que no célebre 15 de junho de 1889 ouviu-se ele gritar possesso: "Eu não sou republicano!".[18]

Os republicanos históricos acusavam Manuel Vitorino de governar com o apoio das Forças Armadas e buscar sustentação nos políticos oriundos dos quadros partidários do tempo do Império. Eles se sentiam — e com razão — alijados do processo político. Ainda que não fosse militarista, Manuel Vitorino foi daqueles que aderiram à sedição militar que instituiu a República por acreditar que as Forças Armadas eram as únicas capazes de debelar revoltas e combater os que eram identificados como "inimigos das instituições".[19]

Diante das críticas e sob pressão, o governador ameaçou deportar opositores e fechar os jornais da oposição. Só então os redatores do *Pequeno Jornal* lembraram de denunciar o desterro de Macaco Beleza.[20]

Na noite de 25 de abril de 1890, boletins circularam pela cidade convocando a população para uma reunião na manhã do dia 27, em frente ao palácio do governo, com o objetivo de pedir a destituição de Vitorino.[21] Reunindo-se com os comandantes do 16º e do 9º batalhões do Exército e com o chefe de polícia, o governador defendeu a repressão ao movimento. Os participantes do grupo se opuseram alegando que a manifestação era pacífica. Isolado politicamente e sem o apoio dos militares, Vitorino decidiu exonerar-se em 26 de abril de 1890. Assumiu o cargo o marechal Hermes Ernesto da Fonseca, comandante das Armas.[22]

A segunda deposição do posto máximo do estado aconteceu no contexto da tentativa de golpe de 3 de novembro de 1891, quando o marechal Deodoro da Fonseca dissolveu a Câmara e o Senado alegando que não poderia governar com a oposição sistemática do Legislativo, que ao seu ver conspirava a favor da restauração. Motivado por essa desconfiança, Deodoro assumiu poderes ditatoriais decretando estado de sítio na capital federal.

Em vários estados do Brasil houve reação ao golpe. No Rio de Janeiro, oficiais da Marinha se manifestaram contra Deodoro, exigindo o restabelecimento da ordem constitucional e a revogação do decreto de fechamento

De volta à velha Bahia 253

do Congresso. Diante da ameaça de guerra civil, em 23 de novembro o marechal renunciou à Presidência, e seu vice, Floriano Peixoto, assumiu. Depois da posse de Floriano, todos os governadores que haviam apoiado o golpe de Estado, com exceção do governador do Pará, sofreram reações das oposições locais. Na Bahia, César Zama, Cruz Rios e outros organizaram um motim para forçar a renúncia do então governador José Gonçalves da Silva, que havia se aliado a Deodoro.

Na manhã de 24 de novembro, houve grande concentração de populares em frente ao palácio do governo. O governador chegou a solicitar o auxílio da tropa, o que foi negado pelo chefe de polícia. Sem poder de reação, José Gonçalves da Silva decidiu renunciar ao cargo.[23] Em seguida, o povo se dirigiu para o comércio e promoveu saques em diversas casas comerciais. Uma parte rumou para a praça da Piedade e estacionou em frente ao prédio da Secretaria de Segurança Pública. Atacaram a guarda que fazia a segurança do edifício e invadiram a secretaria. Houve confronto entre os guardas e os revoltosos, o que resultou na morte de quatro pessoas e em muitos feridos.[24]

Os jornais locais insistiam na linguagem carregada de racismo em relação a quem se envolvera nas manifestações de rua que depuseram o governador. Para alguns observadores, o movimento teve a participação das camadas "mais ínfimas" da sociedade, uma "camada inconsciente", que não se movia por sugestões próprias, e sim pela vontade dos "conspiradores". Não se tratava do "povo soberano", mas de um "bando de desordeiros arrebanhados naquela última esfera social".[25]

Houve quem visse nesses acontecimentos semelhanças com os episódios de 15 de junho e 15 de novembro de 1889. Severino Vieira, ex-monarquista e que esteve ao lado do governador deposto José Gonçalves da Silva defendendo a legalidade, escreveu um artigo em que sustentava essa versão. Dizendo-se testemunha ocular, Vieira assegurou que a multidão era formada pelas mesmas pessoas que em 15 de junho, na ladeira do Taboão, haviam atropelado Silva Jardim. Eram também os mesmos que na noite de 15 de novembro provocaram desordens e "manifestações ruidosas" pelas ruas da cidade contra a proclamação da República. Segundo ele, do meio da multidão ouviam-se muitos "vivas à monarquia".[26]

Depois de quase um mês de indefinição sobre quem governaria a Bahia, assumiu o ex-almirante do Império e deputado estadual Joaquim Leal Ferreira. Ele contou com a colaboração do 16º Batalhão do Exército para restabelecer a ordem e conter os movimentos de rua. Na véspera da posse, o coronel Manuel Eufrásio dos Santos Dias, comandante do 16º Batalhão, pronunciou-se lembrando que havia sido no forte de São Pedro que ecoara o primeiro brado de "Viva a República", e, naquele momento, eram novamente o 16º e o 9º batalhões que davam o golpe nos "inimigos da República", restabelecendo o regime legal que os "anarquistas" tinham tentado destruir em 24 de novembro.[27] Mais uma vez, a saída para a crise política se dava pela intervenção militar.

Quando Macaco Beleza voltou do exílio, o cenário político não era dos mais favoráveis. Vivia-se ainda sob a ditadura militar chefiada por Floriano Peixoto (1891-4), que instaurara a censura à imprensa e à liberdade de opinião. Além disso, crise econômica, carestia, desemprego e disputas entre as várias facções políticas expunham as fragilidades do novo regime. Naqueles primeiros anos, a rejeição ao republicanismo seguia alta entre as camadas populares.[28] O terreno era fértil para a agitação do povo insatisfeito das ruas. As duas deposições de governadores haviam contado com decisiva participação popular. A atmosfera seguia propícia ao tipo de ativismo político no qual Macaco Beleza se formara nos anos que antecederam a abolição, e aos embates entre monarquistas e republicanos.[29]

As autoridades republicanas locais, independentemente das suas diferenças políticas, estavam comprometidas em afastar a possibilidade de participação popular nas disputas em curso. Era muito tentador mobilizar a multidão acossada por empobrecimento e dificuldades e canalizar a revolta para a consecução de projetos políticos dos grupos que disputavam o poder. A dificuldade residia em controlar esse movimento depois e restabelecer a ordem. O temor era de, inadvertidamente, se reeditarem agitações semelhantes às de junho e novembro de 1889. Como mais tarde recomendou o então presidente Campos Sales, apontado como um dos responsáveis pela consolidação da ordem republicana, era preciso governar por sobre as multidões que agitavam as ruas.[30]

De volta à velha Bahia

República de traidores

Os políticos que ocupavam os principais postos de mando na Bahia republicana eram oriundos dos antigos partidos Liberal e Conservador. Quase todos haviam aderido ao novo regime no apagar das luzes do Império. Como escreveu Consuelo Novais Sampaio, eles nasceram, cresceram e amadureceram sob o regime monárquico. A maioria saltou do barco da Monarquia e pulou para o da República por medo das grandes mobilizações populares.[31]

Os republicanos históricos, contudo, foram alijados da posição de liderança na montagem do novo regime. Segundo Eul-Soo Pang, nenhum dos grandes políticos baianos saiu das fileiras do Clube Republicano, fundado pelos militantes mais antigos. Essa marginalização se estendeu até mesmo àqueles que abriram mão do que chamavam de república democrática e foram cúmplices da sedição militar de 15 de novembro.[32]

Ficaram também à margem as lideranças mais proeminentes da campanha abolicionista. Embora, no fim da escravidão, ainda contassem com grande prestígio e inserção nos meios populares, figuras como Eduardo Carigé, Panfilo da Santa Cruz, Cesário Ribeiro Mendes e Cincinato Franca não exerceram postos destacados na administração pública ou na cúpula das agremiações partidárias que surgiram com o novo regime. Cincinato chegou a ocupar uma cadeira de deputado na Assembleia Legislativa estadual, mas volta e meia se queixava de perseguição por ter contrariado e desafiado interesses da classe senhorial nos últimos anos de escravidão.

Muitos dos abolicionistas foram excluídos porque se mantiveram fiéis à Coroa ou passaram a ser críticos da República. Por ter se declarado monarquista, Panfilo da Santa Cruz praticamente desapareceu da cena política depois da proclamação. E mesmo os que aderiram não alcançaram posições de liderança nas congregações políticas nascidas desde então. Seus projetos de reforma, gestados na luta contra a escravidão, foram eclipsados pelas novas pautas, que priorizavam imigração, modernização, reformas fiscais, indenizações e auxílios financeiros para a grande lavoura. Talvez isso explique o desencanto de muitos abolicionistas que haviam acatado o novo regime. Segundo João Varella, Eduardo Carigé morreu em 1905 "descrente da República"; nos últimos dias de vida ele lamentava: "Não! Não era esta a república que eu anelava".[33]

Como em outros lugares do Brasil, na Bahia a construção da República se fez com forte presença de antigos escravocratas. Ex-senhores, seus filhos e prepostos ocuparam espaços importantes na administração pública e na liderança da nova ordem. Muitos emergiram como chefes políticos ostentando títulos nobiliárquicos adquiridos no tempo do Império, a exemplo de Cícero Dantas Martins (barão de Jeremoabo) e de Antônio Joaquim Pires de Carvalho e Albuquerque (barão de Vila Viçosa). A estes, mais ilustrados, é possível acrescentar os nomes de antigos donos de escravos, como José Eduardo Freire de Carvalho, Luís Viana, Joaquim Alves da Cruz Rios e Joaquim Manuel Rodrigues Lima, que assumiu o governo da Bahia logo depois que Macaco Beleza voltou do exílio.[34] Rodrigues Lima era genro de José Antônio Gomes Neto, barão de Caetité, um dos mais ricos fazendeiros e senhores de escravos do alto sertão.[35]

A geração de políticos que emergiu nos anos seguintes a 1889 cresceu e se socializou sob o escravismo. Citemos apenas alguns nomes. O biógrafo Luís Viana Filho relata que Maria Adélia, mãe de Rui Barbosa, montou um fabrico de doces utilizando os escravos da família, e foi esse empreendimento que lhes permitiu viver por algum tempo sem dificuldades financeiras. Rui cresceu na companhia dos filhos dos cativos. Em 1876, quando partiu para tentar a sorte no Rio de Janeiro, o jovem levou consigo um escravo para lhe servir como doméstico. Após a morte da mãe, ele e a irmã herdaram alguns deles, e só os libertaram quando passou a soar mal uma pessoa ser dona de outra. Cinco dias antes dos debates em torno da Lei dos Sexagenários, em 1º de junho de 1884, no qual figura como relator do projeto, Rui libertou Lia, a última escrava da família. Provavelmente assim o fez para não sofrer dos adversários a acusação de que era negreiro.[36]

Manuel Vitorino também era oriundo de uma família de classe média proprietária de escravos. Seu pai era português e dono de uma oficina de marcenaria que fabricava móveis com trabalho de cativos. Pouco antes

De volta à velha Bahia

da abolição, em 1887, Vitorino alforriou todos eles. José Luís do Almeida Couto igualmente nasceu em uma família proprietária de almas; ele residia na freguesia de Santana e, volta e meia, os livros da paróquia registravam nascimento ou morte de escravos e escravas pertencentes a seus pais.

Rui Barbosa, Almeida Couto e Manuel Vitorino participaram do movimento abolicionista, e essa talvez fosse a parte de suas biografias de que mais se orgulhassem e que desejavam ver projetada para a posteridade. Vitorino se engajou no movimento em meados da década de 1880, depois de sua primeira viagem à Europa, entre 1879 e 1880. Segundo ele, foi só então que se deu conta do mau conceito do país, por "sermos um povo que ainda tinha escravos".[37] Durante a festa do Treze de Maio, ele desfilou à frente da "mocidade acadêmica" e foi identificado pela imprensa liberal como um dos mais "convictos e infatigáveis" defensores da causa abolicionista.[38]

No final da década de 1880, quando a escravidão já tinha perdido legitimidade nos quatro cantos do mundo, muitos se esforçavam por dar provas de desprendimento e se manifestavam plenamente favoráveis à abolição. Contudo, a visão hierarquizada de sociedade não cessou de moldar as formas de pensar dessa elite e de inspirar seus projetos de nação. Quando a República se consumou, foram esses os indivíduos que, em defesa da civilização e do progresso, capitanearam reformas para "desafricanizar" as ruas e combater o que chamavam de "antigos usos" das camadas populares.

Macaco Beleza tinha outros motivos e argumentos para se opor à República. A razão vinha de sua experiência como alguém que sofrera na pele a violência do novo regime, e da percepção do cenário político baiano como algo tomado por antigos escravistas e políticos que haviam traído o passado monarquista. Faz sentido então uma das suas definições preferidas para o novo regime: "República de traidores".

Poucos meses depois de chegar à Presidência, Floriano Peixoto anunciou ter sufocado uma rebelião deodorista e monarquista. Mandou prender e deportar para o Amazonas deputados, jornalistas e militares, entre os quais o abolicionista José do Patrocínio e o deputado baiano J. J. Seabra.

Foi nesse momento de escalada autoritária que Macaco Beleza reapareceu nas páginas dos jornais durante as comemorações da independência da Bahia no 2 de julho de 1892.[39]

Na península de Itapagipe a festa se estendia até o final de julho, tendo como ápice o cortejo popular que saía do adro da igreja do Bonfim e seguia até a Ribeira. Na frente seguia um carro conduzindo a imagem de uma caboclinha legendária ornada de um cocar de penas acrescentado de um barrete republicano. Além das bandas de música dos menores do Arsenal de Marinha e da filarmônica Lira de Apolo, que puxavam o cortejo, seguiam também as bandas do regimento de polícia, do 5º Batalhão de Artilharia e do 9º Batalhão de Infantaria. Naquela noite, Macaco Beleza fez sua primeira manifestação política depois do retorno do degredo. O jornal descreveu a cena da seguinte forma: "Em frente do palanque, o célebre Macaco Beleza realizou uma conferência, tendo por tema as deportações e desterros. Falou bastante e, valha a verdade dizê-lo, foi muito aplaudido pelo auditório numerosíssimo que o escutava".[40]

Essa é uma das poucas referências existentes às "famosas conferências" de Macaco Beleza nas ruas da cidade. As deportações em pauta eram as então realizadas por Floriano Peixoto. Não é improvável que ele tenha aproveitado a oportunidade para falar de sua própria experiência de deportado.

Sobre esse episódio, João Varella relata: "Certa vez, num dia 2 de julho, Manoel Benício fazia um discurso, cujo tema era o de sempre: a República, e disse que haviam sujado a nossa rica bandeira dando-lhe o dístico de *Ordem e Progresso*, quando o que se via era desordem e regresso".[41] O discurso buscava expor as contradições da República a partir da própria autorrepresentação do novo regime como guardião da ordem e do progresso. Segundo Varella, na ocasião a polícia tentou tirá-lo à força do palanque, e ele reagiu à soldadesca dizendo: "Ainda sou brasileiro!". Afirmar-se brasileiro tinha a ver com o passado de escravidão, que relegara os africanos e seus descendentes nascidos no país à condição de forasteiros. Ao ser conduzido violentamente pelos praças de polícia, suas palavras expressavam o protesto contra a negação da sua cidadania.[42] Para Varella,

De volta à velha Bahia 259

derrubado o trono, o seu amor ao regime que se extinguia aumentara, ao contrário do que sucedeu a muita gente boa, que aderiu de pronto, sem protesto, em [18]89, como em [19]30, muito embora na véspera, arrotando valentias, desvendando defeitos dos homens que viriam a dominar, mostrando benemerências que se não realizariam, prometesse, garantisse, jurasse maldizer, combater, entravar, até extinguir o regime que, por acaso, implantassem no estado ou no país. Mas, amanheceram com fitinha rubra na lapela.

Fosse aqui, no meio dos civis, nobres ou plebeus, fosse ali entre militares, valentes ou mofinos; no adro de uma igreja ou na porta de uma taverna; na esquina de uma rua ou no meio de uma praça, não havia temor, não conhecia conveniência ou não atendia a pedido que o fizessem deixar de alardear a bondade, proclamar a grandeza da monarquia ou de responder ao orador republicano mais ardoroso ou mais entendido que ali estivesse fazendo comício em favor de seu credo político.[43]

Pelo que disse o cronista, fidelidade e coragem foram os traços mais salientes da atuação política de Macaco Beleza após a volta do exílio. Possivelmente foi nessa época que Giraldo Balthazar da Silveira o viu pela primeira vez discursando nas ruas:

Não o conheci bem, pois era muito criança quando o vi pela primeira vez; descia com meu pai em direção à ladeira do Taboão quando deparamos com grande multidão reunida no início da ladeira. Do parapeito gradeado na parte baixa do Pelourinho, um mulato de grande cabeleira e rosto grotesco dirigia a palavra ao povo ali reunido. Com a curiosidade própria da infância, perguntei a meu pai quem era ele e o que estava a fazer ali. Respondeu-me dizendo ser uma figura bastante conhecida, um tipo de rua, alcunhado "Macaco Beleza", o qual, sendo intransigente e ferrenho monarquista, não se conformava com a implantação em nosso país da forma republicana de governo e, naqueles comícios, reverberava de maneira atroz e inflamada sobre os grandes e graves erros da nova orientação das autoridades. A polícia comparecia sempre e, quando os ânimos se exaltavam, a pata de cavalo e o fio de espada dissolviam a multidão, prendiam o orador e o levavam à Casa de Correção, de onde logo saía a começar de novo a sua pregação.[44]

Nesse tempo as alternativas de sobrevivência de Macaco Beleza devem ter se reduzido, uma vez que os jornais que se alinharam ao ideário republicano não o readmitiram no serviço de postilhão. Em 1892, nos livros de décimas urbanas, que registravam o pagamento desse imposto, encontram-se vestígios de sua presença morando de aluguel em um dos quartos de cortiço em prédio na freguesia da Sé. Os antigos chefes do Partido Liberal jamais o perdoariam pelos acontecimentos de 15 de junho e 15 de novembro de 1889. No retorno do exílio havia ainda maior incidência de ataques racistas que volta e meia apareciam nas páginas dos jornais em forma de poemas e pequenas notas assinadas por autores anônimos.

A Bahia republicana continuava tão excludente quanto a do tempo do Império. Com o novo desenho institucional, a possibilidade de inserção das pessoas negras parecia mais distante do que se tinha imaginado ao longo das lutas contra a escravidão. Passados três anos da abolição, o país ganharia uma nova Constituição, promulgada em 1891. Nela a liberdade aparecia como direito de todos os cidadãos, mas não se dedicava um artigo sequer à inclusão política dos egressos da servidão.[45] Além disso, excluíam-se mulheres e analfabetos do direito de voto. De uma população de 1 379 616 habitantes em 1890, apenas 8% sabiam ler e escrever, e era desse pequeno universo que saíam os aptos a participar ativamente da vida política.[46]

Excluídas da participação no processo político, restava às camadas populares a ação direta nos movimentos de rua, nos motins e quebra-quebras que de tempos em tempos explodiam para expressar a insatisfação e a revolta. Para E. P. Thompson, que estudou os movimentos sociais no contexto europeu, uma das condições para a ação coletiva da multidão era a existência de um núcleo decidido a levar a cabo as ações mais arrojadas.[47] Com seus discursos inflamados, Macaco Beleza proporcionava tanto a oportunidade para se formar a multidão quanto o ânimo dos movimentos de rua que agitaram Salvador naqueles primeiros anos de República.

Os protestos de novembro de 1892

Passados dois anos da proclamação, a cidade parecia mais contida em festas e divertimentos. A ideia de civilização dos costumes e a defesa da ordem encampadas pelos republicanos mergulharam Salvador num período de repressão e vigilância sobre os ajuntamentos populares nas ruas mais boêmias e nas festas de largo. Já que não foi possível embranquecer a Bahia por meio da imigração europeia, pretendiam os governantes locais embranquecê-la nos costumes e sem as marcas que a ligavam à África.[48]

Desde 1889, uma portaria do arcebispado, em combinação com o governo do estado, proibia a lavagem das escadarias da igreja do Bonfim. Segundo Manuel Querino, no ano seguinte a população ainda tentou repetir o ritual, mas a Guarda Cívica cercou a igreja e recolheu vassouras, vasos de barro, violas e outros instrumentos musicais. Na ocasião os soldados ainda provocaram os participantes dizendo: "Hoje aqui não há lavagem". A proibição, segundo Querino, foi motivada pelos receios dos governos republicanos em relação a qualquer manifestação popular.[49]

O próprio Manuel Querino, que foi um entusiasta da República, anos depois lamentou que as noites animadas de sábado que davam à freguesia da Sé um ar de festa de largo tinham perdido força após a queda do Império. Para ele, um dos primeiros governadores entendeu de dissolver os divertidos ajuntamentos com receio da reprodução das "graves correrias" que marcaram os primeiros dias do novo regime.[50] Para dissipar a ameaça das grandes mobilizações populares, as autoridades republicanas investiram no reforço do policiamento. Em dezembro de 1889, Manuel Vitorino reorganizou o corpo policial, que passou a se chamar Corpo Militar de Polícia, com uma força de novecentos homens.[51] Em 1891, essa força militar foi ampliada para 1600 homens, e em 1892 o número era de 1400 soldados, quinhentos dos quais destinados à vigilância da cidade. Para o interior do estado foram estabelecidos novecentos praças.[52]

Além disso, os governadores buscaram reaparelhar a polícia e dotá-la de novas formas de organização e disciplina. Para reprimir mais prontamente os movimentos populares houve aumento do contingente da cavalaria, e os destacamentos passaram a ser municiados com mais armas de fogo. As estações policiais estavam todas articuladas por telefone, o que facilitava a comunicação entre elas. Nesse tempo, estava em curso o processo de militarização da polícia, o que implicou a incorporação da disciplina e da hierarquia baseadas no modelo militar. Depois de dois movimentos bem-sucedidos de deposição, os governadores perceberam que era imprescindível ter à sua disposição uma força armada própria. Isso teria implicações no policiamento das ruas.

Por isso mesmo, em 1892 e nos anos seguintes, o mundo dos valentes e dos capoeiras estava em vias de desaparecer, pelo menos na forma como até então se conhecia. Os últimos anos do Império foram momentos decisivos, em que os capadócios, capoeiras e "valentes" ainda conseguiam se contrapor às investidas policiais com relativa equiparação de forças. O uso do cacete, da navalha e do "rabo de arraia" permitiam enfrentar os soldados e inspetores. Mas, nos primeiros anos de República, esse equilíbrio de forças pendeu favoravelmente para o lado das forças policiais.

Nesse período, a polícia vinha apertando o cerco às casas de jogo, aos mocotós e aos locais de reunião de populares na Sé, no largo de São Francisco, praça do Palácio, Baixa dos Sapateiros e zona portuária. Em uma dessas investidas, na noite de 23 de abril de 1892, o subdelegado da freguesia da Vitória chegou a prender 28 indivíduos reunidos em diversas "espeluncas e casas de jogo".[53] As denúncias de abusos se sucediam. Em 23 de abril noticiou-se o espancamento de Manuel Saveirista, às três horas da madrugada, por praças do regimento policial que patrulhava o largo do Terreiro de Jesus.[54] Meses depois, mais denúncias de soldados a cavalo arrastando um "pobre velho de cor preta" pela rua das Mercês.[55]

A violência aumentou no mês de setembro, quando circularam boatos de que eclodiria um levante monarquista na data da independência do Brasil. A todo momento surgiam notícias de um motim ou de uma revolução restauradora.[56] Às cinco da manhã de 3 de setembro, praças da polícia espancaram um negro na praça do Palácio. Diversas pessoas se aglomeraram em volta do preso reprovando o procedimento. Foi quando

De volta à velha Bahia

apareceram dois soldados do Exército e, à força, tiraram o detido das mãos dos policiais.[57] Fica evidente que havia uma crescente tensão entre os praças do corpo de polícia e os soldados do Exército que também realizavam o controle da cidade.

Na noite de 6 de setembro houve confronto generalizado entre soldados da polícia e marinheiros em várias ruas centrais de Salvador. Do lado destes últimos viam-se populares que tomaram parte ativa no conflito. O trânsito de pessoas e bondes foi interrompido e as casas comerciais fecharam suas portas. Foram ouvidos muitos "vivas à monarquia".[58] Finalmente, em 7 de setembro, a cidade amanheceu sob fortes receios de revolta. Segundo um jornal antirrestauração, desde muito cedo a polícia andava tirando "a sabre o bacilo monarquista".

Nessa data, Macaco Beleza fez mais uma aparição nas ruas discursando contra os abusos do regime. Segundo um jornal, "quase que Macaco Beleza ergue desta vez o trono lá em cima, no largo do Teatro".[59] Às dez da noite, "bem no princípio do fim de um dos seus famosos discursos, quando o Beleza dizia 'portanto…'", ele foi agarrado e remetido ao quartel de polícia. No caminho alguns "adeptos" tentaram resgatá-lo, mas foram repelidos pela cavalaria de polícia. A situação só sossegou depois que uma força de infantaria chegou ao local. No momento da prisão do "agitador" estavam presentes o próprio chefe da Segurança Pública e mais outras autoridades.[60]

Logo depois desse episódio, ele requereu e conseguiu do Tribunal de Apelação habeas corpus, certamente para se garantir de qualquer tentativa de deportação ou prisão ilegal que o condenasse a muitos meses de reclusão.[61] A notícia do pedido do habeas corpus apareceu de maneira desdenhosa, no jornal *A Patria*, que circulava em Cachoeira.

O TAL

Requereu ordem de habeas corpus "o grande tribuno — Macaco Beleza".

Não lhe tem agradado, provavelmente, a gaiola para campo de sua oratória.[62]

Quase dois meses depois, entre 22 e 24 de novembro, ocorreram mais confrontos entre a polícia e soldados do Exército nas ruas centrais da cidade. Começou na noite de 22, em plena festa de Santa Cecília, padroeira dos músicos, no largo de São Francisco.[63] Na ocasião, soldados e cadetes do 9º Batalhão do Exército envolveram-se num grande conflito com uma patrulha da polícia. Nem mesmo a banda do regimento policial que animava um palanque foi poupada, e vários músicos saíram feridos.[64] Houve tiroteio por cerca de dez minutos, e o povo que estava assistindo à festa debandou por todas as ruas da Sé.[65]

Na confusão, grupos de populares ficaram do lado dos soldados do Exército e passaram a perseguir os policiais pelas ruas do Colégio, Saldanha, na Sé e Misericórdia. Os conflitos se estenderam até a manhã de 23 de novembro. Cerca de sete horas da manhã, um grupo de populares provocou com palavras uma patrulha de polícia que passava pelo largo do Pelourinho, desencadeando nova correria no Terreiro de Jesus e no Cruzeiro de São Francisco, onde se ouviram muitos tiros de carabina. Na ocasião um menor de nome João, apelidado de Caboclo, vendedor de bilhetes, foi ferido a bala e morreu no hospital da Santa Casa. Naquele dia populares agrediram um soldado na ladeira de São Francisco.[66]

A briga entre soldados do Exército e praças do regimento da polícia terminou se transformando num grande movimento de protesto popular contra a violência policial. Em 24 de novembro, os conflitos envolvendo populares e policiais continuaram intensos nas ruas da cidade. Foi na noite dessa data que se viu o "desordeiro" Macaco Beleza — reunido com diversos capadócios, entre eles dois soldados do 9º Batalhão de Infantaria — no Terreiro de Jesus ameaçando agredir um sargento de polícia que comandava a patrulha em ronda na Sé. Informantes disseram que, ao se retirarem do local, os homens do 9º Batalhão foram acompanhados pelos "capadócios", que os convidaram a beber cerveja.[67] Vítima da violência policial em diversos momentos de sua vida, Macaco Beleza participou intensamente dos protestos. O *Jornal de Noticias* registrou:

> Cerca de oito horas da noite de ontem o conhecido Macaco Beleza principiou uma das suas conferências no adro da catedral.

De volta à velha Bahia

Isso foi bastante para que curiosos em pouco tempo fizessem logo um grande grupo em redor do orador.

Nessa ocasião passava um sargento de polícia que, julgando aquilo um grande conflito, foi pedir reforço à guarda da Baixa dos Sapateiros.

Recebendo a queixa o alferes comandante daquela estação, dirigiu-se ao Terreiro, somente encontrando um grupo de cidadãos conhecidos.[68]

Em seguida ao relato da dispersão do grupo no Terreiro de Jesus, o jornal começava a enumerar uma série de violências cometidas pelas patrulhas da polícia. No local, foram invadidas a estação e a baia da companhia de bondes Linha Circular, sendo ofendidos vários cidadãos. Entre as vítimas da violência policial estavam um caixeiro e um cocheiro da empresa. Diversos praças correram atrás do povo pelas ruas das Laranjeiras, Portas do Carmo, Cruzeiro e demais logradouros do centro.[69] Um artigo publicado no *Diario de Noticias* condenou a crescente onda de violência promovida pelos responsáveis pela segurança pública e deu a sua própria explicação para os acontecimentos de 24 de novembro:

Manoel Benício dos Passos, vulgo Macaco Beleza, achava-se às sete horas da noite no adro da catedral, a discorrer sobre aqueles acontecimentos, censurando a polícia e os que a defenderam.

Como é de supor, várias pessoas estavam ali ouvindo-o, correndo tudo, porém, sem alteração da ordem pública.

Depois de uma hora de conferência o orador abandonou o adro da igreja e retirou-se, o mesmo fazendo o auditório.

Às nove e quarenta minutos, porém, a chamado, não se sabe de quem, compareceu no Terreiro uma força de polícia.

Ninguém encontrando no local da conferência, entraram diversos soldados pela pequena rua que dá para a estação da Linha Circular, metendo o sabre em vários cocheiros da companhia que ali estavam, como de costume.[70]

Os jornais governistas condenaram o movimento popular e defenderam as ações da polícia. O *Correio de Noticias* era da opinião de que na capital, como em toda parte, havia uma "camada rasteira, espécie de borra social", cujo objetivo era promover desordens e jogar a opinião pública contra a polícia. A raiva aos vagabundos e arruaceiros de profissão ampliou esse desprezo. A matéria admitia que o corpo policial não era aquela organização correta e preciosa que fazia a tranquilidade das capitais europeias, mas seu desprestígio conspirava contra a ordem.[71]

O editorialista do periódico citava alguns episódios para ilustrar a prevenção popular contra a polícia. Ele mencionou, por exemplo, um caso ocorrido no largo do Teatro, quando um "vagabundo" que proferia obscenidades próximo a um bonde cheio de famílias foi preso por um policial. Mas não tardou para que surgisse numeroso grupo de vadios, "sotas" e até "gente direita" protestando: "Não pode, não pode". Logo em seguida, pedras foram lançadas contra os policiais, que fugiram do local largando impune o "desordeiro".[72] O jornal aludia ainda a outro fato ocorrido na esquina do Palácio do Saldanha, quando foi preso Manoel Benício, considerado "um espécime conhecidíssimo dos turbulentos de rua", mas a polícia se viu obrigada a liberá-lo sob constrangimento da multidão.[73]

Na coluna do *Diario da Bahia* intitulada Veritas, o articulista buscou livrar a cara da polícia e justificar a violência. Declarou que sistematicamente a imprensa oposicionista vinha jogando a população contra a polícia e evitando se pronunciar quando a "Flor da Gente" insultava e apedrejava policiais. Observo que a Flor da Gente era uma malta de capoeiras que atuava desde o tempo do Império. Forçados a liberar os presos e desmoralizados pela população, os policiais passaram a portar armas de fogo.

Naqueles dias, houve quem defendesse maior vigilância policial na cidade, especialmente na área portuária, que concentrava grande parte dos trabalhadores que atuavam no ganho, saveiristas, estivadores e feirantes. Em 26 de novembro o comandante da Companhia de Voluntários contra Incêndios, instituição criada pelo governo estadual que além do serviço como bombeiro fazia o policiamento da área portuária, pediu cinquenta

Largo do Teatro, um dos locais onde Manoel Benício discursava.

revólveres para promover uma "guerra de extermínio" aos "malvados" que por terra e por mar "infestavam" as ruas do Comércio.[74]

Tudo indica que os conflitos modificaram as estratégias de policiamento de Salvador. Em 22 de dezembro de 1892, o comissário de polícia do 1º Distrito escreveu um relatório exigindo mudanças no sistema de fiscalização da cidade e denunciando o que chamou de "inqualificável audácia" dos "desordeiros" contra os guardas do corpo policial e da Companhia de Voluntários contra Incêndios. Ele afirmava que o sistema de vigilância adotado se baseava na dispersão dos soldados, o que os expunha aos punhais e cacetes dos arruaceiros. Por isso propôs que a vigilância fosse feita por grupos de praças.[75]

Em dezembro de 1892, Macaco Beleza voltou a ser vítima de violência policial. Já que não era possível trancafiá-lo ou deportá-lo, buscou-se mais uma vez neutralizá-lo por meio da violência física. No dia 30, um jornal noticiou:

Podemos assegurar que desta vez o Benício não estava ébrio nem fazia discursos políticos; foi injustamente espancado e ferido. O seu pulso esquerdo, como ainda hoje tivemos ocasião de ver, recebeu dois ferimentos que, se com mais força fossem feitos, seriam graves.

O número de contusões é grande.

O sr. alferes comandante do destacamento da Baixa dos Sapateiros tomou o nome dos dois espancadores, que a nada quiseram atender.[76]

Com certeza o espancamento era consequência dos conflitos de 7 de setembro e 24 de novembro, quando ele fizera discursos e participara das manifestações populares contra a violência policial. Era motivado pela vingança e pela intenção de deixá-lo fisicamente inutilizado. Os cortes profundos nos pulsos mostram que seus agressores visavam as partes do corpo imprescindíveis aos movimentos da capoeira.

Para Macaco Beleza o monarquismo ainda era a base ideológica para a formulação de uma crítica ao regime republicano, que, com sua campanha de "desafricanização" e a intensa repressão contra os "antigos usos", vedava à população negra a participação no mundo da política e obstruía os canais mais acessíveis de luta pela cidadania.

10. Da morte e do silenciamento

Fez época Manoel Benício. Era apontado e temido. Não era covarde.[1]

João Varella

A última grande participação de Macaco Beleza em movimentos de rua ocorreu em 1893, por ocasião da Revolta da Armada. Segundo os relatos de contemporâneos, após discursar em alguns lugares do centro da cidade, ele foi violentamente espancado pela polícia e arrastado pelas ruas por dois soldados montados a cavalo. João Varella conta: "Vimos espancarem-no barbaramente a sabre, como arrastaram-no soldados de cavalaria, montados, e, num caso ou noutro, ele não deixava de dar, alto, quando lhe permitissem suas forças, o seu viva à monarquia". Para José de Sá, a participação na Revolta da Armada trouxe a Macaco Beleza "péssimos resultados para sua tranquilidade e mesmo para sua integridade física".[2]

A revolta começou no Rio de Janeiro em 6 de setembro de 1893, com o manifesto de oficiais da Marinha contra a pretensão do presidente da República, Floriano Peixoto, de estender seu mandato presidencial para além do prazo prescrito na Constituição. Até março de 1894 a cidade foi cercada pelos rebeldes, e o governo ficou sitiado. Para muitos, a adesão de parte da oficialidade da Marinha, considerada um reduto monarquista, era um sinal de que a insurreição tinha pretensões restauradoras.[3]

Infelizmente não foi possível encontrar informações mais detalhadas sobre a repercussão da Revolta da Armada na Bahia. Sabe-se que houve confrontos violentos nas ruas de Salvador entre soldados do Exército e marinheiros nos dias seguintes à eclosão do movimento no Rio de Janeiro. Na noite de 15 de setembro, alguns marinheiros promoveram conflitos no largo do Terreiro, havendo tiroteio e fechamento das casas comerciais.[4] Ao que parece, na Bahia a rebelião não teve grandes desdobramentos, e as autoridades agiram depressa para sufocar o movimento.

Com a derrota da revolta, a violência foi elevada a outro patamar e se tornou o método e o padrão empregados para consolidar o sistema republicano. A repressão aos rebeldes foi sangrenta, resultando em muitas mortes e deportações. Os republicanos mais antigos e os que aderiram de última hora se viam como parte de um movimento civilizatório que deveria se impor a uma população considerada culturalmente atrasada, fanatizada e apegada ao passado monarquista. Macaco Beleza foi um dos alvos dessa escalada de violência.

A conjuntura repressiva que se seguiu à derrota do movimento rebelde coincide com o gradativo sumiço de Macaco Beleza das páginas dos jornais. É possível que suas aparições públicas agora se restringissem aos discursos que fazia nos dias de festa ou em momentos de grande aglomeração popular. Aparentemente, fizeram efeito as ameaças de prisão prolongada e de nova deportação.

As raras menções a Macaco Beleza nos jornais ainda se restringiam aos episódios "vergonhosos" de 15 de junho e 15 de novembro de 1889. Foi assim quando Rui Barbosa, em fevereiro de 1893, ao discursar para "seleto auditório" sobre a "República ameaçada", rememorou as cenas de "violência e vergonha" de 15 de junho. No decorrer da fala, evocou a figura do "macaco brasileiro", ávido por se lançar contra a República com "inconsciente elegância simiesca" e fraternidade de "antropoides envergonhados". As expressões racistas eram dirigidas aos monarquistas que se passavam por republicanos, mas a plateia sabia que o celebrado tribuno também se referia à população negra, tida como suscetível à pregação monárquica e cujo maior ícone se chamava Macaco Beleza.[5]

Por ocasião da morte de José Elísio dos Reis, o Juca Reis, preso como capoeira e mandado para Fernando de Noronha nos primeiros dias de República, alguns voltaram a falar em Macaco Beleza. Uma nota de jor-

Da morte e do silenciamento

nal informando o falecimento do famoso Juca, em 30 de junho de 1894, lembrava que o rapaz fora companheiro do "célebre Macaco Beleza, que teve igual destino".[6]

A saída de cena depois de 1893 pode ter representado para ele o fechamento de um ciclo de participações sucessivas em movimentos de rua que remontavam a meados da década de 1880, quando se engajara no abolicionismo mais radical. Depois da mudança de regime, seu discurso reivindicativo por liberdade e direitos de cidadania abrigou-se sob a bandeira em defesa da monarquia.

Passados alguns anos, os monarquistas continuaram a ser considerados grandes ameaças. Entretanto, muito do que a eles se atribuía era uma forma de encobrir dissidências entre os próprios republicanos ou de justificar a repressão dos grupos políticos rivais, em especial daqueles formados por quem tardiamente havia aderido à República depois do Quinze de Novembro.[7]

Em todas as antigas províncias havia pequenos grupos políticos que se mantiveram fiéis ao Império. Segundo Maria de Lourdes Janotti, os núcleos mais atuantes estavam sediados em São Paulo e no Rio de Janeiro, mas se faziam presentes também no Pará, Ceará e Rio Grande do Sul. Basicamente, eram formados por antigos políticos do regime imperial, funcionários vinculados à burocracia, muitos portadores de títulos nobiliárquicos, intelectuais e jornalistas. No Rio de Janeiro havia um grupo formado em torno de João Alfredo Correia de Oliveira, Afonso Celso de Assis Figueiredo (visconde de Ouro Preto), Domingos de Andrade Figueira, Joaquim Nabuco, Carlos de Laet e Lafaiete Rodrigues Pereira. Em São Paulo atuavam Eduardo Prado, João Mendes de Almeida, Augusto Queirós e Afonso Arinos de Melo Franco. Muitos deles patrocinavam jornais que serviam como porta-vozes monarquistas.[8]

Os grupos tinham em comum o ressentimento pela perda de prestígio, cargos e privilégios antes desfrutados. Mas havia também uma geração mais jovem, formada por pessoas com laços de parentesco com as famílias de políticos outrora influentes. Eram ligados pelo respeito à tradição, por sentimentos antimilitaristas e pela idealização do regime anterior como modelo de virtude cívica. Fora a atuação mais ou menos combinada entre os núcleos do Rio e de São Paulo, não existia uma articulação entre os diversos grupos espalhados pelo país. Nem mesmo havia um acordo sobre qual figura da família Orleans e Bragança assumiria o terceiro reinado caso vingasse a restauração.[9]

Apesar da fama de reduto monarquista, a Bahia não teve um grupo tão organizado. No máximo havia aqueles que Maria de Lourdes Janotti caracterizou como saudosistas, que se mantiveram fiéis à mística do trono e ao culto da família real, sempre lembrada nas datas de aniversário e falecimento dos Orleans e Bragança.

Em contrapartida, na Bahia persistia um forte enraizamento da monarquia no imaginário das camadas populares. Esse monarquismo popular era bem diferente do movimento restaurador formado pela elite que ocupara o centro e o entorno do imperador. A convicção de gente como Macaco Beleza estava conectada a um conjunto de aspirações populares gestadas na luta contra a escravidão e em prol do reconhecimento da cidadania. Essa crença se fortaleceu na sua própria experiência pessoal de perseguido político e marginalizado depois que a República se estabeleceu.

Possivelmente, foi por questões de sobrevivência e para fugir da repressão aos monarquistas que Manoel Benício aproximou-se de Severino Vieira, liderança da Bahia que pertencera aos quadros políticos do Império e, na eleição de 1894, conquistara o mandato de senador federal. Uma notícia de jornal de 10 de janeiro de 1895 indicava que o "célebre anarquista Benício dos Passos" atuava como "jagunço" do político. Como o jornal era de oposição a Severino Vieira, o articulista engatou uma provocação, observando que o fechamento do presídio de Fernando de Noronha pelo governo federal tirara de Macaco Beleza "a ocasião de fazer uma nova visita ali".[10]

Severino Vieira era do Partido Republicano Federalista (PRF), liderado por Luís Viana, chefe político do tempo do Império e representante da região do vale do São Francisco. Nascido em 1846, Viana era formado pela Faculdade de Direito do Recife e na década de 1870 atuara no Partido Conservador. Nas eleições do período imperial, agia como autêntico co-

Da morte e do silenciamento 273

ronel, frequentemente mobilizando bandos de jagunços para assegurar a vitória do seu partido em diversos municípios. Após a morte do barão de Cotegipe, em fevereiro de 1889, ele se tornou o principal líder dos conservadores e sobreviveu ao fim da monarquia ocupando o cargo de senador.[11]

Na disputada eleição para senador de 1894, Severino Vieira, o candidato vianista, concorreu com José Gonçalves, político com grande influência no norte da Bahia e que rivalizava com Luís Viana pela liderança do PRF. A acirrada disputa eleitoral terminou com a vitória de Vieira. Em resposta, os gonçalvistas fundaram o Partido Republicano Constitucional (PRC), sob a liderança de José Gonçalves e do barão de Jeremoabo. Nessa conturbada eleição, Macaco Beleza foi apontado como jagunço de Severino Vieira.[12]

Em 1894, a ascensão de Manuel Vitorino à vice-presidência da República no mandato de Prudente de Morais (1894-8) reforçou ainda mais a liderança de Luís Viana e deixou caminho aberto para sua eleição para governador (1896-1900). Quando assumiu o governo, ele passou a empregar homens das forças públicas de segurança como jagunços pessoais e desencadeou uma série de expedições policiais no interior do estado, com o intuito de ampliar sua base eleitoral e subjugar os opositores.[13] No seu mandato ocorreram confrontos em localidades que formavam a base eleitoral do antivianista barão de Jeremoabo.

As disputas políticas elevaram o nível de violência dos primeiros anos de República. Uma das consequências nefastas dessa escalada foi o massacre de Canudos. E a vida de Macaco Beleza viu-se decisivamente afetada pelos acontecimentos do período.

Macaco Beleza e Antônio Conselheiro

Em 1893, após anos de peregrinação por várias povoações do norte da Bahia, o beato Antônio Vicente Mendes Maciel (1830-97), mais conhecido como Antônio Conselheiro, e seus seguidores se fixaram no arraial de Canudos, um lugarejo do nordeste do estado situado às margens do rio

Vaza-Barris. O povoado, batizado de Belo Monte, estava na área de influência política do barão de Jeremoabo. Seu crescimento foi impulsionado pela chegada de famílias fugindo da seca, jagunços procurados pela polícia e muitos pobres buscando melhores condições de vida, acesso à terra e amparo espiritual. A esses se juntaram muitos ex-escravizados, os chamados "treze de maio", que tinham desertado das fazendas dos antigos senhores após a abolição. Estima-se que, por volta de 1896, a população de Canudos fosse de 20 mil a 30 mil pessoas.

Desde a década de 1870, Antônio Conselheiro e seus seguidores vinham preocupando as autoridades civis e eclesiásticas da província. As forças policiais de Itapicuru relatavam que criminosos e jagunços reuniam-se em torno dele. Na década de 1880, o arcebispo da Bahia começou a receber queixas dos padres locais sobre a pregação do beato e sua influência sobre os fiéis. Após a queda do Império, as autoridades clericais descreviam Canudos como foco de "fanáticos e criminosos".

Os proprietários locais tinham muitas queixas em relação à presença de Conselheiro na região, especialmente por causa da debandada da mão de obra das terras para Belo Monte. O próprio barão de Jeremoabo afirmou que por diversas vezes levou ao conhecimento do governador as reclamações de fazendeiros insatisfeitos com a saída de agregados e vaqueiros das propriedades. Jeremoabo queixou-se também da invasão das fazendas Canudos e Cocorobó, pertencentes a suas sobrinhas e onde os sertanejos ergueram a sua cidadela sagrada.[14]

Interessa acompanhar a trajetória de Antônio Conselheiro analisando as impressões do barão de Jeremoabo, chefe político e grande proprietário de terras da região. Ele escreveu que, em 1874, estava no Rio de Janeiro quando Conselheiro apareceu no distrito de Itapicuru. Ao regressar de viagem tomou conhecimento de que aquele indivíduo de passado até então desconhecido atraía uma multidão de sertanejos para ouvir suas orações, terças e prédicas. As reuniões ocorriam em vários lugares e com um número crescente de seguidores. Em plena rua, nas casas e nas estradas, montes de vestidos, chapéus, sapatos, roupas de lã e de seda eram queimados por serem considerados luxo contrário à pregação do "inculcado missionário". Na

Da morte e do silenciamento

visão do fazendeiro esse "fanatismo" foi causa de prejuízos incalculáveis e representou um "desvio de costumes" da população.[15]

Segundo o barão de Jeremoabo, entre 1874 e 1876 as pregações continuaram, sempre em escala crescente de seguidores. Desde então teriam começado os efeitos da desorganização do trabalho em decorrência do que ele chamou de "ociosidade". Não havia família que não assistisse às orações. O fervor chegou a ponto de algumas famílias convidarem o próprio Conselheiro para as rezas em suas casas quando não podiam concorrer a determinadas reuniões. Em 1876, as autoridades locais requisitaram ao governo a prisão de Conselheiro. Foi quando um oficial e mais alguns soldados levaram-no detido para a capital e depois o enviaram para o Ceará na suposição de ele ser criminoso.[16]

Algum tempo depois, Conselheiro reapareceu inesperadamente, e, para Jeremoabo, teria sido esse o momento em que o "fogo do fanatismo" reacendeu, pois o beato já não era mais considerado um penitente, e sim um enviado de Deus. A sua órbita de atuação ampliou-se. Além das prédicas, começou a construir pequenos cemitérios e capelinhas em vários vilarejos da região. O povo abandonou em massa suas casas e afazeres para acompanhá-lo.[17] O discurso do barão de Jeremoabo repetia a mesma visão preconceituosa de outros observadores da época, que creditava ao fanatismo a religiosidade de Conselheiro e seus seguidores.

Segundo Edmundo Ferrão Moniz de Aragão, na peregrinação pelos sertões antes de 13 de maio, Antônio Conselheiro discursava para os escravos, consolando-os e prometendo a liberdade. Ele não concebia como um país que se dizia cristão ainda sustentava um regime tão bárbaro como o cativeiro. Quando se estabeleceu em Canudos, boa parte dos seus seguidores era formada por ex-escravizados.[18]

Pelo que disse Jeremoabo, com a abolição o discurso de Conselheiro agravou ainda mais a falta de braços para o trabalho. A seu ver, a população vivia como que em delírio ou êxtase com a pregação de Conselheiro. Os cemitérios e as capelinhas eram construídos com materiais carregados na cabeça ou puxados em carros por pessoas do povo e sem auxílio de animais de carga. Assim, a mão de obra para a lida agrícola seguiu escasseando, e só com muita dificuldade os fazendeiros conseguiam recrutar trabalhadores.[19]

Depois da proclamação da República, as prédicas de Antônio Conselheiro deixaram de ter apenas motivos religiosos e passaram a incluir duras críticas ao novo regime. Nas palavras do beato, um republicano era um excomungado, e estavam fora das leis de Deus aqueles que obedecessem às autoridades constituídas. Jeremoabo informou que uma vez encontrou-se com Conselheiro e lhe fez ver que a República estava conforme as leis divinas, tanto assim que o papa havia recomendado aos fiéis adesão ao regime. O homem contra-argumentara dizendo que, se assim procedera, o papa estava errado, pois a República era "o partido do demônio".[20]

Em 1893, por ocasião do desmembramento da comarca de Itapicuru, dando origem aos municípios de Itapicuru, Soure e Amparo, houve outros eventos envolvendo Conselheiro. No município de Soure diversos indivíduos se rebelaram, deixando em pedaços as tabuletas que anunciavam a cobrança do imposto municipal sobre produtos vendidos na feira. Na feira seguinte, o juiz de direito da comarca, acompanhado do promotor e outras autoridades, tentava restabelecer a cobrança dos impostos e recolocar as tabuletas quando apareceram mais de quinhentos homens carregados com armas de fogo, facões e cacetes. Além deles, havia indígenas do povoado de Mirandela armados de arco e flecha percorrendo as ruas, proclamando que ninguém pagaria os impostos e que não reconheciam as leis da República. O movimento de desobediência civil se repetiu nas feiras de outros dois povoados próximos, Amparo e Bom Jesus.[21] A partir de então, alguns lugares da comarca de Itapicuru até o estado de Sergipe foram ficando quase desabitados, pelo deslocamento de famílias que seguiam para Canudos, a terra prometida de Antônio Conselheiro e seus seguidores.[22]

As transformações políticas e institucionais decorrentes da instauração da República entraram em choque com o catolicismo popular dos sertanejos. A separação entre Igreja e Estado, o casamento civil e a cobrança de novos impostos estavam na base da pregação antirrepublicana. Conselheiro condenava o casamento civil por considerá-lo desagregador dos costumes. Para ele, ao contrário da república, a monarquia era legítima por delegação

Da morte e do silenciamento

divina. Por seu lado, a abolição cumpria a vontade divina, pois arrancara "o ódio da maior parte daqueles a quem esse povo estava sujeito".[23]

Perfilando os dois personagens, Macaco Beleza e Antônio Conselheiro, vê-se que havia muitos pontos de aproximação. Ambos eram "pessoas de cor", tinham uma oratória capaz de reunir multidões, militavam contra a escravidão e partilhavam da mesma convicção monarquista. A retórica da tradição rebelde negra de Macaco Beleza, secular e forjada no meio urbano e litorâneo, era diferente da de Antônio Conselheiro, religiosa e calejada no sertão árido do norte da Bahia. Ambas, porém, se pautavam na defesa de uma cidadania mais inclusiva.[24]

Em novembro de 1896 ocorreu o primeiro confronto entre os conselheiristas e uma tropa da polícia estadual, depois que circularam boatos de que correligionários de Conselheiro tinham invadido a cidade de Juazeiro para cobrar a entrega de madeiras compradas para a construção de uma nova igreja. Em atendimento às queixas de autoridades locais, Luís Viana enviou uma tropa com 113 soldados. Na altura da cidade de Uauá, os conselheiristas enfrentaram o destacamento policial, impondo-lhe uma debandada, mas no final do confronto o número de mortos entre os primeiros foi de duzentas pessoas, contra doze soldados.

Uma segunda expedição juntando praças da polícia e soldados do Exército foi organizada pelo governo do estado. No início de janeiro de 1897, mais de seiscentos soldados marcharam para combater os sequazes de Conselheiro. Travaram-se combates sangrentos nas imediações de Canudos, com grande número de mortes do lado dos sertanejos. Mas, a despeito da inferioridade em armas, os rebeldes superavam o destacamento policial em contingente. A retirada humilhante das forças oficiais convenceu o governador Luís Viana de que apenas com os recursos do estado era impossível bater os conselheiristas.

Logo depois da derrota da segunda expedição, Canudos passou a ocupar as manchetes dos grandes jornais no país. No Rio de Janeiro e em outras capitais espalhou-se a notícia de que a cidadela era um reduto monarquista que ameaçava o sistema republicano. Dizia-se que por trás do suposto fanatismo dos sertanejos havia um projeto de restauração. Intelectuais, militares, escritores e jornalistas começaram a pressionar o presidente Prudente de Morais exigindo intervenção federal. Interessado nisso estava também o governador da Bahia, que explorou a versão de Canudos como ameaça à República.[25]

O combate a Conselheiro intensificou a atuação de grupos republicanos mais radicais, chamados "jacobinos" ou "florianistas". Formados por indivíduos da classe média urbana, civis e militares, eles se apresentavam como republicanos autênticos e defendiam um regime político baseado no poder das Forças Armadas e no fortalecimento dos órgãos de controle social e da imprensa. Atuavam ameaçando de morte os inimigos, intimidando-os com a publicação de seus nomes nos jornais, provocando brigas de rua, açulando populares para depredações. Os jacobinos viam nos monarquistas os principais inimigos do governo.[26]

Foi nesse clima de reação à ameaça restauradora que se organizou a terceira expedição formada por soldados do Exército. Marchavam nela 1300 homens, sob o comando do coronel Antônio Moreira César. Nomeado por Manuel Vitorino Pereira, Moreira César era conhecido como Corta-Cabeças, por sua atuação violenta na repressão à Revolução Federalista (1893-5), no Sul. Esperava-se que a fama de militar inclemente com os inimigos pudesse intimidar os sertanejos.

Manuel Vitorino estava à frente do governo desde 10 de novembro de 1896, em substituição a Prudente de Morais, afastado por motivo de doença. Dizendo-se "republicano puro", ele se aproximou dos grupos jacobinos, defensores de uma ditadura no estilo florianista e da repressão aos grupos monarquistas.[27] Certamente calculou que a vitória sobre Canudos lhe renderia prestígio para desbancar o presidente. Entende-se por que escolheu um militar linha-dura para combater os habitantes de Canudos.

Na manhã de 3 de fevereiro de 1897, embarcaram no Rio de Janeiro com destino à Bahia as primeiras tropas que iriam combater a "gente do célebre Antônio Conselheiro". O episódio foi fartamente noticiado nos jornais de todo o país. Cerca de 3 mil pessoas acompanharam o 7º Batalhão de Infantaria, que marchou do quartel no morro de Santo Antônio até a área portuária da capital federal, onde seria realizado o embarque dos militares.

Da morte e do silenciamento 279

À medida que a tropa avançava em marcha pelas ruas, a multidão se abria para dar passagem ao coronel Moreira César e aos soldados. Ao longo do caminho, muitos vivas à República e ao comandante. No final da manhã, tropas e suprimentos foram acomodados a bordo do vapor *Maranhão*. Ao todo 586 homens, entre praças e oficiais, seguiram nessa primeira leva de militares que partiram para o combate no sertão da Bahia. Muito em função da grande comoção pública, o navio só conseguiu deixar o porto depois das três da tarde.[28]

Três dias depois, Moreira César desembarcou na Bahia e imediatamente reuniu-se com o governador Luís Viana. Interessante que no mesmo dia chegava a Salvador uma grande leva de soldados remanescentes da malograda segunda expedição; desceram na estação ferroviária da Calçada, muitos deles feridos e maltrapilhos. O governo não lhes ofereceu condução, e aquele cortejo de esfarrapados teve de marchar por mais de 6 quilômetros da Calçada até os quartéis, no centro da cidade. A imagem não causou boa impressão à população.[29]

Moreira César tomara gosto pela aclamação das ruas: depois da reunião com o governador, às oito horas da noite, desfilou solene pelo centro da cidade de Salvador montado a cavalo. Nascida de uma sedição militar, a República parecia cada vez mais dependente da exibição de força para legitimar-se. No dia seguinte, a tropa marcharia até a estação da Calçada e dali para o cenário do conflito.[30] Segundo Robert Levine, Salvador experimentou um período de "excitação frenética" com a chegada dos navios trazendo soldados e suprimentos. A cada dia desembarcavam centenas de soldados que seguiam para a frente de batalha. Os batalhões inundaram a cidade de militares de todos os lugares do Brasil. Houve uma onda de arruaças provocadas por soldados em conflitos com a polícia local — brigas nos bondes, assaltos a lojas e a vendedores de rua.[31]

Enquanto isso, a imprensa pintava para os leitores do Sudeste a figura fanática e ameaçadora de Antônio Conselheiro. Uma das descrições do beato, publicada no jornal *O Paiz*, foi feita por Caldas Brito, que dizia conhecer de perto Conselheiro e a região onde eram travados os combates:

O "santo" Conselheiro é natural do Crato, no Ceará. Tem perto de cinquenta anos. Estatura mediana, alvo, muito pálido, anêmico, basta cabeleira encaracolada que lhe desce aos ombros, barba crescida, olhos pequenos e muito vivos, e de uma magreza extrema. Usa uma batina de pano azul, muito estragada, solidéu, sandálias e traz sempre nas mãos uma varinha.

Dir-se-ia um tipo de Moisés. Pouco asseio no corpo e na roupa. De um gênio exaltado, é, no entanto, de uma mansidão admirável para os que aceitam os seus conselhos.[32]

Caldas Brito concluía afirmando que naquele momento o sertão da Bahia achava-se conflagrado. Os adeptos do regime anterior aproveitavam-se do "fanatismo" do povo, tendo à frente o seu "ídolo" Antônio Conselheiro, para perturbar a ordem no país e promover a restauração.

Naqueles dias os jornais subiram o tom dos insultos raciais contra a população de Canudos e o beato. No editorial de 20 de fevereiro, *O Paiz* era da opinião de que Antônio Conselheiro representava uma nova forma de reação monárquica. O que se via ali não era apenas "fervor devoto" de uma gente considerada "fanatizada", mas a conspiração silenciosa. Segundo o editorialista, um bando financiava a compra e o envio de armamentos para a "jagunçada monarquista". E finalizava pedindo ação enérgica do governo para fazer os "farsantes restauradores" respeitarem de uma vez por todas as instituições estabelecidas.[33] Mais uma vez recorria-se à ideia de que as camadas populares eram incapazes de compreender o mundo à sua volta, e por isso mesmo estavam sujeitas à manipulação.

As notícias sobre os combates começaram a chegar em quantidade nos dias seguintes, pois Moreira César queria resolver logo a questão. Após desembarcar em Queimadas, o comandante imprimiu um ritmo intenso à marcha até Canudos. Segundo o relatório do major Rafael Augusto da Cunha Matos, em 3 de março, depois de muitas horas de caminhada, Moreira César resolveu avançar de imediato sobre a vila. Pouco antes do meio-dia a artilharia começou a bombardear a cidadela sertaneja. Em seguida o comandante ordenou o ataque a partir de uma das margens do rio. Naquela posição, foi ferido por tiros de carabina. A batalha continuou

Da morte e do silenciamento

sob o comando do coronel Pedro Nunes Tamarindo, que, após horas de combate com muitas baixas e falta de munição, decidiu ordenar o recuo.[34]

Ainda segundo o relato de Cunha Matos, por volta das seis e meia da tarde, as tropas se retiraram para o outro lado do rio e se arrancharam no cume da serra a cerca de seiscentos metros de Canudos. O número de mortos e a falta de munição fizeram com que os comandantes decidissem pela retirada tão logo amanhecesse. Ao longo de toda a noite a tropa se ocupou em reunir os feridos no acampamento. No dia seguinte, logo ao amanhecer, Tamarindo recebeu a notícia de que Moreira César acabara de falecer.

A marcha de retirada começou pela manhã, sob fogo intenso dos sertanejos, que atacavam pelos flancos e pela retaguarda. O coronel Tamarindo foi ferido mortalmente no combate; os soldados abandonaram suas posições e se dispersaram em debandada pela caatinga. No desespero, os padioleiros deixaram para trás os feridos e os mortos, inclusive o cadáver de Moreira César, depois que o soldado que o conduzia foi ferido na perna. Seu corpo jamais foi encontrado.

A morte de Moreira César e o "desastre da operação de Canudos" só foram reconhecidos pelo governo em 7 de março. A partir de então, os jornais do Rio de Janeiro e de São Paulo publicaram longos artigos refletindo sobre os acontecimentos e reforçando a imagem de Conselheiro como instrumento da conspiração monarquista. Dizia-se que o "pregador de roça", "meio apóstolo, meio facínora" havia se transformado em agente a serviço da restauração. A imprensa também responsabilizou o governo do estado da Bahia por não dar informações mais precisas sobre o tamanho da população sertaneja. Todo esse discurso de ódio e vingança oferecia apenas uma saída: a "conspiração monarquista" de Canudos deveria ser "completamente esmagada".[35]

A onda antimonarquista tomou conta das grandes cidades do Brasil. Em São Paulo houve aglomeração de pessoas nas ruas centrais, onde se ouviram muitos "Viva a República!" e "Abaixo os monarquistas!". O proprietário do jornal *A Tarde*, acusado de ser monarquista, foi perseguido pelas ruas e espancado. Logo em seguida a multidão marchou para a sede do jornal *O*

Commercio de São Paulo, também favorável à restauração, e invadiu o edifício, destruindo o material tipográfico e o escritório. A cavalaria chegou ao local, mas os manifestantes continuaram a percorrer as ruas da cidade.

No Rio de Janeiro, na tarde de 7 de março o povo saqueou e queimou os escritórios e tipografias dos três principais jornais monarquistas locais, *Gazeta da Tarde*, *Liberdade* e *O Apostolo*. O movimento se estendeu até a noite, com muitos oradores conclamando o povo a reagir à agressão monarquista. Naquele clima de exaltação, a massa se dirigiu à residência de Gentil de Castro, dono dos jornais *Gazeta da Tarde* e *Liberdade*, destruiu a mobília e vasculhou a casa em busca de documentos comprometedores. Na manhã seguinte, Castro tentou fugir de trem, mas foi morto com um tiro quando se preparava para embarcar rumo a Petrópolis.[36]

Em Salvador, os jornais registraram, nas ruas, grande concentração de partidários da república pedindo vingança contra os conselheiristas. Por precaução, o 16º Batalhão do Exército ocupou as vias públicas e reforçou a guarda do palácio do governo. Naqueles dias de exaltação dos ânimos republicanos e de ostensiva presença de soldados circulando, certamente ficou impossível qualquer manifestação monarquista por parte de Macaco Beleza.[37]

Dias depois, Manuel Vitorino soltou uma nota na imprensa lamentando a derrota da terceira expedição e declarando apoio aos militares para vingar a morte de Moreira César. Como observa Maria de Lourdes Janotti, essa manifestação era uma forma de defender-se da crítica que porventura a ele fosse dirigida pelo malogrado ordenamento da expedição. O governador Luís Viana prometeu fornecer um batalhão de quinhentos soldados da polícia estadual para participar da próxima investida contra Canudos.[38]

A posição política do governador Luís Viana ficara complicada dentro e fora da Bahia. Seus opositores o criticavam por não ter dado a Moreira César informações mais detalhadas sobre o número de sertanejos insurgentes e sobre as dificuldades de combate numa região de caatinga. Um desses críticos era o ex-governador José Gonçalves, deposto em 1891 (por um movimento que, como vimos, teve a participação de Viana). Alguns jornais no Rio de Janeiro exploraram uma antiga relação de proteção entre

Da morte e do silenciamento

Viana e os conselheiristas. Alguém que se assinava "Um Baiano" susten-
tou que, no tempo em que José Gonçalves governara o estado, o senador
Luís Viana era um dos representantes no Senado que sempre se levantava
em defesa de Conselheiro contra os que pregavam a repressão.[39] Em função desse artigo, Severino Vieira liderou um encontro reunindo diversos
jornais baianos para redigirem uma nota negando que a Bahia fosse "um
reduto monarquista", como se espalhara na capital federal.[40]

A se crer na versão do barão de Jeremoabo, Luís Viana mudou de posição assim que assumiu o governo, em maio de 1896: passou de defensor
dos conselheiristas a defensor da repressão a Canudos. Um dos lemas de
sua administração era "pacificação" do sertão, que na verdade significava
deslocar para o interior patrulhas policiais com o intuito de impor seu
domínio aos opositores locais. A pretexto de debelar os focos de violência
e reprimir o banditismo, Viana empreendeu uma perseguição crescente
e mesmo o extermínio de quem não se dobrasse ao jugo governamental.
Jeremoabo acusou diversos erros de Luís Viana, tanto na primeira como
na segunda expedição. Na primeira, os seguidores de Conselheiro eram
cinquenta vezes mais numerosos que o destacamento policial. Na segunda,
os informantes da região eram aliados do beato, e por isso mesmo não
passaram aos comandantes as informações corretas sobre o tamanho e a
localização das forças de Canudos.[41]

Na capital federal, os jornais voltaram a dar ênfase a diversas versões
fantasiosas sobre um complô ligando os monarquistas aos conselheiristas.
Uma das notícias mais sensacionalistas dizia que em Sete Lagoas, Minas
Gerais, havia uma base de operações na qual os monarquistas reuniam e
faziam embarcar armamentos para municiar Canudos.[42] O jornal *O Estado
de S. Paulo*, em seu editorial de 15 de março de 1897, afirmava que a Bahia
havia sido o estado escolhido pelos monarquistas para promover o movimento restaurador, que, além disso, contava com a participação de oficiais
que tinham atuado na Revolta da Armada. Subestimando a capacidade dos
sertanejos, o editorialista dizia que a revolução era pensada por homens
de "qualidade diversa" da de Antônio Conselheiro.[43]

Depois dos ataques nas ruas do Rio de Janeiro e de São Paulo, muitos monarquistas precisaram deixar o país, e a maioria dos que militavam na imprensa teve de calar-se ou submeter-se às provocações dos republicanos. Jornais das duas cidades pediam maior controle sobre os movimentos dos chefes pró-restauração, como o visconde de Ouro Preto, Cândido de Oliveira, João Alfredo e outros. Instaurou-se no país o que Afonso Celso chamou de "terror republicano".[44]

Foi nesse contexto de fervor pró-república que o presidente Prudente de Morais anunciou a organização da quarta expedição militar para reprimir os conselheiristas. As tropas só começaram a se deslocar para Canudos em junho de 1897, três meses depois da derrota da terceira expedição. O governo reuniu mais de 10 mil homens distribuídos em 25 batalhões de linha e cavalaria. Vinham de vários estados do Brasil: São Paulo, Piauí, Ceará, Rio Grande do Norte, Paraíba, Amazonas, Pernambuco e Rio de Janeiro.

No começo de julho chegaram as primeiras notícias dos combates nos arredores de Canudos. Do alto do morro chamado Favela, a artilharia bombardeava diariamente o vilarejo rebelde. Só naquele mês os jornais falavam em trezentos mortos e quatrocentos feridos do lado do Exército. Foi então que também começaram a chegar com maior frequência notícias sobre os líderes conselheiristas que desafiavam as tropas. Seus nomes e apelidos — Manuel Quadrado (o enfermeiro-mor), João Abade, Antônio Vila Nova, Joaquim Macambira, Antônio Fogueteiro, Pedrão, o famoso Pajeú… — ficaram mais familiares para o público leitor.

No início de agosto, o comandante Artur Oscar informou que a infantaria investira contra o arraial disputando o terreno palmo a palmo e encontrando resistência tenaz por parte dos jagunços. Daí por diante a força ocupou as casas e entrincheirou-se na praça que ficava entre as duas igrejas. As mulheres que conseguiram sair do interior da Igreja Velha informaram que os rebeldes dispunham de pouca munição e que faltavam água e comida. Os mortos estavam insepultos no interior das igrejas. Elas contaram que Conselheiro, Pajeú e Vila Nova estavam na igreja, os dois primeiros feridos. No final do mês, mulheres carregando trouxas e acom-

Da morte e do silenciamento

panhadas de crianças tentaram se evadir, mas o fogo cerrado as obrigou a voltar para o interior do povoado em chamas.

De agosto a outubro, Canudos foi completamente cercada e seus últimos focos de resistência foram debelados. Em 3 de outubro o comandante Artur Oscar percorreu exultante as ruas da cidadela. O povoado apresentava aspecto desolador depois de meses de intenso bombardeio e incêndios. Os jagunços ainda resistiam em alguns redutos próximos à Igreja Nova, e de um deles surgiu Antônio Beatinho, identificado como "homem de confiança do Conselheiro", empunhando uma bandeira branca. Foi ele quem informou que o beato estava morto e sepultado no interior da igreja desde 22 de setembro. Muitos dos que se entregaram foram presos ou levados para dentro da caatinga a fim de receberem a "gravata vermelha", ou seja, para serem degolados.[45]

Finalmente, em 7 de outubro os jornais estamparam na primeira página a notícia de que as forças federais haviam derrotado o que chamaram de "arraial sinistro". *O Paiz* festejou a tomada da "igreja-cidadela", o santuário onde o "feroz predicante da monarquia" açulava os "fanáticos" contra as instituições nacionais. Sobre o monte de escombros tremulava a bandeira brasileira, fincada pelos soldados onde o "monarquismo impenitente se fora acoutar". A matéria finalizava triunfante, dizendo que estavam vingados os que ali tombaram, inclusive o "heroico" Moreira César.[46]

A notícia da destruição de Canudos espalhou-se pelas grandes cidades. Em Salvador, mais de 5 mil pessoas se concentraram na estação da Calçada para ver a chegada dos soldados de volta do combate. Naqueles dias o governo pôde recuperar a credibilidade, mas a ideia de que a República emergira como um regime de consenso e sem sangue derramado não mais se sustentava. Como explicou Robert Levine, a "fachada de harmonioso progresso" estava em pedaços.[47]

Depois de onze meses de lutas e de quatro expedições que haviam mobilizado aproximadamente 12 mil militares recrutados em vários estados, Canudos caía, vítima do maior massacre da história do país. Cerca de 25 mil pessoas morreram no conflito, a maioria do lado dos sertanejos. O cadáver de Antônio Conselheiro foi exumado, e sua cabeça foi levada para a capital a fim de ser examinada por médicos legistas, ávidos por evidências que corroborassem suas teorias baseadas no racismo científico. Ainda se passaria algum tempo para que aquela euforia patriótica desse lugar à percepção de que Canudos estava mais para tragédia do que para glória republicana.

Em meio ao júbilo com o retorno das tropas, em 5 de novembro de 1897, durante uma parada militar que homenageava as tropas que voltavam do sertão, o soldado florianista Marcelino Bispo de Melo tentou assassinar Prudente de Morais. Acabou, no entanto, esfaqueando mortalmente o ministro da Guerra, Carlos Machado de Bittencourt, que buscara proteger seu superior. O relatório da polícia apontou o vice-presidente Manuel Vitorino e outros políticos como mandantes do atentado. Meses depois Vitorino foi absolvido das acusações, mas o evento marcou o fim de sua carreira política.

Depois do massacre de Canudos, a situação tornou-se ainda mais hostil a qualquer manifestação monarquista. Setores republicanos começaram a pressionar o governo para adotar medidas severas contra qualquer pronunciamento relacionado à restauração. Foi nesse contexto que se passou a elogiar o heroísmo do Exército e a justificar métodos violentos de supressão das dissidências e dos opositores do sistema republicano.[48] Em face disso, o movimento monarquista refluiu nas grandes cidades, e a imprensa que o apoiava perdeu seu ímpeto combativo. Nos estados de Minas Gerais, Rio Grande do Sul, Pará e Bahia, os clubes monarquistas restringiram-se à promoção de eventos religiosos em homenagem à família imperial.[49]

Nessa época, Macaco Beleza já havia praticamente desaparecido das páginas dos jornais. Três décadas mais tarde, ele ressurgiria em uma série de matérias intituladas "A Bahia há trinta anos", publicadas em 1927 e assinadas por "C. de A". Nos artigos, ele era retratado como um "tipo de rua", um "mulato alto, magro", que discursava pelas praças e frequentava as casas de mocotó e os botequins da Sé. "Era um temível, andava sempre às voltas com a polícia porque, não sendo eleitor, não tinha chefe para garanti-lo." Hildegardes Vianna observou que "Macaco Beleza conservou-se fiel à monarquia até morrer. Nunca perdeu ocasião para desfazer da República, intrometendo-se nos meetings e promovendo arruaças".[50]

Da morte e do silenciamento

C. de A. oferecia uma descrição detalhada dos lugares e das pessoas com quem Macaco Beleza se relacionava. Segundo ele, nas ruas do Colégio, Saldanha, atrás da Sé, Misericórdia, Terreiro de Jesus e adjacências concentravam-se os botequins de fama, que ficavam abertos de noite até o amanhecer. Havia sempre "gente do pau", como eram chamados os frequentadores de tais lugares de diversão. Trovadores, soldados, condutores de bondes, caixeiros, marinheiros nacionais, mulheres de "vida fácil" e "conquistadores de gente proibida" que ali se reuniam. Todos os bares tinham nos fundos área para os jogos de víspora e de cartas, ilícitos; mas "os donos desses botequins eram eleitores da gente graúda e, por isso, viviam garantidos pela polícia". Muitos deles mobilizavam gente para atuar em apoio aos políticos em tempo de eleição.

O memorialista acrescentava informações e traços físicos dos donos de bar. Salu Rato era pardo, de meia-idade, falastrão, muito pachola, tinha casa de jogo no Terreiro de Jesus. Antônio Fino era magro como uma flecha, crioulo alto, tinha botequim defronte da igreja da Sé. Baiano do Botequim, pardo, era dono de bar na rua do Colégio e pachola. Ciro Onça, mulato, alto, magro, meio idoso, tinha botequim atrás da Sé, perto de Antônio Fino, onde havia jogos de azar de toda espécie. O estabelecimento de Ciro era muito frequentado por cadetes e por uma "gurizada medonha". O autor citava também Aquilina do Mocotó.[51]

Tudo indica que depois de 1894 as condições de sobrevivência de Macaco Beleza foram se tornando cada vez mais difíceis. O fato de não ter chefe político e não ser eleitor mostra que já não estava mais sob a "proteção" de figuras influentes. Foi essa fase de precarização da sobrevivência que ficou registrada nos escritos de Hildegardes Vianna. Segundo essa autora, ele dormia nas ruas, descalço e maltrapilho. Não é improvável que tenha se entregado mais e mais ao alcoolismo. Os jornais diziam que nos últimos anos vivia constantemente internado no hospital da Santa Casa, o que dá a entender que sua saúde também se debilitara.[52]

Macaco Beleza pertencia a uma geração que depositou grandes esperanças no fim da escravidão e viveu o suficiente para padecer do desencanto diante de uma realidade muito aquém da imaginada como promessa de uma nova era. Não que houvesse uma geração desencantada, mas cabe atentar para a desilusão que emergiu na consciência dos indivíduos negros que viveram naquele período. Como pontuou Kim Butler, as liberdades concedidas eram mesquinhas diante daquelas que os afrodescendentes esperavam conquistar.[53]

O desencanto fisgou também intelectuais e ativistas negros que apostaram no republicanismo, na esperança da emergência de políticas mais inclusivas. Esse sentimento muitas vezes despontou nos discursos do líder operário negro Ismael Ribeiro dos Santos, que acreditara na promessa da República e lamentava a continuação do domínio da "família privilegiada de nossa terra", que insistia em tratar os trabalhadores como seus escravos. A desilusão perpassava também os escritos de Manuel Querino, que em muitos momentos se mostrou saudoso do ambiente mais permissivo do Império em relação às festas e aos folguedos populares.[54] Cumpre lembrar ainda a "indizível melancolia" sentida pelo monarquista André Rebouças ao se recordar da esperança de incessante progresso que não se consumara com a abolição. Para muitos daquela geração foi mesmo difícil admitir que a idade de ouro sonhada estava longe, muito longe, nos séculos por vir.[55]

As muitas mortes de Macaco Beleza

Vez ou outra corria algum boato anunciando a morte de Macaco Beleza. Seu sumiço das ruas depois de longos períodos de prisão dava a impressão de muitas mortes. Em contrapartida, o reaparecimento ao cabo de meses ou anos terminou criando a mística de que ele tinha o poder de sobreviver aos momentos mais repressivos da cidade.[56] Porém a notícia da sua morte estampada em vários jornais a partir de 9 de março de 1898 parecia ser para valer.

E era. Macaco Beleza morreu em 8 de março, na enfermaria de indigentes do Hospital Santa Isabel, pertencente à Santa Casa de Misericórdia. A notícia alcançou as praças e os becos mais recônditos onde circulava

Da morte e do silenciamento

o povo negro da cidade. Houve aglomeração de populares na porta do hospital, e estudantes de medicina se apresentaram para acompanhar o exame cadavérico do célebre rebelde que havia décadas enchia as páginas das crônicas policiais e até mesmo a memória da Faculdade de Medicina.

Numa época em que a medicina fortemente inspirada no darwinismo social correlacionava os comportamentos humanos ao tamanho do crânio e à coloração da pele, pode-se inferir por quais motivos os estudantes nutriam tanta curiosidade por aquele corpo negro rebelde. Por certo não perceberam que, finalmente em repouso depois de anos de intenso movimento, o corpo poderia dizer muito mais das suas lutas, dos seus padecimentos cotidianos, das marcas deixadas pela opressão que viveu e enfrentou ao longo da vida.

A notícia da morte de Macaco Beleza caiu como o anúncio do fechamento de uma época de intensa rebeldia na cidade. O *Jornal de Noticias* foi um dos primeiros a dá-la. Antes de informar sobre as circunstâncias da morte, o articulista fez um breve preâmbulo:

UM TIPO DAS RUAS

A nossa reportagem nos trouxe hoje a notícia do falecimento do célebre Macaco Beleza, um verdadeiro tipo das ruas e cuja existência não se sabe ao certo, classificando-a, se passou o maior tempo nas ruas ou nas estações policiais e cadeias públicas.

Turbulento, fazendo sempre discursos pela monarquia e pronto sempre a um meeting que terminasse em conflito, o Manoel Benício dos Passos só deixava a polícia descansar quando estava preso; ao contrário, em questão de dias, ele tinha novamente de ser levado à cadeia, até que um dia foi ter a um leito no hospital, onde faleceu conforme damos abaixo.

O articulista segue informando as circunstâncias da morte — e ressalto aqui a estranheza de que não houvesse médico da Santa Casa presente no momento da autopsia:

Na enfermaria S. Luís, do Hospital Santa Isabel, faleceu anteontem, à noite, o célebre Manoel Benício dos Passos, vulgo Macaco Beleza, que dera entrada naquele estabelecimento às 11 horas do dia, queixando-se de que tinha um ferimento por instrumento perfurante na região umbilical, recebido na noite anterior, e ali chegando fora examinado cuidadosamente, não se encontrando o ferimento que alegara ter sofrido, mas sim escoriações no lado esquerdo da face [e] em outras partes do corpo, devido a sarnas esfoladas, sendo a escoriação da face produzida provavelmente por queda.

Ontem, pela manhã, foi autopsiado pelos médicos da polícia, em presença de grande número de estudantes, não se encontrando por este exame ferimento algum recente, a não ser as escoriações descritas e cicatrizes de ferimentos antigos, que nada concorreram para a morte, concluindo-se pelo exame que esta fora devida a lesões viscerais, especialmente do fígado, produzidas pelo alcoolismo.[57]

A notícia foi replicada por outros jornais da cidade sem alterar a versão de que ele morrera em consequência da vida precária que levava e do alcoolismo. Um misto de alívio e piedade marcou o tom dos noticiários.[58] A notícia que *A Coisa* veiculou em 20 de março de 1898 é mais emblemática da sensação de alívio para os que não viam Macaco Beleza com bons olhos. O jornal, de linha "crítica, satírica e humorística", resumiu alguns feitos do falecido ao longo da vida em tom bastante irônico.

Morreu, mas desta vez definitivamente, o famigerado Manoel Benício dos Passos, mais conhecido pela alcunha de Macaco Beleza.

A 15 de junho de 1889, nesta então província, foi ele que incitou as iras da massa agitada contra os ínclitos propagandistas Silva Jardim, de pranteada memória, e Virgílio Damásio. Este fato passa por um dos mais importantes da vida errante dos imorais tipos das ruas que arrastou durante 37 desventurados anos.

Vitoriosa a revolução de 15 de novembro, ameaças e castigos e até o próprio desterro que lhe foi imposto não conseguiram arrancar-lhe um viva à República, a essa "República de traidores", como vociferava, espumando de álcool, nos arroubos bestiais de sua nauseabunda oratória.

Pio sacerdote de Baco, o pobre coitado do Beleza, que se dava ao ofício dos vagabundos — vender bilhete —, possuía um cabide na Correção e um leito na Santa Casa, onde finou-se a 8 do corrente.

Pêsames... Pêsames aos seus correligionários, aos ingratos monarquistas da Bahia e do Brasil inteiro, que ainda não deram sequer uma prova de saudade por seu tão digníssimo irmão em ideias.[59]

A morte definitiva e desejada do "famigerado" havia enfim acontecido. É notável o sarcasmo do articulista ao ridicularizar tanto o falecido como os "ingratos monarquistas", desafiados a homenagear seu "herói". A venda de bilhetes de loteria mencionada na notícia foi possivelmente o único meio de vida que restou a Macaco Beleza depois que foi excluído da venda de jornais. A informação de que "possuía um cabide na Correção e um leito na Santa Casa" indica que continuava a ser preso pela polícia e que passara a frequentar com assiduidade o hospital, em progressiva debilidade física, também consequência da violência policial ao longo dos seus 32 anos (e não 37 como afirma o periódico).

E *A Coisa* não parou por aí. Na mesma edição, trazia um texto intitulado "Diabruras", em que se descrevia a relação entre um tal Nascimento e o seu animal de estimação, o macaco Nicolau. Nascimento tinha em casa um macaco "endiabrado e muito grande também". À noite, o dono levava o macaco da cozinha à sala para lhe servir de entretenimento. Não podia o Nicolau ver o criado Generoso que não saltasse e fosse direto mordê-lo pelas costas, furioso. O criado se prevenia desse sofrer deixando um pau preparado para quando o animal o abocanhasse, dando-lhe o castigo desejado. Nicolau, no entanto, continuou a mordê-lo. "E Generoso, que dava bem o cavaco, era o amo sair e pegava o pau, ia à cozinha e dava no macaco."[60] O significado dessa "piada" é obscuro, mas tudo indica que se referia a algum antigo protetor político que decidira se desvencilhar de Macaco Beleza.

Na mesma página do jornal, uma tira intitulada "Prosas amenas" trazia uma piada referindo-se ao jogo do bicho, que naquele dia daria macaco.

— Macaco.

— Serve; é esse mesmo que eu quero: hei de dar agora no macaco até o diacho rebentar.

— Qual! Aconselho-te que não jogues nele; quem definitivamente dá hoje é cobra.[61]

"Dar no macaco até o diacho rebentar" nos chama a atenção para as muitas versões da morte de Macaco Beleza. Diziam uns que, após um conflito na rua das Flores com outro indivíduo apelidado de Barro Fora, ele recebera uma facada. Outros atribuíam o golpe a um soldado que ganhara na loteria mas tivera o dinheiro roubado por Macaco Beleza. Falava-se inclusive que ele só viera a óbito muitos dias depois do episódio.[62]

Décadas depois, em 1953, um artigo publicado na revista *O Mundo Ilustrado*, intitulado "Macaco Beleza", fazia um relato da trajetória do personagem como um defensor intransigente da monarquia e recuperava a ideia do bilhete de loteria. Segundo o autor, ao regressar do exílio Macaco Beleza finalmente encontrara a fortuna ao ser sorteado com um bilhete premiado que comprou. Mas a sorte transformou-se em desgraça quando um soldado de polícia o matou para roubar. "E, assim, finou-se tristemente o escudo da monarquia e servo de Vossa Alteza."[63]

Ante todas as incongruências, conforme exposto e pesquisado, não descarto a possibilidade de que Manoel Benício dos Passos tenha sido assassinado por motivação política. Lembremos que o massacre de Canudos terminara havia apenas cinco meses, e os ânimos republicanos ainda estavam exaltados e decididos a debelar qualquer manifestação monarquista. Naqueles dias, as críticas de Macaco Beleza ao novo regime devem ter se municiado dos muitos fatos envolvendo políticos baianos que estavam no topo do poder. Talvez tenha discorrido em praça pública sobre a política desastrosa do governador Luís Viana que levara ao massacre de Canudos. Ou pode ter mencionado o suposto envolvimento de Manuel Vitorino na tentativa de assassinato de Prudente de Morais.

Ademais, ele sabia do passado monarquista de todos os que, após a proclamação, figuravam como chefes políticos e passaram a posar de fiéis

Da morte e do silenciamento 293

republicanos. Por questões físicas, já não podia participar de movimentos de rua, mas os seus discursos deviam incomodar bastante. Sua morte não deixava de ser um alívio, num momento em que as elites baianas desejavam ardentemente esquecer o passado pró-restauração. Além disso, no campo popular em que ele se situava, a monarquia ainda tinha forte simbolismo e abrigava aspirações ao que hoje chamamos de igualdade racial. Ainda que não de morte matada, Macaco Beleza morreu jovem, vítima da extrema pobreza, da exclusão e da cidadania de segunda classe reservadas à maioria dos egressos do cativeiro e aos afrodescendentes como um todo.

Ele ainda teve tempo de assistir aos carnavais de 1897 e de 1898, quando os blocos negros foram para a avenida exaltando reis e rainhas africanos. Em pleno conflito de Canudos, os jornais de Salvador esclareciam como iria desfilar a Embaixada Africana, bloco fundado em 1894 e formado por negros: apresentariam um carro alegórico portando a imagem do afamado Negus Menelik, o "inteligentíssimo rei africano, de pé sobre enorme búzio encravado em arrecifes", e também as imagens de guerreiros cafres, zebras, trombeteiros, búfalos, ministros e embaixadores africanos, charanga e o "poderoso Muquichi, ou o desmancha-feitiço".[64]

No Carnaval de 1898, um mês antes da morte de Macaco Beleza, a África, seus reis e rainhas voltaram às ruas nos desfiles carnavalescos. O jornal *A Coisa* noticiou que os destaques daquele ano haviam sido os "africanismos", que transformaram a cidade, nos três dias de folia, numa verdadeira "colônia africana". Os clubes negros Embaixada Africana e Pândegos da África roubaram a vez dos palhaços, dominós e pierrôs, a quem o povo não prestava mais atenção. O bloco Pândegos da África arrastou as "crioulas apaixonadas" que muito lhes ajudaram a entoar o canto de Iemanjá: "Adorecê é que é manjá, pontabelelê aonai torotim telá chorerê".[65]

Sobre o Embaixada Africana, o jornal informou que no domingo e na terça-feira o clube levara para a avenida a sua cavalaria de caçadores de Quioco, com o rei de Abomy e suas "bacanas", com o rechonchudo Muzumbo e um séquito de personagens cheios de miçangas. Mas o toque especial foi o bloco Colônia Africana, provavelmente formado por africanos e africanas remanescentes dos últimos desembarques do tráfico, que, envergando uniforme especial, se postou nas ruas para receber o Embaixada.[66]

Os desfiles carnavalescos daqueles últimos anos do século XIX assinalaram a emergência de uma identidade étnica que incluía os africanos e seus descendentes. A centralidade da África e a valorização da identidade original emergiram como formas poderosas de afirmação ante o racismo científico, que insistia que os africanos e seus descendentes eram biologicamente inferiores e que a África era o lócus da barbárie.[67] Ademais, os desfiles traziam embutida uma crítica, com base nas referências africanas, ao sistema político dominante. A exaltação dos grandes reis e rainhas não deixava de ser uma crítica carnavalizada à incapacidade do novo regime de responder às demandas dos afrodescendentes por uma sociedade mais inclusiva e respeitosa com suas raízes.

No LIVRO DE SEPULTAMENTOS do cemitério do Campo Santo, administrado pela Santa Casa de Misericórdia, constata-se que o enterro de Macaco Beleza ocorreu dois dias depois da sua morte. No registro consta que ele era pardo, solteiro, morador na freguesia da Rua do Paço e morrera em decorrência do "derramamento de bílis". Na faixa do livro destinada ao registro dos "interessados" ou responsáveis não consta nome algum de familiares.[68] O sepultamento foi cercado de cuidados por parte das autoridades, para que não tivesse a participação do povo que circulava pelo centro da cidade, de trabalhadores do porto, estivadores, ganhadores, saveiristas, companheiros de exílio e curiosos.

Epílogo

A MORTE DE MANOEL BENÍCIO marcou quase que simultaneamente o nascimento de Macaco Beleza como personagem da crônica política e de costumes. Seu apelido tornou-se fonte de inspiração para escritores e articulistas em vários lugares do país, e passou a ser usado como mote para ridicularizar adversários, expor os vícios e as vicissitudes da política nacional.

O próprio Manuel Vitorino foi por diversas vezes atacado pela imprensa oposicionista com o apelido de Macaco Beleza quando ocupou o cargo de vice-presidente. Anos depois, um jornal pernambucano esclareceu que a "eloquência" carregada de gestos lhe rendera a alcunha,[1] mas é possível que o epíteto tenha sido atribuído a Vitorino pelos seus adversários políticos da Bahia para ridicularizá-lo, por ter ordenado a deportação de Macaco Beleza para Fernando de Noronha.

A alcunha serviria ainda para caricaturar racialmente personagens da vida pública. Sílvio Romero recorreu a ela para atacar o político e historiador sergipano Felisbelo Freire, que era mulato. Vez ou outra, a ancestralidade negra de Freire era lembrada por seus adversários políticos para diminuí-lo.[2] Assim, o cognome Macaco Beleza tornou-se um mote para várias piadas jocosas insultando ou intimidando pessoas negras ou mulatas. Por exemplo, em 21 de março de 1903, o jornal *O Rio-Nú* publicou:

> O Macaco Beleza foi visto, um dia destes, saindo de uma casa da rua Senador Dantas.
>
> Alguém lhe disse por troça: "Vou contar à Sofia" — foi quanto bastou para que o Beleza implorasse que tal não fizesse. O pobre rapaz quase chorou.
>
> Terá tanto medo da Sofia, o Macaquinho?[3]

Como vimos, em vida o próprio Macaco Beleza foi muitas vezes diminuído, ridicularizado e insultado racialmente, sobretudo por ter se envolvido em assuntos da política. Lembremos do debate entre os deputados César Zama e Mena Barreto, que arrancou risos dos colegas de Congresso ao lembrar que na Bahia Macaco Beleza havia sido o único a defender abertamente a monarquia e a sofrer as consequências de sua posição política. Mena Barreto ironizava tanto César Zama, que havia passado ileso por ter se oposto à República, quanto Macaco Beleza, que fora deportado por sua opção monarquista. Para os deputados, a política era um lugar consagrado a homens brancos, ou a negros e pardos, desde que tutelados por brancos.

As escolhas políticas de Macaco Beleza seriam motivo de riso e escárnio ao longo do tempo. Voltemos ao escritor Afrânio Peixoto, que também era médico e seguidor das teorias raciais. Em livro escrito na década de 1940, ele não perdeu a oportunidade de incluí-lo entre os tipos populares que desfilavam na Bahia antiga. Certamente sua intenção era fazer os leitores rirem, ao descrever o encontro entre Macaco Beleza e o conde d'Eu na recepção oficial realizada em meio aos tumultuados acontecimentos de 15 de junho de 1889.[4]

A ridicularização e o silenciamento de Macaco Beleza dão mostra do processo de exclusão imposto à população negra e às camadas populares após a abolição. Estigmatizá-lo como desordeiro, bêbado e vagabundo era apenas parte do processo de desqualificação. Além disso, ele viveu em um contexto em que a violência havia se intensificado, a pretexto de se manter a ordem mas visando efetivamente controlar a movimentação negra em várias frentes da luta por acesso a terra, educação, liberdade religiosa e cidadania.

Mesmo depois de morto, havia a preocupação de que seu ativismo político gerasse seguidores. Em abril de 1900, na esteira dos vários movimentos de rua que ocorriam na cidade contra carestia, desemprego e violência policial, alguém que se assinou João Badalho mandou o seguinte recado:

Falô nas públicas praças
É melhor ficar calado.

Epílogo

De tanto falar às massas
Podes sair amassado.

É asneira com certeza
Ao povo fazer-se bem;
Olha o Macaco Beleza
Foi de pancada armazém.

Abandona essa má vida!...
A turba vil e ignara
Um belo dia, atrevida,
Te bates palmas na cara.[5]

Os versos alertavam para a reação violenta da multidão, que reatualizava Macaco Beleza e evidenciava que sua mística rebeldia ainda era forte na memória das camadas populares.[6]

Já os cronistas e memorialistas que escreveram sobre ele deixaram para a posteridade a imagem desfocada de um defensor intransigente e fanático da monarquia, o que terminou silenciando suas reais escolhas e motivações políticas a favor da abolição e do reconhecimento da cidadania de ex-escravos e africanos. Escrevendo sobre a "Bahia antiga", João Varella relembrava que:

Nenhuma forma de governo das que tem tido o Brasil — monarquia, república ou revolução — ou outro fato, por mais importante que fosse — Abolição, Dois de Julho etc. —, adquiriu mais ardoroso propagandista, mais destemeroso defensor, mais intransigente adepto do que foi este de quem nos lembramos agora.[7]

Para Varella, derrubado o trono, o amor de Manoel Benício ao regime deposto aumentara, ao contrário do que sucedeu com muita "gente boa", que, na véspera "arrotando valentias", terminou se rendendo ao regime republicano. No meio de civis ou militares, nobres ou plebeus, no adro de uma igreja ou na porta de uma taverna, Macaco Beleza não temia alardear sua fidelidade ao Império. Portanto, admitia-se sua rebeldia, mas seu comportamento contestador foi encapsulado na ideia de uma Bahia antiga, afeita às tradições.

Em 1953, artigo dedicado a Macaco Beleza em *O Mundo Ilustrado*, que circulava no Rio de Janeiro, começava no ano de 1889, quando o conde d'Eu desembarcou na Bahia vindo no mesmo vapor que o propagandista da república Silva Jardim. Ao descer à terra, o príncipe notou na frente da massa dos "homens de cor" o vulto alto e seco dando provas de seu entusiasmo e proferindo vivas consecutivos de modo a ensurdecer os circunstantes. O príncipe quis saber então quem era aquele partidário, ao que Macaco Beleza se aproximou e, fazendo uma respeitosa deferência, declamou:

> *Manoel Benício dos Passos,*
> *Vulgo Macaco Beleza,*
> *Escudo da monarquia*
> *E um servo da Vossa Alteza.*[8]

Com algumas poucas alterações, essa passagem parece ter sido tirada do livro de Afrânio Peixoto. Segundo o articulista, após a apresentação Macaco Beleza afastou-se, tomando a frente da "malta de exaltados", saudando entusiasticamente a monarquia. Nessa perspectiva, a fidelidade ao trono se manifestaria também depois do Quinze de Novembro, quando as adesões ao novo regime se generalizaram pelo país.

A versão do monarquista fanático formulada pelos memorialistas é mais compatível com o imaginário de uma Bahia antiga, onde até mesmo os capadócios agiam em favor da tradição. A exaltação do legado cultural era uma forma de compensar a incapacidade da província de se modernizar economicamente e de embranquecer pela imigração, como ocorria nas províncias do Sudeste, impulsionadas pelos ventos favoráveis da economia cafeeira. Nessa época, a identidade da Bahia como "Mulata Velha" emergiu no imaginário dos literatos locais como contraponto ao Sudeste.

Epílogo

A apropriação de Macaco Beleza pelos memorialistas foi ocorrendo paralelamente ao seu desaparecimento e mesmo apagamento das páginas da história local. Lembremos que em 1904, ao escrever uma "Memória histórica sobre a proclamação da República na Bahia", o historiador Brás do Amaral negou-se a registrar o nome do tal "degenerado alcoólico" de "alcunha grotesca" que esteve à frente dos movimentos populares em reação ao golpe civil e militar que culminou na deposição do imperador. Para o autor, Macaco Beleza não merecia figurar nas páginas gloriosas da história local.[9]

Quando voltou a escrever sobre o assunto em 1923, em seu livro clássico *História da Bahia: Do Império à República*, Amaral mais uma vez silenciou o nome de Macaco Beleza e insistiu nos mesmos adjetivos desqualificadores. No entanto, não deixou de admitir que a resistência ao novo regime havia se transformado num movimento popular de grandes dimensões e que adiou por alguns dias a proclamação.[10] Pedro Calmon, em *História da Bahia*, cuja primeira edição data de 1927, considerou o Quinze de Junho como parte do contexto de instabilidade social que se seguiu à abolição e antecedeu a República, mas em nenhum momento citou a participação de Macaco Beleza. Da mesma forma, ele não dedica uma linha sequer aos conflitos de 15 de novembro de 1889. No máximo registrou que, "sem maior perturbação", a República foi proclamada na província da Bahia.[11]

O silêncio desses intelectuais tem muito a ver com a ideia de que aquela Bahia antiga, provinciana e escravocrata deveria ser deixada para trás. Tem a ver também com a participação de Macaco Beleza nos movimentos que povoaram o período entre abolição e proclamação. Brás do Amaral testemunhou o que chamou de "vergonhosos" acontecimentos de 15 de junho e 15 de novembro de 1889, e Pedro Calmon ainda pôde conversar com pessoas que tinham presenciado os episódios. As duas datas foram vistas como traumáticas e embaraçosas para a classe senhorial baiana, que se esforçou ao máximo para adiar o fim do cativeiro e abandonou a monarquia assim que se pôs fim à escravidão. Eles jamais admitiram que alguém como Macaco Beleza pudesse ter tomado para si a defesa do Império e resistisse ao novo regime.

A exemplo dos memorialistas, os historiadores do início do século xx também insistiram na ideia de que o monarquismo de Macaco Beleza era fruto da ignorância e, nesse sentido, reiteraram as presunções racistas de que os negros eram incapazes de fazer a sua própria leitura da história.

A forma estereotipada como cronistas e historiadores abordaram a questão terminou apagando os sentidos políticos mais profundos das escolhas políticas de Macaco Beleza e da sua rebeldia em favor da liberdade e de uma cidadania mais inclusiva. Descurado do seu "instante de perigo", o ativismo político de Macaco Beleza aparece ora como uma defesa ingênua da tradição, ora como produto do desconhecimento de quem resistia a trilhar os caminhos supostamente modernizadores da República. Passado o calor da hora em que a ordem esteve por um fio, era conveniente vê-lo como um personagem da galeria dos tipos populares que protagonizaram cenas curiosas e até "ocorrências engraçadíssimas" das velhas ruas da Bahia.[12]

Agradecimentos

Seria impossível a escrita deste livro sem a ajuda de muitas pessoas e instituições. Agradeço imensamente aos funcionários do Arquivo Nacional, do Arquivo Público do Estado da Bahia e do Arquivo Público Estadual Jordão Emerenciano por terem me proporcionado as melhores condições possíveis para a pesquisa. No Recife, agradeço à professora Maria Emília Vasconcelos dos Santos, que me chamou a atenção para a documentação sobre Fernando de Noronha nos arquivos pernambucanos. Eduardo Cavalcante me ajudou a transcrever e a localizar muitas fontes documentais no Arquivo Nacional.

João Paulo Pinto do Carmo, amigo e jovem historiador quilombola, leu a primeira versão e fez observações importantes para o aprimoramento do texto. Hendrik Kraay colocou à minha disposição suas anotações de pesquisa com informações preciosas para muitos momentos em que as fontes ameaçavam se calar. João Reis, Robert Slenes, Silvia Lara e Maria Clementina Pereira Cunha me ajudaram a superar alguns impasses no argumento.

A professora Ione Celeste me facultou a leitura de seus artigos sobre a educação dos libertos. Lisa Earl Castillo e Cláudia Trindade me socorreram em muitos momentos com informações tiradas de suas pesquisas de arquivo. Gino Negro indicou memorialistas e folcloristas da Bahia antiga. Alexandra Brown, Thiago Alberto dos Santos, Antônio Modesto, Vinicius Nikima, Mariângela Nogueira, Antônio Liberac e Paulo de Jesus foram interlocutores importantes durante a pesquisa. Ao editor Fernando Baldraia e a toda a equipe de revisão, Clarice Zahar, Érico Melo e Angela Vianna, sou grato pelo acolhimento ao livro e pelo profissionalismo em torná-lo mais elegante.

À Universidade Federal do Recôncavo da Bahia (UFRB) agradeço pelas condições de trabalho que me permitiram escrever este livro. Ao CNPq, agradeço pela bolsa de pós-doutorado que me propiciou a estada de um ano no Council on Latin American & Iberian Studies da Yale University. O professor Stuart Schwartz foi muito gentil em me acolher como pesquisador visitante naquela instituição. Em New Haven contei com a calorosa acolhida de Daniel Juarez, Claudia Ribeiro Pereira Nunes e Reinaldo Funes Monzote.

Um agradecimento especial para Leila, companheira de todos os momentos, que me animou a seguir em frente. À nossa filha Helena, que encontrou um jeito próprio de me chamar para o aqui e o agora. Finalmente, a meu pai, Walter da Silva Fraga, que se foi pouco antes da conclusão destas linhas. A ele e à minha mãe, Domingas Ferreira, que despertaram em mim a paixão pelo tempo, dedico este livro.

Notas

Apeb: Arquivo Público do Estado da Bahia • ANRJ: Arquivo Nacional, Rio de Janeiro • **Apeje:** Arquivo Público Estadual Jordão Emerenciano, Pernambuco • ASCM: Arquivo da Santa Casa de Misericórdia da Bahia • ACMSAL: Arquivo da Cúria Metropolitana de Salvador • AFFCH/UFBA: Arquivo de Frederico Edelweiss • BN: Biblioteca Nacional, Rio de Janeiro • BPEB: Biblioteca Pública do Estado da Bahia • IGHB: Instituto Geográfico e Histórico da Bahia

Introdução [pp. 9-15]

1. João Varella, *Da Bahia que eu vi*.
2. AFFCH/UFBA, recorte do jornal *A Noite*, 10 out. 1947. Ver Sidney Chalhoub, "Para que servem os narizes? Paternalismo, darwinismo social e ciência racial em Machado de Assis", p. 49.
3. João da Costa Pinto Dantas Júnior, "A propaganda republicana", p. 110.
4. Ver Frederico José de Abreu, *Macaco Beleza e o Massacre do Tabuão*. Embora o estudo tenha como objetivo refletir sobre a participação de Macaco Beleza nos conflitos de 15 de junho de 1889, que foram chamados de o "Massacre do Taboão", o autor levanta muitas informações biográficas sobre o personagem.
5. Ver Mário Augusto da Silva Santos, *O movimento republicano na Bahia*. Ver também Dilton Oliveira de Araújo, *Republicanismo e classe média em Salvador, 1870-1889*.
6. Jailton Lima de Brito, *A Abolição na Bahia: 1870-1888*, p. 68.
7. Ver John Hope Franklin, *Raça e história*, p. 60.
8. Este livro se inspira em vários estudos biográficos de mulheres e homens que viveram a experiência da escravidão como livres, libertos ou escravos. Ver, por exemplo, Oracy Nogueira, *Negro político, político negro*; Eduardo Silva, *Dom Obá II d'África, o príncipe do povo*; Elciene Azevedo, *Orfeu de carapinha*; João José Reis, *Domingos Sodré, um sacerdote africano*; Gabriela dos Reis Sampaio, *Juca Rosa*; Keila Grinberg, *O fiador dos brasileiros*; Sandra Lauderdale Graham, *Caetana diz não*; Lilia Moritz Schwarcz, *Lima Barreto*. Numa perspectiva atlântica, inspiro-me também em Rebecca J. Scott e Jean M. Hébrard, *Provas de liberdade*.

1. Um menino chamado Manoel [pp. 17-45]

1. W. E. B. Du Bois (*As almas da gente negra*, p. 267), a respeito da infância de Alexander Crummell antes de ser admitido em uma escola abolicionista.

2. ACMSAL, *Livro de registro de batismos da freguesia da Penha, 1849-1867*, fl. 183. Eis a íntegra do assento de batismo: "15 de julho de 1866, capela de N. S. dos Mares, batizei solenemente Manoel, pardo, nascido em 26 fev. 1866, filho natural de Cristina, escrava de d. Maria Benedita de Sousa. Padrinho Manuel Exótico e tocou a coroa [de Nossa Senhora] Aurélio". O registro foi assinado pelo vigário Lourenço Borges de Lima.

3. O cronista João Varella afirma que Manoel Benício da Cruz Tangerina era outro nome de Macaco Beleza (*Da Bahia que eu vi*, p. 172). O fato é que não localizamos nenhuma outra família com o sobrenome Cruz Tangerina nos registros de nascimento e óbito da igreja para a freguesia da Penha. A documentação da polícia também não se refere a nenhum desses sobrenomes para identificar Macaco Beleza.

4. ACMSAL, *Livro de registro de óbitos da freguesia da Penha, 1849-1866*, fl. 186, óbito de Mônica Maria dos Passos, 13 fev. 1866.

5. ACMSAL, *Livro de registro de óbitos da freguesia dos Mares, 1871-1891*, fl. 89v.

6. José de Sá, *A mocidade de Francisco de Castro*, p. 2. O texto deste pequeno livro foi lido originalmente em conferência realizada no IGHB, 11 nov. 1917. Nessa sessão o sócio José de Sá discursou em homenagem ao advogado Francisco de Castro, falecido em outubro de 1901. José de Sá afirmou que o nome de Macaco Beleza era Manoel Benício da Cruz Tangerina. Sobre as amas de leite, ver: Cecília C. Moreira Soares, *Mulher negra na Bahia no século XIX*, pp. 44-5. Sobre amas de leite e o irmão colaço, ver: Maciel Henrique Silva, *Pretas de honra*, pp. 214-30.

7. Apeb, *Livro de escrituras*, 379 (1864-1865), fls. 29v-30, escritura de hipoteca entre Maria Benedita de Sousa Passos e Antônio Pereira de Carvalho, 22 nov. 1864.

8. Sobre as formas de desagregação familiar em função do sistema escravista, ver: Isabel Cristina Ferreira dos Reis, *Histórias de vida familiar e afetiva de escravos na Bahia do século XIX*, espec. capítulo 2, "Separações da família escrava", pp. 47-90.

9. João Varella refere-se à nação "gruxis" como "raça africana" (*Da Bahia que eu vi*, p. 176).

10. Nina Rodrigues, *Os africanos no Brasil*, pp. 110-2.

11. Sobre os africanos livres, ver: Beatriz G. Mamigonian, *Africanos livres*.

12. Essa postura municipal é mencionada em nota publicada no jornal *Correio de Noticias*, em que se informava que o chefe de polícia havia dado terminantes ordens para a sua execução (24 abr. 1872, p. 2).

13. Apeb, *Livros de notas do tabelião*, n. 280 (1844-6), fl. 9v-10.

14. Ao longo das primeiras décadas do século XIX, José Antônio dos Passos Bruguer aparece em várias operações de compra e venda. Por exemplo: Apeb, *Livros de escrituras*, 181 (1814-5), fl. 10, 12 jul. 1814, quando ele e sua mulher, "dona" Joaquina Maximiana de Sousa Passos, vendem a Antônio José Araújo e Silva uma casa situada na rua de Baixo de São Bento por 800 mil-réis; Apeb, *Livros de escrituras*, 185 (1814-5), fl. 4v, 3 ago. 1814, compra de uma "roça de terras" na estrada que ia para a freguesia de Brotas, no lugar chamado Quebra-Focinho; Apeb, *Livros de escrituras*, 243 (1833-44), fl. 102, 15 maio 1814, vende uma sumaca ancorada no porto de Salvador no valor de 2 contos e 800 mil-réis.

Notas

15. Do final da década de 1830 até 1850, José Antônio de Sousa Passos aparece em diferentes transações comerciais de compra e venda de imóveis e escravos. Por exemplo, em 17 de maio figura como vendedor de uma casa na ladeira da Praça que houve por herança de seu pai (Apeb, *Livros de escrituras*, 263 [1839], fl. 22). Ver também: Apeb, *Livros de escrituras*, 305 (1851-3), fl. 133, 8 abr. 1853, vendeu a Manuel Pinto Leite a escrava Maria, africana nagô, por 800 mil-réis; Apeb, *Livros de escrituras*, 307 (1852-3), fl. 51v, 10 fev. 1853, vendeu outra escrava africana chamada Maria Tomás Pereira Jeremoabo por 600 mil-réis; Apeb, *Livros de escrituras* (1861), fl. 32v, 5 jun. 1861, recebeu pela alforria de Jacinto, nagô, a quantia de 1 conto e 100 mil-réis.

16. Sobre as escravas alforriadas por José Antônio dos Passos, ver: Apeb, *Livros de escrituras*, 373 (1863), fl. 99, 2 abr. 1864, alforrias de Sara, crioula, filha da africana Constança, e de Esperança, filha de Julieta, africana, conforme declaração do testamenteiro Francisco José de Sousa Nobre; Apeb, *Livros de escrituras*, 374 (1863-4), fl. 46v. 2 abr. 1864, alforria de Delfina, crioula; Apeb, *Livros de escrituras*, 375 (1863-4), fl. 67v. 2 abr. 1864, liberdade de Constança, crioula e de seu filho Cristino.

17. ACMSAL, *Livro de registro de batismos da freguesia da Penha, 1849-1867*, fl. 167v, registro de batismo de Rogério, filho da escrava Lucinda, 6 jan. 1865; sobre o batismo de Pedro, ACMSAL, *Livro de registro de batismos da freguesia dos Mares, 1849-67*, fl. 2v, 18 jun. 1871.

18. Apeb, *Inventários*, 4/1923/2395/6 (1885), fl. 9v, inventário e testamento de Maria Juvência de Moura e Araújo, falecida em 22 ago. 1885. A 17ª verba do testamento é que define a forma como a testadora queria organizar o luto dos seus dependentes e agregados.

19. ACMSAL, *Livro de registro de batismos da freguesia da Penha, 1849-1867*, fl. 160v, registro de batismo de Idalina, filha de Benedita escrava, 16 abr. 1864.

20. BN, "D. Maria Juvência de Moura", *Gazeta de Noticias*, 22 nov. 1885, p. 5. Agradeço a Érico Melo pela indicação desta notícia de jornal.

21. ACMSAL, *Livro de registro de óbitos da freguesia dos Mares* (1871-1891), fl. 31, registro de óbito do africano Aurélio, 9 jun. 1874.

22. Para esses registros, ver: ACMSAL, *Livro de registro de óbitos da freguesia dos Mares, 1871-1891*, fls. 10, 22v.

23. ACMSAL, *Livro de registro de batismos da freguesia da Penha, 1849-1867*, fl. 177v, batismo de Teodata, 13 jan. 1866; fl. 180v, batismo de Gertrudes e de Augêncio, 25 mar. 1866.

24. Apeb, *Livro de notas*, 389 (1866-7), fl. 85, registro de carta de liberdade do mulato Manoel, 26 jul. 1866, tabelião Ribeiro de Oliveira.

25. Segundo Maria Inês Côrtes de Oliveira, as alforrias gratuitas eram concedidas principalmente às "crias-da-casa" (*O liberto*, p. 24).

26. Foi possível saber a idade de Maria Benedita de Sousa Passos por meio do registro de seu falecimento em 1886, que acusava a idade de 75 anos. Sobre isso ver: ACMSAL, *Livro de registro de óbitos da freguesia dos Mares* (1871-1891), fl. 179, registro de óbito de Maria Benedita de Sousa Passos, falecida em 7 ago. 1886.

27. Ligia Bellini, "Por amor e interesse: A relação senhor-escravo em cartas de alforria", pp. 73-86. A autora analisa um conjunto de 356 cartas de alforria registradas em cartório na cidade de Salvador e cobre o período que vai de 1684 a 1707. Recortando 116 casos de cativos que viviam com os seus senhores, a autora identifica 55% de crianças. Essa maior proporção de crianças alforriadas se manteve constante ao longo da vigência da escravidão.

28. Em *Miragem* (p. 317), o romancista Coelho Neto, a propósito de um personagem que guardava uma fotografia em um estojo de lata preso ao peito, dizia que o mesmo faziam os negros libertos para carregarem a carta de alforria.

29. Sobre os limites da condição de liberto, ver Maria Inês Côrtes de Oliveira, *O liberto*, pp. 11-31; Hebe Maria Mattos, em *Escravidão e cidadania no Brasil monárquico*, discute os limites da cidadania dos libertos a partir da Constituição de 1824 (pp. 20-1). Ver também: Eduardo Silva, *Dom Obá II d'África, o príncipe do povo*, pp. 140-3.

30. Segundo Kátia M. de Queirós Mattoso, "laços vivos e fortes" ainda ligavam os libertos aos antigos senhores (*Testamentos de escravos libertos na Bahia no século XIX: Uma fonte para o estudo de mentalidades*, p. 20). Além da dependência material, laços de intimidade muitas vezes pesavam na ligação com os antigos senhores.

31. ACMSAL, *Livro de registro de óbitos da freguesia dos Mares, 1871-1891*, fls. 2v, 10v, 12, 26, 39v.

32. IBGE, *Recenseamento do Brasil em 1872*, pp. 28-9.

33. ACMSAL, *Livro de registros de batismos da freguesia dos Mares, 1871-1903*, fls. 6v, 11.

34. ACMSAL, *Livro de registros de batismos da freguesia dos Mares, 1871-1903*, fls. 16-16v.

35. ACMSAL, *Livro de registros de batismos da freguesia dos Mares, 1871-1903*, fl. 17v.

36. Sobre as atividades domésticas e de ganho na cidade do Salvador, ver: Cecília C. Moreira Soares, *Mulher negra na Bahia no século XIX*, capítulos 1 e 2.

37. James Wetherell, *Brasil*, p. 41.

38. Ibid., pp. 74-5. Sobre o uso das contas como forma de proteção do corpo e da alma, ver: João José Reis, *Domingos Sodré*, p. 118.

39. ACMSAL, *Livro de registro de óbitos da freguesia da Penha, 1867-1878*, fl. 40, óbito de Cristina, escrava, 19 maio 1864.

40. Kátia Mattoso aborda a fase da vida da criança escrava entre os três e quatro anos e como ela era iniciada no relacionamento com a sociedade dos senhores e com a comunidade escrava ("O filho da escrava", p. 90).

41. IGHB, *O Alabama*, 16 set. 1869, p. 3.

42. José de Sá, *A mocidade de Francisco de Castro*, pp. 2-3.

43. Julius Naeher, *Excursões na província da Bahia*, pp. 101-5.

44. ACMSAL, *Livro de registro de óbitos da freguesia dos Mares, 1871-1891*, fl. 39, registro de óbito do menino Feliciano, morto em 28 jun. 1875.

45. Maximiliano de Habsburgo, *Bahia 1860*, pp. 125-6. O viajante austríaco esteve na Bahia entre 11 e 22 jan. 1860.

46. Ibid., p. 125.

47. D. Pedro II, *Diário da viagem ao Norte do Brasil*, p. 163.

48. Sobre essas informações, ver: Etelvina Rebouças Fernandes, *Do mar da Bahia ao rio do sertão*, pp. 101-6.

Notas

49. IGHB, *O Alabama*, 5 jul. 1866, p. 2; 29 set. 1868, p. 1. O mesmo jornal voltou a pedir ao subdelegado do distrito dos Mares a extinção do "intolerável e incômodo samba" que ali acontecia nas noites de sábado. A queixa era de que o samba se estendia até a madrugada e resultava quase sempre em cacetadas, além de algazarras e motins que inquietavam os moradores.

50. James Wetherell, *Brasil*, p. 122.

51. Maximiliano de Habsburgo, *Bahia 1860*, pp. 128-9.

52. Apeb, *Polícia-subdelegados*, maço 6247 (1879-81), correspondência do subdelegado da freguesia dos Mares, Justo Amado Gomes Ribeiro, para o chefe de polícia, 3 jan. 1879.

53. James Wetherell, *Brasil*, pp. 39-40.

54. IGHB, *O Alabama*, 10 fev. 1869, p. 2.

55. IGHB, *O Alabama*, 16 mar. 1871, p. 2.

56. Sobre a repressão ao entrudo, Maria Clementina Pereira Cunha observa que a brincadeira incomodava mais pela quebra das hierarquias montadas sobre uma sociedade escravista do que propriamente pelo divertimento (*Ecos da folia*, p. 29).

57. Apeb, *Polícia*, maço 6242 (1872-73), correspondência do subdelegado da freguesia dos Mares, José Ferreira Lima, para chefe de polícia, 23 fev. 1873. A solicitação do subdelegado foi atendida em despacho pelo chefe de polícia. Sobre a repressão ao entrudo, ver: Alberto Heráclito Ferreira Filho, *Quem pariu e bateu, que balance!*, pp. 96-8. Sobre a postura da Câmara Municipal, ver: Jéssica Santos Lopes da Silva, *O "império das circunstâncias"*, p. 18.

58. James Wetherell, *Brasil*, p. 36.

59. IGHB, *O Alabama*, 7 jul. 1869, pp. 1-2. Sobre a postura municipal proibindo a queima de busca-pés ver: *Correio da Bahia*, 11 jun. 1872, p. 1.

60. A expressão foi de um subdelegado da freguesia de Santo Antônio Além do Carmo, que em 5 de setembro de 1880 denunciou que guardas da Casa de Correção, desrespeitando a força policial que rondava aquele distrito, não deixaram que se impedisse o divertimento das arraias por alguns vadios que estavam reunidos no largo de Santo Antônio empinando pipas. Segundo a mesma autoridade os próprios guardas também participavam da brincadeira. Apeb, *Polícia*, maço 6243 (1874-75), correspondência do subdelegado da freguesia de Santo Antônio, Antônio Araponga, para o chefe de polícia, 6 set. 1880.

61. IGHB, *O Alabama*, 18 jan. 1866, p. 1.

62. É assim que Kátia Mattoso define o começo da década de 1860 na Bahia, na introdução ao livro de Maximiliano de Habsburgo, *Bahia 1860*, p. 14. Bert J. Barickman, *Um contraponto baiano*, pp. 83-5. Sobre os números da epidemia de cólera na Bahia, Johildo Lopes de Athayde, *Salvador e a grande epidemia de 1855*, p. 22.

63. Sobre a crise econômica da década de 1860, Pedro Calmon, *História da Bahia*, p. 175.

64. Dados extraídos de ACMSAL, *Livro de registro de óbitos da freguesia da Penha, 1849--1866*, fls. 185v-196.

65. Sobre o contingente baiano na guerra, Ricardo Salles, *Guerra do Paraguai*, p. 72. Para Salles, o número total de soldados brasileiros mobilizados para o combate

esteve entre 150 mil e 200 mil homens. A maioria foi enviada para a frente de operações, enquanto outros permaneceram no país. Pedro Calmon afirma que mais de 20 mil soldados baianos foram para a guerra, e a metade morreu em combate (*História da Bahia*, p. 172).

66. Sobre a participação dos escravos na guerra, ver: Ricardo Salles, *Guerra do Paraguai*, pp. 73-6.

67. Dale T. Graden, *From Slavery to Freedom in Brazil*, p. 61. Ver também: Hendrik Kraay, "Os companheiros de Dom Obá: Os zuavos baianos e outras companhias negras na Guerra do Paraguai", p. 130.

68. IGHB, *O Alabama*, 4 set. 1866, p. 1. Sobre as consequências do recrutamento militar durante a Guerra do Paraguai, ver: Marcelo Santos Rodrigues, *Os (in)voluntários da pátria na Guerra do Paraguai*, esp. capítulo 3. Segundo Rodrigues, o recrutamento forçado alterou o cotidiano das cidades, acirrando conflitos locais e provocando desabastecimento de gêneros de subsistência.

69. IGHB, *O Alabama*, 20 jun. 1867, p. 1.

70. IGHB, *O Alabama*, 11 jan. 1871, p. 1. Marcelo Santos Rodrigues narra outros casos de soldados decaídos na pobreza esmolando pelas ruas de Salvador (*Os (in)voluntários da pátria na Guerra do Paraguai*, pp. 82-3).

71. IGHB, *O Alabama*, 14 mar. 1870, p. 1. Ao todo, 380 homens desembarcaram em Salvador naquela primeira leva de combatentes que retornaram da guerra. Segundo Dale Graden, só do lado brasileiro, a guerra vitimou cerca de 60 mil pessoas (*From Slavery to Freedom in Brazil*, p. 81).

72. IGHB, *O Alabama*, 14 mar. 1870, p. 1. Depois do desembarque os soldados marcharam pelas ruas da cidade e se recolheram no forte de São Pedro.

73. IGHB, *O Alabama*, 22 mar. 1870, p. 1. A marcha até a igreja do Bonfim aconteceu no dia 21 de março. Os soldados assistiram à missa e depois se espalharam festivamente no entorno da igreja, só voltando à noite.

74. Apeb, *Polícia*, maço 6240 (1869-70), correspondência do subdelegado da Conceição da Praia, Joaquim da Silva Lisboa, para o chefe de polícia, em 17 mar. 1870.

75. Para Dale Graden, a memória da guerra teve um efeito político, nas três décadas seguintes, sobre a luta contra a escravidão (*From Slavery to Freedom in Brazil*, p. 23).

76. Sobre esse trecho dos discursos de Cândido Galvão, ver: Eduardo Silva, *Dom Obá II d'África*, p. 144.

77. Dale T. Graden, *From Slavery to Freedom in Brazil*, pp. 53-63. Eduardo Silva levanta algumas questões importantes sobre as experiências do conflito na consciência dos soldados negros que marcharam para a guerra contra o Paraguai. O cenário da guerra reuniu gente de regiões, classes e raças diferentes (*Dom Obá II d'África*, pp. 112-3).

78. Hendrik Kraay, "Os companheiros de Dom Obá", pp. 143-4.

79. Sobre o capitão Marcolino José Dias, ver: João Varella, *Da Bahia que eu vi*, pp. 13-7. Sobre sua nomeação para porteiro, João Varella conta uma história bastante ilustrativa das péssimas condições de vida dos ex-combatentes. Narra o memorialista que certo dia um presidente de província viu um homem fardado de militar varrendo a calçada

Notas 309

da praça do Palácio. O presidente a princípio pensou tratar-se de um maluco. Mais tarde verificou tratar-se de um ex-combatente da Guerra do Paraguai. Para compensá-lo, nomeou-o porteiro da Biblioteca Pública. Para mais detalhes sobre Marcolino Dias, ver: Lucas Ribeiro Campos, *Sociedade Protetora dos Desvalidos*, pp. 49-57.

2. De Manoel Benício a Macaco Beleza [pp. 46-79]

1. Kátia Mattoso, pioneiramente, foi quem abordou essa fase da criança escrava. Segundo ela, o aprendizado de um ofício começava entre os sete e os oito anos ("O filho da escrava", pp. 40-1). Mas há evidências de crianças escravas realizando serviços em idade mais tenra: Maria Lúcia de Barros Mott identifica crianças entre seis e sete anos desempenhando alguma atividade doméstica ("A criança escrava na literatura de viagens", p. 6). Ver também: Maria Cristina Luz Pinheiro, "O trabalho de crianças escravas na cidade de Salvador (1850-1888)", p. 159. Desde então, a menina e o menino ingressavam no mundo do trabalho. Ainda sobre a infância nas famílias negras, ver: Isabel Reis, *Histórias de vida familiar e afetiva de escravos na Bahia do século XIX*, p. 83.
2. Sobre a exploração do trabalho de meninos e meninas negros escravos, ver: Maria Cristina Luz Pinheiro, "O trabalho de crianças escravas na cidade de Salvador (1850-1888)".
3. Apeb, *Processos crimes*, 8/260/8 (1883), fl. 21, processo instaurado para apurar o estupro de menores em poder de Maria Matilde dos Anjos Pereira. O acusado de estupro foi o escravo Tiago. Sebastiana e Secundina foram identificadas como crioulas, e as demais, como pardas.
4. O debate sobre as formas de castigo e punição pode ser visto em: Alexandra Kelly Brown, *"On the Vanguard of Civilization"*, pp. 198-224; Ricardo Pirola, "O castigo senhorial e a abolição da pena de açoites no Brasil: Justiça, imprensa e política no século XIX", pp. 11-20. Sobre a intervenção crescente do Estado no âmbito das relações senhoriais, Lívia Maria Botin, *Trajetórias cruzadas*, p. 33.
5. IGHB, *O Alabama*, 20 nov. 1866, p. 1.
6. IGHB, *O Alabama*, 26 abr. 1870, p. 1.
7. IGHB, *O Alabama*, 20 jun. 1867, p. 1.
8. IGHB, *O Alabama*, 3 nov. 1869, p. 1.
9. Ione Celeste de Sousa, "Padres educadores, abolicionismo e instrução pública na Bahia, 1878 a 1886", pp. 8-10. Romualdo Maria de Seixas Barroso (1845-86) era sobrinho do homônimo Romualdo Antônio de Seixas Barroso, marquês de Santa Cruz. Educado para suceder o tio materno na carreira eclesiástica, estudou em Paris e em Roma, e voltou para Salvador em 1871.
10. Apeb, *Polícia*, maço 6242 (1872-3), correspondência do subdelegado da freguesia da Vitória, Pedro de Góis Vasconcelos, para o chefe de polícia, 28 abr. 1873. No despacho, o chefe de polícia informou que o menor foi encaminhado para o Arsenal de Marinha.

11. Apeb, *Polícia*, maço 6243 (1874-5), correspondência do subdelegado da freguesia da Rua do Paço, Manuel Pereira de Brito, para o chefe de polícia, 22 jul. 1875. O despacho do chefe de polícia indica que o menino foi mandado para a Companhia de Aprendizes-Marinheiros.

12. Apeb, *Polícia*, maço 6244 (1876), correspondência do subdelegado da Penha, André de Freitas Brito, para o chefe de polícia, 18 ago. 1876.

13. Apeb, *Polícia*, maço 6247 (1879-81), correspondência do subdelegado da freguesia de Santo Antônio, Manuel Emídio Vanique, para o chefe de polícia, 2 jan. 1880.

14. IGHB, *O Alabama*, 3 maio 1866, p. 1.

15. IGHB, *O Alabama*, 15 maio 1866, p. 1.

16. IGHB, *O Alabama*, 14 ago. 1866, p. 1.

17. IGHB, *O Alabama*, 25 jun. 1869, p. 1.

18. Apeb, *Polícia*, maço 6243 (1874-5), correspondência do subdelegado da freguesia dos Mares, João Hermínio de Lima, para o chefe de polícia, 7 maio 1874. Na ocasião o subdelegado solicitou o estacionamento de uma força policial no Bonfim que pudesse ser acionada a qualquer hora do dia.

19. Apeb, *Polícia*, maço 6242 (1872-3), correspondência do subdelegado da freguesia dos Mares, José Ferreira Lima, para o chefe de polícia, 15 jul. 1875. O subdelegado definiu Tomás como o "diabo em pessoa" e estranhou o fato de que ele integrasse as fileiras da Guarda Nacional. Na correspondência o subdelegado anexou o bilhete de um morador acusando Tomás de "seduzir os meninos que vão ou saem do colégio para o acompanhar a irem furtar laranjas e frutas nos quintais e roças — e lá os força a libidinagens. Que diabo!".

20. IGHB, *O Alabama*, 3 mar. 1869, p. 1.

21. IGHB, *O Alabama*, 9 jul. 1868, p. 1. A descrição do estilo "moleques capoeiras" foi feita a partir da forma como se vestia um tipo de rua chamado Major Catavento, maior de setenta anos.

22. BN, "Brutalidade policial", *Gazeta da Bahia*, 5 abr. 1882, p. 1. A referência aos apitos aparece na reportagem sobre o espancamento do menor João Ferreira de Bitencourt Sá pela polícia na freguesia dos Mares, na noite de 3 de abril de 1882. O menino era filho de um conhecido médico da cidade, e por isso mesmo o episódio teve grande repercussão e foi publicado em vários jornais, afinal era de uma família branca e prestigiosa. Segundo a notícia, o "moço", "quase uma criança", passeava pelas ruas da freguesia dos Mares junto com um grupo de menores que se comunicavam por meio de apitos.

23. IGHB, *O Alabama*, 12 abr. 1870, p. 2. O jornal denunciou a passividade da polícia, que via as rivalidades entre bairros como "inocente brinquedo".

24. Sobre as provas de bravura em combate, ver: Ricardo Salles, *Guerra do Paraguai*, p. 133.

25. João Varella, *Da Bahia que eu vi*, p. 14.

26. Ibid.

Notas

27. Ibid., p. 57, sobre o Sábado de Aleluia. Uma descrição bastante semelhante desses confrontos entre as maltas é feita por Antônio Vianna, *Casos e coisas da Bahia*, p. 58.

28. IGHB, *O Alabama*, 31 mar. 1869, p. 4. Para o articulista, o atraso expressava-se também na atitude das mulheres, que enchiam as igrejas reparando umas nas outras, como estavam vestidas, as pulseiras e os rosários de ouro que carregavam. Além disso, havia muitas irreverências, desacatos e profanações na Quinta-Feira Santa.

29. IGHB, *O Alabama*, 31 mar. 1869, p. 4. A notícia cita ainda a atuação dos ladrões de rua chamados de "Olho Vivo", que "arrancaram argolas lascando as orelhas das donas, cortaram pulseiras e cadeia a torquês, safaram carteira de bolsos etc. Era uma queixa geral". Nem mesmo dentro da Misericórdia a desordem cessou, e duas mulheres se esbofetearam por causa de lugar na igreja. Conclui refletindo o que pensaria o estrangeiro diante desse quadro "deplorável".

30. Antônio Vianna, *Casos e coisas da Bahia*, p. 91. Sobre as festas da independência, ver: Hendrik Kraay, *Bahia's Independence*.

31. IGHB, *O Alabama*, 31 maio 1866, p. 1.

32. BN, *Correio da Bahia*, 3 jan. 1877, p. 1.

33. José de Sá, *A mocidade de Francisco de Castro*, p. 2. Sobre a participação de figuras da alta sociedade no mundo da capoeira, ver: Carlos Eugênio Líbano Soares, *A negregada instituição*, pp. 183-94.

34. José de Sá, *A mocidade de Francisco de Castro*, p. 5.

35. Ibid., pp. 6-7.

36. Apeb, *Delegados*, 6216 (1879-80), carta do subdelegado da freguesia dos Mares, Ildefonso Lopes da Cunha, para o chefe de polícia, 9 nov. 1880.

37. Ildefonso Lopes da Cunha faleceu na Calçada, conforme notícia publicada no *Diario da Bahia*, 28 dez. 1889.

38. Esse opúsculo é reproduzido por João Varella, *Da Bahia que eu vi*, pp. 175-6.

39. José de Sá, *A mocidade de Francisco de Castro*, p. 26.

40. Relatório do chefe de polícia, José Antônio da Rocha Viana, anexo à *Fala do exmo. sr. dr. Antônio de Araújo de Aragão Bulcão, presidente da província*, p. 17.

41. Segundo Brás do Amaral, a Companhia de Aprendizes-Marinheiros foi criada em todo o Brasil em 27 de agosto de 1840 (*História da Bahia*, p. 145).

42. Apeb, *Polícia*, maço 6246 (1871-9), correspondência do subdelegado da freguesia dos Mares, Justo Amado Gomes Ribeiro, para o chefe delegado, 15 jun. 1878. Em despacho, ordem para que o menor fosse conduzido à chefatura de polícia.

43. Relatório do chefe de polícia, José Antônio da Rocha Viana, anexo à *Fala do exmo. sr. dr. Antônio de Araújo de Aragão Bulcão, presidente da província*, p. 5.

44. *Fala do exmo. sr. dr. Antônio de Araújo de Aragão Bulcão, presidente da província*. Anexo o relatório do chefe de polícia, José Antônio da Rocha Viana, em 1879, p. 5. Pelo que informou o chefe de polícia, a colônia da ilha dos Frades já estava em condições de receber os menores, pois dispunha de administrador, professor, mestre, oficinas, maquinistas e dois chefes de trabalho agrícola.

45. Referências a essa colônia de menores aparecem nas correspondências de autoridades policiais de Salvador. Ver por exemplo: Apeb, *Polícia: Correspondências expedidas*, livro 5843 (1879-80), carta do chefe de polícia para subdelegados, 9 out. 1880, fl. 336. Nessa carta informa-se a fuga de menores da colônia. Em 1881, o projeto de implantação de colônias agrícolas foi definitivamente encerrado apesar dos protestos do presidente da província, João Lustosa da Cunha Paranaguá, para quem aquela instituição poderia cumprir um papel importante na repressão aos menores vadios. Segundo o presidente da província, até a data de sua extinção foram recolhidos à ilha dos Frades doze meninos classificados como "os piores por seus vícios e costumes", levados à Secretaria de Polícia "quase nus e cobertos de andrajos, apanhados sem pouso e sem destino"; sobre isso ver: Apeb, *Fala do presidente da província, João Lustosa da Cunha Paranaguá, dirigida à Assembleia Legislativa*, 3 abr. 1881, p. 10.

46. Sobre a Casa de Prisão com Trabalho, ver: Cláudia Moares Trindade, *Ser preso na Bahia no século XIX*, pp. 49-80; Ione Celeste de Sousa, "Educar para a regeneração: A escola elementar da Casa de Prisão da Bahia, 1871-1890", pp. 344-89.

47. Cláudia Moares Trindade, *Ser preso na Bahia no século XIX*, p. 64; ver também: Ione Celeste de Sousa, "Educar para a regeneração", pp. 344-6.

48. BN, "Embarque do sr. barão de Cotegipe", *Gazeta da Bahia*, 12 abr. 1883, p. 1; e logo em seguida, outro noticiário: "Novo atentado do pseudoabolicionismo", p. 1.

49. O inquérito, concluído em 16 de maio de 1883 e conduzido pelo delegado do 1º Distrito da capital, Alfredo Devoto, foi publicado na *Gazeta da Bahia* (20 maio 1883, p. 1). Quase dois meses depois, um inquérito conduzido pelo mesmo delegado informou que entre os "amotinadores" que agiram no dia 10 para impedir o embarque dos escravos do barão de Sauípe estavam Panfilo da Santa Cruz, Marcolino José Dias, Sérgio Cardoso, Manuel da Cruz, Manuel Júlio dos Santos, conhecido por Manuel Camarão, e Eduardo Carigé.

50. Sobre esse episódio, ver Dale T. Graden, *From Slavery to Freedom in Brazil*, pp. 166-7.

51. BN, "Atentado contra a propriedade legal", *Gazeta da Bahia*, 11 abr. 1883, p. 1.

52. BN, "O falso abolicionismo", *Gazeta da Bahia*, 13 abr. 1883, p. 1.

53. Ibid.

54. Ibid.

55. BN, "A propaganda abolicionista", *Gazeta da Bahia*, 3 maio 1883, p. 1.

56. Cid Teixeira, *Bahia em tempo de província*, p. 137. Nessas eleições, o Partido Liberal não conseguiu reeleger Rui Barbosa como um dos representantes da Bahia no Parlamento.

57. Apeb, *Subdelegados*, 6249 (1884-5), correspondência de Ildefonso Lopes da Cunha, subdelegado da freguesia dos Mares, para o chefe de polícia, 1º dez. 1884.

58. Manuel Querino, *A Bahia de outrora*, pp. 145-6.

59. Ibid., pp. 145-50; ver também: Adriana Albert Dias, *A malandragem da mandinga*, pp. 75-6.

Notas

60. BN, "Notícias diversas", *Gazeta da Bahia*, 15 dez. 1881, p. 1. Nesse artigo o jornal conservador denunciava que houvera empenho do ministro da Justiça para favorecer o candidato liberal, Rui Barbosa. Na freguesia dos Mares a "cabala oficial" agiu desenfreadamente com a presença de autoridades importantes, como o deputado geral Prisco Paraíso, e de Rodolfo Dantas, filho do ministro. Houve ameaças de demissão, remoção e aposentadoria e promessas de promoções. Guardas da Casa de Prisão com Trabalho e outros empregados públicos ficavam encarcerados na casa do professor público e seguiam para as urnas acompanhados por seus chefes; ao chegar, recebiam uma chapa das mãos do subdelegado Ildefonso Lopes da Cunha. Importante observar que a *Gazeta da Bahia* era propriedade do candidato conservador Freire de Carvalho. Ver também: "Notícias diversas", *Gazeta da Bahia*, 2 dez. 1884, p. 1. O 2º distrito eleitoral da capital reunia as freguesias da Penha, Rua do Paço, Pilar, Santo Antônio Além do Carmo, Brotas, Maré, Pirajá, Matoim, Cotegipe, Paripe, Itapoã e Mares. No 2º distrito eleitoral, o candidato liberal obteve 492 votos contra 438. Na freguesia dos Mares, Freire de Carvalho venceu seu opositor com margem pequena, 51 votos contra 35. Isso mostra que a freguesia dos Mares era dominada pelos conservadores. Mesmo assim, Freire de Carvalho sofreu derrota eleitoral, dessa vez para o candidato liberal João Ferreira de Moura.
61. Apeb, *Subdelegados*, 6249 (1884-85), carta do subdelegado da freguesia dos Mares, Ildefonso Lopes da Cunha, para o chefe de polícia, 3 jul. 1885.
62. Antônio de Moraes Silva, *Dicionário da língua portuguesa*, v. 2, p. 137.
63. Ver Angela Alonso, *Flores, votos e balas*, pp. 180-1.
64. BN, "Festa abolicionista", *Gazeta da Bahia*, 27 mar. 1884, p. 1. Para o contexto de Pernambuco, a repercussão da abolição no Ceará foi estudada em detalhe por Maria Emília Vasconcelos dos Santos, "O 25 de Março de 1884 e a luta pela libertação dos escravos em Pernambuco".
65. BN, "O abolicionismo na Bahia", *Gazeta da Bahia*, 28 set. 1884, p. 1. Essas informações sobre a festa de 13 de setembro de 1884 foram veiculadas em meio a denúncias de que o dinheiro arrecadado durante a festa, e que seria destinado à compra de alforrias de escravos, fora fraudulentamente apropriado pela Sociedade Libertadora Baiana.
66. Angela Alonso aborda a questão da liberdade como castigo (*Flores, votos e balas*, pp. 58-9).
67. Apeb, *Subdelegados*, 6245 (1877), correspondência do subdelegado da freguesia de Santana, Antônio Jesuíno da Costa, para o chefe de polícia, 12 set. 1877.
68. A bibliografia sociológica e filológica sobre nomes e apelidos é extensa. Para uma introdução ao tema sugiro: Theodore J. Holland, "The Many Faces of Nicknames"; Joseph G. Fucilla, "Portuguese Nicknames as Surnames".
69. Nei Lopes, *Novo dicionário banto do Brasil*, p. 129. Sobre a mesma origem bantu, ver: Yeda Pessoa de Castro, *Falares africanos na Bahia*. Ver também: A. de Assis Júnior, *Dicionário kimbundu-português*; Karl Edvard Laman, *Dictionnaire kikongo-français*.

Sobre a forte presença de povos bantus na Bahia em fins do século XVIII, ver: Luis Nicolau Parés, *A formação do candomblé*, esp. Cap. 2.

70. Sobre os significados da palavra "macaco" no final do século XIX, ver: Antônio Joaquim de Macedo Soares, *Dicionário brasileiro da língua portuguesa*, 1875-1888, v. 2, p. 1; sobre a forma como a cultura linguística de povos oriundos da África Central viajou através do Atlântico e serviu de base para os africanos e seus descendentes darem sentido às experiências do cativeiro, ver: Robert Slenes, "Metaphors to Live by in the Diaspora: Conceptual Tropes and Ontological Wordplay among Central Africans in the Middle Passage and Beyond".

71. James Wetherell, *Brasil: Apontamentos sobre a Bahia*, pp. 39 e 116.

72. Maximiliano de Habsburgo, *Bahia 1860: Esboços de viagem*, p. 133.

73. Manoel Querino, *A Bahia de outrora*, p. 94.

74. Ver J. T., *A gíria brasileira*, p. 114.

75. IGHB, *O Alabama*, 20 nov. 1869, p. 7.

76. IGHB, *O Alabama*, 12 jul. 1866, p. 4.

77. IGHB, *O Alabama*, 4 nov. 1870, p. 8.

78. IGHB, *O Alabama*, 23 nov. 1868, p. 2.

79. BN, "Natal", *O Monitor*, 5 dez. 1877, p. 3, anúncio da Loja 65, que vendia papéis e presentes.

80. Hildegardes Vianna, *A proclamação da República na Bahia*, pp. 4-5.

81. A expressão "macaco véio" aparece também nos jongos registrados por Stanley Stein na região de Vassouras, Sudeste brasileiro, e analisados por Silvia Lara e Gustavo Pacheco (*Memória do jongo*, pp. 180-1).

82. Antônio Vianna, *Casos e coisas da Bahia*, pp. 38-9. Sobre invasão de casas por ocasião do entrudo, ver também: Jéssica Santos Lopes da Silva, *O "império das circunstâncias"*, p. 29.

83. Antônio Vianna, *Casos e coisas da Bahia*, p. 39.

84. BPEB, referências ao rancho de Reis chamado Macaco no jornal *A Coisa* (*Critica, Satyrica e Humorista*), 16 jan. 1898, p. 1.

85. Sobre a relação dos capoeiras com os ternos de reis e o Carnaval, ver: Maria Clementina Pereira Cunha, *Ecos da folia*, esp. capítulo 3.

86. Sobre os possíveis significados do apelido, ver: Frederico José de Abreu, *Macaco Beleza e o Massacre do Tabuão*, pp. 17-21; sobre o racismo embutido no apelido, ver: Wlamyra Ribeiro de Albuquerque e Gabriela dos Reis Sampaio, *De que lado você samba?*, p. 62.

87. Para a discussão sobre o surgimento das teorias racistas me baseei no livro de Sandra Koutsoukos, *Zoológicos humanos*, pp. 2-27.

88. Segundo Lilia Moritz Schwarcz, as teorias raciais chegaram tardiamente ao Brasil, mas recebendo entusiástica acolhida em várias instituições de ensino e pesquisa, especialmente nas faculdades de medicina e de direito (*O espetáculo das raças*, pp. 14-5). Na Bahia, a Faculdade de Medicina foi o grande polo de debate sobre

Notas 315

as teorias raciais. Sobre os debates na imprensa do Rio de Janeiro, ver: Karoline Carula, *A tribuna da ciência*, p. 108.

89. Maximiliano de Habsburgo, *Bahia 1860*, pp. 82-3. Em outro trecho, ele fala que, no cenário das ruas, o que também lhe chamara a atenção havia sido a maneira como os negros comiam. Em grandes recipientes de metal, muitas vezes também em cabaças, algum "velho monstro negro" do sexo feminino amassava a farinha. Em volta dessas cozinhas improvisadas acocoravam-se negros esfarrapados, "semelhantes a macacos".

90. James Wetherell, *Brasil*, p. 120.

91. Ver Lilia Moritz Schwarcz, *As barbas do imperador*, p. 306; ver também: Dale T. Graden, *From Slavery to Freedom in Brazil*, p. 60.

92. IGHB, *O Alabama*, 4 mar. 1868, p. 1.

93. Esse trecho de *O mulato* (p. 45) está citado em Karoline Carula, *A tribuna da ciência*, p. 144. Nessa parte do livro a autora faz uma reflexão sobre a aproximação entre negros e macacos a partir da influência do darwinismo.

94. Ver Angela Alonso, *Flores, votos e balas*, p. 129.

95. Meire Lúcia Alves dos Reis, *A cor na notícia*, p. 96.

96. Maria Clementina Pereira Cunha, *Ecos da folia*, pp. 238-9.

3. O encontro de uma causa: Macaco Beleza e a rebeldia abolicionista [pp. 80-120]

1. Manuscrito *O abolicionismo*, depositado no arquivo do IGHB, seção Teodoro Sampaio, pasta 2, documento 4, p. 28. Não tenho evidências suficientes para afirmar que o texto seja de autoria de Teodoro Sampaio.

2. Para Kátia Mattoso, à medida que se aproximavam os agitados anos da abolição, os laços de dependência entre libertos e senhores foram se afrouxando (*Testamentos de escravos libertos na Bahia do século XIX*).

3. ACMSAL, *Livro de registro de óbitos da freguesia dos Mares (1871-1891)*, fl. 179, registro de óbito de Maria Benedita de Sousa Passos, falecida em 7 ago. 1886.

4. Esse centro da cidade no final do século XIX, grosso modo, corresponde à chamada "cidade velha", que Milton Santos estudou na década de 1950 (*O centro da cidade do Salvador*).

5. João Varella, *Da Bahia que eu vi*, p. 43.

6. Sobre o comércio de objetos rituais do candomblé em Salvador, ver: Flávio Gonçalves dos Santos, *Economia e cultura do candomblé na Bahia*.

7. João Varella, *Da Bahia que eu vi*, p. 42.

8. IGHB, *O Alabama*, 6 mar. 1869, p. 3. O cerne da notícia tinha por objetivo alertar a polícia para a existência de casas de candomblé no centro da cidade. Segundo a delação: "Essas casas da rua do Sodré, além das alterações e desordens, fervem constantemente os tabaques, as danças e as gritarias que se prolongam até alta

noite, com grande incômodo da vizinhança, que também se ressente do nauseabundo cheiro que exalam os fatos e sangueira dos diferentes animais imolados em sacrifício, durando essas festanças quatro, seis e oito dias seguidos, ora a pretexto, segundo dizem eles, de o santo ter ido para a guerra, ora porque voltou da guerra, ora porque morreu uma filha da casa e ora porque é serviço grande que precisa se fazer, e de contrapeso, para mais divertimento das famílias da vizinhança, os negros de noite se assentam nas sacadas, nas portas das ruas e nas janelas nus e apenas embrulhados em lençóis de cobertas".

9. Ana de Lourdes Ribeiro da Costa, "Espaços negros: 'Cantos' e 'lojas' em Salvador do século XIX", p. 29. Segundo a autora, as freguesias centrais foram lugar de residência da camada abastada da população. Nas primeiras décadas do século XIX, esses estratos começaram a se deslocar para novas áreas em função da saturação do centro e da crescente preocupação com a higiene e salubridade, pois a parte antiga da cidade era vista como suja e propícia à proliferação de doenças. Dessa forma, os antigos sobrados coloniais foram subdivididos para abrigar vários domicílios, transformando-se em habitações plurifamiliares. Cada unidade habitacional era considerada um "fogo", ficando então um mesmo casarão subdividido em vários "fogos". As "lojas" eram os espaços situados em térreos e subsolos das edificações. Os habitantes das "lojas" eram em sua maioria absoluta pessoas pertencentes aos estratos inferiores da população, com ocupações como pedreiros, sapateiros, marceneiros, carpinteiros, funileiros, quitandeiros, alfaiates, lavadeiras, costureiras, engomadeiras, saveiristas e calafates, dentre outros. O historiador Wilson Roberto de Mattos entende essa ocupação da população negra de partes das freguesias centrais da cidade como um processo de territorialização negra (*Negros contra a ordem*, pp. 74-9).

10. IGHB, *O Alabama*, 19 out. 1870, p. 3.

11. Apeb, *Polícia*, maço 6250 (1885-6), correspondência do subdelegado do curato da Sé, Antônio Figueiredo de Pita, para o chefe de polícia, 1º nov. 1885. Pita reclamava a urgente criação de uma estação policial que abrigasse duas praças sob as ordens de um oficial, especialmente depois da saída da chefatura de polícia do curato da Sé.

12. João da Silva Campos, "Tradições baianas", p. 393.

13. Manuel Querino trata especialmente dos mocotós como lugares que atraíam populares (*A Bahia de outrora*, p. 174).

14. Apeb, *Polícia*, 6252 (1887-8), correspondência do subdelegado do 2º Distrito da freguesia de Santana, Alfredo Alves Portela, para o chefe de polícia, 15 nov. 1887.

15. Luiz Viana Filho refere-se a uma "época romântica", de boemia, que atraía a juventude estudantil das faculdades de Direito (*A vida de Rui Barbosa*, p. 19).

16. Alexandre Passos, *Manuel Vitorino e o desencanto político*, pp. 32-3.

17. A respeito do crescente controle sobre livres e libertos nas décadas anteriores à abolição, ver: Alexandra Kelly Brown, *"On the Vanguard of Civilization"*, esp. capítulo 4.

18. Hildegardes Vianna, *A proclamação da República na Bahia*, p. 17.

Notas

19. Henrique de Beaurepaire-Rohan, *Dicionário de vocábulos brasileiros*, p. 33.

20. Sobre capoeiras e capadócios, ver: Manuel Querino, *A Bahia de outrora*, pp. 61-3.

21. Sobre os modos de vestir dos capoeiras, ver: Antônio Vianna, *Quintal de nagô e outras crônicas*, p. 8.

22. Id., *Casos e coisas da Bahia*, p. 133.

23. Ibid., p. 134.

24. Antônio Vianna, *Quintal de nagô e outras crônicas*, p. 9.

25. Segundo Meire Lúcia Alves dos Reis, o mercado consumidor de notícias ampliou-se bastante na década de 1880, o que permitiu a circulação de quatro grandes jornais em Salvador: *Diario da Bahia, Jornal de Noticias, Gazeta da Tarde* e *Diario de Noticias* (*A cor na notícia*, pp. 20-2).

26. Wilson Roberto de Mattos, *Negros contra a ordem*, p. 124.

27. BN, "Notícias diversas", *Gazeta da Bahia*, 12 mar. 1886, p. 1. Nessa ocorrência, ele foi detido no mesmo local em que foi capturada a escrava fugida Teodora, embora não seja possível afirmar que estavam juntos.

28. Apeb, *Polícia, Correspondências recebidas da Cadeia*, maço 6280 (1884-5); ver correspondências do administrador da Casa de Correção, Custódio Ferreira de Oliveira, para o chefe de polícia, entre 1884 e 1885.

29. Sobre a Casa de Correção, ver: Cláudia Moraes Trindade, *Ser preso na Bahia no século XIX*, pp. 78-80; Apeb, *Polícia, Correspondências recebidas da Cadeia*, maço 6281 (1886-7), correspondência do administrador da Casa de Correção, Custódio Ferreira de Oliveira, para o chefe de polícia, 19 jul. 1886. Para evitar a evasão, o administrador requisitou aumento da força policial e do armamento e a remoção dos presos para a Casa de Prisão com Trabalho, o que foi atendido pelo chefe de polícia.

30. BN, "Presos", *Gazeta da Bahia*, 18 nov. 1886, p. 2.; "Prisão", *Gazeta da Bahia*, 19 nov. 1886, p. 3. Para a soltura, *Gazeta da Bahia*, 2 dez. 1886, p. 2.

31. BN, "Ascensão do Partido Conservador", *Gazeta da Bahia*, 20 ago. 1885, p. 1.

32. BN, "Manifestações de regozijo", *Gazeta da Bahia*, 22 ago. 1885, p. 1.

33. Sobre as festas da ascensão do Partido Conservador na Bahia, ver: BN, *Gazeta da Bahia*, "Manifestação honrosa", *Gazeta da Bahia*, 25 ago. 1885, p. 1.

34. BN, "Administração da província", *Gazeta da Bahia*, 30 ago. 1885, p. 1. Sobre a repressão policial ao movimento abolicionista depois da ascensão dos conservadores em 1885, ver: Angela Alonso, *Flores, votos e balas*, pp. 293-301.

35. Sobre a maior radicalização do movimento na Bahia, ver: Ricardo Tadeu Caires Silva, *Caminhos e descaminhos da abolição*, p. 229; ver também: Teodoro Sampaio, *O abolicionismo*, pp. 6-7.

36. Teodoro Sampaio, *O abolicionismo*, pp. 6-7. Sobre a participação de populares no movimento abolicionista, ver: Jailton Lima Brito, *A abolição na Bahia*, pp. 66-8.

37. Teodoro Sampaio, *O abolicionismo*, p. 7. Sobre a presença de Macaco Beleza no movimento abolicionista, ver: Jailton Lima Brito, *A abolição na Bahia*, p. 68.

38. Wlamyra R. de Albuquerque, *O jogo da dissimulação*, p. 86; Ana Flávia Magalhães Pinto, em *Escritos de liberdade*, identifica a presença de um grupo coeso de abolicionistas negros em São Paulo e no Rio de Janeiro.

39. O testamento de Raimunda Porcina legava também diversos bens em usufruto para seus cativos, inclusive um sobrado para morarem. Sobre o envolvimento de seus escravos no abolicionismo, ver: João José Reis, *Ganhadores*; Teodoro Sampaio, *O abolicionismo*, p. 2.

40. Thiago Alberto Alves dos Santos, *A liberdade e outras ilusões*.

41. Sobre a imprensa baiana na campanha abolicionista, ver: Jailton Lima Brito, *A abolição na Bahia*, pp. 79-84.

42. Teodoro Sampaio, *O abolicionismo*, pp. 27-8.

43. "O sr. Eduardo Carigé aos seus concidadãos (IV)", *Diario da Bahia*, 4 jan. 1889, p. 2. Sobre a localização dos cantos de trabalho dos ganhadores, ver João José Reis, "De olho no canto: Trabalho de rua na Bahia na véspera da abolição", pp. 209-16.

44. BN, "Em favor do fundo de emancipação", artigo assinado por "Muitos saveiristas", *Gazeta da Bahia*, 15 abr. 1883, p. 2.

45. Teodoro Sampaio, *O abolicionismo*, p. 22.

46. Ibid., p. 24. Sobre a experiência da escravidão e o movimento dos trabalhadores ferroviários, ver: Robério Santos Souza, *Tudo pelo trabalho livre!*, esp. capítulo 3.

47. BPEB, Eduardo Carigé, "Uma explicação útil", *Diario da Bahia*, 1º mar. 1888, p. 2. O artigo, escrito em 23 fev. 1889, foi redigido para se defender de acusações de que as organizações abolicionistas por ele criadas ou incentivadas eram "industriosos clubes", ou seja, fundados com objetivo de ganho pessoal; as acusações vinham da *Gazeta da Tarde*.

48. Maria Helena Pereira Toledo Machado, *O plano e o pânico*, p. 153.

49. IGHB, *O Alabama*, 11 set. 1869, p. 3: relato da fundação da Sociedade Libertadora Sete de Setembro, que aconteceu no salão nobre da Câmara Municipal, em 7 de setembro daquele ano. No momento da criação, a sociedade contava com 244 sócios.

50. Sobre essa atuação dos abolicionistas, ver: Jailton Lima Brito, *A abolição na Bahia*, p. 163.

51. Sobre a ligação de Rui Barbosa e Macaco Beleza, ver: Wlamyra R. de Albuquerque, *O jogo da dissimulação*, p. 155.

52. Segundo Meire Reis, a mudança no estilo da linguagem jornalística na segunda metade do século XIX facilitou a leitura em voz alta, permitindo que a mensagem do texto impresso chegasse aos ouvidos de quem não sabia ler (*A cor na notícia*, p. 8).

53. Segundo Gilberto Freyre, no período imperial supervalorizava-se a oratória. Essa tradição prolongou-se na República (*Ordem e progresso*, pp. 124-5). Raros jovens nascidos na década de 1890 não tinham uma devoção pelo estilo oratório de Rui Barbosa. Sobre as qualidades da boa oratória, ver: A. Dias Barros, *Ensaio biográfico sobre o prof. Francisco de Castro*, pp. 18-9.

54. Ver Luiz Viana Filho, *A vida de Rui Barbosa*, pp. 10-1.

55. Manoel Querino, *A Bahia de outrora*, pp. 176 e 188.

56. Ibid. Sobre oradores do povo, ver pp. 190-1; sobre Pedro Bala, pp. 254-5.

57. Ibid., p. 255.

58. AFFCH (UFBA), "A Bahia de há trinta anos", *A Noite*, 4 out. 1927, p. 1.

Notas

59. IGHB, *O Alabama*, 24 mar. 1868, p. 1.

60. Xavier Marques, *Uma família baiana*, pp. 139-44.

61. Sobre o Príncipe Natureza, ver: Mello Moraes Filho, *Quadros e crônicas*, pp. 259-68.

62. Ibid., p. 263.

63. Ibid., p. 268.

64. A. Dias Barros, *Ensaio biográfico sobre o prof. Francisco de Castro*, pp. 21-2.

65. Ibid., pp. 22-3.

66. Angela Alonso chama a atenção para a influência de Frederick Douglass sobre vários abolicionistas negros no Brasil, inclusive André Rebouças (*Flores, votos e balas*, p. 125). Ver também: Ana Flávia Magalhães Pinto, *Escritos de liberdade*, pp. 251-3.

67. Possivelmente os discursos seguiam as questões denunciadas pelos jornais como tentativas de escravização ilegal, maus-tratos, desrespeito aos direitos dos escravos e perseguição aos abolicionistas. Sobre denúncias veiculadas nos jornais abolicionistas, ver: Jailton Lima Brito, *A abolição na Bahia*, p. 80.

68. Barão de Vila Viçosa, "A lei de 13 de maio e o seu complemento". *Diario da Bahia*, 1 jul. 1888, p. 2. Esses discursos-denúncias possivelmente seguiam o mesmo modelo da seção "Cenas da escravidão", publicada na *Gazeta da Tarde*, jornal dirigido por José do Patrocínio no qual se listavam nome e endereço de maus senhores; ver: Angela Alonso, *Flores, votos e balas*, p. 192.

69. Manuel Querino, *Costumes africanos no Brasil*, pp. 122-3; Wlamyra Albuquerque chama a atenção para o protagonismo de abolicionistas negros, entre eles Manuel Querino (*O jogo da dissimulação*, pp. 81-93); ver também: Maria das Graças de Andrade Leal, *Manuel Querino: Entre letras e lutas*; Sabrina Gledhill, "Manuel Querino: Operários e negros diante da desilusão republicana", pp. 135-6.

70. Apeb, *Polícia-cadeias*, 6281 (1887), ofício de Manoel Benício dos Passos, vulgo Macaco Beleza, para chefe de polícia, 5 maio 1887.

71. IGHB, "Uma vítima da polícia", *Diario da Bahia*, 26 jul. 1887, p. 1. Agradeço a Tadeu Caires por ter me chamado a atenção para essa referência documental.

72. IGHB, "Ao sr. dr. chefe de polícia", assinado por Manoel Benício dos Passos, *Diario da Bahia*, 27 jul. 1887, p. 2.

73. IGHB, "Governo da província", *Diario da Bahia*, 24 ago. 1887, p. 1. No dia seguinte à denúncia, Manoel Benício escreveu requerimento ao governo da província pedindo providências sobre o fato ocorrido na estação policial do Comércio. Em despacho, o presidente da província informou que remetia a queixa ao chefe de polícia para levar consideração.

74. Sobre o espancamento de 1885 na freguesia do Pilar, ver: Frederico José de Abreu, *Macaco Beleza e o Massacre do Tabuão*, pp. 37-8.

75. IGHB, *Diario da Bahia*, 17 jul. 1887, p. 2. A carta de denúncia assinada por Adão da Conceição Costa foi enviada ao chefe de polícia e datada de 15 de julho.

76. José Medeiros e Albuquerque, *Minha vida*, p. 131. O autor nasceu no Rio de Janeiro, em 1867, e testemunhou acontecimentos importantes dos últimos anos do século XIX.

77. Apeb, *Delegados*, 6227 (1885-9), correspondência do delegado da vila de São Francisco, Luís de Oliveira Mendes, para o chefe de polícia, 16 jun. 1888.

78. IGHB, "Últimas palavras", *O Tempo*, 19 maio 1888, p. 1. Sobre os festejos de 13 de maio ver também, no mesmo jornal, o artigo "Festejos abolicionistas", 23 maio 1888, p. 1. Sobre as celebrações da abolição na cidade de Cachoeira, ver: Jacó dos Santos Souza, *Vozes da abolição*, p. 126.

79. Walter Fraga, *Encruzilhadas da liberdade*, p. 124.

80. João Reis e Eduardo Dias mostram que, durante as lutas da independência, o projeto de abolição esteve no horizonte de escravos, crioulos e africanos (*Negociação e conflito*, pp. 93-8). Sobre a relação entre a abolição e o Dois de Julho, ver: Walter Fraga, *Encruzilhadas da liberdade*, p. 127; Hendrik Kraay, *Bahia's Independence*, pp. 183-7; Wlamyra Albuquerque, *Algazarra nas ruas*, analisa os vários significados do Dois de Julho no pós-abolição.

81. *Anais da Assembleia Legislativa Provincial da Bahia*, v. 1, sessão de 14 maio 1888, p. 68. Discurso do deputado A. Bahia.

82. Teodoro Sampaio, *O abolicionismo*, p. 28.

83. IGHB, *O Neto do Diabo*, 16 maio 1888, p. 1.

84. IGHB, "Levada do carro", *O Neto do Diabo*, 22 maio 1888, p. 1.

85. Sobre a racialização ao longo do processo de abolição do cativeiro, ver: Hebe Maria Mattos, *Escravidão e cidadania no Brasil monárquico*, pp. 11-3.

86. Walter Fraga, *Encruzilhadas da liberdade*, esp. capítulo 4.

87. BPEB, *Diario da Bahia*, 13 maio 1888, p. 1.

88. Célia Marinho Azevedo chama a atenção para o discurso da conciliação do abolicionismo como forma de esquecimento de conflitos e de não revanchismo (*Onda negra, medo branco*, p. 214). Ver também: Walter Fraga, *Encruzilhadas da liberdade*, p. 349.

89. Mensagem da Câmara dos Vereadores de Salvador: BPEB, *Diario da Bahia*, 15 maio 1888, p. 1. Sobre essa mensagem ver: Walter Fraga, *Encruzilhadas da liberdade*, pp. 349-50.

90. Apeb, *Polícia*, maço 6226 (1887-8), correspondência do subdelegado da freguesia da Rua do Paço, A. F. Castilho, para o chefe de polícia, 7 dez. 1888. Na ocasião, pedia-se reforço de quatro praças e patrulha permanente de praças de cavalaria.

91. Sobre a tramitação do projeto de lei de repressão à vadiagem de Ferreira Viana na Câmara dos Deputados, em julho de 1888, ver a análise de Sidney Chalhoub, *Trabalho, lar e botequim*, pp. 66-77. Ver também: Marco A. Pamplona, *Revoltas, repúblicas e cidadania*, pp. 252-6.

92. Sobre esses conflitos no Recôncavo, ver: Iacy Maia Mata, *Os "Treze de Maio"*, pp. 19-38; Walter Fraga, *Encruzilhadas da liberdade*, esp. capítulos 5 e 6.

93. A expressão "tão bom como tão bom" aparece na fala de um ex-escravo de engenho no romance de Xavier Marques, *As voltas da estrada*, p. 183. As palavras correram as ruas do Rio de Janeiro nos dias imediatos à abolição, como registra Gilberto Freyre (*Ordem e progresso*, p. CXIX). Na visão de Freyre, depois de 13 de

Notas 321

maio o "surto de igualitarismo" com "explosões de arrivismo por vezes cômicas" marcou os comportamentos tanto de brancos como de libertos. Sobre o verso de jongo, ver: Silvia Hunold Lara e Gustavo Pacheco, *Memória do jongo*, p. 190.

94. Pedro Calmon, *História da Bahia*, p. 177.

95. As expressões "raça emancipadora" e "raça emancipada" designando racialmente senhores e escravos foram objeto de reflexão de Wlamyra R. de Albuquerque (*O jogo da dissimulação*, p. 81).

96. Para Jeferson Bacelar, as restrições à ascensão da população negra após a abolição foram caracterizadas pela construção de atributos negativos baseados nos estereótipos do vadio, desordeiro, criminoso, alcoólatra e feiticeiro (*A hierarquia das raças*, p. 19).

97. IGHB, *O Neto do Diabo*, 6 jan. 1889, p. 3. "Marcha do rancho Flor do Averno", escrito por alguém que se assinou H. T. Zaluar.

98. Nina Rodrigues, *Os africanos no Brasil*, p. 176.

99. IGHB, "Lavagem do Bonfim", *O Neto do Diabo*, p. 6.

100. Flávio Gomes observa que os negros, incluindo os libertos do Treze de Maio, foram considerados personagens novos nas disputas políticas que se seguiram à abolição (*Negros e política (1889-1937)*, p. 15).

101. Ver as memórias de João Varella, *Da Bahia que eu vi*, p. 173.

4. Macaco Beleza e a rebeldia negra após a abolição [pp. 121-54]

1. BPEB, Lulu Parola, "Cantando e rindo", *Jornal de Noticias*, 15 jun. 1893, p. 1.

2. Antônio da Silva Jardim, *Memórias e viagens*, p. 82.

3. Silva Jardim (*Memórias e viagens*, p. 86), em reforço ao que pensava, lembraria as palavras de outro militante republicano, Francisco Glicério, que pouco antes da lei de 13 de maio profetizava: "O trono queimar-se-á na lenha da fogueira do Rio e de Minas". Para mais detalhes sobre a vida de Silva Jardim, ver: Maria Auxiliadora Dias Guzzo, *Silva Jardim*; sobre a sua participação nas festas da abolição em Santos, ver: Marta Lúcia Lopes Fittipaldi, *Silva Jardim e a República*, pp. 86-7.

4. Silva Jardim, *Memórias e viagens*, p. 84.

5. Ibid., p. 86.

6. Ibid., p. 92.

7. Dilton Oliveira de Araújo, *Republicanismo e classe média em Salvador, 1870-1889*, pp. 52-3. Segundo o autor, o conselho diretivo do partido era formado por Deocleciano Ramos (médico), Manuel Teixeira Soares (advogado), Virgílio Clímaco Damásio (médico), Cosme Moreira de Almeida (estudante de medicina) e Virgílio de Lemos.

8. José Murilo de Carvalho, *Os bestializados*, p. 29; ver também: Lilia Moritz Schwarcz, *As barbas do imperador*, p. 448.

9. BN, "Graves conflitos", *O Paiz*, 31 dez. 1888, p. 1. Essa notícia foi reproduzida na íntegra pelo jornal *Diario da Bahia*, que circulava em Salvador, em 5 jan. 1889, p. 1.

10. José Medeiros e Albuquerque, *Minha vida*, pp. 124-6.

11. Ibid. Na antevéspera da conferência Medeiros e mais outros militantes republicanos foram informados de que a Guarda Negra faria sua aparição na conferência de Silva Jardim.

12. Ibid., p. 125.

13. BN, "Graves conflitos", *O Paiz*, 31 dez. 1888, p. 1.

14. Ibid. Segundo a avaliação do jornal, a polícia, "salvo algum excesso de seus subalternos, não maltratou os beligerantes".

15. BN, "Os novos horizontes do gabinete", *Diario da Bahia*, 12 jan. 1889, p. 1.

16. BN, "A nossa atitude", *Diario da Bahia*, 24 jan. 1889, p. 1.

17. BN, "A política do sangue", *Diario da Bahia*, 27 jan. 1889, onde se reproduz notícia publicada no jornal *Novidades*, do Rio de Janeiro. Em 12 de abril de 1889, o *Diário da Bahia* voltou a acusar João Alfredo de arregimentar os "boçais da Guarda Negra" para explorar o que chamou de ignorância dos libertos. Após o arrolamento dos negros que deveriam compor a Guarda Negra, fez-se o juramento de defender as instituições e as vidas de Pedro II e da princesa imperial. Sobre esse editorial ver: BN, "Governo vaiado", *Diario da Bahia*, 12 abr. 1889, p. 1.

18. Os confrontos de rua que ocorreram na Corte e o debate sobre a participação política dos ex-escravos foram analisados por Flávio dos Santos Gomes em "No meio das águas turvas". Sobre a Guarda Negra, ver: Michael R. Trochin, "The Brazilian Black Guard".

19. Uma análise detalhada dos artigos escritos por Rui Barbosa nesse período foi feita por Wlamyra R. de Albuquerque, *O jogo da dissimulação*, pp. 183-94.

20. Rui Barbosa, *Queda do Império*, p. 107, texto publicado no *Diario de Noticias*, 19 mar. 1889.

21. Wlamyra Albuquerque (*O jogo da dissimulação*, p. 184) também chega à mesma conclusão ao argumentar que a ideia de incapacidade política da "raça emancipada" era um dos pilares da argumentação de Rui Barbosa.

22. BPEB, Rui Barbosa, "O gabinete do terror", *Diario do Povo*, 7 maio 1889, p. 1.

23. BPEB, Eduardo Carigé, "Aos novos concidadãos", *Diario do Povo*, 13 maio 1889, p. 2.

24. Ibid.

25. O discurso de Virgílio de Lemos publicado no jornal *A Republica Federal* em 13 maio 1888 foi reproduzido por Dilton Oliveira de Araújo em *Republicanismo e classe média em Salvador* (p. 162, n. 36). Para Araújo, esse discurso de preconceito em relação aos libertos que atuavam na Guarda Negra era evidência dos "traços elitistas" dos republicanos.

26. Dilton Oliveira de Araújo. *Republicanismo e classe média em Salvador*, p. 64, n. 52.

27. Wlamyra R. de Albuquerque, *O jogo da dissimulação*, p. 187.

28. BN, Rui Barbosa, "À nação e ao Senado", *Diario da Bahia*, 23 maio 1889, p. 1.

29. A propósito dessa reflexão, ver: Célia Maria Marinho de Azevedo, *Onda negra, medo branco*.

Notas

30. Rui Barbosa, "À nação e ao Senado".

31. Sobre os detalhes dessa viagem, ver: Silva Jardim, *Memórias e viagens*, pp. 338-40.

32. Essa versão dos acontecimentos está baseada no artigo intitulado "Silva Jardim na Bahia", publicado na *Gazeta de Noticias*, que circulava no Rio de Janeiro, em 22 de junho de 1889 (p. 1). O jornal carioca se baseou em informação publicada pelo *Jornal de Noticias*, de Salvador. Ver também Mário Augusto da Silva Santos, *O movimento republicano na Bahia* (pp. 5-17); segundo o autor, o primeiro clube republicano, criado em 1876, foi reprimido pela polícia; no mesmo ano foi fundado o Clube da Academia da Faculdade de Medicina, que tinha como líder Virgílio Clímaco Damásio.

33. "Silva Jardim na Bahia", *Gazeta de Noticias*, p. 1. O jornal carioca se baseou em informação publicada pelo *Jornal de Notícias*. Dantas Júnior estimou em cerca de setecentas as pessoas reunidas no comício do Terreiro de Jesus; discursaram Virgílio Damásio, Virgílio de Lemos, Cosme Moreira e Deocleciano Ramos ("A propaganda republicana", p. 110).

34. BPEB, "Governo do terror", *Diario do Povo*, 17 jun. 1889, p. 1; Dantas Júnior também reitera essa informação ao dizer que "capadócios" capitaneados por Macaco Beleza atacaram a bengalas e cacetes um grupo de republicanos, forçando-os a se refugiar em uma farmácia. Não saciados, entregaram-se a arruaças outras e apedrejaram a redação da *Republica Federal*, na rua de São Miguel, onde também residia o militante republicano Edmundo Gastão da Cunha ("A propaganda republicana", p. 110).

35. BPEB, "O Conselho Republicano Federal a seus concidadãos", *Diario do Povo*, 5 jul. 1889, p. 1; longo artigo assinado por Manuel Teixeira Soares, Virgílio Damásio, José Antônio de Freitas, Deocleciano Ramos, Cosme Moreira, Ludgero José de Sousa e Luís Barreto, em que era apresentada a versão do Clube Republicano Federal sobre os acontecimentos do dia 15 de junho. O clube foi fundado em 24 de maio de 1888 por iniciativa de Virgílio de Lemos, Cosme Moreira e mais alguns estudantes de medicina.

36. BPEB, "O Conselho Republicano Federal a seus concidadãos", *Diario do Povo*, 5 jul. 1889, p. 1; Mário Augusto da Silva Santos, *O movimento republicano na Bahia*, p. 5.

37. BN, "Hóspede ilustre", *Diario da Bahia*, 16 jun. 1889, p. 1.

38. BN, "Silva Jardim na Bahia", *Gazeta de Noticias*, 22 jun. 1889, p. 1. Sobre o desembarque de Silva Jardim e os conflitos que se seguiram, ver: Brás do Amaral, *História da Bahia*, pp. 316-21; Frederico José de Abreu, *Macaco Beleza e o Massacre do Tabuão*, pp. 51-78; Wlamyra R. de Albuquerque, *O jogo da dissimulação*, pp. 142-63; Walter Fraga, *Encruzilhadas da liberdade*, pp. 353-4.

39. BPEB, "Supostas origens", *Diario do Povo*, 3 jul. 1889, p. 1.

40. Silva Jardim, *Memórias e viagens*, p. 343.

41. BPEB, O Conselho Republicano Federal a seus concidadãos, *Diario do Povo*, 5 jul. 1889, p. 1.

42. BN, "Silva Jardim na Bahia", *Gazeta de Noticias*, 22 jun. 1889, p. 1.

43. BPEB, "Governo do terror", *Diario do Povo*, 17 jun. 1889, p. 1.

44. Silva Jardim, *Memórias e viagens*, p. 345.

45. Ibid., p. 346.

46. Sobre o episódio envolvendo a banda Música dos Libertos, ver: João José Reis, *Ganhadores*, p. 316; BPEB, "O Conselho Republicano Federal a seus concidadãos", *Diario do Povo*, 5 jul. 1889, p. 1. Em artigo publicado no *Diario do Povo*, chegou-se a informar que o músico que participou do espancamento dos republicanos pertencia ao 16º Batalhão do Exército ("Governo do terror", 17 jun. 1889, p. 1). A informação foi desmentida pelo comandante do 16º Batalhão, Frederico Cristiano Buys, ao afirmar que naquela manhã a banda do 16º que participava da recepção ao conde d'Eu voltara ao quartel ao meio-dia; sobre essa informação, ver: BPEB, "Explicação", assinada pelo comandante do 16º Batalhão, *Diario do Povo*, 19 jun. 1889, p. 1.

47. BPEB, Edmundo Gastão da Cunha, "Ao público sensato", *Diario do Povo*, 19 jun. 1889, p. 2.

48. BPEB, "A Guarda Negra", *Diario do Povo*, 15 jun. 1889, p. 1. Dois dias depois do conflito, o *Diario do Povo* (17 jun. 1889, p. 1) novamente responsabilizou o Partido Liberal por permitir que a Guarda Negra agisse livremente contra os republicanos.

49. Silva Jardim, *Memórias e viagens*, p. 347.

50. BN, "Silva Jardim na Bahia", *Gazeta de Noticias*, 22 jun. 1889, p. 1.

51. BPEB, "O Conselho Republicano Federal a seus concidadãos", *Diario do Povo*, 5 jul. 1889, p. 1.

52. BPEB, Edmundo Gastão da Cunha, "Ao público sensato", *Diario do Povo*, 19 jun. 1889, p. 2.

53. BPEB, Rui Barbosa, "Anarquia pelo rei", *Diario do Povo*, 4 jul. 1889, p. 1.

54. IGHB, "Pela última vez", *Diario da Bahia*, 28 jun. 1889, p. 1.

55. BPEB, "O Conselho Republicano Federal a seus concidadãos", *Diario do Povo*, 5 jul. 1889, p. 1.

56. Brás do Amaral, "Memória histórica sobre a proclamação da República na Bahia", pp. 15-6.

57. João da Costa Pinto Dantas Júnior, "A propaganda republicana", pp. 91-118; ver ainda: Mário Augusto da Silva Santos, *O movimento republicano na Bahia*, pp. 15-6.

58. BPEB, "Temas do dia", *Diario do Povo*, 21 jun. 1889, p. 1.

59. BPEB, "Norte e Sul", Rui Barbosa, *Diario do Povo*, 1º jul. 1889, p. 1.

60. A carta de "Dr. M." endereçada a Virgílio de Lemos encontra-se no arquivo do IGHB, pasta 32, doc. 21, e foi citada por Dilton Oliveira de Araújo, *Republicanismo e classe média em Salvador*, p. 71. O autor da carta finaliza informando que Manuel Vitorino e Almeida Couto eram incapazes de mandar atacar os acadêmicos.

61. Brás do Amaral, "Memória histórica sobre a proclamação da República na Bahia", pp. 15-6.

62. Sobre Panfilo da Santa Cruz, ver: Jailton Lima Brito, *A abolição na Bahia*, p. 132.

63. João Varella, *Da Bahia que eu vi*, p. 126.

64. BN, *O Paiz*, 20 jun. 1889, p. 1.

65. BPEB, Rui Barbosa, "Anarquia pelo rei", *Diario do Povo*, 4 jul. 1889, p. 1.

Notas 325

66. BPEB, *Diario do Povo*, coluna Musa Popular, 26 jun. 1889, p. 1.

67. BPEB, *Diario do Povo*, coluna Musa Popular, 27 jun. 1889, p. 1.

68. Ibid.

69. BN, *Diario da Bahia*, 11 set. 1889, pp. 1-2. A parte inicial do debate na Assembleia Provincial está rasurada, mas é provável que a sessão tenha ocorrido em 21 de junho.

70. BN, *Diario da Bahia*, 11 set. 1889, pp. 1-2.

71. BPEB, "Não é mais possível", *Diario do Povo*, 28 jun. 1889, p. 1. Nesse artigo há uma crítica bem direcionada para a atuação da polícia na repressão aos desordeiros e capadócios.

72. Brás do Amaral, *História da Bahia*, p. 331.

73. Hildegardes Vianna, *A proclamação da República na Bahia*, pp. 2-3.

74. Ibid., pp. 4-5.

75. Ibid., p. 4.

76. BPEB, "A pedido", *Diario do Povo*, 15 jul. 1889, p. 2. O artigo foi escrito por alguém que se identificou como "Um assinante".

77. Afrânio Peixoto, *Breviário da Bahia*, pp. 342-3.

78. Ibid.

79. Para um balanço bibliográfico sobre o monarquismo popular, ver: Marcela Echeverry (Org.), dossiê "Monarchy, Empire, and Popular Politics in the Atlantic Age of Revolutions". Os diversos artigos reunidos nesse dossiê demonstram que os populares partiam de suas próprias referências na defesa das instituições republicanas.

80. Segundo Kraay, em momentos de instabilidade social, esse monarquismo afro--brasileiro foi além do aceitável, já que homens e mulheres passaram a imaginar para si mais espaços na fundação de uma outra monarquia ("Reis negros, cabanos, e a Guarda Negra: Reflexões sobre o monarquismo popular no Brasil oitocentista", p. 153).

81. Sobre as festas e desfiles de Reis, ver: Nina Rodrigues, *Os africanos no Brasil*, p. 180. Sobre o monarquismo negro, ver: João José Reis, "Quilombos e revoltas escravas no Brasil", p. 32. Martha Abreu observa que a Festa do Divino na Corte mobilizava grande participação negra, e toda a simbologia da festa se assentava na presença da figura do imperador (*O império do Divino*, pp. 46-7).

82. Maria Lúcia Lopes Fittipaldi, *Silva Jardim e a República*, pp. 187-9.

83. Na versão de Dilton Oliveira de Araújo, a espinha dorsal da ideologia que tornava os libertos submetidos ao governo monárquico foi a que compreendeu a abolição como uma dádiva concedida pela princesa. Segundo o autor, esse era o fator de mobilização dos libertos que integravam a Guarda Negra. Baseado no que disseram os relatos de partidários da república, ele acrescenta que a remuneração em dinheiro também impulsionou a mobilização (*Republicanismo e classe média em Salvador*, p. 63).

84. IGHB, "Batalhão Patriótico Princesa Isabel", *Diario da Bahia*, 22 jun. 1889, p. 2. Trata-se da publicação de um convite assinado por Roque Jacinto da Cruz convo-

cando todos os associados a se reunirem em 22 e 25 de junho para tratar de temas relativos à defesa da princesa regente.

85. Hélio Silva, *História da República brasileira*, p. 44.

86. Sobre o posicionamento de Luiz Gama, ver: Elciene Azevedo, *Orfeu de carapinha*, pp. 139-45.

87. Para Dilton Oliveira de Araújo, na Bahia havia um republicanismo de classe média e que não tinha como horizonte um projeto de igualdade social (*Republicanismo e classe média em Salvador*, pp. 42, 44, 46 e 103).

88. Brás do Amaral, *História da Bahia*, p. 331; BPEB, "Temas do dia", *Diario do Povo*, 17 jun. 1889: alguém que se assinou com as iniciais E. Q. informa que naquele dia circularam boatos de que Silva Jardim e os republicanos queriam reescravizar os libertos e aumentar o preço da farinha.

89. A percepção dos libertos monarquistas não estava muito distante das razões apresentadas por Joaquim Nabuco, para quem a opção pela monarquia estava fundada na ideia de que sob aquele regime estavam asseguradas a liberdade e a igualdade de direitos (*Minha formação*, pp. 100-1). Sobre o período pós-reconstrução me apoiei nos argumentos de John Hope Franklin, *Raça e história*, pp. 176-7. Ver também Hendrik Kraay para uma análise das diversas razões que levaram os afrodescendentes no Brasil, em determinados contextos históricos, a se identificarem com a monarquia. Segundo ele, em muitos momentos, a bandeira monarquista foi uma maneira de expressar demandas políticas e demarcar autonomia política ("Reis negros, cabanos, e a Guarda Negra", pp. 141-75).

90. A expressão "monarca-cidadão" foi analisada por Lilia M. Schwarcz (*As barbas do imperador*, esp. capítulo 12). A autora argumenta que após a Guerra do Paraguai houve um esforço deliberado do imperador de projetar a imagem de soberano cada vez mais identificado com o cidadão comum, inclusive na forma de vestir e alinhado aos avanços do seu tempo. Ricardo Salles analisa a persistência do mito da grandeza e do futuro promissor do país gestado no Segundo Reinado (*Nostalgia imperial*, pp. 31-3). Grande parte desse mito, que sobreviveu à Proclamação da República, estava lastreada na figura de d. Pedro II.

91. Sobre a organização da Guarda Negra, ver: Michael Trochin, "The Brazilian Black Guard", pp. 286-7; ver também: Clícea Maria Augusto de Miranda, "Guarda Negra da Redentora".

92. Ver Petrônio Domingues, "Cidadania por um fio", pp. 255-8.

93. Felício Buarque, *Origens republicanas*, p. 95.

94. Concordo com Sílvio Humberto dos Passos Cunha (*Um retrato fiel da Bahia*, p. 230) ao defender que a insurgência de Macaco Beleza contra a República se baseava na defesa a todo custo da liberdade.

95. BN, "Silva Jardim na Bahia", *Gazeta de Noticias*, 22 jun. 1889, p. 1.

96. BN, "14 de julho", *Gazeta de Noticias*, 15 jul. 1889, p. 1. Ana Flávia Magalhães Pinto também se refere a esses conflitos nas ruas centrais da Corte por ocasião do centenário da Revolução Francesa (*Escritos de liberdade*, p. 338).

Notas 327

97. BN, "Viva a monarquia", *Gazeta de Noticias*, 22 jul. 1889, p. 1.
98. BPEB, Rui Barbosa, "Anarquia pelo rei", *Diario do Povo*, 4 jul. 1889, p. 1. O relato de Rui Barbosa se baseia nas notícias veiculadas nos jornais *Diario de Noticias* e *Diario da Bahia*, que tinham uma leitura diferente acerca dos motivos dos acontecimentos de 15 de junho. Para o *Diario de Noticias* a violência fora motivada pelas provocações dos discursos republicanos no dia 14, versão que Rui Barbosa procurou refutar.
99. Hildegardes Vianna, *A proclamação da República na Bahia*, pp. 4-5.
100. João Varella, *Da Bahia que eu vi*, pp. 173-4.
101. Para Dilton Oliveira de Araújo, o chamado "Massacre do Taboão" foi um divisor de águas no movimento republicano na Bahia, uma vez que abalou muitas convicções acerca da viabilidade da monarquia no Brasil, o que contribuiu para aumentar a instabilidade política nacional (*Republicanismo e classe média em Salvador*, pp. 32, 68, 76).
102. Rui Barbosa, "Primeiro sangue". In: *Queda do Império*, t. III, p. 323. O artigo foi publicado no jornal *Gazeta de Noticias*, em 17 jun. 1889.
103. IGHB, "Conselho Municipal", *Diario da Bahia*, 10 jun. 1896, p. 1. Informa o noticiário que em 9 de junho Deocleciano Ramos, Glicério Veloso e Polidoro Bittencourt apresentaram um projeto para tornar feriado municipal os dias 15 de junho e 17 de novembro, o primeiro como homenagem a Silva Jardim, o segundo na data da proclamação da República na Bahia.
104. Pedro Calmon, *História da Bahia*, p. 178.

5. A República chegando [pp. 155-75]

1. Brás do Amaral, *História da Bahia*, p. 319.
2. Gilberto Freyre, *Ordem e progresso*, v. 1, p. 246, depoimento do baiano Cleto Ladislau Tourinho Japiaçu.
3. Além da Bahia, em Santa Catarina e no Maranhão ocorreram conflitos violentos. Em Santa Catarina, no dia 17 de novembro, o 25º Batalhão de Infantaria, sediado no Desterro, empunhando bandeiras monarquistas, marchou contra o Clube Republicano. Houve tiroteio e vários mortos. No Maranhão, homens negros foram barbaramente espancados e mortos. Ver: Maria de Lourdes Mônaco Janotti, *Os subversivos da República*, pp. 16-7; sobre os sangrentos acontecimentos do Maranhão, ver: Matheus Gato, *O massacre dos libertos*.
4. Sobre a resistência e depois adesão da elite política baiana ao regime republicano, ver: Consuelo Novais Sampaio, *O Poder Legislativo da Bahia*, pp. 31-2.
5. Eugere Ware Ridings Jr., *The Bahian Comercial Association, 1840-1889*; ver também: Mário Augusto da Silva Santos, *O movimento republicano na Bahia*, p. 16.
6. Essas informações estão no fragmento de livro da polícia guardado na documentação da Alfândega (Apeb, livro 040. 14 9 (1889), fl. rasurado). Os registros cobrem o ano de 1889, e as informações sobre os presos trazem detalhes como idade,

estado civil, filiação, cor, condição civil, motivo da prisão e descrição dos traços físicos dos detentos. Infelizmente não há descrição física de Manoel Benício, pois o escrivão remete a outro livro em que estavam assentadas essas informações. A idade de 21 anos atribuída a Macaco Beleza não é exata, pois tendo nascido em 1866 ele tinha então 23 anos.

7. IGHB, seção Teodoro Sampaio, *O abolicionismo*, pasta 4, p. 28.

8. Hildegardes Vianna, *A proclamação da República na Bahia*, p. 1. Em sua avaliação, a maioria do povo achava a República uma ideia frívola e sem consequências. Convém analisar o testemunho de Vianna a partir de uma ideia de povo muito ligada a uma perspectiva romântica e ao mesmo tempo com a marca do antigo e do tradicional. Assim, a rebeldia do povo só era entendida no sentido da defesa da tradição. Uma análise profunda da obra de Vianna é feita por Consuelo Almeida Matos, *A Bahia de Hildegardes Vianna*, esp. capítulo 1, pp. 14-37.

9. IGHB, "Últimos acontecimentos", *Diario da Bahia*, 17 nov. 1889, p. 1. Entre os políticos que fizeram parte da sessão solene em que se declarava fidelidade à monarquia achavam-se Inocêncio Góis, Artur Rios, Augusto França, Carneiro da Rocha, Luís Ramos de Queirós e José Carlos de Carvalho.

10. Luís Henrique Dias Tavares, *História da Bahia*, p. 298.

11. Maria de Lourdes Mônaco Janotti, *Os subversivos da República*, p. 15.

12. BN, "Câmara Municipal", *Diario da Bahia*, 17 nov. 1889, p. 1. Entre os vereadores presentes estavam Augusto Guimarães, Inocêncio Góis, Luís José da Silva, João Germano, Virgílio de Carvalho, Batista Gonçalves, Francisco Azevedo, Francisco Pires, Belarmino Costa, Antônio José Rodrigues e o coronel Cafezeiro.

13. Brás do Amaral, *História da Bahia*, p. 330.

14. Ibid., p. 331.

15. Francisco Borges de Barros, *À margem da história da Bahia*, pp. 165-8. Segundo Borges de Barros, um homem do povo chamado Brás foi assassinado no dia 16.

16. Ibid., p. 32.

17. Ibid., p. 31.

18. Hildegardes Vianna esclarece que se serviu das informações prestadas pelo cadete Nilo Tancredo Ribeiro da Silva, o rapazola que, no conflito na ladeira do Taboão em 15 de junho de 1889, arrebatou dos "desordeiros" a bandeira republicana que minutos antes havia sido tomada das mãos dos que acompanhavam Silva Jardim (*A proclamação da República na Bahia*, p. 9).

19. Hildegardes Vianna, *A proclamação da República na Bahia*, pp. 6, 17, n. 7. A autora se baseia nas informações de d. Astéria Carvalho para descrever a cidade de Bananal. Vianna esclarece que lugar assim conhecido estava situado nas cercanias do largo de Nazaré, onde havia um grande bananal que se estendia pela ribanceira e sob o qual havia "casebres miseráveis" que serviam de esconderijo para ladrões, assassinos, prostitutas e gente sem profissão definida.

20. Frederico Abreu é quem reflete sobre essa divisão entre as maltas de capoeiras da cidade (*Macaco Beleza e o Massacre do Tabuão*, p. 41). Tem razão ao afirmar que nem todos estavam alinhados à Guarda Negra.

Notas

21. Hildegardes Vianna, *A proclamação da República na Bahia*, pp. 6-8.
22. Brás do Amaral, *História da Bahia*, p. 332.
23. BN, "Telegramas", *O Paiz*, 18 nov. 1889, p. 2.
24. Brás do Amaral, *História da Bahia*, p. 334.
25. Ibid., p. 334; ver também: Frederico José de Abreu, *Macaco Beleza e o Massacre do Tabuão*, p. 42.
26. BN, "Distúrbios em S. Félix", *Diario da Bahia*, 7 dez. 1889, p. 1.
27. Hildegardes Vianna, *A proclamação da República na Bahia*, p. 7.
28. Com referência aos acontecimentos de 16, 17 e 18 de novembro ver: BN, "Noticiário", *Diario da Bahia*, 20 nov. 1889, pp. 1-2.
29. BN, "Adesão à República", *Diario da Bahia*, 20 nov. 1889, p. 1. No dia 20 de novembro, uma comissão formada por lideranças do Partido Liberal dirigiu-se à casa de Manuel Vitorino para declarar adesão ao novo regime. A comissão era composta por Antônio Carneiro da Rocha, João dos Reis de Sousa Dantas, Idelfonso de Araújo, Augusto França e Juvêncio Alves de Sousa.
30. Sobre as festas da proclamação da República em Salvador, ver: IGHB, "Noticiário", *Diario da Bahia*, 20-21 nov. 1889, p. 1.
31. Luís Henrique Dias Tavares, *História da Bahia*, pp. 300-1.
32. IGHB, *Diario da Bahia*, "Noticiário", 24 nov. 1889, p. 1.
33. IGHB, "Guarda Cívica", *Diario da Bahia*, 4 dez. 1889, p. 1.
34. Essa denúncia foi publicada no IGHB, "A reação da Bahia", *Diario da Bahia*, em 13 dez. 1894, p. 2, e foi escrita por alguém que se assinou como "Nemo", certamente opositor ferrenho de Manuel Vitorino, que foi eleito vice-presidente da República ao lado de Prudente de Morais. Ver Rocha Pombo, *História do Brasil*, p. 350.
35. IGHB, *Diario da Bahia*, 7 dez. 1889, p. 1.
36. IGHB, "Corpo Militar de Polícia", *Diario da Bahia*, 18 dez. 1889, p. 1.
37. Sobre a reorganização da polícia após a abolição, ver: Iacy Maia Mata, *Os "Treze de Maio"*, pp. 101-3. Sobre os conflitos no Recôncavo, ver: Walter Fraga, *Encruzilhadas da liberdade*, esp. capítulos 5 e 6. Esses confrontos se manifestaram na forma de incêndios de canaviais, roubo de gado e assentamentos de famílias nas terras dos engenhos.
38. IGHB, "Expediente do estado federado da Bahia", *Diario da Bahia*, 11 dez. 1889, p. 2.
39. E. F. Knight, *The Cruise of the* Alerte, pp. 264-5. Ver também: Gilberto Freyre, *Ordem e progresso*, t. 1, pp. 8-9.
40. IGHB, Raul Pompeia, "Da capital", *O Pharol*, 1 dez. 1889, p. 1.
41. Brás do Amaral, *História da Bahia*, p. 319.
42. Ver Marco Pamplona, *Revoltas, repúblicas e cidadania*, p. 277.
43. BN, *Jornal do Recife*, 22 dez. 1889, p. 2.
44. Para a estimativa da duração da viagem da Bahia até Manaus me baseei no relatório escrito pelo comandante do navio a vapor *Satélite*, Carlos Brandão Storry, quando conduziu para o Amazonas os marinheiros amotinados da Revolta da Chibata. Os dados sobre a viagem aparecem no livro de Edmar Morel, *A Revolta*

da Chibata, pp. 161-8. A viagem do vapor entre o Rio de Janeiro e Manaus durou ao todo dezessete dias. Relatos da época indicam que o navio conduzia no porão 441 presos, entre os quais 250 marinheiros envolvidos no movimento rebelde. Do total de presos, havia 44 mulheres. No meio da viagem houve tentativa de motim e alguns dos marinheiros foram sumariamente fuzilados.

45. BN, *Jornal do Recife*, 21 jan. 1890, p. 2. Em 23 de janeiro de 1890, a *Gazeta da Parahyba* também acusou a passagem do *Pará* pelo porto da capital do estado com destino ao Sul do país. Marcelino José da Costa e Joaquim Manuel de Santana são citados por João Varella (*Da Bahia que eu vi*, p. 174) como companheiros de viagem de Macaco Beleza quando deportado para o Amazonas.

46. BN, *O Tempo*, Rio de Janeiro, 12 fev. 1893, p. 2. A notícia foi originalmente publicada no jornal *Diario de Noticias*, que circulava em Salvador.

47. Apeb, *Livro de entrada de passageiros*, n. 5 (1888-9), fl. [ilegível], desembarque de passageiros no porto de Salvador, 22 jan. 1890. Sobre Joaquim Farol, ver: BPEB, "O Macaco Beleza", *Jornal de Noticias*, 23 jan. 1890, p. 2.

48. Apeje, *Livro de correspondências de governadores*, n. 70 (1890), fls. 40-1. Ofício "reservado" do governador da Bahia, Manuel Vitorino Pereira, para o governador de Pernambuco, 13 fev. 1890.

49. Apeb, *Livro da prisão da Alfândega*, fl. [ilegível]. Registro de prisão de Pedro José de Santana em 22 de agosto de 1889, solto no dia seguinte. Emídio Rodrigues do Couto, fl. 71, preso em 28 de novembro de 1889, foi solto no dia seguinte.

50. Ver João Varella, *Da Bahia que eu vi*, p. 126.

51. Apeb, *Processo crime*, 18/729/3 (1886), fls. 2-15. O processo foi encerrado com a absolvição de Viana.

52. Apeb, *Processo crime*, 7/275/13 (1888), fls. 2- 11v. O processo é interrompido em 1º de julho de 1889, sem conclusão. O promotor os enquadrou no crime de estelionato.

53. Apeb, *Processo crime*, 7/292/15 (1894), fls. 2-20v. O processo para apurar a participação de Joaquim Boa Perna nas agressões a Antero Fernandes Sanches da Fonseca foi instaurado em 13 de junho de 1889 e se estende até 1894. Sobre a atuação de Boa Perna, ver depoimento do comerciante Antônio José Pugas, 38 anos, casado, que declarou que havia naquele tempo uma malta de jagunços armados, capitaneados pelos já referidos Joaquim Boa Perna, Amâncio e Germano, que por muitos meses aterrorizou a população.

54. Apeb, *Polícia-subdelegados* (1878-9), correspondência do subdelegado da freguesia da Conceição da Praia, Manuel Pereira Soares, para o chefe de polícia, 5 fev. 1879.

55. BN, *Gazeta da Bahia*, 7 mar. 1880, p. 1.

56. Apeb, *Livro da prisão da Alfândega*, fl. 47v.

57. Apeje, *CDR*, 4.3/50, fl. 185, registra que os baianos Julião Marques da Luz e Pedro José de Santana deram entrada na Casa de Detenção em 13 de fevereiro de 1893 e saíram em 17 de fevereiro. Contudo, é possível que o embarque tenha sido cancelado e eles tenham permanecido na Casa de Detenção até abril. Nas notícias sobre decisões do chefe de polícia publicadas no *Diario de Pernambuco* (30 abr. 1893, p. 1),

Notas 331

consta que foram expedidas passagens até a Bahia, no vapor *Una*, para os deportados Julião Marques da Luz e Pedro José de Santana. Ordenava-se também que o fato fosse comunicado ao governador da Bahia. Sobre a prisão de Julião Marques da Luz no Rio de Janeiro, ver: *Jornal do Commercio*, 5 set. 1898, p. 2.

58. Apeje, *CDR*, 4.3/50, fl. 185, registro de entrada de Pedro José de Santana, 13 fev. 1893.

59. Apeje, *Secretaria de Segurança Pública* (fev.-jun. 1891). Ofício do governador da Bahia para o chefe de polícia de Pernambuco, 4 abr. 1891. Em anexo, telegrama do governador da Bahia para o governador de Pernambuco pedindo providências para fazer regressar o deportado que se achava em Pernambuco. Ver também: ofício do governador de Pernambuco para o chefe de polícia, 11 abr. 1891, sobre o retorno à Bahia de Joaquim Gonçalves dos Santos.

60. Cabe ressaltar que o "Norte" na época era um conceito não oficial e abrangia os atuais Norte e Nordeste.

61. João Varella, *Da Bahia que eu vi*, p. 174.

62. Ibid., p. 174.

63. Sobre Júlio Bugan, ver: BN, *Pequeno Jornal*, 23 jul. 1890, p. 2.

64. BN, "Pernambuco", *O Cruzeiro*, 6 maio 1890, p. 2.

65. BN, *Diario de Noticias*, 21 fev. 1890, p. 2.

66. Gregório Bezerra, *Memórias*, pp. 280-1; ver também: Graciliano Ramos, *Memórias do cárcere*, v. 1, esp. capítulos 18-30.

67. BN, *A Provincia*, Recife, 8 maio 1890, p. 1. O jornal defendia que os presos fossem transportados nos vapores da Companhia Pernambucana de Navegação, que fazia viagens regulares entre Recife e Fernando de Noronha.

68. ANRJ, IVM, 1423, diário de bordo do *Liberdade*, escrito pelo comandante Francisco Marques Pereira de Sousa (1891), fls. 2-2v.

69. Sobre punições aos marinheiros, ver: Álvaro Pereira do Nascimento, *Cidadania, cor e disciplina na Revolta dos Marinheiros de 1910*, esp. capítulo 4.

70. Sobre o desfile do clube Críticos Independentes, ver: Jéssica Santos Lopes da Silva, *O "império das circunstâncias"*, pp. 52-3.

71. Ibid., p. 53.

72. Ibid., p. 49.

73. BN, *Jornal de Noticias*, coluna Musa Folgazã, 13 mar. 1890, p. 1. A poesia é também citada por Thiago Alberto Alves dos Santos, *A liberdade e outras ilusões*, p. 48.

74. BN, "Escolha-se o melhor dos dois alvitres", *Pequeno Jornal*, 8 abr. 1890, p. 1.

75. BN, "Deportações", *Pequeno Jornal*, 21 abr. 1890, p. 1.

6. Fernando de Noronha: Um sumiço para Macaco Beleza [pp. 176-200]

1. Amorim Neto, *Ilha maldita*, p. 23.

2. Dias antes, em 7 de fevereiro de 1890, o *Diario de Noticias* informou que às quatro horas daquele dia partira para Fernando de Noronha a canhoneira *Liberdade* le-

vando a bordo oitenta "capoeiras desordeiros". Na viagem de retorno ao Recife, a canhoneira envolveu-se no resgate de oito tripulantes de um navio inglês chamado *Jacquiza*, que naufragou na noite de 22 de fevereiro nos rochedos das Rocas. A notícia sobre esse naufrágio encontra-se em: BN, "Um naufrágio", *O Cruzeiro*, 2 mar. 1890, p. 2.

3. ANRJ, *Códice 593*, Patrício Antônio de Sepúlveda Everard, brigadeiro do Corpo de Engenheiros do Exército, "Memória descritiva do presídio da ilha de Fernando de Noronha, contendo sua estatística, produtos minerais, vegetais e zoológicos, bem como ideias sugeridas e apropriadas para seu futuro engrandecimento". Esse é um documento manuscrito datado de 1863 e dedicado ao imperador d. Pedro II. Segundo o autor, entre abril e setembro, o porto de Fernando de Noronha era bem abrigado dos ventos que sopravam do sul, e assim desembarcava-se no porto da vila. Nos demais meses do ano, só se podia efetuar o desembarque na praia de Santo Antônio, distante cerca de uma milha do centro da vila. Segundo Sepúlveda Everard, da fortaleza dos Remédios partiam as "honras" e as "salvas" das embarcações que chegavam à ilha.

4. ANRJ, *Livro de detalhes e alterações do serviço*, II J, 7, 82 (1889-90), registro de alterações, 25 fev. 1890.

5. A frase é de um deportado do Rio de Janeiro que escreveu uma série de correspondências publicadas no jornal *Novidades*, 5-15 jan. 1891. A carta foi publicada em 13 de janeiro de 1891, mas se refere a acontecimentos de abril de 1890.

6. José Lins do Rego, *Usina*, p. 60. O personagem Ricardo foi mandado para Fernando de Noronha e lá ficou por dois anos.

7. Sobre o donatário Fernão de Loronha, ver: Beatriz de Lalor Imbiriba, *História de Fernando de Noronha*, pp. 14-20.

8. Sobre a história do presídio, ver: Peter M. Beattie, *Punishment in Paradise*; Marcos Paulo Pedrosa Costa, *O caos ressurgirá da ordem*.

9. BN, "Presídio de Fernando de Noronha", *Jornal do Commercio*, 17 maio 1890, p. 1.

10. Sobre população carcerária em 1890, ver: BN, "Correspondências", *Diario de Pernambuco*, 23 fev. 1890, p. 2; BN, "Presídio de Fernando de Noronha", *Jornal do Commercio*, 8 ago. 1890, p. 1.

11. Sobre a população do presídio em 1891, ver: Apeje, *FN, Petições*, v. 29, "Relatório do Presídio de Fernando de Noronha" apresentado pelo diretor do presídio Joaquim de Gusmão Coelho à junta governativa de Pernambuco, em 1º jan. 1892.

12. Sobre Maria Francisca da Conceição e Cândida Maria do Espírito Santo, ver: ANRJ, *Livro de detalhes e alterações do serviço*, II J, 7, 82 (1889-90), registro de ordens do diretor, em 27 abr. 1890.

13. Ver Gláucia Tomaz de Aquino Pessoa, *Fernando de Noronha*, pp. 25-6.

14. Sobre a população de escravos em Fernando de Noronha, ver Peter M. Beattie, *Punishment in Paradise*, p. 177.

15. Célia Maria Marinho de Azevedo, *Onda negra, medo branco*, pp. 193-6. Como registra a autora, um chefe de polícia de São Paulo, em 1871, chegou a defender o

Notas

envio dos condenados a galés perpétuas para Fernando de Noronha como forma de evitar o contato nas ruas entre condenados e escravos.

16. ANRJ, *Livro de detalhes e alterações do serviço*, II J, 7, 82 (1889-90), registro de 13 mar. 1889, morte do ex-escravo Benedito Bicudo na enfermaria do presídio; e alterações de 11 jul. 1890. Adão e Pedro foram assim identificados quando transferidos para a 4ª turma de trabalho. Peter M. Beattie também observa a mesma forma de identificação dos escravos sentenciados para a década de 1880 (*Punishment in Paradise*, p. 183).

17. Apeje, *FN, Petições* (1862-1928), 11 nov. 1889. Por ser analfabeta, a petição foi escrita por Laurentino Vilarinho de Melo. No despacho, o governador de Pernambuco fornece a passagem e comedorias, em 13 nov. 1889. Sobre a permissão para a entrada de familiares dos presos em Fernando de Noronha, ver: Gláucia Tomaz de Aquino Pessoa, *Fernando de Noronha*, pp. 25-6.

18. Apeje, *MJ*, 13, ofício do ministro da Justiça para o governador de Pernambuco, 15 jul. 1890. Segundo Marcos Paulo Pedrosa Costa (*O caos ressurgirá da ordem*, pp. 59-60), foi na década de 1860 que o governo de Pernambuco permitiu a entrada de esposas e filhos dos sentenciados. Foi uma medida moralizadora e ao mesmo tempo para evitar revoltas e fugas.

19. Dados retirados de Apeje, *FN, Petições*, v. 29, "Relatório do Presídio de Fernando de Noronha" apresentado pelo diretor do presídio Joaquim de Gusmão Coelho à junta governativa de Pernambuco, 1º jan. 1892. Sobre os mocambos, ver: Gastão Penalva, *A Marinha do meu tempo*, p. 291.

20. BN, "Correspondências", *Diario de Pernambuco*, 23 fev. 1890, p. 2.

21. Para uma descrição da Vila dos Remédios, ver: Marieta Borges Lins e Silva, *Fernando de Noronha*, pp. 101-3. Ver também: Marcos Paulo Pedrosa Costa, *O caos ressurgirá da ordem*, p. 92.

22. BN, "Correspondências", *Diario de Pernambuco*, 23 fev. 1890, p. 2.

23. Ibid. Pelo que informou o diretor, apenas a colheita de algodão superou as safras dos anos anteriores. Chegou-se a produzir 120 fardos que seguiram no vapor *Jacuhype*. A safra de carrapato (mamona) foi grande, mas ficou quase toda no campo, e foram aproveitados apenas cinco barris de azeite. O presídio vendeu quinhentas sacas de caroços de algodão, 26 de sementes de carrapatos e três barris de azeite do mesmo carrapato, produzindo uma renda que se juntaria aos 120 fardos de lã de algodão.

24. Ibid.

25. Apeje, *FN*, 30 (1891), ofício do diretor do presídio para o governador de Pernambuco, em 19 jun. 1891.

26. ANRJ, *Livro de registro de ofícios expedidos*, II J, 7, 13 (1890-1923), ofício do diretor do presídio, Joaquim de Gusmão Coelho, para o médico do presídio, Bernardo Teixeira de Carvalho, 20 set. 1890.

27. Apeje, *FN, Petições*, v. 29, "Relatório do Presídio de Fernando de Noronha". Apesar da crise, o presídio se autossustentava. Segundo o diretor, a receita era de 90 421$598 mil-réis e a despesa, 73 310$662 mil-réis, com saldo de 13 110$935 mil-réis.

28. Apeje, *FN*, 31 (1892), Ofício do diretor Joaquim de Gusmão Coelho para o governador de Pernambuco, 13 fev. 1892.

29. Apeje, *FN*, v. 29, ofício do encarregado da enfermaria, J. P. Alves Carnaúba, para o diretor do presídio de Fernando de Noronha, Justino Rodrigues da Silveira, em 21 jan. 1890.

30. ANRJ, FN, *Enfermaria do Presídio de Fernando de Noronha*, II J, 7, 96 (1891), Relatório escrito pelo médico Ismael Gouveia, 31 dez. 1891, apresentado ao diretor do presídio, Joaquim de Gusmão Coelho.

31. ANRJ, FN, *Enfermaria do Presídio de Fernando de Noronha*, II J, 7, 96 (1891), relatório escrito pelo médico Ismael Gouveia, 31 dez. 1891, apresentado ao diretor do presídio, Joaquim de Gusmão Coelho. Sobre a homossexualidade no presídio, ver: Marcos Paulo Pedrosa Costa, *O caos ressurgirá da ordem*, pp. 115-6.

32. Amorim Netto, *Ilha maldita*, pp. 65-6.

33. ANRJ, *Livro de detalhes e alterações do serviço*, II J, 7, 82 (1889-90), registro de 16 dez. 1889.

34. ANRJ, *Livro de detalhes e alterações do serviço*, II J, 7, 82 (1889-90), registro de ordens do diretor, em 26 abr. 1890.

35. ANRJ, *Livro de detalhes e alterações do serviço*, II J, 7, 82 (1889-90), registro de ordens do diretor em 27 dez. 1889. Sobre o ex-escravo Lourenço ver ordem de 30 dez. 1889.

36. ANRJ, *Livro de detalhes e alterações do serviço*, II J, 7, 82 (1889-90), registro de alterações de 10 dez. 1889.

37. ANRJ, *Livro de detalhes e alterações do serviço*, II J, 7, 82 (1889-90), registro de alterações de 31 maio 1890.

38. Apeje, *FN*, *Petições*, v. 29, "Relatório do Presídio de Fernando de Noronha". Joaquim de Gusmão Coelho informou que a criação de animais ficou reduzida pela seca que se abateu sobre a ilha em 1890-1.

39. Ver BN, "Cartas de um capoeira", *Novidades*, 13 jan. 1891, p. 1.

40. ANRJ, *Livro de detalhes e alterações do serviço*, II J, 7, 82 (1889-90), registro de alterações de 2 jun. 1890.

41. ANRJ, *Livro de detalhes e alterações do serviço*, II J, 7, 82 (1889-90), registro de ordens do diretor, em 1º jul. 1890.

42. ANRJ, *Livro de registro de circulares expedidas*, II J, 2, 9, circular 53, 9 maio 1890. Nessa circular o diretor informou que foi recolhido ao xadrez o ajudante da farmácia, Manuel Rodrigues Leite, que desviava álcool da farmácia, vendendo aos outros presos para fabricação de aguardente.

43. ANRJ, *Livro de registro de circulares expedidas*, II J, 7, 9 (1887-1909), circular de 9 maio 1890, fl. 130v.

44. ANRJ, *Livro de lançamentos das prisões e mais castigos dos sentenciados*, II J, 7, 84 (1888--94), registros de 26 set. e 17 e 18 dez. 1894.

45. Gastão Penalva, *Fora do mundo*, p. 165, trecho de um poema de autoria de um deportado em Fernando de Noronha chamado Artur Cavalcanti, especialista em fazer modinhas para violão e cantar nas tardes ao pé da fortaleza dos Remédios.

Notas

46. Sobre os vivandeiros, ver Gláucia Tomaz de Aquino Pessoa, *Fernando de Noronha*, p. 25.

47. ANRJ, *Registro de ofícios do Ministério da Justiça*, II J, 7, 8 (1890), circular de n. 2 da direção do presídio de 15 jul. 1890, fl. 109.

48. ANRJ, *Registro de ofícios do Ministério da Justiça*, II J, 7, 8 (1890), circular da direção do presídio de 13 set. 1890, fl. 109v.

49. ANRJ, *Registro de ofícios do Ministério da Justiça*, II J, 7, 8 (1890), circular da direção do presídio, 1º out. 1890. Apeje, *FN*, *Petições*, v. 29, ofício do diretor do Presídio de Fernando de Noronha, Joaquim de Gusmão Coelho, para o governador de Pernambuco, 2 out. 1890. Anexa está a circular n. 18, 1º out. 1890. Em 2 de outubro, Gusmão Coelho escreveu ao governador de Pernambuco informando que, tendo expirado o prazo de trinta dias que deu aos sentenciados que eram donos de vendas, resolveu por circular de 1º de outubro prorrogar o prazo até que o governador decidisse sobre a matéria.

50. ANRJ, *Registro de ofícios do Ministério da Justiça*, II J, 7, 8 (1890), circular da direção do presídio, 12 jun. 1891. O artigo 78 do *Regulamento* determinava que tanto o vestuário como a alimentação seriam fornecidos à custa da diária recebida dos presos, mas não em dinheiro.

51. ANRJ, *Livro de registro de ofícios expedidos*, II J, 7, 13 (1890-1923), ofício do diretor do presídio, Joaquim de Gusmão Coelho, para o alferes Gustavo Galvão Cavendish, em 11 jun. 1891.

52. ANRJ, *Registro de ofícios do Ministério da Justiça*, II J, 7, 8 (1890), circular da direção do presídio de 15 nov. 1890.

53. ANRJ, *Registro de ofícios do Ministério da Justiça*, II J, 7, 8 (1890), circular da direção do presídio de 17 nov. 1890.

54. Apeje, *FN*, 30 (1892), correspondência do diretor do presídio para o governador de Pernambuco, 31 mar. 1891. Segundo o diretor, a indisciplina no presídio foi plantada pelo juiz de direito Ambrósio Cavalcanti de Melo, pelo tenente Antônio Valério dos Santos Neves e pelo escrivão Raimundo Cândido do Rego Wanderley.

55. Apeje, *FN*, 30 (1892), correspondência do diretor do presídio para o governador de Pernambuco, 31 mar. 1891.

56. Apeje, *FN*, "Relatório do capitão Joaquim Jorge de Melo Filho", Recife, 6 jun. 1891. O relatório foi enviado ao governador de Pernambuco, e houve sindicância para apurar desvio de recursos do presídio de Fernando de Noronha.

57. Apeje, *FN*, "Relatório do capitão Joaquim Jorge de Melo Filho", Recife, 6 jun. 1891.

58. Apeje, *FN*, "Relatório do capitão Joaquim Jorge de Melo Filho", Recife, 6 jun. 1891.

59. Apeje, *FN*, "Relatório do capitão Joaquim Jorge de Melo Filho", Recife, 6 jun. 1891.

60. ANRJ, *Livro de detalhes e alterações do serviço*, II J, 7, 83 (1889-90), inclusão de presos, 14 mar. 1890.

61. ANRJ, *Livro de detalhes e alterações do serviço*, II J, 7, 82 (1889-90), registro de ordens do diretor, em 29 abr. 1890.

62. ANRJ, *Livro de detalhes e alterações do serviço*, II J, 7, 82 (1889-90), 23 jun. 1890. Ver também, no mesmo livro, registro de ordens do diretor, 30 jun. 1890.

63. Apeje, *Petições*, v. 29, correspondência do diretor do presídio para o governador de Pernambuco, José Antônio Correia da Silva, 17 dez. 1890. O diretor Gusmão Coelho informou ao governador de Pernambuco que fez embarcar a bordo do vapor *Una* quatrocentos sacos de milho produzidos na ilha e que seriam enviados para a tesouraria da Fazenda do estado.

64. ANRJ, *Livro de detalhes e alterações do serviço*, II J, 7, 82 (1889-90), registro de ordens do diretor em 24 jan. 1890.

65. ANRJ, *Livro de detalhes e alterações do serviço*, II J, 7, 82 (1889-90), registro de ordens do diretor em 24 jan. 1890.

66. ANRJ, *Livro de detalhes e alterações do serviço*, II J, 7, 82 (1889-90), registro de alterações de 28 fev. 1890.

67. BN, *Diario de Pernambuco*, 22 fev. 1890, p. 2.

68. Ver Gláucia Tomaz de Aquino Pessoa, *Fernando de Noronha*, p. 22.

69. ANRJ, *Livro de detalhes e alterações do serviço*, II J, 7, 83 (1889-90), inclusão de presos, 26 mar. 1890.

70. Sobre essas funções ocupadas por Macaco Beleza, ver: ANRJ, *Livro de detalhes e alterações do serviço*, II J, 7, 82 (1889-90), registro de ordens do diretor, 23 maio e 25 jun. 1890. Ver também: ANRJ, *Livro de detalhes e alterações do serviço*, II J, 7, 82 (1889--90), registro de ordens do diretor, 3 jul. 1890.

71. ANRJ, *Livro de detalhes e alterações do serviço*, II J, 7, 82 (1889-90), registro de alterações de 25 jan. 1890.

72. ANRJ, *Livro de detalhes e alterações do serviço*, II J, 7, 82 (1889-90), registro de alterações de 8 mar., 17 mar. e 17 abr. 1890.

73. ANRJ, *Livro de detalhes e alterações do serviço*, II J, 7, 82 (1889-90), registro de alterações de 9 jun. 1890. Joaquim Casa Branca, ex-escravo, ordem de 25 mar.; Luísa Preta, ex-escrava, ordem de 22 abr.; Damião e Luísa, ordem de 27 abr.; Bernardo, ordem de 30 maio; Trajano, ordem de 9 jun.

74. ANRJ, *Livro de detalhes e alterações do serviço*, II J, 7, 82 (1889-90), registro de ordens do diretor, em 10 jul. 1890.

75. ANRJ, *Livro de detalhes e alterações do serviço*, II J, 7, 82 (1889-90), registro de alterações de 26 maio 1890.

76. ANRJ, *Livro de detalhes e alterações do serviço*, II J, 7, 82 (1889-90), registro de alterações de 31 maio 1890.

77. ANRJ, *Livro de detalhes e alterações do serviço*, II J, 7, 82 (1889-90), registro de ordens do diretor, em 11 jul. 1890.

78. ANRJ, *Livro de detalhes e alterações do serviço*, II J, 7, 82 (1889-90), registro de alterações de 25 abr. 1890.

79. Sobre a palavra "pronto", ver: Gastão Penalva, *Fora do mundo*, p. 202, n. 3. Penalva era marinheiro e ali permaneceu em serviço alguns meses em 1921. Nessa época recolheu muitas cenas do cotidiano e rotinas do presídio ainda muito semelhantes ao que aparece na documentação do século XIX.

80. ANRJ, *Livro de detalhes e alterações do serviço*, II J, 7, 82, (1889-90), registro de alterações de 5 fev. 1890.

Notas 337

81. ANRJ, *Livro de detalhes e alterações do serviço*, II J, 7, 82, (1889-90), registro de 7 fev. 1890.

82. Ver Gláucia Tomaz de Aquino Pessoa, *Fernando de Noronha*, pp. 30-1.

83. BN, "Assassinato na ilha de Fernando de Noronha", *Gazeta da Bahia*, 8 ago. 1882, p. 1. Naquele ano o diretor tomou a resolução de restabelecer o uso da gameleira depois do aumento de assassinatos. Na ocasião, o comandante Lobo, diretor do presídio, afirmou que era impossível manter a disciplina sem recorrer à gameleira.

84. ANRJ, *Livro de circulares expedidas*, II J, 7, 9. Circular n. 28, de 1º jul. 1891.

85. ANRJ, *Livro de detalhes e alterações do serviço*, II J, 7, 83, (1889-90), registro de alterações de 12 jan. 1890.

86. ANRJ, *Livro de detalhes e alterações do serviço*, II J, 7, 82, (1889-90), registro de 12 jun. 1890.

87. ANRJ, *Livro de detalhes e alterações do serviço*, II J, 7, 82, (1889-90), registro de ordens do diretor, em 19 jul. 1890.

88. ANRJ, *Livro de registro de circulares*, II J, 7, 9, circular da direção de 6 jan. 1890.

89. ANRJ, *Registro de ofícios do Ministério da Justiça*, II J, 7, 8 (1890), circular da direção do presídio de 9 set. 1891.

90. ANRJ, FN, II J, 7, 41 (1890), ofício do diretor do presídio para o juiz de direito, 24 set. 1891.

91. ANRJ, II J, 7, 58. Quartel-General do Recife, 2º Distrito Militar, Correspondência do general Joaquim Mendes Ourique Jacques para o diretor interino do presídio de Fernando de Noronha, em 13 abr. 1892.

7. Macaco Beleza e outros renegados da República [pp. 201-21]

1. BN, *O Tempo*, 20 dez. 1891, p. 1. "Sebastianista" equivale a dizer partidário da restauração da monarquia.

2. As "Cartas de um capoeira" foram publicadas no jornal carioca *Novidades* entre 5 e 15 de janeiro de 1891.

3. BN, "Cartas de um capoeira", *Novidades*, 9 jan. 1891, p. 1. Esta é a primeira carta, escrita em março de 1890.

4. BN, "Polícia da Capital Federal", *Jornal do Commercio*, 23 out. 1890, p. 1. Trecho do relatório do chefe de polícia Sampaio Ferraz.

5. BN, Sampaio Ferraz, "O dia da Proclamação da República dos E. U. do Brasil", *Jornal do Recife*, 15 nov. 1919, p. 1.

6. Ver Evaristo de Moraes, *Da monarquia para a República*, pp. 107-10. Morais considerou a perseguição policial aos capoeiras uma das medidas mais propícias à tranquilidade pública.

7. Felício Buarque, *Origens republicanas*, pp. 114-5. Para esse autor, a Guarda Negra integrou o que chamou de "motivos determinantes" para a participação da Armada e do Exército no movimento que aboliu as instituições régias no Brasil.

8. Ver Visconde de Ouro Preto (Afonso Celso de Assis Figueiredo), *Advento da ditadura militar no Brasil*, pp. 51 e 55.

9. BN, *Gazeta da Tarde*, 2 dez. 1889, p. 1.

10. Na lista de presos publicada pelos jornais estavam Manuel Gomes Neto Fiúza (o Carrapeta), Júlio Henrique do Amaral, Narciso Dias da Silva, Narciso Rodrigues Vilarinho Júnior e Antônio José Ferreira (o Padeirinho), Antônio Lafaiete (o Francesinho), Antônio José Rodrigues dos Santos (o Piolho) e Antônio Landusa. (BN, "Capoeiras e jogadores", *Novidades*, 12 dez. 1889, p. 2.)

11. BN, "Boa colheita", *Diario de Noticias*, 12 dez. 1889, p. 1.

12. BN, "Capoeiras e jogadores", *Novidades*, 12 dez. 1889, p. 2. Outros detidos na ocasião foram Manuel Ferreira, Júlio Henrique do Amaral, Domingos Ramos Constantino, Padeirinho, Narciso Dias da Silva, Narciso Rodrigues Vilarinho Júnior, Felipe Santiago Viana e Luís Pinto de Araújo Francesinho.

13. BN, *Gazeta da Tarde*, 13 dez. 1889, p. 2.

14. BN, *Diario de Noticias*, 15 dez. 1889, p. 2. Na lista de presos estavam: Francisco Gomes da Silva, Domingos Soares Calçada (o Dominguinhos da Sé), Robino Soares Calçada, Adolfo Duarte de Morais (o Adolfo Menino), Artur da Costa Loreto, Manuel Pinto Gomes, João da Silva Braga, Francisco Borges (o Bahia), Manuel Anacleto da Silva, Antônio Lúcio dos Santos, Anastácio Antônio Jerônimo, Torquato Soares, José Vitorino de Paula, Antônio José Soares, Gregório Inácio de Barros, Cesário João Sampaio, Alfredo José Rodrigues, José Maria Nogueira, Caetano José de Sousa Nunes (o Teteia do Catete) e Pascoal Secreto (o Napolitano).

15. Ver Marcos Luiz Bretas, *A guerra das ruas*, pp. 89-90. William Martins, "O ministro das diversões".

16. BN, "Remoção de capoeiras e desordeiros", *Jornal do Commercio*, 29 dez. 1889, p. 2.

17. BN, *Diario do Commercio*, 24 dez. 1889, p. 1.

18. BN, *Diario do Commercio*, 20 jul. 1892, p. 1. Informava-se que naquela data o Ministério da Guerra recebera o requerimento de Felipe Santiago Viana pedindo para ser posto em liberdade.

19. BN, "Capoeiras", *Jornal do Commercio*, 26 jan. 1890, p. 2.

20. Apeje, *MJ*, 13, circular do ministro da Justiça, Manuel Ferraz de Campos Sales, para o governador de Pernambuco, em 11 abr. 1890.

21. BN, *Novidades*, "Cartas de um capoeira", 7 e 9 jan. 1891, p. 1.

22. BN, *Novidades*, "Cartas de um capoeira", 7 jan. 1891, p. 1.

23. BN, *Novidades*, 9 jan. 1890, p. 2. Pelo roteiro da vigem do *Madeira* a viagem continuaria com destino a Ceará, Maranhão e Pará. Ver também: BN, *Diario de Noticias*, 10 jan. 1890, p. 1; "Capoeiras", *Gazeta de Noticias*, 10 jan. 1890, p. 1.

24. Sobre a passagem do vapor *Madeira* pela capital pernambucana, ver: BN, *Jornal do Recife*, 19 jan. 1890, p. 2. Sobre a partida do vapor *Madeira* do Rio de Janeiro para o Recife e do Recife para Fernando de Noronha, ver: BN, *Novidades*, 9 e 24 jan. 1890, p. 2 e p. 1, respectivamente.

Notas   339

25. Do Rio de Janeiro para o Recife a viagem a vapor durava em torno de oito dias. Foi esse o tempo de viagem do vapor que conduziu os restos mortais do arcebispo d. Antônio de Macedo Costa, que saiu do Rio na madrugada de 19 de abril de 1891 e chegou ao Recife em 27 de abril (BN, *O Brasil*, 29 abr. 1891, p. 1). Já o percurso até Fernando de Noronha durava em média quatro dias. Portanto, a viagem que conduziu os capoeiras se estendeu por mais dois dias.

26. ANRJ, *Livro de detalhes e alterações do serviço*, II J, 7, 82 (1889-90), registro de ordens do diretor em 24 jan. 1890. Nessa ocasião foram incluídos 59 capoeiras desembarcados na ilha no dia anterior e vindos do Rio de Janeiro a bordo do vapor *Madeira*. Entre os desembarcados no *Madeira*, estavam Pedro Antônio Manuel, Rufino Dias Amorim, Domingos Ferreira Goulart, Balbino José Correia, Francisco de Oliveira, Tomás João Ribeiro, Agostinho dos Santos Pinheiro, Malaquias Nogueira de Sousa, José Francisco da Costa, Adolfo de Morais, Isídio da Silva Santos, Claudio José Cardoso (ou Cláudio José Esteves), Marcelino José de Morais, José Francisco Cardoso, Leocádio José Barbosa, Joaquim Trindade, Henrique de Araújo, Aristides Martins da Silva, Vicente Jeremias da Rocha Nogueira, Leopoldo José Lopes, Virgulino Pinto de Almeida, Alfredo de Magalhães Bulhões (ou Alfredo Marques Bulhões), Antônio da Costa Duarte, José Teixeira Júnior, Jerônimo Cardoso, Manuel Rodrigues Barbosa (ou Braga), Antônio Cuco, Narciso Dias da Silva, Felipe Santiago Viana, Luís Pinto de Araújo, Manuel Ferreira e Júlio Henrique do Amaral.

27. BN, "Os valentes", *A Imprensa*, 11 jan. 1908, p. 3. A crônica é longa e remete ao final do século XIX. Não há registro de autor.

28. ANRJ, *Livro de detalhes e alterações do serviço*, II J, 7, 83 (1889-90), inclusão de presos, 21 jan. 1890.

29. ANRJ, *Livro de detalhes e alterações do serviço*, II J, 7, 82 (1889-90), registro de alterações de 21 abr. 1890.

30. ANRJ, *Livro de detalhes e alterações do serviço*, II J, 7, 83 (1889-90), inclusão de presos, 19 maio 1890.

31. O autor foi o deportado Artur Cavalcanti, e o poema foi publicado por Gastão Penalva (*Fora do mundo*, p. 164) quando esteve em Fernando de Noronha no começo da década de 1920.

32. ANRJ, *Livro de detalhes e alterações do serviço*, II J, 7, 82 (1889-90), registro de ordens do diretor, em 15 jul. 1890.

33. Apeje, *Petições*, v. 29, correspondência do diretor do presídio para o governador de Pernambuco, 3 set. e 21 out. 1890. No total foram 158 homens desembarcados, sendo 44 capoeiras.

34. Apeje, *FN, Correspondências*, v. 29. Correspondência do diretor do presídio para o governador de Pernambuco, barão de Lucena, em 21 out. 1890. Ao todo foram desembarcados 56 homens, e treze deles eram deportados.

35. Apeje, *FN*, v. 29, "Relatório do Presídio de Fernando de Noronha, organizado pelo diretor Joaquim de Gusmão Coelho", em 1º jan. 1892.

36. Sobre o mundo da capoeira no Rio de Janeiro a bibliografia é vasta. Cito aqui: Marcos Luiz Bretas, *A guerra das ruas* e "A queda do império da navalha e da rasteira". Ver também: Carlos Eugênio Líbano Soares, *A negregada instituição*; Antônio Liberac Cardoso Simões Pires, *Culturas circulares*. Sobre os capoeiras no Recife, ver: Israel Ozanam de Sousa, *Capoeira e capoeiras*.

37. BN, "Os valentes", *A Imprensa*, 11 jan. 1908, p. 3.

38. Apeje, *Livro de registro de entrada e saída de presos da Casa de Detenção do Recife*, CDR, 4.3/48 (1890-1), fls. 145v-146. Essas informações sobre Carrapeta foram registradas quando ele voltou de Fernando de Noronha, em 5 out. 1890.

39. BN, "Grande cerco", *Gazeta da Tarde*, 8 mar. 1885, p. 1. Na ocasião, os donos das casas de jogos foram multados em 30 mil-réis. O jornal mencionou mais dois proprietários: Adolfo de Morais, apelidado de Lima Barros, e João Lino da Costa, vulgo Malagrida.

40. BN, *Gazeta da Tarde*, 9 nov. 1886, p. 2.

41. BN, *Diario de Noticias*, 1º abr. 1888, p. 2.

42. BN, "Agressão", *Gazeta da Tarde*, 28 abr. 1885, p. 3.

43. BN, "Bandarilhas", texto assinado por El Gordito, *Cidade do Rio*, 14 set. 1889, p. 1, defendia o procedimento do delegado Leite Borges de buscar nos capoeiras apoio para reprimir a capoeiragem.

44. BN, "O crime da rua dos Andradas", *Gazeta da Tarde*, 18 nov. 1886, p. 2.

45. Ibid.

46. BN, *Novidades*, 6 jun. 1887, p. 1.

47. BN, *Diario de Noticias*, 31 dez. 1887, p. 1.

48. Apeje, *Livro de registro de entrada e saída de presos da Casa de Detenção do Recife*, CDR, 4.3/49 (1891-1892), fl. 29v-30.

49. BN, *Cidade do Rio*, 29 fev. 1888, p. 2.

50. BN, *Cidade do Rio*, 25 maio 1888, p. 2.

51. BN, *Diario do Commercio*, 5 nov. 1889, p. 2. Ver também BN, *Cidade do Rio*, 5 nov. 1889, p. 2. Naquele dia 5 de novembro, noticiou-se a prisão dos capoeiras Eduardo José da Costa, Benedito Hermógenes Mendes dos Reis, Francisco Soares Calçada, Vicente Polaco e Domingos Soares Calçada (o Dominguinhos da Sé).

52. BN, *Diario de Noticias*, 20 ago. 1889, p. 3. Na ocasião informou-se que o subdelegado Leite Borges devolveu o relógio roubado para o dono.

53. BN, *Diario de Noticias*, 12 mar. 1887, p. 2.

54. BN, "Um dueto terminado numa área", *Diario de Noticias*, 22 out. 1885, p. 2.

55. BN, Sampaio Ferraz, "O dia da Proclamação da República dos E. U. do Brasil", *Jornal do Recife*, 15 nov. 1919, p. 1.

56. Ibid.

57. Ibid.

58. Esse debate no Conselho de Ministros encontra-se em Waldeloir Rego, *Capoeira angola*, pp. 301-13; Evaristo de Moraes, *Da monarquia para a República*, p. 110.

59. BN, Sampaio Ferraz, "O dia da Proclamação da República dos E. U. do Brasil", *Jornal do Recife*, 15 nov. 1919, p. 1. Segundo Ferraz, Deodoro foi tocado pelo que cha-

Notas 341

mou de princípio de nivelamento social, "uma das pedras angulares da República". Detalhes da prisão e da discussão entre o presidente e secretários do governo provisório sobre a embaraçosa prisão de Juca Reis são narrados por Rocha Pombo, *História do Brasil*, pp. 355-8. Ver também: Waldeloir Rego, *Capoeira angola*, pp. 301-15.

60. BN, "Elísio dos Reis", *Jornal do Recife*, 9 maio 1890, p. 1.

61. BN, "Juca Reis", *A Provincia*, 11 maio 1890, p. 1. Esse artigo se baseia em uma longa reportagem publicada pelo jornal *Correio do Povo* (2 maio 1890) no qual foi estampado o retrato de José Elísio dos Reis. O jornal se referia a ele como "infeliz moço".

62. BN, *Jornal do Recife*, 9 maio 1890, p. 2.

63. BN, *A Provincia*, 11 maio 1890, p. 1.

64. Ibid.

65. BN, *O Paiz*, 9 maio 1890, p. 1.

66. Ibid.

67. BN, *A Provincia*, 11 maio 1890, p. 1.

68. BN, *Jornal do Recife*, 11 jun. 1890, p. 1.

69. BN, Carneiro da Cunha, "O embarque do sr. José Elísio dos Reis", *A Provincia*, 13 jun. 1890, p. 2.

70. Ibid.

71. BN, "Cartas de um capoeira", *Novidades*, 6 jan. 1891, p. 1.

72. BN, "Cartas de um capoeira", *Novidades*, 13 jan. 1891, p. 2.

73. BN, "Cartas de um capoeira", *Novidades*, 6 jan. 1891, p. 1.

74. Ibid.

75. BN, "Cartas de um capoeira", *Novidades*, 15 jan. 1891, p. 1. Grifos do jornal.

76. BN, "Cartas de um capoeira", *Novidades*, 14 jan. 1891, p. 1.

77. BN, *Gazeta da Bahia*, 30 ago. 1885, p. 1, reproduz noticiário intitulado "Assassinato", publicado no *Jornal do Commercio* (Rio de Janeiro) em 21 ago. 1885, no qual se descrevem os conflitos entre maltas de capoeiras por ocasião da ascensão dos conservadores em 20 de agosto.

78. BN, "Cartas de um capoeira", *Novidades*, 14 jan. 1891, p. 1.

79. Ibid.

80. ANRJ, *Livro de detalhes e alterações do serviço*, II J, 7, 82 (1889-90), registro de alterações de 28 fev. 1890.

81. ANRJ, *Livro de detalhes e alterações do serviço*, II J, 7, 82 (1889-90), registro de alterações de 8 mar. 1890.

82. ANRJ, *Livro de detalhes e alterações do serviço*, II J, 7, 82 (1889-90), registro de alterações de 9 mar. 1890.

8. Macaco Beleza e a esperança de uma segunda abolição [pp. 222-44]

1. Apeje, *Petições*, v. 29, fl. s/n. Petição do ex-escravo Manuel Joaquim, 11 maio 1890.

2. Ver Ricardo Figueiredo Pirola, *A lei de 10 de junho de 1835*, p. 404. Segundo o autor, 1888 foi o ano em que o Poder Moderador mais concedeu perdão ou redução de pena para ex-escravos condenados a prisão perpétua ou a pena de morte.

3. ANRJ, *Livro de detalhes e alterações de serviço, 1889-1890*, II J, 7, 82, fl. s/n, alterações de 25 maio 1890.

4. BPEB, *Coleção de leis do Brasil — 1890*, v. fasc. IX (publicação original), 20 set. 1890, p. 2432. Assinado pelo presidente da república, Manuel Deodoro da Fonseca, e pelo ministro da Justiça, Manuel Ferraz de Campos Sales. O decreto ressalvava que não se proibia que os réus condenados a galés continuassem a ser empregados em trabalhos públicos. Contudo, não seria permitido o uso de correntes no transporte do preso e mesmo no trabalho fora da prisão. O uso de correntes só seria autorizado em falta de outro meio de segurança. A Constituição de 1891 reiterou esse decreto determinando a abolição da pena de galés. Ver Aliomar Baleeiro, *Constituições brasileiras*, v. II, seção "Declaração de direitos", artigo 72, parágrafo 20, p. 82.

5. Estranhamente o decreto de 28 de setembro de 1890 não se encontra compilado nas leis federais publicadas. Baseei-me aqui na cópia do decreto publicada no *Jornal do Commercio*, 28 set. 1890, p. 1.

6. ANRJ, FN, II J, 7, 41, *Registro de ofícios* (1890). Ofício do diretor do presídio, Joaquim de Gusmão Coelho, para o juiz de direito Ambrósio Cavalcanti de Melo, 10 jan. 1890. O diretor alegou que havia mais de 3 mil guias, e muitas eram omissas a esse respeito. Mas acreditava que alguns sentenciados condenados pela lei de 10 de junho de 1835 ainda estavam no presídio.

7. BN, "Ministério da Justiça", *Jornal do Recife*, 4 fev. 1892, p. 2.

8. Apeje, *FN*, Ofício do diretor do presídio para o chefe de polícia de Pernambuco, em 27 out. 1890. A lista completa desses ex-escravos: Julião, ex-escravo de Maria de Albuquerque Maranhão; Zeferino, ex-escravo de João Joaquim Gomes Machado; José de Freitas, ex-escravo do tenente coronel Bento José das Neves Wanderley; Adão, ex-escravo de João Francisco dos Passos; Luís, ex-escravo de dr. Félix Xavier; Antônio; Gregório; Agostinho Monjolo; Bernardo, ex-escravo de Antônio Mendes de Figueiredo; Fernando Mina; Francisco, ex-escravo de Rafael de Araújo Ribeiro; Jacinto Moçambique ou Jacinto de Abreu; Martinho; Pedro Paulo; Brás Congo; Vitorino Moçambique; Domingos Fortes, ex-escravo de Paulo Lanerote; Isaías, ex-escravo de José Luís Pereira Couto; Vítor, ex-escravo de João Crisóstomo de Vargas; Fortunato, ex-escravo de Antônio de Almeida; Luís, ex-escravo de Bernardo Dias de Quadros Aranha; Cândido, ex-escravo de madame Pondery; Francisco Velho, ex-escravo de Luís Antônio Barbosa; Pedro; Agostinho; Francisco do Ó Crioulo; Trajano, ex-escravo de Antônio Gomes Félix; Félix Gomes, ex-escravo de Antônio Gomes; Tomás 1º, ex-escravo de Francisco de Barros; Macário Nagô; José Queirós; Alexandre, ex-escravo de d. Raimunda Maria do Nascimento; Adão, ex-escravo de Joaquim de Barros.

9. Apeje, *FN*, v. 29, Relação de sentenciados embarcados no *Beberibe*, em 17 nov. 1890, feita pelo secretário do presídio, Alfredo de Gusmão Coelho, em 26 out. 1890.

10. Apeje, *Petições*, v. 29, correspondência do diretor do presídio, Joaquim Gusmão Coelho, para o governador de Pernambuco, José Antônio Correia da Silva, 19 nov. 1890. Anexa à correspondência está a lista dos 122 presos que seguiram a bordo do

Beberibe. Vejamos alguns: Pedro, ex-escravo de Gonçalo José do Nascimento Leite; Cláudio, ex-escravo de José de Carvalho Lemos de Oliveira; Teodósio Crioulo, ex-escravo de Amaro Barbosa Lima; Bernardo, ex-escravo dos herdeiros de Josefa Maria de Almeida; Joaquim; Heleno Crioulo, ex-escravo de Antônio Augusto de Figueiredo; Benedito, ex-escravo de Joaquim Martins Ferreira; Florentino Cabra, ex-escravo de Antônio Augusto; Pedro Antônio, ex-escravo de Simeão Teles de Menezes Jurumenha; Mateus, ex-escravo dos herdeiros de Rafael de Sousa Monteiro; Manoel, ex-escravo de Antônio Barbosa; Terêncio, ex-escravo de João Esteves de Santana; Manuel Miranda, ex-escravo de Félix de Miranda Rodrigues; Joaquim Sena, ex-escravo de Antônio Martinho de Freitas; Joaquim, ex-escravo de Lourenço Cavalcanti de Albuquerque; Francisco Cafundó; Agostinho, ex-escravo de Manuel de Figueiredo; Militão, ex-escravo de Joaquim da Silva Prado; Caetano, ex-escravo de João Candido; Benedito, ex-escravo de Francisco de Paula Correia e Silva; Daniel, ex-escravo de d. Maria Varela; Felipe, ex-escravo de Manuel Gonçalves Ferreira; Joaquim Clementino, ex-escravo de João Nepomuceno de Melo; Marinho, ex-escravo de Augusto Soares de Miranda Jordão; Apolinário, ex-escravo de Augusto Soares de Miranda Jordão; Benedito, ex-escravo de Manuel Francisco da Rocha.

11. Sobre o retorno dos presos indultados, ver Gastão Penalva, *A Marinha do meu tempo*, pp. 325-6.

12. Refletindo sobre as correspondências de presos em cárceres baianos, Cláudia Moraes Trindade afirma que a deferência, o reconhecimento do crime e a promessa de reabilitação faziam parte da retórica paternalista típica do período (*Ser preso na Bahia no século XIX*, pp. 90-1). Essa retórica era uma estratégia dos presos por dentro da ideologia paternalista de dominação das autoridades.

13. Apeje, *FN, Petições*, v. 29, ofício da diretoria do presídio para o presidente da República sobre a petição do ex-escravo Damião, em 8 jan. 1890.

14. Apeje, *FN, Petições*, v. 29, petição do ex-escravo Damião enviada ao presidente da República, 8 jan. 1890.

15. Apeje, *FN, Petições*, v. 29, ofício da diretoria do presídio para o governador do estado de Pernambuco, pedido de perdão do ex-escravo Damião, em 8 jan. 1890.

16. Apeje, *FN, Petições*, v. 29, ofício da diretoria do presídio para o governador do estado de Pernambuco, pedido de perdão do ex-escravo Possidônio, em 10 jan. 1890. Anexa está a petição de Possidônio, redigida pelo sentenciado Liberalino Rodrigues Machado, em 8 jan. 1890.

17. Apeje, *FN, Petições*, v. 29, ofício do diretor do presídio, major Justino Rodrigues da Silveira, para o governador de Pernambuco, Albino Gonçalves Meira de Vasconcelos, em 20 maio 1890. A essa correspondência está anexa a petição do ex-escravo Antônio Ferreira, feita em 8 de maio de 1890 a rogo do ex-escravo e escrita por Liberalino Rodrigues Machado.

18. Sobre Liberalino Rodrigues Machado, ver Apeje, *FN, Petições*, v. 29, ofício do diretor do presídio para o governador de Pernambuco, 27 out. 1890.

19. Apeje, *SSP*, 1226 (1843-1894), ofício sem data, mas provavelmente de set. 1891. Em despacho de 13 out. 1891, foi declarado livre o ex-escravo africano José dos Reis do Espírito Santo.

20. Apeje, *FN*, *Petições*, v. 29, fl. ilegível. Correspondência do diretor do presídio para o governador de Pernambuco, Albino Gonçalves Meira de Vasconcelos, em 9 jun. 1890. A petição para o presidente da República data de 20 de maio de 1890. A rogo do ex-escravo escreveu Duarte José Teixeira Júnior.

21. BN, *Jornal do Commercio*, 21 jul. 1888, p. 1. Em 1888, Duarte José Teixeira requereu desconto no imposto sobre reses abatidas, assunto que foi discutido pelos vereadores. Sobre a morte de Duarte José pai, ver BN, *Jornal do Commercio*, 6 fev. 1889, p. 4, convite para a missa de sétimo dia.

22. Sobre a passagem pelo Colégio Pedro II, ver BN, *Gazeta de Noticias*, 18 fev. 1883, p. 1; e em 9 dez. 1883, p. 1.

23. Apeje, *MJ*, 13, ofício do ministro da Justiça, Manuel Ferraz de Campos Sales, para o governador de Pernambuco, em 30 jan. 1891.

24. BN, *A Provincia*, 19 fev. 1891, p. 1. Relação de passageiros embarcados para o Sul.

25. BN, "Estrada de Ferro Central do Brasil", *O Paiz*, 25 jul. 1891, p. 1. Ver também *O Paiz*, 20 set. 1893, p. 1. Sobre a morte de Duarte, ver *Jornal do Commercio*, 21 jun. 1896, p. 9.

26. Apeje, *MJ*, 13, ofício do Ministério da Justiça para o governador de Pernambuco, em 11 jul. 1890.

27. Apeje, *FN*, *Correspondências*, v. 29, fl. 114. Correspondência do diretor do presídio para o governador de Pernambuco, barão de Lucena, em 27 ago. 1890.

28. BN, *A Provincia*, Recife, 31 ago. 1890, p. 2.

29. BN, *Jornal do Recife*, 23 nov. 1890, p. 3.

30. Apeje, *MJ*, 43, ofício do ministro da Justiça, José Higino Duarte Pereira, para o governador de Pernambuco, 26 jan. 1891.

31. Apeje, *MJ*, 43, ofício do ministro da Justiça, José Higino Duarte Pereira, para o governador de Pernambuco, 8 dez. 1891.

32. Apeje, *MJ*, 43, ofício do ministro da Justiça para o governo de Pernambuco, 29 dez. 1891.

33. Ver BN, Alberto de Carvalho, "Ao eleitorado da capital federal", *Gazeta de Noticias*, 12 set. 1890, p. 5.

34. Ver o discurso de César Zama na sessão de 24 ago. 1891, publicado em BN, "Câmara dos Deputados", *Pequeno Jornal*, 2 set. 1891, p. 1. Ver também BN, "Câmara dos Deputados", *O Paiz*, 26 ago. 1891, p. 1.

35. BN, "Câmara dos Deputados", *O Paiz*, 26 ago. 1891, p. 1.

36. Ibid.

37. Apeje, *MJ*, 43, ofício do Ministério da Justiça para o governador de Pernambuco, 25 mar. 1891. Cópia desse documento foi enviada para o diretor do presídio e para o juiz de direito de Fernando de Noronha, em 14 abr. 1891. Esse aviso respondia a uma consulta do governador de Pernambuco sobre os pedidos de liberdade de Júlio Henrique do Amaral e outros capoeiras feitos a partir de março de 1890.

Notas

38. Ver Aliomar Baleeiro, *Constituições brasileiras*, v. ii, p. 78, "Declaração de direitos", art. 72, parágrafos 14 e 20. Mas o artigo 80 das Disposições Gerais ainda mantinha o desterro para outro lugar do país em caso de decretação de estado de sítio.

39. Pelo decreto nº 1371, de 14 de fevereiro de 1891, o arquipélago de Fernando de Noronha passou a ser posse do estado de Pernambuco. Sobre isso, ver: Marcos Paulo Pedrosa Costa, *O caos ressurgirá da ordem*, p. 86.

40. ANRJ, II J, 7, 13, *Livro de registro de ofícios expedidos (1890-1923)*, ofício do diretor do presídio, Joaquim de Gusmão Coelho, para o alferes Miguel dos Anjos Álvares dos Prazeres Filho, comandante da guarnição do presídio, em 7 set. 1891.

41. ANRJ, *MJ*, 13 (1890), fl. 195, ofício do ministro da Justiça para o governador de Pernambuco, em 5 fev. 1891. Anexa está correspondência assinada por Manuel Gomes Neto Fiúza, em 25 jan. 1891.

42. Apeje, *MJ*, 13 (1890), ofício do ministro da Justiça, José Higino Duarte Pereira, para o governador de Pernambuco, em 12 dez. 1891.

43. BN, *Novidades*, 6 abr. 1891, p. 1.

44. BN, "Notícias", *Jornal do Commercio*, 10 set. 1891, p. 1.

45. BN, "Os valentões", *A Imprensa*, 11 jan. 1908, p. 3.

46. Ibid.

47. BN, *O Tempo*, 21 jun. 1891, p. 2.

48. BN, *Diario de Noticias*, 29 set. 1891, p. 2.

49. BN, *Diario de Noticias*, 20 ago. 1892, p. 2.

50. Ver Aurélio Buarque de Holanda Ferreira, *Novo dicionário da língua portuguesa*, p. 1330.

51. BN, *A Noticia*, 19 nov. 1896, p. 3.

52. Apeje, *FN*, 30 (1891), fl. 292; BN, "Ministério da Justiça", *A Provincia*, 2 jul. 1891, p. 1.

53. BPEB, *Pequeno Jornal*, 22 dez. 1891, p. 2. Correspondência do ministro da Justiça, José Higino Duarte Pereira, para o governador da Bahia. Uma vez que estava o ministério inibido de decidir sobre os implicados pelo decreto nº 1371, de 14 de fevereiro de 1891, as atribuições referentes ao presídio de Fernando de Noronha estavam a cargo do governo de Pernambuco, onde se achavam os reclamantes à disposição desse governo.

54. Apeje, *PP, Correspondências dos presidentes dos estados para o governo de Pernambuco* (1891), ofício do governador da Bahia para o governador de Pernambuco, 26 dez. 1891.

55. ANRJ, II J, 7, 33, *FN, Ofícios do governador de Pernambuco* (1892). Consta a carta do governador da Bahia para o governador de Pernambuco, Antônio Epaminondas Correia, 26 dez. 1891. Anexo, o ofício do governador de Pernambuco para o diretor do presídio, 16 jan. 1892.

56. BN, *Jornal de Noticias*, 23 jan. 1892, p. 2.

57. Apeje, *FN*, ofício do diretor do presídio para o governador de Pernambuco, em 13 fev. 1892.

58. Apeje, *FN/SSP*, 1626, ofício do diretor do presídio, Joaquim de Gusmão Coelho, para o chefe de polícia de Pernambuco, Antônio de Olinda Almeida Cavalcanti, 13 fev. 1892.

59. ANRJ, II J, 7, 13, *Livro de registro de ofícios expedidos (1890-1923)*, ofício do diretor do presídio, Joaquim de Gusmão Coelho, para o chefe de polícia, em 12 fev. 1892.

60. Apeje, *Livro de registro de entrada e saída de presos da Casa de Detenção do Recife*, CDR, 4.3/49 (1891-92), fl. 319v.

61. Apeje, *Livro de registro de entrada e saída de presos da Casa de Detenção do Recife*, CDR, 4.3/49 (1891-92), fl. 319.

62. BN, *Jornal do Recife*, coluna Questura Policial, 17 fev. 1892, p. 2. Essa informação está na lista de decisões da chefatura de polícia do estado de Pernambuco, em 16 fev. 1892.

63. BN, "Companhia Pernambucana de Navegação", *Jornal do Recife*, 19 fev. 1892, p. 1.

64. Apeje, *Repartição Central da Polícia*, 18/A/1297 (1891), ofício do governador de Pernambuco para o chefe de polícia, em 21 abr. 1891. Joaquim Gonçalves dos Santos foi embarcado no vapor *Maranhão*, que chegaria à Bahia em 25 de abril de 1891. Apeje, *SSP, Ofícios diversos*, 1084 (1891), ofício do chefe de polícia para o governador de Pernambuco, 8 abr. 1891. Sobre a requisição de passagens, ver o ofício da mesma autoridade, 23 abr. 1891.

65. BN, *Jornal do Recife*, coluna Questura Policial, 28 set. 1893, p. 2. Nessa coluna transcrevem-se atos da Secretaria de Polícia de Pernambuco em 27 set. 1893. Informava-se que foram recolhidos à Casa de Detenção 31 deportados vindos de Fernando de Noronha. Entre eles estavam três mandados pelo governo da Bahia.

66. Apeje, *PP, 73, Ofícios para governadores dos estados*, fl. 145-6. Ofício do chefe de polícia do estado da Bahia para o governador de Pernambuco, 25 jan. 1893. Anexo há outro ofício do governador do estado, 27 jan. 1893.

67. Apeje, *PP, Correspondências dos presidentes dos estados para o governo de Pernambuco* (1892-1895), fl. 145. Sobre a correspondência do governador da Bahia, Joaquim Manuel Rodrigues Lima, para o governador de Pernambuco, ver fl. 146.

68. ANRJ, *Ofícios recebidos*, II J, 7, 58 (1892-1914), ofício do ministro da Justiça para o diretor do presídio, 3 jun. 1897. Sobre o decreto de 3 de dezembro 1894 que proibiu a entrada de novos sentenciados, ver Marcos Paulo Pedrosa Costa, *O caos ressurgirá da ordem*, p. 1.

9. De volta à velha Bahia [pp. 245-68]

1. BPEB, "Exemplo de solidariedade", *Diario da Bahia*, 21 nov. 1891, p. 1.

2. BN, "Macaco Beleza", *Jornal de Noticias*, 29 fev. 1892, p. 2.

3. Apeb, *Livro de entrada de passageiros*, n. 6 (1891-95), fl. (rasurado).

4. BN, "Trocos miúdos", *Jornal de Noticias*, 17 fev. 1891, p. 1.

5. BN, *Jornal de Noticias*, 27 jun. 1892, p. 1.

6. BN, "Febre amarela", *Jornal de Noticias*, 20 fev. 1892, p. 1. Ver ainda, no mesmo jornal, "A influenza", 26 fev. 1892, p. 1.

7. BN, "D. Pedro de Alcântara", *Jornal de Noticias*, 22 fev. 1892, p. 1.

Notas

8. BN, "Carnaval", *Jornal de Noticias*, 29 fev. 1892, p. 1.

9. BN, "Dr. Manuel Vitorino", *Jornal de Noticias*, 25 fev. 1892, p. 2, e 27 fev. 1892, p. 1.

10. BN, Napoleão Muller, "Traços ligeiros", *Jornal de Noticias*, 3 mar. 1892, p. 1.

11. BN, "A política é só para os políticos", anúncio da loja de chapéus Oriente, *Jornal de Noticias*, 24 fev. 1892, p. 1.

12. BN, "Horrível catástrofe", *Pequeno Jornal*, 4 mar. 1890, p. 1-2. Um levantamento parcial indicou a morte de três negociantes e mais doze moradores. Uma das vítimas era uma africana de mais de cinquenta anos que morava no subsolo de um dos prédios. Além disso, deu entrada nos hospitais grande número de feridos.

13. BN, "A Catástrofe do Taboão", *Pequeno Jornal*, p. 2. O relatório foi escrito pelos médicos da polícia João de Castro Loureiro e Manuel de Sá Gordilho.

14. BPEB, "O dia de ontem", *Jornal de Noticias*, 14 maio 1890, p. 2.

15. Sobre as circunstâncias da morte de Silva Jardim, ver: Maria Auxiliadora Dias Guzzo, *Silva Jardim*, pp. 22-4. Sobre a renomeação da ladeira do Taboão, ver Wlamyra Ribeiro de Albuquerque e Gabriela dos Reis Sampaio, *De que lado você samba?*, capítulo 3, p. 6.

16. IGHB, *Diario da Bahia*, 10 e 11 dez. 1891, p. 1.

17. Ver Lilia Moritz Schwarcz, *As barbas do imperador*, p. 489.

18. BN, "Sem reticência", *Pequeno Jornal*, 1º abr. 1890, p. 1.

19. Ver o "Manifesto político" de Manuel Vitorino publicado no jornal *O Paiz*, 1 mar. 1898, p. 3.

20. BN, "Escolha-se o melhor dos alvitres", *Pequeno Jornal*, 8 abr. 1890, p. 1.

21. BN, Editorial, *Pequeno Jornal*, 25 abr. 1890, p. 1. No texto dizia-se que a manifestação de 27 de abril era uma iniciativa da "população desta capital".

22. Luís Henrique Dias Tavares, *História da Bahia*, pp. 300-3.

23. BN, "Os acontecimentos de ontem", *Pequeno Jornal*, 25 nov. 1891, p. 1.

24. Ibid.

25. IGHB, "Os anarquistas e o povo", *Diario da Bahia*, 6 dez. 1891, p. 1.

26. IGHB, Severino Vieira, "Pela constituição do estado da Bahia", *Diario da Bahia*, 27 nov. 1891, p. 1. O texto é datado de 25 de novembro.

27. IGHB, "16º Batalhão", *Diario da Bahia*, 24 dez. 1891, p. 1. A ordem do dia foi lida no forte de São Pedro, em 23 de dezembro, e escrita pelo coronel Manuel Eufrásio dos Santos Dias, comandante do referido batalhão.

28. Nos seus primeiros anos, a República fracassou em se afirmar no imaginário popular como o regime capaz de conduzir um processo de modernização inclusiva. Sobre essa questão, ver: José Murilo de Carvalho, *A formação das almas*; ver também: Ricardo Salles, *Nostalgia imperial*, pp. 21-6.

29. Ver Marcos Luiz Bretas, *A guerra das ruas*, pp. 93-7.

30. Margarida de Souza Neves, "Os cenários da República", p. 38.

31. Essa reflexão foi feita por Consuelo Novais Sampaio, *Os partidos políticos da Bahia na Primeira República*, pp. 27-8 e *O Poder Legislativo da Bahia*, pp. 31-2; Eul-Soo Pang (*Coronelismo e oligarquias*, p. 68) faz a mesma constatação. Para Ricardo Salles

(*Nostalgia imperial*, p. 21), políticos e oligarquias tradicionais terminaram por apossar-se do poder logo que proclamada a República.

32. Segundo Eul-Soo Pang (*Coronelismo e oligarquias, 1889-1943*, p. 65), nenhum dos grandes políticos baianos dos primeiros anos de República viera do Clube Republicano, que reunia os republicanos históricos liderados pelo médico Virgílio Damásio. Pouquíssimos republicanos históricos ocuparam posições de importância no novo regime. Virgílio Damásio foi governador por apenas cinco dias por uma questão de legitimação do novo regime. Cosme Moreira de Almeida elegeu-se para a Constituinte estadual, mas não foi além em sua carreira política. Ver também: Dilton Oliveira de Araújo, *Republicanismo e classe média em Salvador, 1870-1889*, p. 168.

33. João Varella, *Da Bahia que eu vi*, pp. 151-2. Sobre frustrações e desencantos com a República, ver Ricardo Salles, *Nostalgia imperial*, pp. 21-2.

34. Para Eul-Soo Pang (*Coronelismo e oligarquias*, p. 70), a capital e o Recôncavo continuaram a ser dominados pelas tradicionais "famílias do açúcar". O clã Costa Pinto, chefiado pelo visconde de Oliveira, e o clã Araújo Pinho dominavam a política de Santo Amaro. Nazaré era domínio de José Marcelino e Cachoeira era dominada pelo clã de Prisco Paraíso.

35. Ver Maria de Fátima Novaes Pires, *Fios da vida*, p. 175.

36. Sobre a escravidão na família Barbosa, ver Luiz Viana Filho, *A vida de Rui Barbosa*, pp. 9-10. Sobre a liberdade de Lia, ver o mesmo livro, pp. 133-4.

37. Essa confissão de Manuel Vitorino está escrita no seu "Manifesto político" publicado no jornal *O Paiz*, 28 fev. 1898, p. 3. O manifesto foi escrito para defender-se da acusação de envolvimento na tentativa de assassinato do presidente Prudente de Morais. Ver também Luís Henrique Dias Tavares, *Ideias políticas de Manuel Vitorino*, pp. 25-6.

38. Sobre a atuação de Manuel Vitorino no movimento abolicionista, ver Jailton Lima Brito, *A abolição na Bahia*, pp. 109-10.

39. Ver Maria de Lourdes Mônaco Janotti, *Os subversivos da República*, p. 55.

40. BN, "Dois de julho de Itapagipe", *Jornal de Noticias*, 1º ago. 1892, p. 1. Agradeço a Hendrik Kraay por me chamar a atenção para essa notícia.

41. João Varella, *Da Bahia que eu vi*, p. 174.

42. Os homens livres negros, especialmente os africanos, eram considerados "de nação" (ou seja, de uma nação africana), e os crioulos eram os nascidos na terra. Sobre isso ver Eduardo Silva, *Dom Obá II D'África, o príncipe do povo*, pp. 141-2. Ver, sobretudo, as reflexões de Saidiya Hartman, *Perder a mãe*, pp. 9-16.

43. João Varella, *Da Bahia que eu vi*, p. 173.

44. Ver Giraldo Balthazar da Silveira, *Bahia de iaiá e de ioiô*. Frederico José de Abreu (*Macaco Beleza e o Massacre do Tabuão*, p. 81) também cita esse texto.

45. Ver Aliomar Baleeiro, *Constituições brasileiras*, v II, artigo 72 da "Declaração de direitos", p. 82.

46. Sobre o percentual de alfabetizados na Bahia na virada da República, ver Consuelo Novais Sampaio, *O Poder Legislativo da Bahia*, p. 33. Sobre o fundamento excludente

Notas 349

e hierarquizador da República em seus primeiros anos, ver Margarida de Souza Neves, "Os cenários da República", p. 37.

47. Ver Edward P. Thompson, *Costumes em comum*, esp. capítulos 2 e 3.

48. Alberto Heráclito Ferreira Filho (*Quem pariu e bateu, que balance!*, pp. 92-106) reflete sobre o que chama de desafricanização das ruas na cidade do Salvador. Sobre os discursos e as políticas de modernização empreendidas pela elite baiana na Primeira República, ver: Nancy Rita Sento Sé de Assis, *Questões de vida e morte na Bahia republicana*, pp. 13-41.

49. Sobre a proibição da Lavagem do Bonfim, Manuel Querino, *A Bahia de outrora*, pp. 130-1. A portaria do arcebispo d. Luís Antônio dos Santos é de 9 de dezembro de 1889.

50. Ver Manuel Querino, *A Bahia de outrora*, pp. 175-6.

51. Sobre a reorganização do Corpo Policial e sua renomeação para Corpo Militar de Polícia, ver BN, *Diario da Bahia*, 7 dez. 1889, p. 1.

52. Para o ano de 1891, ver BN, *Mensagens e relatórios apresentados à Assembleia Geral Legislativa pelo chefe de divisão reformado Joaquim Leal Ferreira, vice-governador do estado*, p. 24. As informações desse relatório referem-se ao ano de 1891. Para 1892, ver BN, *Mensagens e relatórios apresentados à Assembleia Geral Legislativa pelo dr. Joaquim Manuel Rodrigues Lima, governador do estado*; anexo está o relatório da Secretaria de Polícia para o ano de 1892, escrito pelo chefe de polícia, Augusto Pedro Gomes da Silva. Segundo a avaliação do chefe de polícia o policiamento da capital era insuficiente (p. 2).

53. BN, "Conflito [e] morte", *Jornal de Noticias*, 25 abr. 1892, p. 1. Ver Marcelo Thadeu Quintanilha Martins, *A civilização do delegado*. Com base em Quintanilha, Jéssica Santos Lopes da Silva (*O "império das circunstâncias"*, p. 51) explica que o desmanche do regime escravista e a proclamação da República tornaram a força policial peça-chave para o projeto de nação das elites brasileiras.

54. BN, "Arbitrariedades", *Jornal de Noticias*, 23 abr. 1892, p. 1.

55. BN, "Bárbaro!", *Jornal de Noticias*, 6 jul. 1892, p. 2.

56. Maria de Lourdes Mônaco Janotti, *Os subversivos da República*, pp. 11-2.

57. BN, "As valentias da polícia", *Jornal de Noticias*, 3 set. 1892, p. 1.

58. BN, "Vergonhoso", *Jornal de Noticias*, 6 set. 1892, p. 1.

59. BN, "Quase", *Jornal de Noticias*, 9 set. 1892, p. 1.

60. Ibid.

61. BN, *A Republica*, 13 out. 1892, p. 1.

62. BPEB, *A Patria*, 2 out. 1892, p. 2. A mesma notícia foi veiculada no jornal *Minas Geraes*, que circulava em Ouro Preto (3 out. 1892, p. 3). Segundo a notícia, foi concedido habeas corpus ao "célebre" Macaco Beleza, "que [ali] promoveu distúrbios, na noite de 7 de setembro".

63. BN, "Grande conflito, ferimentos, morte", *Jornal de Noticias*, 23 nov. 1892, p. 1.

64. IGHB, *Diario da Bahia*, 29 nov. 1892, publicou correspondência entre o governador do estado e o coronel comandante do regimento policial, referente aos

conflitos ocorridos na noite de 22 de novembro nos largos do Cruzeiro e de São Francisco. Publicou também a correspondência do alferes Demétrio Flodoaldo da Silva Azevedo ao coronel do regimento policial, no quartel da Mouraria, em 23 de novembro.

65. BN, "Grande conflito, ferimentos, morte", *Jornal de Noticias*, 23 nov. 1892, p. 1.

66. Ibid.

67. IGHB, *Diario da Bahia*, 29 nov. 1892, correspondência entre o alferes Domingos Luciano Dorzée e o comandante do regimento policial, em 24 de novembro.

68. BN, "Os últimos fatos", *Jornal de Noticias*, 25 nov. 1892, p. 1.

69. Ibid.

70. BN, "Estados", *Jornal do Recife*, 1º dez. 1892, p. 2. Trata-se da reprodução de notícia veiculada no jornal baiano *Diario de Noticias*, em 24 nov. 1890.

71. BPEB, "Pela ordem", *Diario da Bahia*, 25 nov. 1892, p. 1. Essa matéria foi originalmente publicada no jornal *Correio de Noticias*, em 23 nov. 1892.

72. BPEB, *Diario da Bahia*, 25 nov. 1892, p. 1.

73. Ibid.

74. Ofício do gerente da Companhia de Voluntários contra Incêndios, Manuel Joaquim da Silva Viana, para o chefe de polícia, em 26 nov. 1892. Esse documento foi publicado no *Diario da Bahia*, em 29 nov. 1892, p. 1.

75. Relatório escrito pelo comissário de polícia do 1º Distrito, Antônio Pedro de Melo, e enviado ao chefe de polícia, em 22 dez. 1892. Publicado pelo *Diario da Bahia*, 28 dez. 1892. A publicação desses documentos visava esclarecer os motivos que levaram aos episódios de 22 e 23 de novembro.

76. BN, "Arbitrariedade", *Jornal de Noticias*, 30 dez. 1892, p. 1.

10. Da morte e do silenciamento [pp. 269-94]

1. João Varella, *Da Bahia que eu vi*, p. 174.

2. Sobre o envolvimento de Manoel Benício na Revolta da Armada, ver: João Varella, *Da Bahia que eu vi*, p. 174; ver também: José de Sá, *A mocidade de Francisco de Castro*, p. 26. Para Sá, Macaco Beleza sofreu sérias consequências para a "integridade do seu físico" por causa de suas convicções monarquistas; antes da Revolta da Armada, há uma referência a prisão "por desordem" em 14 de abril de 1893; ver: Apeb, *Seção Republicana*, Secretaria de Segurança Pública, ofício do alferes Ivo de Sousa Pinheiro para o chefe de polícia, 14 abr. 1893.

3. Maria de Lourdes Mônaco Janotti, *Os subversivos da República*, p. 68.

4. As informações sobre os acontecimentos na Bahia estão em BN, *Diario de Pernambuco*, 23 set. 1893, p. 3.

5. Ver Rui Barbosa, *Visita à terra natal*, pp. 17-21.

6. BN, "Falecimentos", *Jornal de Noticias*, 30 jun. 1894, p. 1. Segundo os jornais Juca Reis morreu de infecção pulmonar na cidade do Rio de Janeiro.

Notas

7. Ver Maria de Lourdes Mônaco Janotti, *Os subversivos da República*, p. 11. Para Suely Robles Reis de Queiroz (*Os radicais da República*, p. 22), o temor de uma restauração sempre esteve presente nos primeiros dias de República e foi grandemente dimensionado pelo jacobinismo.

8. Ver Maria de Lourdes Mônaco Janotti, *Os subversivos da República*, p. 9. Para a autora esses grupos monarquistas atuavam principalmente na imprensa com jornais que divulgavam ideias monarquistas e denunciavam as mazelas da República. Os grupos do Rio de Janeiro e de São Paulo atuavam de maneira articulada, a ponto de jornais paulistas e cariocas publicarem os mesmos artigos e terem uma colaboração em comum. Na capital, os jornais *Liberdade*, *O Apostolo* e *Gazeta da Tarde* eram os porta-vozes dos monarquistas.

9. Ver Maria de Lourdes Mônaco Janotti, *Os subversivos da República*, pp. 9-10.

10. IGHB, "Reação", *Diario da Bahia*, 10 jan. 1895, p. 2. O texto foi assinado por "Veritas" e está situado na disputa entre vianistas e gonçalvistas.

11. Sobre a trajetória de Luís Viana, ver Eul-Soo Pang, *Coronelismo e oligarquias*, pp. 78-9.

12. A respeito da eleição de 1894 e da ascensão de Severino Vieira ao Senado Federal, ver Eul-Soo Pang, *Coronelismo e oligarquias*, pp. 76-8.

13. Segundo Eul-Soo Pang (*Coronelismo e oligarquias*, pp. 79-80), o uso das expedições policiais ou da política de confronto surgiu com a ascensão de Luís Viana ao governo. Era essa a forma de expandir e estender por todo o estado sua influência política. Para isso ele não hesitou em usar a violência. Desde então surgiram diversos focos de conflitos entre o governador e chefes políticos locais nas Lavras Diamantinas, Ilhéus e nordeste da Bahia, base eleitoral de Jeremoabo.

14. Essas alegações do barão de Jeremoabo (BN, "Antônio Conselheiro II", *O Paiz*, 17 mar. 1897, p. 3) foram publicadas em março de 1897, logo depois da malograda terceira expedição do Exército, comandada por Moreira César. No entanto, o texto foi escrito em 24 de fevereiro, no engenho Cumuciatá, distrito de Itapicuru.

15. As informações sobre Antônio Conselheiro se baseiam no longo artigo intitulado "Antônio Conselheiro I", escrito pelo barão de Jeremoabo (BN, *O Paiz*, 16 mar. 1897, p. 4).

16. Barão de Jeremoabo, "Antônio Conselheiro I", *O Paiz*, 16 mar. 1897, p. 4.

17. Ibid.

18. Ver Edmundo Ferrão Moniz de Aragão, *Canudos: A guerra social*, p. 171.

19. Barão de Jeremoabo, "Antônio Conselheiro I", *O Paiz*, 16 mar. 1897, p. 4.

20. Ibid.

21. Ibid.

22. Ibid.

23. Ver Maria de Lourdes Mônaco Janotti, *Os subversivos da República*, pp. 154-82.

24. Sobre as posições políticas de Antônio Conselheiro, ver Robert M. Levine, *O sertão prometido*, p. 285.

25. Ver Robert M. Levine, *O sertão prometido*, p. 53.

26. Ver Suely Robles Reis de Queiroz, *Os radicais da República*, p. 92. Ver ainda, Maria de Lourdes Mônaco Janotti, *Os subversivos da República*, p. 70.

27. Maria de Lourdes Mônaco Janotti, *Os subversivos da República*, p. 134.

28. BN, "Sucessos da Bahia", *O Paiz*, 4 fev. 1897, p. 1.

29. BN, "Bahia", *O Paiz*, 8 fev. 1897, p. 1.

30. Ibid.

31. Segundo Robert M. Levine, *O sertão prometido*, pp. 257-8.

32. BN, "O Conselheiro", *O Paiz*, 7 fev. 1897, p. 2.

33. BN, "O caso do Conselheiro", *O Paiz*, 20 fev. 1897, p. 1.

34. O relatório do major Cunha Matos, de 5 mar. 1897, foi escrito depois que ele chegou à povoação de Cumbe, atual Euclides da Cunha. O relatório foi enviado ao coronel Sousa Meneses, comandante da base de operações do Exército. O texto foi publicado no jornal *O Paiz*, 8 mar. 1897, p. 1.

35. Esse discurso pregando o extermínio dos canudenses aparece no editorial do jornal *O Paiz*, 8 mar. 1897, p. 1. O mesmo argumento é visto em outros jornais republicanos em São Paulo e no Rio de Janeiro.

36. Sobre as manifestações no Rio de Janeiro, ver BN, *O Paiz*, 8 mar. 1897, p. 1. Ver também: Robert M. Levine, *O sertão prometido*, p. 57.

37. Sobre as manifestações na Bahia, ver BN, *O Paiz*, 9 mar. 1897. O telegrama informava que as manifestações ocorreram em 7 de março.

38. Sobre o pronunciamento de Manuel Vitorino, ver BN, *O Paiz*, 8 mar. 1897, p. 2. O telegrama de Luís Viana enviado ao ministro da Guerra foi publicado no mesmo jornal em 10 mar. 1897, p. 2. Sobre o posicionamento político de Vitorino, ver Maria de Lourdes Mônaco Janotti, *Os subversivos da República*, p. 141.

39. BN, "Carta aberta ao digno general Argolo", assinada por "Um Baiano", *A Noticia*, 12 mar. 1897, p. 2. O general Francisco de Paula Argolo era o ministro da Guerra e depois da derrota da terceira expedição foi substituído por Carlos Machado de Bittencourt.

40. BN, *A Noticia*, 17 mar. 1897. A nota foi escrita em 15 de março e subscrita por diversos jornais da Bahia, como *Correio de Noticias, Estado da Bahia, A Bahia, Jornal de Noticias, Diario da Bahia, Gazeta de Noticias, Pantheon* e *Cidade do Salvador*.

41. BN, Barão de Jeremoabo, "Antônio Conselheiro II", *O Paiz*, 17 mar. 1897, p. 2. O texto foi escrito no engenho Cumuciatá, em 24 fev. 1897.

42. Ver Maria de Lourdes Mônaco Janotti, *Os subversivos da República*, p. 136.

43. Sobre o editorial do jornal *O Estado de S. Paulo*, 15 mar. 1897, ver Suely Robles Reis de Queiroz, *Os radicais da República*, pp. 45-6.

44. Ver Maria de Lourdes Mônaco Janotti, *Os subversivos da República*, p. 147.

45. Ver BN, *O Paiz*, 7 out. 1897, p. 1. A notícia vem acompanhada de gravuras do general Artur Oscar e do tenente-coronel Tupi Caldas. Sobre a degola de prisioneiros, ver carta de Lélis Piedade, escrita em 17 de outubro e publicada no *Jornal de Noticias*. A carta foi republicada em *O Paiz*, 20 out. 1897, p. 1.

46. Ver BN, *O Paiz*, 7 out. 1897, p. 1.

Notas

47. Ver Robert M. Levine, *O sertão prometido*, p. 74.

48. Levine (*O sertão prometido*, p. 52) oferece um interessante debate sobre esse clima antimonarquista que caracterizou os primeiros anos de República. Para Maria de Lourdes Janotti, Canudos se tornaria o estopim da violência contra os monarquistas (*Os subversivos da República*, p. 108).

49. Maria de Lourdes Mônaco Janotti, *Os subversivos da República*, pp. 161-2.

50. AFFCH/UFBA, Arquivo de Frederico Edelweiss, "A Bahia há trinta anos", assinado por C. de A., *A Noite*, 10 out. 1927, p. 1. Ver também Hildegardes Vianna, *A proclamação da República na Bahia*, p. 18, n. 13.

51. AFFCH/UFBA, Arquivo de Frederico Edelweiss, "A Bahia há trinta anos", assinado por C. de A., *A Noite*, 4 out. 1927, p. 1.

52. Hildegardes Vianna, *A proclamação da República na Bahia*, pp. 4-5.

53. Ver Thiago Alberto Alves dos Santos, *A liberdade e outras*, p. 93. Ver Kim D. Butler, *Freedoms Given, Freedoms Won*, p. 2.

54. Ver Manuel Querino, *A Bahia de outrora*.

55. Sobre o sentimento de desencanto com a abolição, ver Walter Fraga, *Encruzilhadas da liberdade*, pp. 347-56. Ver também: Ana Flávia Magalhães Pinto, *Escritos de liberdade*, esp. capítulo 7.

56. Frederico Abreu (*Macaco Beleza e o Massacre do Tabuão*, pp. 14-5) chama a atenção para essa mística da capacidade de morrer e renascer que envolvia Macaco Beleza.

57. BN, *Jornal de Noticias*, "Um tipo das ruas", 10 mar. 1898, p. 1.

58. Sobre a mesma notícia ver BPEB, "Macaco Beleza", *Diario de Noticias*, 10 mar. 1898, p. 1. O tom de alívio pela morte de Macaco Beleza que transparece nas notícias dos jornais foi também percebido por Sílvio Humberto dos Passos Cunha, *Um retrato fiel da Bahia*, p. 230.

59. BPEB, "Macaco Beleza", *A Coisa (Critica, Satyrica e Humorista)*, 20 mar. 1898, p. 1.

60. BPEB, "Diabruras", *A Coisa (Critica, Satyrica e Humorista)*, 20 mar. 1898, p. 2.

61. BPEB, "Prosas amenas", *A Coisa (Critica, Satyrica e Humorista)*, 20 mar. 1898, p. 2.

62. João Varella, *Da Bahia que eu vi*, p. 176.

63. BN, "Macaco Beleza", *O Mundo Ilustrado*, 12 maio 1953, p. 3.

64. A programação do desfile foi antecipada para os jornais pela direção da Embaixada Africana e publicada no *Jornal de Noticias* (27 fev. 1897, p. 2). Wlamyra R. de Albuquerque, *O jogo da dissimulação*, pp. 197-235; Jéssica Santos Lopes da Silva, *O "império das circunstâncias"*, p. 101; essas autoras analisam acuradamente a simbologia dos nomes de pessoas, lugares e alegorias presentes nos desfiles do clube africano. O elemento da identidade africana e a exaltação dos reis e rainhas da África são também analisados considerando-se a crítica política ao regime republicano.

65. BPEB, *A Coisa (Critica, Satyrica e Humorista)*, 27 fev. 1898, p. 1.

66. Ibid. Além do Embaixada Africana, o jornal citou também os clubes Filhos da África e Chegada Africana.

67. Sobre a emergência de uma identidade étnica africana, ver Kim D. Butler, *Freedoms Given, Freedoms Won*, esp. o capítulo 2.

68. ascm, *Livro de enterramentos feitos no cemitério do Campo Santo*, 1323 (1894-1901), fls. 103v-104. Pelo registro, Manoel Benício dos Passos constava ter quarenta anos, ou seja, teria nascido em 1858, o que não confere com as informações que se levantaram sobre seu nascimento.

Epílogo [pp. 295-300]

1. bn, "Irreverências e alcunhas", *A Provincia*, 8 fev. 1906, p. 1. Prudente de Morais era apelidado de Biriba e Campos Sales, de Pavão.
2. Sobre a trajetória de Felisbelo Freire, ver Samuel Barros de Medeiros, "Felisbelo Freire: O mulato e o político na história de Sergipe". Segundo Medeiros, Freire tinha uma relação muito contraditória com sua condição de mulato, muitas vezes silenciada ao longo de sua vida. Em abril de 1940, a revista *O Malho* publicou um artigo de Osório Duque Estrada em que relembrava que entre 1885 e 1888 conviveu com Sílvio Romero, pois estudavam no Colégio Pedro ii. Parte do comportamento irreverente de Romero estava em apelidar personalidades da época com apelidos jocosos. Assim, Teófilo Braga era chamado Mané Teófilo; Valentim Magalhães, o Coringa; Rosendo Muniz Barreto era Horrendo Muniz, e Felisbelo Freire, o Macaco Beleza. Ver bn, Osório Duque Estrada, "A irreverência de Sílvio Romero", *O Malho*, abr. 1940, p. 26.
3. bn, *O Rio-Nú*, 21 mar. 1903, p. 1.
4. Afrânio Peixoto, *Breviário da Bahia*, pp. 342-3.
5. A poesia assinada por João Badalho foi publicada em *A Coisa (Critica, Satyrica e Humorista)*, 22 abr. 1900. O mesmo poema aparece no livro de Frederico José de Abreu, *Macaco Beleza e o Massacre do Tabuão*, p. 34.
6. Para acompanhar os protestos de rua contra a carestia nos primeiros anos de República, ver Mário Augusto da Silva Santos, *A república do povo*, pp. 147-82.
7. João Varella, *Da Bahia que eu vi*, p. 173.
8. bn, *O Mundo Ilustrado*, 12 maio 1953, p. 3. Não há informação sobre o autor do artigo.
9. Ver Brás do Amaral, "Memória histórica sobre a proclamação da República na Bahia", pp. 15-6.
10. Ver Brás do Amaral, *História da Bahia*, p. 332.
11. Ver Pedro Calmon, *História da Bahia*, p. 186.
12. A expressão "instante de perigo" é de Walter Benjamin, ao refletir sobre as teses da filosofia da história. Ver Flávio R. Kothe (Org.), *Walter Benjamin*, p. 156. A expressão "ocorrências engraçadíssimas" é do memorialista Giraldo Balthazar da Silveira, *Bahia de iaiá e de ioiô*, p. 91.

Referências bibliográficas

Arquivos e bibliotecas

Arquivo Público do Estado da Bahia
Arquivo Histórico Municipal de Salvador
Arquivo da Cúria Metropolitana de Salvador
Arquivo da Santa Casa de Misericórdia da Bahia
Arquivo Público Estadual Jordão Emerenciano
Biblioteca Pública do Estado da Bahia
Instituto Geográfico e Histórico da Bahia
Arquivo Nacional — Rio de Janeiro
Biblioteca Nacional — Rio de Janeiro

ABREU, Frederico José de. *Macaco Beleza e o Massacre do Tabuão*. Salvador: Barabô, 2011.

ABREU, Martha. *O império do Divino: Festas religiosas e cultura popular no Rio de Janeiro, 1830-1900*. Rio de Janeiro: Nova Fronteira; São Paulo: Fapesp, 1999.

ALBUQUERQUE, Wlamyra R. de. *Algazarra nas ruas: Comemorações da independência na Bahia (1889-1923)*. Campinas: Ed. da Unicamp, 1999.

_____. *O jogo da dissimulação: Abolição e cidadania negra no Brasil*. São Paulo: Companhia das Letras, 2009.

ALBUQUERQUE, Wlamyra Ribeiro de; SAMPAIO, Gabriela dos Reis. *De que lado você samba? Raça, política e ciência na Bahia do pós-abolição*. Campinas: Ed. da Unicamp, 2021.

ALONSO, Angela. *Flores, votos e balas: O movimento abolicionista brasileiro (1868-88)*. São Paulo: Companhia das Letras, 2015.

AMARAL, Brás do. "Memória histórica sobre a proclamação da República na Bahia". *Revista do Instituto Geográfico e Histórico da Bahia*, Salvador, n. 30, pp. 4-67, 1904.

_____. *História da Bahia: Do Império à República*. Salvador: Imprensa Oficial do Estado, 1923.

ARAGÃO, Edmundo Ferrão Moniz de. *Canudos: A luta pela terra*. São Paulo: Global, 1981.

ARAÚJO, Dilton Oliveira de. *Republicanismo e classe média em Salvador, 1870-1889*. Salvador: UFBA, 1992. Dissertação (Mestrado em História).

ASSIS, Nancy Rita Sento Sé de. *Questões de vida e morte na Bahia republicana: Valores e comportamento sociais das camadas subalternas soteropolitanas (1890-1930)*. Salvador: UFBA, 1996. Dissertação (Mestrado em História).

ASSIS JÚNIOR, A. de. *Dicionário kimbundu-português*. Luanda: Argente, Santos, 1948.

ATHAYDE, Johildo Lopes de. *Salvador e a grande epidemia de 1855*. Salvador: CEB, 1985.

AVÉ-LALLEMANT, Robert. *Viagens pelas províncias da Bahia, Pernambuco, Alagoas e Sergipe (1859)*. Belo Horizonte: Itatiaia; São Paulo: Edusp, 1980.

AZEVEDO, Aluísio. *O mulato*. São Paulo: Ática, 1983.

AZEVEDO, Célia Maria Marinho de. *Onda negra, medo branco: O negro no imaginário das elites do século XIX*. Rio de Janeiro: Paz e Terra, 1987.

AZEVEDO, Elciene. *Orfeu de carapinha: A trajetória de Luiz Gama na imperial cidade de São Paulo*. Campinas: Ed. da Unicamp, 1999.

BACELAR, Jeferson. *A hierarquia das raças: Negros e brancos em Salvador*. Rio de Janeiro: Pallas, 2001.

BACELAR, Jeferson; PEREIRA, Cláudio (Orgs.). *Políticas, instituições e personagens da Bahia (1850-1930)*. Salvador: Edufba, 2013.

BALEEIRO, Aliomar. *Constituições brasileiras*. Brasília: Senado Federal, 2012. v. II.

BARBOSA, Rui. *Visita à terra natal*. Salvador: Tipografia do Diário da Bahia, 1893.

_____. *Queda do Império*. In: *Obras completas de Rui Barbosa*. Rio de Janeiro: Ministério da Educação e Saúde, 1947. v. XVII.

BARICKMAN, Bert J. *Um contraponto baiano: Açúcar, fumo, mandioca e escravidão no Recôncavo, 1780-1860*. Rio de Janeiro: Civilização Brasileira, 2003.

BARROS, A. Dias. *Ensaio biográfico sobre o prof. Francisco de Castro*. Rio de Janeiro: Companhia Tipográfica do Brasil, 1903.

BARROS, Francisco Borges de. *À margem da história da Bahia*. Salvador: Imprensa Oficial do Estado, 1918.

BEATTIE, Peter M. *Punishment in Paradise: Race, Slavery, Human Rights, and a Nineteenth--Century Brazilian Penal Colony*. Durham: Duke University Press, 2015.

BEAUREPAIRE-ROHAN, Henrique, visconde de. *Dicionário de vocábulos brasileiros*. Rio de Janeiro: Imprensa Nacional, 1889.

BELLINI, Ligia. "Por amor e interesse". In: REIS, João José (Org.). *Escravidão e invenção da liberdade: Estudos sobre o negro no Brasil*. São Paulo: Brasiliense, 1988. pp. 73-86.

BEZERRA, Gregório. *Memórias*. Rio de Janeiro: Civilização Brasileira, 1979.

BOTIN, Lívia Maria. *Trajetórias cruzadas: Meninos(as), moleques e juízes em Campinas (1866-1899)*. Campinas: Unicamp, 2007. Dissertação (Mestrado em História).

BRETAS, Marcos Luiz. *A guerra das ruas: Povo e polícia na cidade do Rio de Janeiro*. Rio de Janeiro: Arquivo Nacional, 1997.

_____. "A queda do império da navalha e da rasteira (A República e os capoeiras)". *Estudos Afro-Asiáticos*, Rio de Janeiro, n. 20, pp. 239-55, 1991.

BRITO, Jailton Lima. *A abolição na Bahia: 1870-1888*. Salvador: CEB, 2003.

BROWN, Alexandra Kelly. *"On the Vanguard of Civilization": Slavery, the Police, and Conflicts Between Public and Private Power in Salvador da Bahia, Brazil, 1835-1888*. Austin: The University of Texas, 1998. Tese (PhD).

BUARQUE, Felício. *Origens republicanas: Estudo de gênese política*. São Paulo: Edaglit, 1962 [1894].

Referências bibliográficas

BULCÃO, Antônio de Araújo de Aragão. *Fala do exmo. sr. dr. Antônio de Araújo de Aragão Bulcão, presidente da província*. Salvador: Typographia do Diario da Bahia, 1880.

BUTLER, Kim D. *Freedoms Given, Freedoms Won: Afro-Brazilians in Post-Abolition São Paulo and Salvador*. Londres: Rutgers University Press, 1998.

CALMON, Pedro. *História da Bahia: Resumo didático*. São Paulo: Melhoramentos, 1927.

CAMPOS, João da Silva. "Tradições baianas". *Revista do Instituto Geográfico e Histórico da Bahia*, Salvador, n. 56, pp. 356-557, 1930.

_____. *Crônicas baianas do século XIX*. Salvador: Imprensa Oficial do Estado, 1937.

CAMPOS, Lucas Ribeiro. *Sociedade Protetora dos Desvalidos: Mutualismo, política e identidade racial em Salvador (1861-1894)*. Salvador: UFBA, 2018. Dissertação (Mestrado em História).

CARVALHO, Daniel Rebouças de. *As crônicas de Lulu Parola na Bahia: Desilusão republicana e engajamento político em Aloísio de Carvalho (c. 1891-1916)*. Salvador: UFBA, 2013. Dissertação (Mestrado em História).

CARVALHO, Jean Carlo de; ANANIAS, Mauriceia; ARAÚJO, Rose Mary de Souza (Orgs.). *Temas sobre a instrução no Brasil imperial (1822-1889)*. João Pessoa: Marca Fantasia, 2014. v. 2.

CARVALHO, José Murilo de. *Os bestializados: O Rio de Janeiro e a república que não foi*. São Paulo: Companhia das Letras, 1987.

_____. *A formação das almas: O imaginário da República no Brasil*. São Paulo: Companhia das Letras, 1990.

CARNEIRO, Edison. *Folguedos tradicionais*. Rio de Janeiro: Funarte/INF, 1982.

CARULA, Karoline. *A tribuna da ciência: As Conferências Populares da Glória e as discussões do darwinismo na imprensa carioca (1873-1880)*. São Paulo: Annablume/Fapesp, 2009.

CASTRO, Yeda Pessoa de. *Falares africanos na Bahia: Um vocabulário afro-brasileiro*. Rio de Janeiro: Topbooks, 2005.

CHALHOUB, Sidney. *Trabalho, lar e botequim: O cotidiano dos trabalhadores no Rio de Janeiro da belle époque*. Campinas: Ed. da Unicamp, 2012.

_____. "Para que servem os narizes? Paternalismo, darwinismo social e ciência racial em Machado de Assis". In: CHALHOUB, Sidney et al. (Orgs.). *Artes e ofícios de curar no Brasil: Capítulos de história social*. Campinas: Ed. da Unicamp, 2003. pp. 19-55.

COSTA, Emília Viotti da. *Da monarquia à República: Momentos decisivos*. São Paulo: Brasiliense, 1985.

COSTA, Ana de Lourdes Ribeiro da. "Espaços negros: 'Cantos' e 'lojas' em Salvador do século XIX". *Caderno CRH*, Salvador, Suplemento, pp. 18-34, 1991.

COSTA, Francisco Augusto Pereira da. *A ilha de Fernando de Noronha: Breve notícia histórica, geográfica e econômica, Pernambuco, Recife, 1887*. Apud FERREIRA, Manoel Jesuíno. *A província da Bahia: Apontamentos*. Salvador: [s. n.], 1875.

COSTA, Marcos Paulo Pedrosa. *O caos ressurgirá da ordem: Fernando de Noronha e a reforma prisional no Império*. São Paulo: IBCCRIM, 2009.

CUNHA, Maria Clementina Pereira. *Ecos da folia: Uma história social do Carnaval carioca entre 1880 e 1920*. São Paulo: Companhia das Letras, 2001.

CUNHA, Sílvio Humberto dos Passos. *Um retrato fiel da Bahia: Sociedade-racismo-economia na transição para o trabalho livre no Recôncavo açucareiro, 1871-1902*. Campinas: Unicamp, 2004. Tese (Doutorado em História).

DANTAS JÚNIOR, João da Costa Pinto. "A propaganda republicana". *Revista do Instituto Geográfico e Histórico da Bahia*, Salvador, n. 67, pp. 91-146, 1941.

DIAS, Adriana Albert. *A malandragem da mandinga: O cotidiano dos capoeiras em Salvador na República Velha (1910-1925)*. Salvador: UFBA, 2004. Dissertação (Mestrado em História).

DOMINGUES, Petrônio. "Fios de Ariadne: O protagonismo negro no pós-abolição". *Anos 90*, Porto Alegre, v. 16, n. 30, pp. 215-50, dez. 2009.

_____. "Cidadania por um fio: O associativismo negro no Rio de Janeiro". *Revista Brasileira de História*, São Paulo, v. 34, n. 57, pp. 251-81, 2014.

DU BOIS, W. E. B. *As almas da gente negra*. Rio de Janeiro: Lacerda, 1999.

ECHEVERRY, Marcela (Org.). Dossiê "Monarchy, Empire, and Popular Politics in the Atlantic Age of Revolutions". *Varia Historia*, Belo Horizonte, v. 35, n. 67, 2019.

FERNANDES, Etelvina Rebouças. *Do mar da Bahia ao rio do sertão: Bahia and San Francisco Railway*. Salvador: Secretaria da Cultura e Turismo, 2006.

FERREIRA, Aurélio Buarque de Holanda. *Novo dicionário da língua portuguesa*. 2. ed. Rio de Janeiro: Nova Fronteira, 1986.

FERREIRA, Jorge; NEVES, Lucília de Almeida. *O Brasil republicano. O tempo do liberalismo excludente: Da Proclamação da República à Revolução de 1930*. Rio de Janeiro: Civilização Brasileira, 2003.

FERREIRA FILHO, Alberto Heráclito. *Quem pariu e bateu, que balance! Mundos femininos, maternidade e pobreza. Salvador, 1890-1940*. Salvador: CEB, 2003.

FITTIPALDI, Marta Lúcia Lopes. *Silva Jardim e a República: A trajetória de um propagandista (1860-1891)*. Juiz de Fora: UFJF, 2020. Tese (Doutorado em História).

FRAGA, Walter. *Encruzilhadas da liberdade: Histórias de escravos e libertos na Bahia (1870-1910)*. Campinas: Ed. da Unicamp, 2006.

FRANKLIN, John Hope. *Raça e história: Ensaios selecionados (1938-1988)*. Rio de Janeiro: Rocco, 1999.

FREYRE, Gilberto. *Ordem e progresso*. Rio de Janeiro: José Olympio, 1962 [1957].

FUCILLA, Joseph G. "Portuguese Nicknames as Surnames". *Names*, Pittsburgh, n. 27, pp. 73-105, 1979.

GATO, Matheus. *O massacre dos libertos: Sobre raça e república no Brasil (1888-1889)*. São Paulo: Perspectiva, 2020.

GLEDHILL, Sabrina. "Manuel Querino: Operários e negros diante da desilusão republicana". In: BACELAR, Jeferson; PEREIRA, Cláudio (Orgs.). *Políticas, instituições e personagens da Bahia (1850-1930)*. Salvador: Edufba, 2013. pp. 125-44.

GOMES, Flávio dos Santos. "No meio das águas turvas: Racismo e cidadania no alvorecer da República: A Guarda Negra na Corte, 1888-1889)". *Estudos Afro-Asiáticos*, Rio de Janeiro, n. 21, pp. 75-96, 1991.

_____. *Negros e política (1889-1937)*. Rio de Janeiro: Zahar, 2005.

Referências bibliográficas

GRADEN, Dale T. *From Slavery to Freedom in Brazil: Bahia, 1835-1900*. Albuquerque: University of New Mexico Press, 2006.

GRAHAM, Sandra Lauderdale. *Caetana diz não: Histórias de mulheres da sociedade escravista brasileira*. São Paulo: Companhia das Letras, 2005.

GRINBERG, Keila. *O fiador dos brasileiros: Cidadania, escravidão e direito civil no tempo de Antonio Pereira Rebouças*. Rio de Janeiro: Civilização Brasileira, 2002.

GUIMARÃES, Antônio Sérgio. *Racismo e antirracismo no Brasil*. São Paulo: Editora 34, 1999.

_____. "A República de 1889: Utopia de branco, medo de preto (a liberdade é negra; a igualdade, branca e a fraternidade, mestiça)". *Contemporânea: Revista de Sociologia da UFSCar*, São Carlos, v. 1, n. 2, pp. 17-36, 2011.

GUZZO, Maria Auxiliadora Dias. *Silva Jardim*. São Paulo: Ícone, 2003.

HABSBURGO, Maximiliano de. *Bahia 1860: Esboços de viagem*. Rio de Janeiro: Tempo Brasileiro, 1982.

HARTMAN, Saidiya. *Perder a mãe: Uma jornada pela rota atlântica da escravidão*. Rio de Janeiro: Bazar do Tempo, 2021.

HASENBALG, Carlos Alfredo. *Discriminação e desigualdades raciais no Brasil*. Rio de Janeiro: Graal, 1979.

HOLLAND, Theodore J. "The Many Faces of Nicknames". *Names*, Pittsburgh, v. 38, n. 4, pp. 255-72, dez. 1990.

IMBIRIBA, Beatriz de Lalor. *História de Fernando de Noronha*. Recife: Imprensa Industrial, 1951.

J. T. *A gíria brasileira: Coleção de anexins, adágios, rifões e locuções populares*. Salvador: Imprensa do Diário da Bahia, 1899.

JANOTTI, Maria de Lourdes Mônaco. *Os subversivos da República*. São Paulo: Brasiliense, 1986.

KNIGHT, E. F. *The Cruise of the Alerte: The Narrative of a Search for Treasure on the Desert Island, Trinidad*. Nova York: Longmans, Green and Co., 1913.

KOTHE, Flávio R. (Org.). *Walter Benjamin*. São Paulo: Ática, 1985.

KRAAY, Hendrik. "Os companheiros de Dom Obá: Os zuavos baianos e outras companhias negras na Guerra do Paraguai". *Afro-Ásia*, Salvador, n. 46, pp. 121-61, 2012.

_____. *Bahia's Independence: Popular Politics and Patriotic Festival in Salvador, Brazil, 1824-1900*. Montreal: McGill-Queen's University Press, 2019.

_____. "Reis negros, cabanos, e a Guarda Negra: Reflexões sobre o monarquismo popular no Brasil oitocentista". In: ECHEVERRY, Marcela (Org.). Dossiê "Monarchy, Empire, and Popular Politics in the Atlantic Age of Revolutions". *Varia Historia*, Belo Horizonte, v. 35, n. 67, pp. 141-75, 2019.

KOUTSOUKOS, Sandra Sofia Machado. *Zoológicos humanos: Gente em exibição na era do imperialismo*. Campinas: Ed. da Unicamp, 2021.

LAMAN, Karl Edvard. *Dictionnaire kikongo-français*. Nova Jersey: Gregg Press, 1964.

LARA, Silvia Hunold; PACHECO, Gustavo. *Memória do jongo: As gravações históricas de Stanley J. Stein, Vassouras, 1949*. Rio de Janeiro: Folha Seca; Campinas: Cecult, 2007.

LEAL, Maria das Graças de Andrade. *Manuel Querino: Entre letras e lutas: Bahia (1851-1923)*. São Paulo: Annablume, 2009.

LEVINE, Robert M. *O sertão prometido: O massacre de Canudos no Nordeste brasileiro, 1893*. São Paulo: Edusp, 1995.

LOPES, Nei. *Novo dicionário banto do Brasil*. Rio de Janeiro: Pallas, 2003.

MACHADO, Maria Helena Pereira Toledo. *O plano e o pânico: Os movimentos sociais na década da abolição*. São Paulo: Edusp, 2010.

MAMIGONIAN, Beatriz G. *Africanos livres: A abolição do tráfico de escravos no Brasil*. São Paulo: Companhia das Letras, 2017.

MARQUES, Xavier. *Uma família baiana*. Salvador: Imprensa Popular, 1888.

_____. *As voltas da estrada*. Salvador: Conselho de Cultura; Academia de Letras da Bahia, 1998.

MARTINS, Marcelo Thadeu Quintanilha. *A civilização do delegado: Modernidade, polícia e sociedade em São Paulo nas primeiras décadas da República*. São Paulo: USP, 2012. Tese (Doutorado em Ciências Sociais).

MARTINS, William. "O ministro das diversões". *Nossa História*, Rio de Janeiro, n. 13, pp. 80-3, 2004.

MATA, Iacy Maia. *Os "Treze de Maio": Ex-senhores, polícia e libertos na Bahia pós-abolição (1888-1889)*. Salvador: UFBA, 2002. Dissertação (Mestrado em História).

MATOS, Consuelo Almeida. *A Bahia de Hildegardes Vianna: Um estudo sobre a representação de mulheres negras*. Salvador: UFBA, 2008. Dissertação (Mestrado em História).

MATTOS, Hebe Maria. *Escravidão e cidadania no Brasil monárquico*. Rio de Janeiro: Zahar, 2000.

MATTOS, Wilson Roberto de. *Negros contra a ordem: Astúcias, resistências e liberdades possíveis (Salvador, 1850-1888)*. Salvador: Eduneb; Edufba, 2008.

MATTOSO, Kátia M. de Queirós. *Testamentos de escravos libertos na Bahia do século XIX: Uma fonte para o estudo de mentalidades*. Salvador: CEB, 1979.

_____. "O filho da escrava (em torno da Lei do Ventre Livre)". *Revista Brasileira de História*, São Paulo, v. 8, n. 16, pp. 37-55, 1988.

_____. *Ser escravo no Brasil*. São Paulo: Brasiliense, 1988.

MEDEIROS, Samuel Barros de. "Felisbelo Freire: O mulato e o político na história de Sergipe". *Revista do IHGB*, Rio de Janeiro, v. 179, n. 476, pp. 223-60, jan.abr. 2018.

MEDEIROS E ALBUQUERQUE, José. *Minha vida: Da infância à mocidade (Memórias, 1867-1893)*. Rio de Janeiro: Calvino Filho, 1933.

MIRANDA, Clícea Maria Augusto de. *Guarda Negra da redentora: Verso e reverso de uma combativa associação de libertos*. Rio de Janeiro: Uerj, 2006. Dissertação (Mestrado em História).

MONIZ, Edmundo. *Canudos: A guerra social*. Rio de Janeiro: Elo, 1987.

MORAES, Evaristo de. *Da monarquia para a República: 1870-1889*. Brasília: Ed. da UNB, 1985 [1936].

MORAES FILHO, Mello. *Quadros e crônicas*. Rio de Janeiro: H. Garnier, [s.d].

Referências bibliográficas

MOREL. Edmar. *A Revolta da Chibata: Subsídios para a história da sublevação na esquadra pelo marinheiro João Cândido em 1910*. Rio de Janeiro: Graal, 1979.

MOTT, Maria Lúcia de Barros. "A criança escrava na literatura de viagens". *Cadernos de Pesquisa*, Fundação Carlos Chagas, Rio de Janeiro, n. 31, pp. 57-68, 1979.

NABUCO, Joaquim. *Minha formação*. Rio de Janeiro: Três, 1974.

NAEHER, Julius. *Excursões da província da Bahia: A terra e a gente da província brasileira da Bahia*. Salvador: Cian, 2011.

NASCIMENTO, Álvaro Pereira do. *Cidadania, cor e disciplina na Revolta dos Marinheiros de 1910*. Rio de Janeiro: Mauad X/Faperj, 2008.

NETO, Coelho. *Miragem*. Porto: Lello & Irmão, 1926 [1895].

NETTO, Amorim. *Ilha maldita: Fernando de Noronha, basta pronunciar este nome*. Rio de Janeiro: Civilização Brasileira, 1932.

_____. *Fernando de Noronha: Ilha da dor e do sofrimento*. Rio de Janeiro: A Noite, 1938.

NEVES, Margarida de Souza. "Os cenários da República: O Brasil na virada do século XIX". In: DELGADO, Lucília de Almeida Neves; FERREIRA, Jorge (Orgs.). *Brasil republicano: Estado, sociedade civil e cultura política*. v. 4. *O tempo do liberalismo excludente: Da Proclamação da República à Revolução de 1930*. Rio de Janeiro: Civilização Brasileira, 2003. pp. 14-44.

NOGUEIRA, Oracy. *Negro político, político negro: A vida do doutor Alfredo Casemiro da Rocha, parlamentar da República Velha*. São Paulo: Edusp, 1992.

OLIVEIRA, J. M. Cardoso de. *Dois metros e cinco: Aventura de Marcos Parreira (costumes brasileiros)*. Rio de Janeiro: F. Briguiet & Cia., 1936 [1905].

OLIVEIRA, Maria Inês Côrtes de. *O liberto: Seu mundo e os outros, Salvador, 1790-1890*. São Paulo: Corrupio, 1988.

OURO PRETO, Visconde de (Afonso Celso de Assis Figueiredo). *Advento da ditadura militar no Brasil*. Brasília: Senado Federal, 2017 [1891].

PAMPLONA, Marco A. *Revoltas, repúblicas e cidadania: Nova York e Rio de Janeiro na consolidação da ordem republicana*. Rio de Janeiro: Record, 2003.

PANG, Eul-Soo. *Coronelismo e oligarquias, 1889-1943: A Bahia na Primeira República brasileira*. Rio de Janeiro: Civilização Brasileira, 1979.

PARÉS, Luis Nicolau. *A formação do candomblé: História e ritual da nação jeje na Bahia*. Campinas: Ed. da Unicamp, 2007.

PASSOS, Alexandre. *Manuel Vitorino e o desencanto político*. Rio de Janeiro: Irmãos Pongetti, 1956.

PEDRO II. *Diário da viagem ao Norte do Brasil*. Salvador: Edufba, 1959.

PEIXOTO, Afrânio. *Breviário da Bahia*. Salvador: Agir, 1946.

PENALVA, Gastão. *Fora do mundo: Cenas e paisagens da ilha de Fernando de Noronha*. Rio de Janeiro: [s.n.], 1922.

_____. *A Marinha do meu tempo*. Rio de Janeiro: Serviço Gráfico do IBGE, 1951.

PEREIRA, Manuel Vitorino. "Filária de Medina transportada para a América pelos negros d'África: Provas de sua endemicidade da província da Bahia". *Gazeta Médica da Bahia*, Salvador, n. 1, pp. 151-66, 1877.

PESSOA, Gláucia Tomaz de Aquino. *Fernando de Noronha: Uma ilha-presídio nos trópicos (1833-1894)*. Rio de Janeiro: Arquivo Nacional, 2014.

PINHEIRO, Maria Cristina Luz. *Das cambalhotas ao trabalho: A criança escrava em Salvador, 1850-1888*. Salvador: UFBA, 2003. Dissertação (Mestrado em História).

_____. "O trabalho de crianças escravas na cidade de Salvador (1850-1888)". *Afro-Ásia*, Salvador, n. 32, pp. 159-83, 2005.

PINTO, Ana Flávia Magalhães. *Escritos de liberdade: Literatos negros, racismo e cidadania no Brasil oitocentista*. Campinas: Ed. da Unicamp, 2018.

PIRES, Antônio Liberac Cardoso Simões. *Culturas circulares: A formação histórica da capoeira contemporânea no Rio de Janeiro*. Curitiba: Progressiva, 2010.

_____. *Movimentos da cultura afro-brasileira: A formação histórica da capoeira contemporânea (1890-1950)*. Campinas: Unicamp, 2001. Tese (Doutorado em História).

PIRES, Maria de Fátima Novaes. *Fios da vida: Tráfico interprovincial e alforria nos "sertoins de sima": Bahia (1860-1920)*. São Paulo: Annablume, 2009.

PIROLA, Ricardo Figueiredo. *A lei de 10 de junho de 1835: Justiça, escravidão e pena de morte*. Campinas: Unicamp, 2012. Tese (Doutorado em Ciências Sociais).

_____. "O castigo senhorial e a abolição da pena de açoites no Brasil: Justiça, imprensa e política no século XIX". *Revista de História*, São Paulo, n. 176, e08616, 2017.

POMBO, Rocha. *História do Brasil*. Rio de Janeiro: W. M. Jackson, 1947. v. 5.

QUEIROZ, Suely Robles Reis de. *Os radicais da República: Jacobinismo — Ideologia e ação, 1893-1897*. São Paulo: Brasiliense, 1986.

QUERINO, Manuel. *A Bahia de outrora: Vultos e fatos populares*. Salvador: Livraria Econômica, 1922.

_____. *Costumes africanos no Brasil*. Recife: Massangana, 1988.

RAMOS, Graciliano. *Memórias do cárcere*. Rio de Janeiro: Record, 1983.

REGO, José Lins do. *Usina*. Rio de Janeiro: José Olympio, 2012 [1936].

REGO, Waldeloir. *Capoeira angola: Ensaio socioetnográfico*. Salvador: Itapuã, 1968.

REIS, Isabel Cristina Ferreira dos. *Histórias de vida familiar e afetiva de escravos na Bahia do século XIX*. Salvador: CEB, 2001.

REIS, João José. *Escravidão e invenção da liberdade: Estudos sobre o negro no Brasil*. São Paulo: Brasiliense, 1988.

_____. "Quilombos e revoltas escravas no Brasil". *Revista USP*, São Paulo, n. 28, pp. 14-39, 1995-6.

_____. "De olho no canto: Trabalho de rua na Bahia na véspera da abolição". *Afro-Ásia*, Salvador, n. 24, pp. 199-242, 2000.

_____. *Domingos Sodré, um sacerdote africano: Escravidão, liberdade e candomblé na Bahia do século XIX*. São Paulo: Companhia das Letras, 2008.

_____. *Rebelião escrava no Brasil: A história do Levante dos Malês em 1835*. São Paulo: Companhia das Letras, 2003.

_____. *Ganhadores: A greve negra de 1857 na Bahia*. São Paulo: Companhia das Letras, 2019.

REIS, João José; DIAS, Eduardo. *Negociação e conflito: A resistência negra no Brasil escravista*. São Paulo: Companhia das Letras, 1989.

Referências bibliográficas

REIS, Meire Lúcia Alves dos. *A cor na notícia: Discursos sobre o negro na imprensa baiana (1887-1937)*. Salvador: UFBA, 2000. Dissertação (Mestrado em História).

RIDINGS JR., Eugene Ware. *The Bahian Comercial Association, 1840-1889: A Pressure Group in an Underdeveloped Area*. Gainesville: The University of Florida, 1970. Tese (PhD).

RODRIGUES, Marcelo Santos. *Os (in)voluntários da Pátria na Guerra do Paraguai: A participação da Bahia no conflito*. Salvador: UFBA, 2001. Dissertação (Mestrado em História).

RODRIGUES, Nina. *Os africanos no Brasil*. São Paulo: Companhia Editora Nacional; Brasília: Ed. da UNB, 1988.

SÁ, José de. *A mocidade de Francisco de Castro: Subsídios para sua biografia*. Salvador: Imprensa Oficial da Bahia, 1918.

SALLES, Ricardo. *Guerra do Paraguai: Escravidão e cidadania na formação do Exército*. Rio de Janeiro: Paz e Terra, 1990.

_____. *Nostalgia imperial: Escravidão e formação da identidade nacional no Brasil do Segundo Reinado*. Rio de Janeiro: Topbooks, 1996.

SAMPAIO, Consuelo Novais. *O Poder Legislativo da Bahia: Primeira República (1889-1930)*. Salvador: Assembleia Legislativa/UFBA, 1985.

_____. *Os partidos políticos da Bahia na Primeira República: Uma política de acomodação*. Salvador: Edufba, 1999.

SAMPAIO, Gabriela dos Reis. *Juca Rosa: Um pai de santo na Corte imperial*. Rio de Janeiro: Arquivo Nacional, 2009.

SANTOS, Flávio Gonçalves dos. *Economia e cultura do candomblé na Bahia: O comércio de objetos litúrgicos afro-brasileiros, 1850-1937*. Ilhéus: Editus, 2013.

SANTOS, Maria Emília Vasconcelos dos. "O 25 de Março de 1884 e a luta pela libertação dos escravos em Pernambuco". *Clio*, Recife, v. 33, n. 2, pp. 158-80, 2015.

SANTOS, Mário Augusto da Silva. *O movimento republicano na Bahia*. Salvador: CEB, 1990.

_____. *A república do povo: Sobrevivência e tensão: Salvador, 1890-1930*. Salvador: Edufba, 2001.

SANTOS, Milton. *O centro da cidade do Salvador: Estudo de geografia urbana*. Salvador: Universidade da Bahia, 1959.

SANTOS, Thiago Alberto Alves dos. *A liberdade e outras ilusões: A militância de Ismael Ribeiro dos Santos (1880-1912)*. Bahia: UFBA, 2015. Dissertação (Mestrado em História).

SARMENTO, Silvia Noronha. *A raposa e a águia: J. J. Seabra e Rui Barbosa na política baiana da Primeira República*. Salvador: UFBA, 2009. Dissertação (Mestrado em História).

SCHWARCZ, Lilia Moritz. *O espetáculo das raças: Cientistas, instituições e questão racial no Brasil, 1870-1930*. São Paulo: Companhia das Letras, 1993.

_____. *As barbas do imperador: D. Pedro II, um monarca nos trópicos*. São Paulo: Companhia das Letras, 1998.

_____. *Lima Barreto: Triste visionário*. São Paulo: Companhia das Letras, 2017.

SCOTT, Rebecca J.; HÉBRARD, Jean M. *Provas de liberdade: Uma odisseia atlântica na era da emancipação*. Campinas: Ed. da Unicamp, 2014.

SILVA, Antônio de Moraes. *Dicionário da língua portuguesa*. Lisboa: Typographia Lacerdina, 1813.

SILVA, Eduardo. *Dom Obá II d'África, o príncipe do povo: Vida, tempo e pensamento de um homem livre de cor.* São Paulo: Companhia das Letras, 1997.

SILVA, Hélio. *História da República brasileira: Nasce a República, 1888-1894.* São Paulo: Três, 1998.

SILVA, Jéssica Santos Lopes da. *O "império das circunstâncias": Carnaval e disputas políticas no pós-abolição (Salvador, 1890-1910).* Salvador: UFBA, 2018. Dissertação (Mestrado em História).

SILVA, Maciel Henrique. *Pretas de honra: Vida e trabalho de domésticas e vendedoras no Recife do século XIX (1840-1870).* Recife: Ed. da UFPE; Salvador: Edufba, 2011.

SILVA, Marieta Borges Lins e. *Fernando de Noronha: Cinco séculos de história.* Recife: Ed. da UFPE, 2013.

SILVA, Ricardo Tadeu Caires. *Caminhos e descaminhos da abolição: Escravos, senhores e direitos nas últimas décadas da escravidão (Bahia, 1850-1888).* Curitiba: UFPR, 2007. Tese (Doutorado em História Social).

SILVA JARDIM, Antônio da. *Propaganda republicana (1888-1889): Discursos, opúsculos, manifestos e artigos coligidos, anotados e prefaciados por Barbosa Lima Sobrinho.* Rio de Janeiro: MEC; Fundação Casa de Rui Barbosa, 1978.

_____. *Memórias e viagens: Campanha de um propagandista (1887-1890).* Lisboa: Tipografia da Companhia Nacional, 1891.

SILVEIRA, Giraldo Balthazar da. *Bahia de iaiá e de ioiô: Crônicas de um tempo que passou.* Salvador: Omar G., 2000.

SLENES, Robert W. "Metaphors to Live By in the Diaspora: Conceptual Tropes and Ontological Wordplay among Central Africans in the Middle Passage and Beyond". In: ABAUGH, Ericka A.; LUNA, Kathryn M. de (Eds.). *Tracing Language Movement in Africa.* Nova York: Oxford University Press, 2018. pp. 343-65.

SOARES, Antônio Joaquim de Macedo. *Dicionário brasileiro da língua portuguesa, 1875--1888.* Rio de Janeiro: s. n., 1954-1955. 2 vols.

SOARES, Carlos Eugênio Líbano. *A negregada instituição: Os capoeiras na Corte imperial, 1850-1890.* Rio de Janeiro: Access, 1999.

SOARES, Cecília C. Moreira. *Mulher negra na Bahia do século XIX.* Salvador: Eduneb, 2006.

SOUSA, Ione Celeste de. "Educar para a regeneração: A Escola Elementar da Casa de Prisão da Bahia, 1871-1890". In: CARVALHO, Jean Carlo de; ANANIAS, Mauriceia; ARAÚJO, Rose Mary de Souza (Orgs.). *Temas sobre a instrução no Brasil imperial (1822--1889).* João Pessoa: Marca Fantasia, 2014. v. 2, pp. 344-89.

_____. "Padres educadores, abolicionismo e instrução pública na Bahia, 1878 a 1886". *Anais do XXVI Simpósio Nacional de História.* São Paulo: ANPUH, jul. 2011.

SOUSA, Israel Ozanam de. *Capoeira e capoeiras: Entre a Guarda Negra e a educação física no Recife.* Recife: UFPE, 2013. Dissertação (Mestrado em História).

SOUZA, Jacó dos Santos. *Vozes da abolição: Escravidão e liberdade na imprensa abolicionista cachoeirana (1887-1889).* Santo Antônio de Jesus: Uneb, 2010. Dissertação (Mestrado em História).

Souza, Robério Santos. *Tudo pelo trabalho livre! Trabalhadores e conflitos no pós-abolição (Bahia, 1892-1909)*. Salvador: Edufba; São Paulo: Fapesp, 2011.

Tavares, Luís Henrique Dias. *Ideias políticas de Manuel Vitorino: Cronologia, notas bibliográficas e textos selecionados*. Brasília: Senado Federal; Rio de Janeiro: Fundação Casa de Rui Barbosa, 1981.

_____. *História da Bahia*. São Paulo, Unesp; Salvador: Ed. da UFBA, 2008.

Teixeira, Cid. *Bahia em tempo de província*. Salvador: Fundação Cultural do Estado da Bahia, 1986.

Thompson, Edward P. *Costumes em comum: Estudos sobre a cultura popular tradicional*. São Paulo: Companhia das Letras, 1998.

Trindade, Cláudia Moraes. *Ser preso na Bahia no século XIX*. Belo Horizonte: Ed. UFMG, 2018.

Trochin, Michael R. "The Brazilian Black Guard: Racial Conflict in Post-Abolition Brazil". *The Americas*, Cambridge, v. 44, n. 3, pp. 285-300, 1988.

Varella, João. *Da Bahia que eu vi: Fatos, vultos e tipos populares*. Salvador: [s.n.], 1935.

Viana Filho, Luiz. *A vida de Rui Barbosa*. São Paulo: Martins Fontes, 1965.

Vianna, Antônio. *Quintal de nagô e outras crônicas*. Salvador: CEB, 1979.

_____. *Casos e coisas da Bahia*. Salvador: Fundação Cultural da Bahia, 1984.

Vianna, Hildegardes. *A proclamação da República na Bahia: Aspectos folclóricos*. Salvador: CEB, 1967.

Vieira Filho, Raphael Rodrigues. *A africanização do Carnaval de Salvador, BA: a re-criação do espaço carnavalesco (1876-1930)*. São Paulo: PUC-SP, 1995. Dissertação (Mestrado em História).

Wetherell, James. *Brasil: Apontamentos sobre a Bahia, 1842-1857*. Salvador: Artes Gráficas, 1972.

Créditos das imagens

p. 20 Camillo Vedani/ Coleção Gilberto Ferrez/ Instituto Moreira Salles

p. 51 Gilberto Ferrez. *Bahia: Velhas fotografias, 1858-1900*. Rio de Janeiro: Kosmos; Salvador: Banco da Bahia, 1988

p. 61 (*ambas*) Coleção Valter Lessa

p. 63 Coleção Valter Lessa

p. 67 Apeb, Polícia, maço 6249 (1884-1885)

pp. 82-3 a partir de João José Reis. *Domingos Sodré: Um sacerdote africano*. São Paulo: Companhia das Letras, 2008

p. 102 (*esq.*) Mello Moraes Filho, *Quadros e crônicas*. Rio de Janeiro: H. Garnier, [s.d], p. 259

p. 102 (*dir.*) João Varella, *Da Bahia que eu vi: Fatos, vultos e tipos populares*. Salvador: [s.n.], 1935, p. 175

p. 108 Apeb, *Polícia-cadeias*, maço 6281 (1887)

p. 113 Inácio Mendo/ Arquivo do Museu de Arte da Bahia

p. 131 Camillo Vedani/ Coleção Gilberto Ferrez/ Instituto Moreira Salles

p. 171 Biblioteca da Marinha do Brasil

p. 173 Marc Ferrez/ Coleção Gilberto Ferrez/ Instituto Moreira Salles

p. 178 Acervo do Cap. aviador Mauro Vaz

p. 183 Acervo Relatório Victório Caneppa

p. 223 Acervo Elizabeth Luz

p. 240 Acervo do Apeje

p. 241 Moritz Lamberg/ Acervo Instituto Moreira Salles

p. 243 Acervo do Apeje

p. 267 Benjamin Mulock/ Coleção Gilberto Ferrez/ Instituto Moreira Salles

ESTA OBRA FOI COMPOSTA POR MARI TABOADA EM DANTE PRO E
IMPRESSA EM OFSETE PELA GRÁFICA BARTIRA SOBRE PAPEL PÓLEN NATURAL
DA SUZANO S.A. PARA A EDITORA SCHWARCZ EM JULHO DE 2023

A marca FSC® é a garantia de que a madeira utilizada na fabricação do papel deste livro provém de florestas que foram gerenciadas de maneira ambientalmente correta, socialmente justa e economicamente viável, além de outras fontes de origem controlada.